中國勞動關係學院
CHINA UNIVERSITY OF LABOR RELATIONS

全国工会学研究分会优秀论文集萃（2024）

主　编　刘向兵

光明日报出版社

图书在版编目（CIP）数据

全国工会学研究分会优秀论文集萃．2024 ／ 刘向兵主编．-- 北京：光明日报出版社，2025.7. -- ISBN 978－7－5194－8804－8

Ⅰ．D412.6

中国国家版本馆 CIP 数据核字第 2025WH4764 号

全国工会学研究分会优秀论文集萃（2024）

QUANGUO GONGHUIXUE YANJIU FENHUI YOUXIU LUNWEN JICUI（**2024**）

主　　编：刘向兵

责任编辑：陈永娟　　　　责任校对：许　怡　唐玉兵

封面设计：何成宝　　　　责任印制：曹　净

出版发行：光明日报出版社

地　　址：北京市西城区永安路 106 号，100050

电　　话：010－63169890（咨询），010－63131930（邮购）

传　　真：010－63131930

网　　址：http：//book. gmw. cn

E－mail：gmrbcbs@ gmw. cn

法律顾问：北京市兰台律师事务所龚柳方律师

印　　刷：天津画中画印刷有限公司

装　　订：天津画中画印刷有限公司

本书如有破损、缺页、装订错误，请与本社联系调换，电话：010－63131930

开　　本：170mm×240mm

字　　数：503 千字　　　　印　　张：27

版　　次：2025 年 7 月第 1 版　　　　印　　次：2025 年 7 月第 1 次印刷

书　　号：ISBN 978－7－5194－8804－8

定　　价：98.00 元

序

中国科学社会主义学会全国工会学研究分会是中国科学社会主义学会的分支学会和团体会员。1983 年 10 月，中国科学社会主义学会第一次全国代表大会及成立大会在南京召开，中国劳动关系学院（中国工运学院）是创会单位。从 1983 年起，中国劳动关系学院（中国工运学院）每年召开一次全国工会理论教学讨论会。1987 年 8 月，第四次全国工会理论教学讨论会在山东省威海市召开，在此次会议上正式成立了全国工会学研究会，时任中国科学社会主义学会副会长、中国劳动关系学院（中国工运学院）院长李生林任理事长。2024 年 9 月，根据民政部《社会组织名称管理办法》（中华人民共和国民政部令第 69 号）有关规定，经中国科学社会主义学会研究决定，将“中国科学社会主义学会全国工会学研究会”更名为“中国科学社会主义学会全国工会学研究分会”。目前，会长是中国劳动关系学院党委书记刘向兵同志，常务副会长是中国劳动关系学院党委副书记、校长傅德印同志。

从 1983 年开始，中国劳动关系学院（中国工运学院）每年（1985 年除外）召开 1 次全国工会理论教学讨论会，至今已召开 41 次；从 1987 年（1989 年除外）开始，全国工会学研究分会年会与全国工会理论教学研讨会合二为一，联合召开。全国工会学研究分会年会暨全国工会理论教学研讨会至今已举办 36 次，参加人员主要是全国各省市总工会干部院校领导、教师和部分企业工会主席。主要研讨当前工会和劳动关系领域的各种理论和实践问题。年会以文会友，收到 150 余篇提交论文。这些论文或阐释工会理论最新研究成果，或总结工会工作最新实践经验。2024 年是中华人民共和国成立 75 周年，是实现“十四五”规划目标任务的关键一年，为及时总结工会工作改革创新成果，深入学习宣传贯彻党的二十大精神，贯彻落实中国工会十八大精神，中国劳动关系学院以参会优秀论文为基础，组织汇编《全国工会学研究分会优秀论文集萃（2024）》一书。

本书是全国工会学研究分会各成员单位在劳动和工会领域理论与实践研究优秀成果的集中展示。希望本书的出版能够对新时代中国工会改革创新有所助益，为提高新时代中国工会和劳动关系学术研究水平做出应有贡献。

刘向兵

2024 年 10 月

目录

第一章　新时代工会工作研究

工会助推工人阶级促进新质生产力形成的理论逻辑与实践路径探析

邹瑞琼

（湖南省总工会干部学校）

摘　要：新质生产力是习近平总书记最近提出的新词语，新质生产力核心在创新。从理论逻辑上来说，新质生产力形成必将引发生产关系的变革，而生产关系的变革将影响劳动关系的变化，进而带来更深层次的工会改革。从实践路径上来说，工人阶级是新质生产力中最活跃、最能动的因素，是创新的主体，而工会作为调动工人阶级积极性、主动性和创造性的重要力量，在促进新质生产力形成的过程中，其身份具有独特性，作用不可或缺，因而本文尝试以工会助推工人阶级促进新质生产力形成为视角，探析新质生产力、工人阶级、工会三者的内在逻辑，以及工会引导工人阶级参与创新创造的实践路径。

关键词：新质生产力　生产关系　劳动关系　工人阶级　工会

2023年9月，习近平总书记在黑龙江考察调研期间首次提出“新质生产力”的概念，他指出：“整合科技创新资源，引领发展战略性新兴产业和未来产业，加快形成新质生产力。”① 换言之，以科技创新为引领的新质生产力是发展战略性新兴产业和未来产业的新动能。新质生产力一旦形成必将引发生产关系的变革，而生产关系的变革将影响劳动关系的变化，进而带来更深层次的工会改革；反之，工会也能为工人阶级搭建促进新质生产力形成的平台和载体，为工人阶级全力以赴投入科技创新保驾护航，进一步加快形成新质生产力。本文基于新质生

① 新华社：习近平总书记首次提到“新质生产力”［EB/OL］. 央视网，2023-09-12.

产力、工人阶级、工会三者之间存在相互作用、相互影响、相互依赖的逻辑关系这一独特视角，抓住工会是党联系职工群众的桥梁和纽带这一角色定位，探析工会助推工人阶级促进新质生产力形成的实践路径。

一、新质生产力：高质量发展的新密码

习近平总书记强调："在激烈的国际竞争中，我们要开辟发展新领域新赛道、塑造发展新动能新优势，从根本上说，还是要依靠科技创新。"① 在当今世界竞争格局中，全球科技创新和产业竞争日渐激烈，国力的较量根本上取决于谁能更早更快形成新质生产力。

（一）新质生产力的新特征

生产力是人们利用自然进行物质生产来满足自己生存与发展的能力，是推动社会进步的主要动力。马克思认为："任何生产力都是一种既得的力量，以往的活动的产物。"② 由此可见，生产力是一个动态的概念，它是在人类社会现有的劳动能力基础上创造性前行的动态发展过程，它连接着历史、现实、未来三个时空维度，历史形成现实，现实形成未来，现实的生产力是在历史的积累中形成的利用自然改造自然的能力。"新质生产力"就是新质态的生产力，区别于形成于工业时代的生产力，构成生产力系统的三个基本要素劳动者、劳动资料和劳动对象都发生了变化甚至变革。新质生产力就是在已有的战略性新兴产业和未来产业的基础上进一步利用科技创新改造自然的能力，是经济发展的新动能。

1. 新劳动者

马克思指出："主体是人，客体是自然"，劳动者在生产力中起主导作用。在当代科技进步条件下，新劳动者与工业时代的劳动者的区别主要体现在两方面：一是劳动者与云计算、数字平台、人工智能等为代表的现代信息技术结合得更紧密，信息技术、操控智能设备进行工作等方式成为新劳动者的必要工作技能，在生产中形成人机关系一体化，大大提升了劳动生产率，减轻了劳动强度。二是新技术孕育新兴产业、未来产业，而新兴产业和未来产业又发展出新就业形态劳动者，即新劳动者，他们不再受限于工作时间、工作地点，甚至被雇佣还是

① 新华社：习近平总书记首次提到"新质生产力"[EB/OL]. 央视网，2023-09-12.

② 马克思恩格斯全集：第27卷[M]. 北京：人民出版社，1972：477-478.

自雇形态，唯一相同的是他们使用新的劳动资料从事创造性的自主劳动。

2. 新劳动资料

劳动资料中的生产工具是生产力发展水平的主要标志，随着科学技术不断被应用于生产过程，生产工具迭代速度呈指数级爆发，当前，生产工具是以信息网络系统为支撑的自动化、智能化机器系统，是具有明显的正负反馈、网络化节点式特征且打破传统信息时空限制的有机网络体系，我们可将其统称为信息工具。① 信息工具是新的生产工具，也将逐步成为主要生产工具。数据、信息、知识也是新劳动资料，大数据是数字化时代的黄金已成为当前社会的普遍共识，信息工具、大数据、智能机器等新劳动资料将产生出巨大的物质力量，促进新质生产力快速发展。

3. 新劳动对象

传统工业时代的劳动对象主要是有形可见的物质载体，但自中国进入数字技术和数字经济时代，数字技术本身和数字技术研发加工的事物成为新劳动对象，这使得劳动对象进一步网络化、虚拟化和智能化，劳动对象的内涵有了进一步扩展。

（二）新质生产力决定生产关系的重构

在以蒸汽动力技术、电力技术等应用为代表的生产力发展阶段，形成了分工协作、流水线作业式的生产关系，工人阶级只要学习并掌握某个生产环节的特定技能，劳动生产率“取决于每个工人使用工具时的力量、熟练、速度和准确”②，各行各业都采用工业化标准进行管理和经营，管理的重要性凸显出来，对工人进行任务分解，协调工人之间的协作，监督组织目标的实现。新一代数字技术的应用推动新质生产力发展，形成于工业时代的层级化、职能化的生产关系已经不能适应以大数据、人工智能、云计算、区块链等技术为代表的先进生产力的发展，重构成扁平化管理模式、以协同化组织架构为主的生产关系。共享经济的产生使得历史上第一次不以传统物质生产资料所有权的集中来推动社会的协作与分工，而是体现为数据这一非物质的、非传统的、全新的生产资料的集中，推动着更大

① 张黎明，周晓宇．论信息生产力的质态变化、特征与价值［J］．中国管理信息化，2022（3）：109.

② 资本论：第1卷［M］．北京：人民出版社，2004：393－395.

规模的社会协作与分工。[①] 当前，国内大多数企业加快数字化转型，创建数字化流程管理系统，在科技创新基础上形成的新质生产力已经对原有生产关系进行调整、完善，亦即对生产资料所有制形式、生产中人与人的关系和产品分配方式进行重塑，生产资料所有制形式由过去生产资料归资方所有的完全雇用到员工持股的变化，工人由处于被支配地位到协同工作，工人工资分配由企业单方面决定到一定程度的工资共决、价值共享，都表明生产关系已经开始重构。

（三）生产关系的重构对劳动关系的影响

生产关系的重构对劳动关系产生深刻的变革，由人工智能时代劳动关系变革所呈现出的劳动力替代转移、用工形式灵活化、“人机关系”一体化、劳动方式智能化等趋势，将引发劳动替代、新型劳动关系认定、企业管理等现实问题。[②] 劳动关系是生产关系的重要表现，近年来，随着新质生产力的发展，我国劳动关系日趋复杂，工业领域逐步推进“机器代人”，服务行业也在逐步推进智能化替代，企业普遍出现数字化转型。劳动用工形式越来越灵活化，合同工、劳务派遣工、新就业形态劳动者、共享员工、灵活用工、斜杠青年等形态可能同时存在于同一用工主体，企业管理难度加大，工会维权难度加大，社会治理难度加大。同时，工人就业呈结构性失衡，一方面是高技能、高研发人才需求紧缺；另一方面是由于智能机器对生产线人工岗位的替代导致技术性失业。就业结构性失衡是技术性、政策性因素和工人个人素质因素共同交织作用的结果，需要政府、企业、工会和劳动者多方着力，创建和谐的劳动关系以适应生产关系的变化。

二、工人阶级：新质生产力中最活跃、最能动的主要因素

党的二十大报告强调：“必须坚持科技是第一生产力、人才是第一资源、创新是第一动力。”[③] 其中人才是最核心的因素，科技和创新是人才的智慧结晶，人才是科技和创新的实现主体。早在 1978 年，邓小平就提出：“我们常说，人是生产力最活跃的因素。这里讲的人，是指有一定的科学知识、生产经验和劳动技

---

① 陈凤娣，廖萍萍．共享经济发展的特征、问题与对策——基于生产关系变迁视角［J］．亚太经济，2022（4）：126.

② 赵放，刘雨佳．人工智能时代我国劳动关系变革的趋势、问题与应对策略［J］．求是学刊，2020（5）：61.

③ 习近平．高举中国特色社会主义伟大旗帜 为全面建设社会主义现代化国家而团结奋斗——在中国共产党第二十次全国代表大会上的报告［M］．北京：人民出版社，2022.

能来使用生产工具、实现物质资料生产的人。”① 工人阶级创新素质和创新能力的提高是实现工人阶级个人全面发展的需要，也是实现国家奋斗目标的需要，还是通过科技创新促进新质生产力形成的需要。

（一）从发展动力来看，工人阶级是促进新质生产力形成的主要力量

新质生产力的核心在创新，而创新主要源于现实需求。邓小平曾指出：“科学技术叫生产力，科技人员就是工人阶级!”② 技术工人在促进新质生产力形成中发挥重要的连接作用，科学与技术之间的关系日益密切，可表示为科学→技术→生产③。技术工人是将科学技术转化为现实生产力的关键环节，也是最能在现实生产力中向科学家提出现实需求，或者自身就能改进生产工具，从而推动技术进步的重要因素，正因如此，党的二十大报告首次将大国工匠、高技能人才提升为国家战略性人才，以期发挥政策激励作用，引导知识型、技能型、创新型的工人创造自身价值。

（二）从工人阶级自身价值来看，新质生产力的形成促进人的自由而全面发展

马克思说：“实现人的自由而全面发展是共产主义的终极价值。”④ 列宁指出：“全人类的首要的生产力就是工人、工人阶级。”⑤ 随着智能化、数字化的生产资料越来越广泛地应用于现代化生产和服务中，企业对工人阶级的知识、素质和技能有更高的要求，如工业机器人系统操作与运维、大数据分析能力等，工人阶级的劳动技能转移到操作、制作智能机器或充分挖掘和运用数据资源上，再借助智能机器或者算法的生产实现劳动价值。这与工业时代的劳动分工造成的人的片面发展截然不同，企业从需要只熟悉某道工序的“专才”转变成“一专多能型”复合人才，工人阶级要尽量熟悉整个产业链运作模式，从而使组织具有更高的灵活性，使工人阶级的各方面得到全面发展。

（三）从新时代奋斗目标来看，新质生产力的形成促进共同富裕的实现

习近平总书记说，生产力“发展为了人民”⑥，“人民对美好生活的向往，就

---

① 邓小平文选：第二卷［M］. 北京：人民出版社，1983：88.
② 邓小平文选：第二卷［M］. 北京：人民出版社，1983：34.
③ 杨春学. 论科学技术是第一生产力［J］. 经济学动态，2021（9）：26.
④ 马克思恩格斯选集：第1卷［M］. 北京：人民出版社，1995：294.
⑤ 列宁全集：第36卷［M］. 北京：人民出版社，1985：346.
⑥ 习近平关于“不忘初心、牢记使命”论述摘编［M］. 北京：党建读物出版社，2019：135.

是我们的奋斗目标”①，发展生产力的终极目标是为满足人民美好生活需要提供丰富的物质基础，实现全体人民共同富裕。共同富裕是社会财富分配关系的范畴，是生产关系中“产品分配形式”的最佳形态，但共同富裕是逐步共富，不是同时富裕、同步富裕。在数字化时代的背景下，劳动、技术、大数据与资本等共同构成了生产要素，要实现逐步共富必须保障工人阶级“多劳者多得”“技高者多得”和“智高者多得”，共同分享“科技进步红利”，保障“居民收入增长和经济增长基本同步，劳动报酬提高与劳动生产率提高基本同步”②。

三、工会：激发工人阶级促进新质生产力形成的内生动力

工人阶级是工会工作的主体，也是先进生产力和先进生产关系的代表。工会是中国共产党领导的劳动者自愿结合的工人阶级的群众组织，是党联系职工群众的桥梁和纽带，列宁提出：“在一个拥有亿万人口的国家里，我们只有几十万党员。这样的政党怎么能管理国家呢？首先，包括几百万人的工会是它的助手，而且应当是它的助手。”③ 在促进新质生产力形成的过程中，工会的作用不可或缺，身份具有独特性，一则要当好党的助手，引导工人阶级听党话感党恩跟党走，再则要当好工人阶级利益的代表者和维护者，激发工人阶级创新的内生动力，因而，工会应参与助推工人阶级促进新质生产力形成的全过程。

（一）激发工人阶级创新精神新动力，工会组织增强思想引领力，把好工人阶级促进新质生产力形成的方向盘

新质生产力的形成关键在工人阶级，工人阶级的创新意识、创新素质、创新能力是决定新质生产力形成的重要因素，如何激发工人阶级的创新精神，工会组织要在思想政治引领上、营造创新氛围上、传播新知识上下功夫，更好发挥工会组织优势，凝聚工人阶级创新创造合力。

1. 增强思想引领力汇聚促进新质生产力形成的强大力量

思想是行动的指路灯，政治是思想的方向盘。习近平总书记指出：“引导职工群众听党话、跟党走，巩固党执政的阶级基础和群众基础，是工会组织的政治

① 总书记的“三农”情怀［EB/OL］. 人民网，2022-09-22.

② 党的二十大报告辅导读本［M］. 北京：人民出版社，2022：58.

③ 列宁全集：第37卷［M］. 北京：人民出版社，2017：356.

责任。”① 工会作为党和职工群众之间的“传送带”，自上而下传达党中央的方针政策，发挥思想引领的作用，同时，自下而上反映、表达工人阶级的利益诉求，发挥权益保障的作用。思想政治引领是工会组织的政治责任和工作要求，如何引导则主要考验工会的工作技巧和工作方法。马斯洛将人的需求划分为五个层次，他认为，只有最基本的需求满足到维持生存所必需的程度后，其他需求才能成为新的激励因素。本研究认为思想政治引领也有五个层次，只有低层次需要得到满足，才能逐渐达到高层次的情感趋同，故思想政治引领不限于语言激励，更需要物质、民主权利的保障，工人阶级才能真正在精神层面上认同（如图 1 所示）。

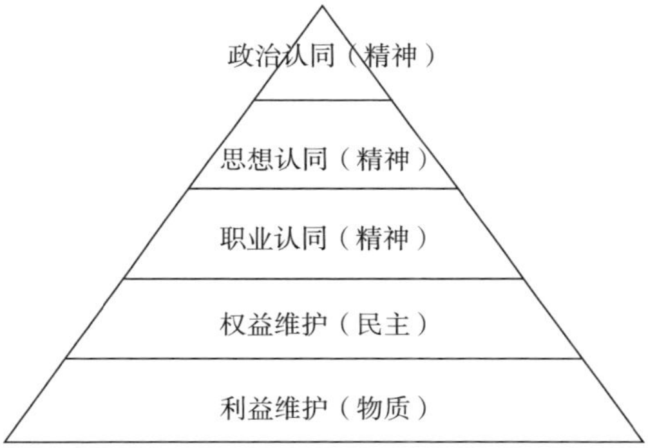

图 1　思路政治引领五个层次

当前，工人阶级在新技术、新产业、新业态、新商业模式下进行的劳动生产，其劳动价值由企业单方面评估并给予一定劳动报酬，劳动彰显其应体现的价值，工会组织保障其物质利益不受侵害，此为工会做好思想政治引领工作之基石；工人阶级的知识素养、政治参与的愿望与能力超越以往时代的工人阶级，对企业发展和涉及自身利益的事项有强烈的民主参与和民主决策意愿，企业如能采纳其建议或吸纳其参与决策更易于让工人阶级感受到其为企业主人翁的获得感；如此，工人阶级就容易对自己的职业产生情感上的认同，从而将职业当成自身事业，以更饱满的热情投入创新创造活动；进而与企业同呼吸共命运，并最终能将自身行动自觉转化为为实现中华民族伟大复兴的中国梦而奋斗，从而，达到思想和政治上的高度认同。如此，思想政治引领工作方显成效，工会想汇聚工人阶级形成促进新质生产力发展的蓬勃力量才能得以充分发挥。

① 习近平．在同中华全国总工会新一届领导班子成员集体谈话时的讲话［N］．人民日报，2018－10－30.

2. 激发创新创造的精神动力

创新精神是引领高质量发展的不竭动力，创新既是从无到有的突破，也是从有到优的突破，从无到有的突破更多依赖于科学家的创造发明，从有到优的突破则主要依赖于工人阶级立足于自身岗位实现知识、技术、工具、方法等各方面综合能力的优化，本研究侧重于工人阶级从有到优的突破。工会对工人阶级创新精神的引导，要在全社会营造“时时可创新、处处可创新、人人可创新”创新精神的浓厚氛围，建立一套科学系统的配套机制，将创新纳入劳模工匠评选评价体系、待遇保障体系、精神激励机制，搭建团队创新平台载体等给予工人阶级实际支持。

3. 凝聚促进新质生产力形成的广泛共识

工会要深入工人阶级中加大新质生产力的宣传力度，将新知识深入浅出地表达出来，引起工人阶级思想上的共鸣，创新理论大众化是新时代宣传思想工作的要求，是习近平新时代中国特色社会主义思想武装全党、教育人民的战略举措，是凝聚智慧力量、推进事业发展的重要任务，也是加强党的思想建设的根本要求。① 只有工人阶级将新质生产力弄懂学透，才能将促进新质生产力形成转化为实际行动，以创新创造实际行动推动其发展。

（二）关注工人阶级创新新需求，工会组织增强服务力，成为工人阶级促进新质生产力形成的引擎器

习近平主席强调，工会要赢得职工群众的信赖和支持，必须做好维护职工群众切身利益工作，促进社会公平正义。② 如果说创新工人犹如即将出征的将士，那么工会就是保障粮草先行的“粮草”官，“粮草”官唯有先行一步、深思一层才能解决创新工人的后顾之忧。

1. 工人阶级创新需要宽松的环境

“创新从来都是九死一生”③，它需要工人阶级依靠坚韧不拔的意志和孤独寂寞的坚守，才能为企业创造更多的新技术、新工艺，这需要工会为创新工人争取相对宽松的环境。相对宽松的环境有三层含义：一是创新是面对不确定性，就要

① 中共中央宣传部干部局．新时代宣传思想工作［M］．北京：学习出版社，2020：21.

② 习近平．在同中华全国总工会新一届领导班子成员集体谈话时的讲话［N］．人民日报，2018－10－30.

③ 习近平：在中国科学院第十九次院士大会、中国工程院第十四次院士大会上的讲话［EB/OL］．人民网，2018－05－28.

宽容失败，要与企业协商接受创新失败的可能性，解除工人创新失败的后顾之忧；二是企业创新需要鼓励全员参与，尤其是生产一线的技术岗位的工人，为其创建宽松的工作氛围；三是企业要善待参与创新的工人，工人创新需要自主的工作时间和工作内容，就要保障更为宽松的考勤制度。

2. 工人阶级创新需要物质利益保障

智能机器被广泛应用于社会生产，形成智能化生产体系，智能机器与工人阶级的劳动价值形成了某种意义上的新异化[①]现象，工人制造智能机器提升劳动生产率，劳动生产率越高取代的工人岗位越多，企业家出于追逐更多的利润、巩固或争夺其行业的地位的需要迫使工人不断去更新智能机器以便提升劳动生产率，一旦成功就会取代更多的工人岗位，智能机器越先进，工人的岗位越少，直至取代大多数参与智能机器研究的工人，即工人阶级越创新越损害工人阶级的利益。因而，当前工人利益的保障实际上是个难题，尤其多数被智能机器取代的工人的利益保障更是难上加难，而掌握智能化生产体系的工人的劳动价值的评估也是新的课题，其劳动过程中的创造发明成果转化、合理化建议成果转化和先进操作法成果转化等创新性贡献如何评估，并无前例或范式可循，工会要积极代表或组织工人与企业就能级工资和工人技术创新成果开展集体协商以保障工人阶级的物质利益。

3. 工人阶级创新需要提高生活品质

工会要建立健全高标准服务体系，是以满足工人日益增长的美好生活需要为根本目的，实现其体面劳动、舒心工作、全面发展。关注工人心理健康，新的生产资料和生产方式给工人阶级持续带来就业压力、职业发展压力，还有失业压力，智能化生产体系的应用带来了工作效率更高、学习任务更重，加快了工人的工作生活节奏，为缓解工人心理压力，工会需完善线上线下心理健康服务体系建设，定期组织心理健康检测，开展心理援助、疗休养活动缓解压力；关注工人生活品质，“悠悠万事，吃饭为大”[②]。工会需完善后勤保障制度，打造高品质工人食堂；关注工人精神文化、闲暇生活品位的需求，工会以“职工之家”建设为阵地，兴趣小组协会为依托，不断加强对工人阶级的人文关怀，以满足工人个性化、多样化精神生活的需要。

---

① 参见《1844 年经济学哲学手稿》，马克思明确提出了异化劳动的观点，他认为资本家为追求最大限度的剩余价值，不断剥削工人的劳动产品，工人生产得越多，他自己得到的却越少，创造出的财富越多，他自己就越贫穷。

② 什么是治国理政的头等大事？习近平这样论述“中国饭碗”［EB/OL］. 人民网，2019 – 10 – 16.

（三）提高工人阶级创新素质，工会组织增强组织力，用好工人阶级促进新质生产力发展的加速器

长期以来，科技创新、核心技术突破和原创技术发明等创新创造活动过于依赖科学家，而往往忽视了工人阶级群体中蕴藏的巨大力量，随着工人阶级整体素质大幅提升，其制造、使用并改进新的生产工具进行生产劳动的能力也不断提高，工会要创造条件为工人阶级参与建功立业、创新创造活动“搭台子”。

1. 技能培训是夯实工人创新能力的基础环节

全国总工会组织开展的第九次全国职工队伍状况调查结果显示，95.3%的职工有兴趣学习新的职业技能或知识。[①] 数据的背后反映了工人在技能需求方面的四种心态：一是当前机器代替工人的趋势明显，给工人带来了巨大心理压力，逼迫其参与岗位培训、转岗培训、再就业培训，以保障其与家人的基本生活资料。二是当前知识、技术、工具迅速迭代倒逼工人必须学得新知识、习得新技术以适应与之相匹配的技能岗位需求，提高自身驾驭新生产资料的能力。三是工人主动学习新的技能和掌握新的知识以便为自己争取跨部门和跨行业的机会，从而获得更多的职业发展机会。四是战略性新兴产业和未来产业是在探索科技“无人区”，工人也需要具备更强的创新能力和解决问题的能力。2023 年 4 月，世界经济论坛发布的第四版《未来就业报告》指出，未来 5 年员工最需要培养的 10 项能力，即“创造性思维；分析性思维；技术素养；好奇心与终身学习能力；韧性、灵活性与敏捷性；系统性思维；人工智能与大数据能力；激励与自我意识；人才管理能力；服务导向与客户服务能力”，该报告为工人提高自身综合能力提供了有益的参考，尤其是“好奇心与终身学习能力”的培养，好奇心是促进科技创新的原始动力，终身学习是工人不断更新知识结构、保持好奇心的动力源泉，保持好奇心和终身学习习惯又具备一定生产经验和技术水准的工人才具备更强的创新能力和解决问题的能力。工会在工人技能培训方面主要发挥两方面的作用：一是保障工人的教育培训权，监督企业按规定按比例提取职工教育经费，并监督 60%以上的职工教育经费总额用于直接从事生产和经营业务一线工人的教育培训。二是以建设工匠学院为抓手，整合优质资源构建高质量职工教育培训体系，打造在职职工技能培训项目，满足工人的技能需求，通过工人技能培训培养造就一批创新型工人。

① 第九次全国职工队伍状况调查综述［EB/OL］. 中华全国总工会，2023-03-01.

2. 劳动和技能竞赛是提高工人阶级创新能力的重要举措

习近平明确提出："要立足党和国家各项事业发展全局，立足党中央对改革发展稳定各项工作的决策部署，围绕国家重大战略、重大工程、重大项目、重点产业，广泛深入持久开展劳动和技能竞赛，积极参加群众性创新活动，汇聚起众志成城的磅礴力量。"① 中华全国总工会下发的《劳动和技能竞赛规划（2021—2025 年）》突出目标导向，紧扣高质量发展主题，从推动"卡脖子"关键核心技术攻关在服务国家和地区重大战略、重大工程、重大项目、重点产业建设发展上发挥积极作用，建设知识型、技能型、创新型劳动大军。② 竞赛是人才培养、人才选拔的竞技，劳动和技能竞赛是工会围绕中心、服务大局的重要载体，是工会工作的"拳头"，是群众性的练兵活动。劳动和技能竞赛不仅是竞技选优，而且能达到全面学习，实现新的突破，普遍提高的目的，尤其是在关键核心技术方面的突破，需要通过竞赛发现人才，组织开展新知识、新技术、新工艺等方面培训，组建团队进行技术联合攻关，达到解决实际问题、突破技术难题和提高创新创造能力的效果。工会组织要不断发挥培训、练兵、比武、晋级"四位一体"的竞赛机制作用，以赛促训、以赛促学，结合岗位实际和生产任务开展技术比武、网上练兵，引领广大工人阶级通过参加竞赛活动，钻研新技术、掌握新技能、争创新业绩。

3. 搭建创新平台是提高工人阶级创新能力的有效途径

"工会要协同各个方面为劳动模范、大国工匠发挥作用搭建平台、提供舞台，培养造就更多劳动模范、大国工匠。"③ 面对世界新一轮科技革命和产业变革的兴起，中国发展必须向创新驱动转换，在中国制造、中国创造、中国智造上取得重大突破，近年来，工会引导工人阶级创新能力培养的平台搭建体系逐渐完善，具体表现在以下两方面：其一，利用工会数字化平台搭建线上练兵体系。目前，全总、各地省（市）级以及大型国有企业的工会系统均已搭建多行业、多工种、多领域的线上练兵平台，练兵平台集学习培训、线上练兵、技术交流、合理化建议、创新成果展示、劳模工匠工作室、"五小"创新等内容于一身，工人借助其进行自主学习、互学互助、检验实效、答疑解惑、技术协作等知识技术提升活动。其二，各级工会组织提供多形式的线下练兵舞台。工会以劳模工匠创新工作

① 习近平．在全国劳动模范和先进工作者表彰大会上的讲话［N］．光明日报，2020-11-24.

② 全总下发《劳动和技能竞赛规划（2021—2025 年）》［EB/OL］．51 网，2020-07-13.

③ 习近平谈工会工作：从群众中来、到群众中去的工作方法不能变［EB/OL］．人民网，2018-10-30.

室、“五小”创新活动为平台培育工人创新思维、创新能力，支持大国工匠牵头的劳模工匠创新工作室组建产学研创训深度融合的创新联合体，集体攻关、集体创新、集体创造，持续激发创新潜能，推动提高创新成果转化。探索“揭榜攻关”项目制等方式赋予创新工人更多的劳动自主性和激励性，为他们创造更多创新创造的自主空间。以培育基地、师徒结对为载体为实现高质量发展提供可持续发展人才支撑，发展大国工匠师徒结对，开展技能培训，先进带后进，示范带动广大工人阶级深入钻研、勇于创新、敢为人先，持续提升技术人才的创新能力。

正如习近平总书记指出：“科学技术从来没有像今天这样深刻影响着国家前途命运，从来没有像今天这样深刻影响着人民生活福祉。”① “我国经济社会发展和民生改善比过去任何时候都更加需要科学技术解决方案，更加需要增强创新这个第一动力。”② 创新离不开工人阶级主体而单独存在，那么，就要求作为维护和服务工人的工会组织，在激发工人阶级创新精神、增强工人阶级创新意识、培育工人阶级创新能力、营造适宜工人阶级创新的环境等方面下功夫，充分彰显工会在助推工人阶级促进新质生产力形成中的作用和担当。

---

① 习近平在中国科学院第十九次院士大会、中国工程院第十四次院士大会上的讲话［N］. 人民网，2018－05－29.

② 习近平：在科学家座谈会上的讲话［EB/OL］. 人民网，2020－09－11.

中国式现代化背景下工会推动实现职工共同富裕的实践探索

——以江苏省为例

江苏省总工会干部学校课题组[①]

摘　要：共同富裕是社会主义的本质要求，是中国式现代化的重要特征。工会在推进共同富裕中有着不可推卸的责任和担当。课题组在多方调研的基础上，总结梳理了江苏工会在就业创业服务、技能人才队伍建设、职工思想政治引领、薪酬激励集体协商、关爱帮扶、联系引导社会组织服务职工六大方面推动实现职工共同富裕的举措及推动过程中遇到的突出问题，结合中国式现代化背景下共同富裕的科学内涵和工会作为，提出工会应推动职工收入合理增长，推进产业工人队伍建设改革，强化困难职工帮扶工作，加大新就业形态劳动者权益维护，创新服务渠道，延伸工会服务手臂，不断提升职工生活品质。

关键词：中国式现代化　共同富裕　工会实践

共同富裕是社会主义的本质要求，是中国式现代化的重要特征，是关系党的执政基础的重大政治问题。工会作为党联系职工群众的桥梁纽带，应以党的初心使命为初心使命，以党的奋斗目标为奋斗目标。因此，工会在中国式现代化背景下推动实现职工共同富裕中应该干什么、能干什么、怎么干好，需要进行一些理论研究与实践探索。近年来，江苏省各地方工会和基层工会围绕推动实现职工共同富裕、提升职工生活品质做了一些有益探索，取得了一定成效。本课题组通过对江苏省 13 个地级市总工会及部分企业开展座谈研讨、问卷调查、实地走访等方式，总结梳理了全省工会推动实现职工共同富裕的突出问题及实践举措，并根

---

① 江苏省总工会干部学校课题组成员：闻雪琴、梁亭、黄新宾、陈楠、郭月婷。执笔人：郭月婷。

据共同富裕的科学内涵及工会作为思考了几条解决路径。

一、中国式现代化背景下共同富裕的科学内涵

共同富裕是“共同”和“富裕”的统一体。“共同”指的是社会财富的占有和分配方式;“富裕”指的是社会财富的富足充裕,尤其是物质财富。在全党各族人民大力推动实现共同富裕的过程中,其科学内涵也被不断丰富。习近平强调:“我们说的共同富裕是全体人民共同富裕,是人民群众物质生活和精神生活都富裕,不是少数人的富裕,也不是整齐划一的平均主义”,“分阶段促进共同富裕。”① 这段论述全面深刻揭示了中国式现代化背景下共同富裕是具有全体性、人民性、全面性、差异性、阶段性的共同富裕。

(一)共同富裕是全体性的富裕

中国式现代化要实现的是全体人民共同富裕,这明确了共同富裕的覆盖范围和受益主体,即全体人民(包括各民族、各地区、各行业的人民)。因此,共同富裕要不落一人,坚决防止两极分化,“绝不能出现‘富者累巨万,而贫者食糟糠’的现象”②。

(二)共同富裕是人民性的富裕

党把推动实现全体人民共同富裕作为为人民谋幸福的着力点,正是对以人民为中心的发展思想的践行,是共同富裕人民性最为直接的体现。人民群众是推动经济社会发展的根本力量,发展的根本目的也是保障人民的权益。在新时代新征程上推进共同富裕,就是要始终把人民利益放在最高位置,调动广大人民群众的积极性、主动性、创造性,解决人民群众急难愁盼问题,真正让人民群众共享改革发展成果。

(三)共同富裕是全面性的富裕

中国式现代化背景下的共同富裕是物质层面和精神层面两个维度的双重富裕。马克思主义认为,文明是物质生产成果和精神生产成果的总和。不断完善社

---

① 扎实推进共同富裕[EB/OL]. 人民网,2021-10-15.

② 习近平:全面建成小康社会不是一个“速度游戏”[EB/OL]. 人民网,2017-06-16.

会分配制度机制，以“扩中、提低、限高”为手段，推动三次分配进一步发挥实效作用，形成“橄榄型分配结构”，已经成为社会共识。党的二十大报告明确提出，“丰富人民精神世界，实现全体人民共同富裕”①，要切实抓好精神文明建设各项任务，尤其是加快构建现代公共文化服务体系，让人民群众的精神生活更加丰富，精神面貌深刻改变，精神力量显著增强。

（四）共同富裕是差别性的富裕

中国式现代化背景下的共同富裕允许出现合理的差别，而不是“平均主义”“福利主义”式的均贫富。“不患寡而患不均”不是追求绝对平均思想和空想社会主义观念下的“大锅饭”。这种“平均主义”不仅会滋生懒惰和坐享其成思想，对生产力发展和社会公平正义的危害也曾给我们留下深刻教训。因此，共同富裕必须是在公平合理、有利于发展进步的差别下，人人参与共建共享。

（五）共同富裕是阶段性的富裕

共同富裕的推进过程不是一蹴而就的，而是要循序渐进、逐步发展、久久为功。一方面，要根据不同阶段的目标，分阶段促进共同富裕。党的二十大报告中提到，到“十四五”末，全体人民共同富裕迈出坚实步伐，居民收入和实际消费水平差距逐步缩小。到2035年，全体人民共同富裕取得更为明显的实质性进展，基本公共服务实现均等化。到21世纪中叶，全体人民共同富裕基本实现，居民收入和实际消费水平差距缩小到合理区间。另一方面，推动共同富裕是一个在动态中向前发展的过程。因地区的富裕程度不同，各地在推动共同富裕的进程上会有差距，无法完全同步；不同人群因实现富裕的程度有高有低，时间有先有后，也不可能完全齐头并进。因此，共同富裕是阶段性的，是在动态发展中持续推动，不断向前的。

二、推动实现职工共同富裕的工会作为

实现全体人民共同富裕，要依靠全国人民共同奋斗，激发共同富裕的内生动力，提高供给能力和效率，把“蛋糕”做大做优，再通过政策、制度安排将“蛋糕”切好分好，让每一位社会成员公平合理地分到更多的“蛋糕”，不断满

① 新时代新征程中国共产党的使命任务［EB/OL］．人民网，2024－06－30.

足人民群众对美好生活的向往和高品质生活的追求。从这样的实现角度出发，本文认为工会可以从以下六大方面彰显作为。

（一）加大就业创业工作力度，促进“蛋糕”制作者扩量

推动实现全体人民共同富裕，物质富裕是基础。就业是民生之本、财富之源，稳定和扩大就业是推动职工实现共同富裕的根本途径。一是参与制定、协助落实促进就业政策，为稳岗扩岗提供支撑。二是突出援助服务重点群体就业，以多渠道、多载体搭建平台促进就业，鼓励和规范灵活就业扩大就业，帮助待岗职工、农民工、困难职工家庭成员等实现就业。三是强化创业扶持，鼓励职工创新创业，为小微企业、创业者提供工会小额借（贷）款、争取政府贴息等服务，以创业带动就业。

（二）持续打造职工素质提升工程，促进“蛋糕”制作者提质

充分发挥工会“大学校”作用，打造职工素质提升工程是推动企业高质量发展的根本工程，是提升职工在劳动力市场的综合竞争力，帮助他们走向共同富裕的重要举措。一是持续做好工会经典品牌项目“求学圆梦”行动，提升职工学历。二是不断深化职工技能培训改革，创新发展劳模（工匠）创新工作室、“师带徒”、产教融合、校企合作等培训模式和内容。三是推动协助开发一线职工技能等级标准体系，完善技能评价和使用机制，打破职工职业发展瓶颈；跨区域、多形式开展劳动和技能竞赛，调动职工提升技能“精益求精”积极性。

（三）不断加强职工思想教育，促进“蛋糕”制作者聚力

中国式现代化背景下的共同富裕是以开拓创新的精神状态和勤劳奋斗的行动姿态创造出的，是既要“富口袋”又要“富脑袋”的共同富裕。工会要发挥职工思想引领作用，给予职工精神食粮，补足精神之钙，“学悟守正”，从思想上、精神上激发职工群众为实现共同富裕的美好生活而奋斗的内生动力。一是强化“党工共建”机制优势，将关键岗位优秀职工培养成党员，发挥支部战斗堡垒和党员劳模先锋模范作用，引导职工建功立业。二是整合劳模先进资源，大力弘扬劳模精神、劳动精神、工匠精神，营造劳动光荣、勤劳致富、创造伟大的社会氛围。三是对现有的阵地提档升级、丰富内涵，依靠阵地宣扬新思想新理论，强化职工思想政治教育。

（四）充分发挥集体协商在初次分配中的关键作用，促使“蛋糕”分享者共建共享

优化分配制度，实现共同富裕，初次分配是基础。工会以维护广大劳动者根本利益为工作落脚点，工资收入是其核心体现。工会要通过开展集体协商，提高劳动报酬在初次分配中的比例，实现职工收入与企业发展同步增长。一是聚焦重点企业领域，尤其是新组织、新业态、新模式等经济类型企业，大力推行行业性、区域性集体协商。二是在集体协商中制定薪酬激励机制，鼓励企业与职工共享发展成果，引导职工爱岗敬业，激发创新工作热情。三是加快集体协商法治化进程，强化工资集体协商的法律地位和法律效力，不断增强集体协商的可操作性和约束力，促进集体协商提质增效。

（五）充分发挥工会在二次分配中的推动作用，促使“蛋糕”分享者应享尽享

二次分配是利用税收、财政、社会保障和公共服务多重手段对社会财富进行再分配。工会在这个过程中要重点关注劳动领域中的困难群体、低收入群体、弱势群体，确保在共同富裕的路上，一个也不掉队。一是源头参与关乎劳动者切身权益的政策制定，呼吁不断完善基础性、普惠性、兜底性社会保障制度体系。二是持续关注低收入群体和困难群体，根据经济发展水平、消费水平、地区物价等因素，推动政府适时调整最低工资标准；不断完善解困脱困机制，常态化、精准化、多元化推进困难职工帮扶工作，切实促进困难职工家庭生活持续改善、生活品质不断提升。三是积极关注新就业形态劳动者劳动权益维护，做好建会入会服务，避免事实劳动关系或隐性劳动关系带来的社会保障问题。

（六）充分发挥工会在三次分配中的引导作用，促使“蛋糕”分享者互助互爱

三次分配属于社会的“自调节”机制范畴，在自愿的基础上通过捐赠、资助、志愿服务等公益手段对社会财富进行分配。工会要一如既往发扬互助互爱优良传统，鼓励引导支持企业、社会组织、高收入群体开展慈善志愿服务。一是依托职工互助保障计划、困难职工帮扶项目等，引导职工之间互帮互助，实现“助人自助”。二是加强联系引导劳动领域社会组织，为职工生活生产提供更优质的服务，不断提升职工的获得感、幸福感、安全感。三是鼓励职工参与志愿劳动，鼓励高收入职工参与公益慈善事业，推动形成团结互助、共同进步的社会风尚。

三、江苏工会推进职工共同富裕的实践探索

（一）大力实施“四项举措”，推动稳就业创业带就业工作

江苏工会以“搭建平台、技能培训、援助服务、扶持创业”四项举措，推动稳定就业和实现高质量就业创业。

协助制定落实政府帮扶中小微企业、支持服务业领域困难行业恢复发展等政策措施。与省人社厅等四部门联合下发《建设标准化“家门口”就业服务站三年行动计划（2023—2025 年）》，加强包括农民工在内的重点群体就业兜底帮扶。

利用线上就业平台，为职工提供不打烊网上就业服务，根据不同人群、不同区域、不同行业，开展个性化直播招聘会。截至 2022 年年底，组织线上线下专场招聘会 1396 场，在线参与达 975.74 万人次。设立“促就业惠民生·当好职工娘家人”专项资金 1091.4 万元，为化解产能过剩进程中关停并转迁企业职工提供职业介绍、技能培训、创业扶持服务 8.7 万人次。

推进“关爱·圆梦”工程，建立就业实践基地 1132 家，2022 年青年学子获得劳动报酬 1716.45 万元。通过东西部协助扶贫，组织 142 名青海学子参加“关爱·圆梦”工程，推动跨区域就业。

将工会贷纳入 2022 年省就业工作领导小组工作重点，全省工会发放创业贷款 9.04 亿元，带动 51331 人实现就业。

（二）强化高技能人才队伍建设，实现职工长本领涨收入

紧扣产业工人队伍建设改革，分级分类、项目化带动多层级、多行业、多工种开展劳动和技能竞赛。截至 2022 年年底，全省实施引领性劳动竞赛 12 项，职工职业技能一级竞赛 15 项、二级竞赛 85 项，引领市级劳动竞赛 146 项、职工职业技能竞赛 764 项。拓展竞赛领域，促进更多工种、更多行业参加竞赛，如组织货车司机举办了全省道路货运安全行车劳动竞赛。关注数字技术应用，提升产业职工的数字化职业技能素质，如将钢结构机器人焊接、建筑信息模型等竞赛列入省级技能竞赛项目库。

大力推进行业协会、龙头企业牵头开发职业标准，创新制定了半导体芯片制造工等 20 个新工种的行业评价规范，其中江苏交控开发的救援机械操作员技能等级标准体系为全国首创，填补了行业空白，提升了职工工资收入，有效破除了制约重点领域技能人才评价的短板。

依托劳模创新工作室，发挥劳模工匠示范引领作用，鼓励劳模工匠带头攻坚克难、开展“师带徒”行动。截至2022年年底，全省创建劳模创新工作室2700多个，其中全国示范性劳模和工匠人才创新工作室14家，取得专利4300多项，完成技术革新、技术攻关35500多项，产生经济效益300多亿元。

深化实施“求学圆梦”行动，加大政策宣传力度，明确了“求学圆梦”补助对象和申报方式。仅2022年4月，拨付补助金3000万元，帮助3万名农民工和一线职工提升学历等级。

（三）加强思想政治理论学习，树立职工建功立业新思想

以宣传贯彻党的二十大精神为主线，开设学习专栏，上线党的二十大知识问答活动，在广大职工群众中掀起学习宣传贯彻热潮。

开展“劳模工匠进校园 思政教师进企业”活动，截至2022年年底，共有567名劳模先进工作者与500多所学校结对，1227名劳模工匠到2342所学校宣讲劳动故事，学生和教职工受众达500万名，到1092家企业宣讲职业精神，参与职工达170多万名；组织672名思政教师到1412家企业宣讲党的创新理论，职工受众超过124万人。

依托职工书屋、户外劳动者驿站、职工之家等工会重要阵地，开展“阅读新时代建工新征程”主题阅读活动、党史专题阅读活动、“红色工运VR展馆”网上打卡活动，参与人数达3万余人。

（四）推动薪酬激励集体协商，激发职工勤劳致富内源力

以“加强产业工人队伍改革、提高技术工人收入水平”为切入口，大力推动薪酬激励集体协商工作，即通过集体协商使职工能够共享企业发展成果，通过薪酬激励机制，引导职工爱岗敬业，创造成果，最终形成企业与职工之间的良性循环。截至2023年5月底，江苏省签订职工技术创新、能级工资专项集体合同或在工资专项集体合同中设立薪酬激励内容的企业（含行业覆盖）共有1.78万家，覆盖职工207.4万人。其中，如泰州市仅2022年度就为数万名技术工人增加了1亿元以上的津补贴（奖金）；常州强力先瑞自签订专项集体合同以来，共计发放奖金26万余元，受益职工达80人，占职工总数的20%。

2023年5月施行的《江苏省集体协商条例》中，首次将签订职工技术创新、能级工资专项集体合同的要求写入条例，成功将工会实践创新成果转化为法律制度，为依法推进薪酬激励集体协商工作提供了法律支撑，也为职工工资收入与企

业效益同步增长提供了法律保障。

工会与省人社厅、邮政管理局及快递协会合作，连续两年调研快递行业从业人员的劳动用工状况，牵头制定《关于开展快递行业集体协商工作的指导意见》，截至2022年年底，全省签订25个快递行业集体合同，覆盖快递企业467家，从业人员10多万人。南通、淮安和泰州等地开展送餐员和网约车企业集体协商，维护新就业形态劳动者合法权益。

（五）持续推进关爱帮扶行动，团结实现共同富裕磅礴力量

关注新就业形态劳动者，以“重点突破、行业覆盖、区域兜底”立体化组件模式，推进平台企业、头部企业及关联企业建会工作，把工会工作纳入对运营商、加盟商的考核体系，将新就业形态劳动者纳入工会保障网；开展苏工暖“新”8+X综合服务集市活动，为新就业形态劳动者提供健康体检、暖“新”礼包、专项保险、法律服务、心理咨询等服务，全省开展54场活动，现场服务新就业形态劳动者超1万人。

关注重点人群，以送温暖活动为主线，筹集资金1.42亿元，走访慰问困难职工、一线职工、先进劳模、新就业形态劳动者等30.46万人。在“江苏工会APP”上开通“困难职工网上申报”通道，制作专题宣传漫画、动画视频，拓宽广大职工申请帮扶的路径。组织开展“微心愿”活动，动员引导社会力量参与工会帮扶，全省各级工会为困难职工家庭实现个性化“心愿”需求1785个，共计投入资金97.4万元。

关注低收入群体，参与推动江苏省最低工资标准调整。受多重因素影响，江苏最低工资标准多年未有调整，工会积极关注，向政府提交江苏省最低工资标准调整情况说明，呼吁调整江苏省最低工资标准，为保障和改善民生献计献策。

（六）加强联系引导社会组织，在共同富裕道路上助力职工生活生产

助力产业工人队伍建设改革，引导省级产改试点单位通过打造“双强型”社会组织、实施“社会组织+”工作模式、建立社企互动服务中心等方式联系引导社会组织助力产改。截至2023年6月底，全省工会联系引导283家社会组织建立培训基地或产教联盟429个，培训职工17.8万人，开展职业技能等级认定覆盖职工18万人。

助力构建和谐劳动关系，在全省培育专业性协调劳动关系社会组织，发挥劳动关系和谐企业协会、基层法律服务工作者协会、人力资源协会等社会组织积极

作用，为企业和职工提供和谐创建、法律援助、就业指导等专业化服务。推动各地工会联合快递行业协会等成立协调劳动关系三方组织，截至 2023 年 6 月底，已成立 10 个设区市级和 15 个县级快递行业三方组织。

助力提升职工生活品质，确认南京宁工职业培训中心等 10 家社会组织为省级关爱职工公益伙伴试点单位，开展理论研究和业务设计，为职工提供更多精细精准的关爱服务项目。推动各级工会围绕职工生产生活需要，着力解决职工“急难愁盼”问题，及时将职工多样化需求转化为工会工作项目，联系引导社会组织为职工提供专业化服务，提高职工生活品质。2022 年，各级工会购买社会组织服务职工项目 229 个，服务职工超 100 万人次。

四、工会在推动实现职工共同富裕中遇到的突出问题

课题组利用问卷调查的研究方式对 300 家企业、5027 名职工进行了调查，问卷涉及职工收支、职业技能（等级）提升、集体协商、职工生活品质等内容。尽管调查显示，近两年来，江苏省地区经济发展均衡度逐年提高，不同类型地区的职工可支配收入差距逐渐缩小（将不同类型地区的生活成本计算进去），职工总体工资收入保持增长趋势未减，企业劳动关系和谐度高位稳定，职工对自身生活品质满意度较高，离率先实现共同富裕的奋斗目标越来越近，但仍有突出问题和迫切需求，主要为以下三方面。

（一）收入问题是推动实现职工共同富裕最关键的问题

收入是职工最为关心的问题。在影响职工生活品质的多种因素中工资收入占比遥遥领先，高达 78.56%，比第二大问题住房问题高出近 30 个百分点。由此可见，收入仍旧是职工最关心的问题，是影响职工幸福感、满意度最直接的问题。

一线职工和小微企业职工工资水平相对偏低。尽管在国际贸易环境变化等不利因素影响下，江苏职工收入水平总体在稳步提升，但一线职工和小微企业职工工资水平仍旧相对偏低。一线职工平均月工资比全省平均月工资低 2139 元（全省月平均工资 8510 元，一线职工月平均工资 6371 元）。从不同岗位职工工资增减情况来看，一线职工工资增加人数占比最低，幅度也远低于他们的心理预期。此外，从不同规模企业来看，小微企业发放的税前工资最低，整体平均工资在 5972 元/月，低于样本企业平均发放职工月均税前工资 302 元。

企业的专技人员工资收入分配方案还有欠缺，薪酬激励不足。在受调查样本

中，专技人员认为自己给单位创造的价值与实际获得的工资水平相比是不对等的占比高于其他岗位职工。此外，有53.2%的职工所在企业发放技能工资，总体技能工资占工资总额比例为10.6%。其中，63.3%的职工表示技能工资占工资总额比例低于10%。对专技人员而言，技术高低是体现个人在单位价值大小的主要因素，与之匹配的收入分配方案是激励专技人员提升技能、创造成果的主要措施，现阶段虽然有超过半数的企业将技能纳入工资收入范畴，但如何制订公平、合理、科学的方案还需进一步思考和完善。

产业工人加班情况较为严重，加班工资仍是收入的较大来源。江苏省作为制造业大省，多数企业工资分配采用按件计酬方式，在工资收入方面多为多劳多得。受调查的样本中，61.6%的产业工人表示需要经常加班，其中33.2%的产业工人表示每周加班时数超过8小时，40.6%的产业工人表示加班工资收入占其工资收入比重达15.45%。产业工人平均工资收入为81761元/年，低于全省平均数，如果将加班工资去除的话，收入将更低。因此，为了增加工资收入，多数产业工人都会选择加班。

（二）困难职工的帮扶问题是工会推动职工共同富裕过程中基层工会反映最为突出的问题

困难职工帮扶政策宣传不到位。在走访过程中，各基层工会均表示困难帮扶的相关政策和网上申报方式已经通过报纸、杂志、电视等多种方式进行宣传，但是实际上总体宣传覆盖面还不够。职工样本数据显示，对帮扶政策不太了解的职工占37%。此外，对于基层工会组织不健全的单位，网上申报是困难职工申报的重要补充途径，但部分地区宣传力度不大、指导服务不强，导致通过网上申报的困难职工数量较少，其中无锡、镇江等地网上申报的困难职工仅为个位数。

建档边缘职工容易脱离工会视线。目前工会帮扶救助的对象主要限于建档困难职工家庭（困难职工建档以家庭收入扣减刚性支出必要费用后的家庭人均纯收入为基准），对于其他处于建档边缘的且生活经济压力确实大的低收入群体政策无法覆盖，这就导致该类职工群体不易被排查、监测，无法得到帮扶。

对困难职工帮扶项目和手段还不够丰富。在解困脱困任务完成以后，工会主要的帮扶措施仍是实施生活救助、医疗救助与子女救助等，一般均是通过资金援助来缓解困难家庭的生活困难，这与共同富裕的本质要求不相匹配。除了关爱·圆梦、微心愿、暖心助学、工会进万家等已成熟的帮扶服务品牌外，未能拓展其他方面的帮扶服务项目，尤其在技能提升、就业创业、法律援助、心理健康等方面还缺少有代表性的品牌项目。此外，困难职工致困原因多样化，每个困难职工需要的帮助也不完全相同。目前，除了统一的帮扶项目和手段外，还缺少多样化、个性化的帮扶措施。

发挥工会枢纽型社会组织作用还不够充分。在走访调查中发现，南京、无锡、连云港、淮安和盐城等5个设区市的困难职工仍未纳入当地社会救助和保障标准与物价上涨挂钩联动机制，在主动协调政府有关部门形成帮扶工作合力和帮扶政策衔接落实上还有待加强。此外，从设区市和县级总工会购买专业化服务来看，还存在资金投放量不足、服务内容不丰富的情况，没有充分发挥社会力量协助参与困难职工帮扶作用。

（三）职工生活压力大是制约实现职工共同富裕的突出问题

职工家庭生活质量在下降。2022 年较 2021 年职工家庭收入下降 10. 24%，支出下降 2. 2%。从职工家庭分类支出结构数据分析结果来看，职工家庭用于衣食住行方面的生存必要性支出比重高达 69. 47%。职工在家庭总收入下降的情况下，总支出占收入比不升反降，说明职工在用削减消费的方式稳定家庭储蓄以增强家庭抵御风险的能力。

子女教育、老人赡养压力大。从职工家庭分类支出结构数据分析结果来看，除生存必要性支出外，职工在子女教育与老人赡养上的支出占比排前，分别为 62. 37% 和 44. 92%，而娱乐性支出，如旅游、应酬或个人提升支出，如学习进修，均在 10% 左右。子女教育支出主要是购买学区房、辅导班（托班）费用，老人赡养支出主要是医疗费用、保姆（护工）费用，这一情况在一类地区、外来务工（新市民）身上较为突出。

部分劳动者社保需求亟待解决。社会保险对于保障劳动者当下生活及往后养老有着重要意义，受调查样本数据显示，职工参加社会保险的比例为 98. 6%，其中，企业为职工办理“五险”的比例为 94%，而小微企业办理“五险”的比例低于整体水平，为 92. 4%。同时，企业按照社保缴费基数下限缴纳社会保险费中小微企业占比较多。此外，部分小微企业还存在缴纳职工社会保险是由职工本人全额支付、灵活就业者挂靠等现象，小微企业缴纳职工社会保险率有待提高。除了小微企业职工外，新就业形态劳动者的社保需求等劳动权益保障也需要重点关注，因为这类群体与普通职工用工形式不同，他们的社会保险几乎均由自己缴纳，这就可能存在因为生活经济压力大等不缴纳的情况。

五、对突出问题的几点思考

(一)推动收入合理增长，促进更多低收入群体迈入中等收入行列

积极关注最低工资标准。适当提高最低工资标准，是政府宏观管理劳动力市场、向社会主动发出的正面信号，工会作为广大职工群众的“娘家人”，有责任有义务推动参与最低工资标准的适当上调。从受调查样本数据中，可以看到目前江苏省有36.7%的企业以地方最低工资标准作为职工基本工资。地方最低工资的上涨将对部分职工的社保缴费基数、公积金、加班工资的计算等产生直接影响，使城市低收入劳动群体及其赡养人口的基本生活质量得到保障。

提升技能工资在职工工资总额中的比重。从受调查样本数据中，可以看到当前职工技能工资在其工资中的比重不高，认为当前的薪酬体系能充分体现个人技术含量的职工样本仅为37%。专技人员的工资收入与其在企业发展中的重要程度不相匹配。如专技岗位平均工资比基层管理岗位略高，远低于中层管理岗位平均工资。此外，部分职工表示对技能提升不感兴趣，主要原因在于企业没有关于技能提升的工资增长方案。因此，工会要积极推动企业优化职工工资结构，将技能(职称)等级纳入工资结构范畴，提供技能(职称)等级提升渠道和时间，激励职工提升技能(职称)等级的意愿。

依法推进薪酬激励集体协商，实现职企“双赢”。从受调查样本数据中，可以看到92.91%的职工希望企业薪酬制度对职工更有激励引导作用。江苏省推行的薪酬激励集体协商包含但不限于能级工资、职工技术创新等协商内容。对于职工技术创新、技能等级提升等激励措施的约定既保障了职工在工资分配中的参与权和企业发展成果的分享权，又激发了职工推动企业健康发展的内在积极性、创造性。在开展集体协商的企业中，有95.76%的企业高管认为开展薪酬激励集体协商对企业健康发展有促进作用，78.53%的职工表示开展了薪酬激励集体协商对个人收入有了明显提升。因此，将薪酬激励机制纳入集体协商条例中，转化为地方法规，依法推进，有助于提升集体协商质效，实现职工共建共享企业发展成果。

(二)强化困难职工帮扶工作，确保在共同富裕路上一个不掉队

加大困难帮扶政策的宣传力度。除了利用报纸杂志、电视电台等传统媒介和网站、微信公众号等新兴媒体，还要通过组织开展学习会、发放政策宣传册等多

种形式，使政策措施进社区、进企业、进班组，实现政策宣传和落实全覆盖、不遗漏。同时，省级工会要督导各地加强网上申报功能的宣传推广和指导服务，扩大网上申报知晓率和覆盖面。

丰富拓展困难职工帮扶对象及内容。一方面，加大对困难职工建档边缘群体的关心关爱，省级工会要出台健全低收入人群摸底排查机制以及返贫致困监测机制相关文件，确保应帮尽帮。另一方面，出台困难帮扶专项资金项目管理相关文件，在做实建档困难职工家庭生活救助类、子女助学类、医疗救助类等项目基础上，进一步拓展职业培训和职业介绍、工会勤工俭学、职工创新创业、特殊职工群体关爱、特殊职工群体生活品质提升等帮扶项目，打造工会帮扶服务工作品牌。

推动形成困难帮扶工作合力。推动各地加强与党委政府社会救助政策的有效衔接，加大社会救助政策的源头参与力度，积极推动医疗救助、物价补贴等各项社会救助政策延伸到困难职工及家庭成员，从制度保障上做好困难职工帮扶工作，兜住兜牢困难职工的基本生活保障底线。此外，在社会救助体系基础上，增强帮扶资金开发性功能，动员引导具有影响力的公益慈善组织、大中型企业等设立困难职工帮扶专项公益基金，组织开展帮扶活动项目。

（三）提升职工生活品质，不断增强职工幸福感、满意度

以职工群众急难愁盼为出发点。民生的保障和改善，对职工生活品质有着直接影响。工会要在职责范围内解决好就业、社保、生产安全、食品安全等民生问题，促进职工有更稳定的工作、更满意的收入、更可靠的社会保障、更充足的生活福利、更丰富的精神文化生活。尤其要重视缺少保障的农民工、新就业形态劳动者及未建立工会的小微企业员工的权益维护，要加大该类群体建会入会力度，利用“互联网+”开通便利入会渠道，积极推动行业性、区域性（含社区、工业园区、街道、乡镇等）联合工会组织，将其纳入工会保障网。

以“精神大餐”丰富职工生活品质内涵。一方面，加强职工文化阵地建设，拓展工人文化宫、职工书屋、户外劳动者驿站、康乃馨服务站等工会阵地功能，加强精神文化输出，引导劳动者走上勤劳致富、昂扬向上的共同富裕之路。另一方面，宣传职工，凝聚职工力量。在宣传劳模工匠的同时，也要加强普通职工宣传，挖掘普通职工的故事，将更多视角聚焦在普通职工身上，让更多职工跃然“荧幕”，引导职工爱岗敬业，也使他们获得社会尊重。

以“第三方力量”延伸工会服务手臂。工会通过购买社会组织服务、发动

志愿者等方式，为职工提供就业指导、心理服务、子女托管、专家义诊等专业性服务。根据新就业形态劳动者的特征有针对性地开发医疗保障、心理关爱、法律维权服务等专属服务项目，积极探索“工会+第三方”提供新就业形态劳动者普惠服务长效机制。

参考文献：

[1] 于萍．十九大以来关于扎实推进共同富裕问题研究综述 [J]．理论视野，2022 (9)．

[2] 淦宇杰，许铃川．分配制度改革推进共同富裕的内在逻辑、基本特征与结构优化 [J]．南昌大学学报（人文社会科学版），2022 (3)．

推进新时代中国工会学理论创新必须立足两个基本概念

王多吉①

（中国劳动关系学院马克思主义学院）

摘　要： 厘清基本概念是学科研究的重要基础，深化新时代中国工会学理论研究和创新，必须深入马克思主义理论源头，结合《中国工会章程》的历史演变，科学把握"工人阶级"和"中国工会"这两个基本概念。基于这两个基本概念，围绕"什么是工人阶级、工人阶级要干什么，什么是工会、工会要干什么""什么是中国工人阶级，什么是中国工会""中国工会干什么""中国工会怎样干""中国工会如何发展"这五个问题，推进工会学话语体系和学科体系建设，是新时代工会学研究的重要路径选择。

关键词： 工人阶级　中国工会　新时代中国工会学　创新

中国工会十八大报告指出："习近平总书记关于工人阶级和工会工作的重要论述，系统阐明了新时代党的工运事业和工会工作的地位作用、工运主题、发展道路、目标任务、根本保证，深刻回答了新时代为什么要全心全意依靠工人阶级、怎样全心全意依靠工人阶级，建设什么样的工会、怎样建设工会等方向性、根本性、战略性重大问题，为新时代新征程党的工运事业和工会工作提供了根本遵循。"② 新时代中国工会学研究，必须围绕这两个方向性、根本性、战略性的重大问题展开，这就涉及两个基本概念："工人阶级"和"中国工会"。厘清这

---

① 王多吉，中国劳动关系学院马克思主义学院副教授、副院长。

② 王东明．以习近平新时代中国特色社会主义思想为指导 组织动员亿万职工为强国建设民族复兴团结奋斗——在中国工会第十八次全国代表大会上的报告［N］．工人日报，2023-10-14.

两个基本概念，是深化新时代工会学研究的重要基础。

一、工人阶级

习近平总书记指出："坚持和发展中国特色社会主义，必须全心全意依靠工人阶级、巩固工人阶级的领导阶级地位，充分发挥工人阶级的主力军作用。"[①] 科学把握习近平总书记的这一重大战略判断，必须深入马克思主义理论的源头，正本清源，准确把握"工人阶级"的科学概念，正确认识工人阶级的伟大历史使命，全面阐明中国工人阶级的性质、地位和历史作用。

（一）工人阶级含义的原初语境

在马克思主义理论体系中，工人阶级就是无产阶级，二者意思等同。工人阶级是从职业特征上讲的，无产阶级是从社会地位上讲的。在《共产主义原理》中，恩格斯指出："无产阶级是完全靠出卖自己的劳动而不是靠某一种资本的利润来获得生活资料的社会阶级。这一阶级的祸福、存亡和整个生存，都取决于对劳动的需求，即取决于工商业繁荣期和萧条期的更替，取决于没有节制的竞争的波动。一句话，无产阶级或无产者阶级是 19 世纪的劳动阶级。"[②] 在恩格斯看来，凡是靠"自己的劳动获得生活资料"的劳动者，都属于"工人阶级"。问题在于，"劳动阶级一向就有"，是不是有了"劳动阶级"也就同时有了"工人阶级"呢？不是的！恩格斯认为，无产阶级（工人阶级）是 19 世纪的劳动阶级。这里就涉及三个问题：其一，工人阶级是怎样产生的？其二，19 世纪是一个怎样的时代？其三，马克思和恩格斯关于 19 世纪时代特征的描绘在今天是否依然具有普遍的适用性？

恩格斯指出："无产阶级是由于工业革命而产生的，这一革命在上个世纪下半叶发生于英国，后来，相继发生于世界各文明国家。"[③] 工业革命使得"几乎所有劳动部门都按照工厂方式进行经营了，在所有劳动部门，手工业和工场手工业几乎都被工业挤掉了。于是，从前的中间等级，特别是小手工业师傅日益破产，工人原来的状况发生了根本的变化，产生了两个逐渐并吞所有其他阶级的新

---

① 习近平关于工人阶级和工会工作论述摘编［M］．北京：中央文献出版社，2023：21.
② 马克思恩格斯选集：第 1 卷［M］．北京：人民出版社，2012：295.
③ 马克思恩格斯选集：第 1 卷［M］．北京：人民出版社，2012：295.

阶级”①。这两个新阶级就是，“在所有文明国家里现在已经几乎独占了一切生活资料和生产这些生活资料所必须的原料和工具”② 的阶级即资产阶级，以及“完全没有财产的阶级，他们为了换得维持生存所必需的生活资料，不得不把自己的劳动出卖给资产者”③ 的阶级即工人阶级。正是因为工人阶级是由于工业革命而产生的，所以，恩格斯才说，无产阶级就是19 世纪的劳动阶级或者劳动者阶级。

19 世纪是一个怎样的世纪呢？在《共产党宣言》中，马克思和恩格斯称其为“我们的时代”“资产阶级时代”。马克思和恩格斯指出：“我们的时代，资产阶级时代，却有一个特点：它使阶级对立简单化了。整个社会日益分裂为两大敌对的阵营，分裂为两大相互直接对立的阶级：资产阶级和无产阶级。”④ 在19 世纪，“随着资产阶级即资本的发展，无产阶级即现代工人阶级也在同一程度上得到发展；现代的工人只有当他们找到工作的时候才能生存，而且只有当他们的劳动增殖资本的时候才能找到工作”⑤。可以看出，19 世纪就是一个由工业革命开启的时代，是从“自然联系占优势”转向“社会因素占优势”的时代，是从自然经济转向市场经济的时代，是从“人的依赖性”转向“以物的依赖性为基础的人的独立性”的时代。与此相应，人类社会历史也开始由地域性的历史转向世界历史。以往那种各个民族、国家闭关自守、自给自足的状态，逐渐被全面的相互交往、相互依赖、相互制约、相互渗透所代替。伴随着资本主义生产方式的发展，社会日益分裂为两大对立的阶级：资产阶级和无产阶级。于是，随着资本主义生产方式的确立和发展，无产阶级和人类解放的历史任务也产生了，这就意味着从19 世纪开始，人类社会进入了从资本主义向共产主义过渡的时代。

人类历史发展到今天，与马克思所处的时代相比已经发生了巨大而深刻的变化，但从人类历史发展的大视野来看，世界仍然处于马克思所指明的从资本主义向社会主义过渡的大时代。所以，“《宣言》中所阐述的一般原理整个说来直到现在还是完全正确的”，“这些原理的实际运用，正如《宣言》中所说的，随时随地都要以当时的历史条件为转移”。⑥ 因此，恩格斯对“无产阶级”的定义到今天依然适用。工人阶级指的就是以劳动收入为主要生活来源的劳动者阶级，就是现代社会中的劳动阶级或者劳动者阶级。

---

① 马克思恩格斯选集：第1卷［M］. 北京：人民出版社，2012：296.
② 马克思恩格斯选集：第1卷［M］. 北京：人民出版社，2012：296－297.
③ 马克思恩格斯选集：第1卷［M］. 北京：人民出版社，2012：297.
④ 马克思恩格斯选集：第1卷［M］. 北京：人民出版社，2012：401.
⑤ 马克思恩格斯选集：第1卷［M］. 北京：人民出版社，2012：407.
⑥ 马克思恩格斯选集：第1卷［M］. 北京：人民出版社，2012：376.

（二）工人阶级的伟大历史使命

工人阶级承担着解放自己并最终解放全人类、实现共产主义的历史使命。马克思指出："无产阶级宣告迄今为止的世界制度的解体，只不过是揭示自己本身的存在的秘密，因为它就是这个世界制度的实际解体。无产阶级要求否定私有财产，只不过是把社会已经提升为无产阶级的原则的东西，把未经无产阶级的协助就已作为社会的否定结果而体现在它身上的东西提升为社会的原则。"① 在马克思看来，无产阶级承担着两大历史重任：其一，宣告现存资本主义制度的解体；其二，否定私有财产。无产阶级为什么能够承担这两大历史重任，并最终完成人类解放的历史使命呢？因为无产阶级的解放同人类解放是完全一致的。无产阶级没有自己的特殊利益，它不是狭隘的利益集团，它不像以前的剥削阶级那样，摧毁了一种狭隘的统治利益，又形成一种新的狭隘的统治利益，而是要从根本上铲除这种不合理的利益关系，真正实现全人类的利益。为此，它决不谋求自己对社会的统治，而是要消灭一切统治，因为奴役他人的人自己也不可能真正获得自由和解放。

马克思指出："'解放'是一种历史活动，不是思想活动，'解放'是由历史的关系，是由工业状况、商业状况、农业状况、交往状况促成的。"② 就实际进程来看，工人阶级所承担的人类解放使命，是一个从全面受到束缚到部分解放再到更全面、更彻底解放的过程，也是一个由众多人受到束缚到少数人的解放再到多数人的解放，最终实现整个人类解放的过程。所以，马克思说："代替那存在着阶级和阶级对立的资产阶级旧社会的，将是这样一个联合体，在那里，每个人的自由发展是一切人的自由发展的条件。"③

（三）中国工人阶级的性质、地位和历史作用

毛泽东指出："科学研究的区分，就是根据科学对象所具有的特殊的矛盾性。"④ 矛盾的特殊性意味着具体事物的矛盾以及每一矛盾的各方面及其在不同的发展阶段上各有不同的特点。中国工人阶级的性质、地位和历史作用并不是一成不变的，而是随着党在各个阶段中心任务的变化而有所不同。

---

① 马克思恩格斯文集：第1卷［M］. 北京：人民出版社，2009：17.
② 马克思恩格斯文集：第1卷［M］. 北京：人民出版社，2009：527.
③ 马克思恩格斯文集：第2卷［M］. 北京：人民出版社，2009：53.
④ 毛泽东选集：第1卷［M］. 北京：人民出版社，1991：309.

1. 新民主主义革命时期：中国工人阶级是中国新生产力的代表，是革命的领导阶级，为争取民族独立、人民解放而百折不挠、浴血奋战

毛泽东指出，工业无产阶级是“中国新的生产力的代表者，是近代中国最进步的阶级，做了革命的领导力量”①。虽然工人阶级、农民阶级、知识分子和民族资产阶级都是完成中国民主革命需要依靠的社会力量，但革命的领导阶级是工人阶级，“如果离开了这种根本的革命力量，离开了工人阶级的领导，要完成反帝反封建的民主革命是不可能的”②。1926 年 5 月第三次全国劳动大会通过的《组织问题与其运用之方法决议案》，肯认了无产阶级在工会组织中的领导地位，明确指出：“一年来民族革命运动中，工人阶级却表现出了自己阶级的伟大力量以及在这些运动中的领导地位。”③ 中国工人阶级除了具有世界无产阶级的基本优点之外，还具有最革命、最有觉悟以及和农民结成亲密的联盟等突出优点，在新民主主义革命时期，中国工人阶级“团结自己和团结人民，反对帝国主义和封建主义，为建立新民主主义的新中国而奋斗，这就是中国工人阶级的当前的任务”④。

2. 社会主义革命和建设时期：中国工人阶级作为我国的领导阶级，为进行社会主义革命、推进社会主义建设而自力更生、发愤图强

新中国的成立，使工人阶级成为国家的领导阶级，从根本上改变了工人阶级在国家和社会政治生活中的地位。但新中国成立初期，我国现代工业不发达，工人阶级队伍人数不多，占全国人口总数的比重较小。1949 年，全国人口总数为 5.4 亿，全国职工只有 809 万人，其中产业工业职工约 300 万人。随着国民经济的恢复和发展，工人阶级队伍迅速壮大，到 1952 年年底，全国职工总数已达 1500 多万人。党积极贯彻全心全意依靠工人阶级的方针，注意提高工人阶级的思想觉悟、培育工人阶级的高尚情操，并结合实际斗争需要开展了多种形式的政治启蒙和爱国主义教育活动，使得工人群众的思想觉悟、劳动热情大大提高，涌现出许多英雄模范人物，这支队伍的思想面貌已经焕然一新。

1956 年年底，随着社会主义改造的完成，社会主义基本制度已经在中国初步确立。1957 年召开的中国工会第八次全国代表大会规定了社会主义建设时期我国工人阶级的历史任务，指出“中国工人阶级和全国人民今后十年到十五年的

---

① 毛泽东 邓小平 江泽民论工人阶级和工会工作 [M]. 北京：中央文献出版社，2002：8.

② 毛泽东 邓小平 江泽民论工人阶级和工会工作 [M]. 北京：中央文献出版社，2002：18.

③ 中国工会章程简史（第 2 版）[M]. 北京：中国工人出版社，2018：167.

④ 毛泽东 邓小平 江泽民论工人阶级和工会工作 [M]. 北京：中央文献出版社，2002：24 – 25.

基本任务，就是要在优先发展重工业的基础上，发展工业和发展农业同时并举，把我国建设成为一个具有现代工业、现代农业、现代科学文化的社会主义强国”①。

3. 改革开放和社会主义现代化建设时期：中国工人阶级作为社会主义现代化建设的主力军，为解放和发展生产力、使人民尽快富裕起来而解放思想、锐意进取

1978 年召开的党的十一届三中全会，是新中国成立以来党的历史上具有深远意义的伟大转折，作出了“把工作着重点转移到社会主义现代化建设上来”的战略决策②，实现了党和国家工作中心的战略转移，开启了改革开放和社会主义现代化建设新的历史时期。1982 年党的十二大的胜利召开，指明了建设中国特色社会主义的正确道路。1983 年，中国工会十大在北京开幕，党和国家领导人胡耀邦、邓小平、李先念、陈云、彭真、邓颖超、乌兰夫等出席了大会开幕式并会见了全体代表，倪志福代表中华全国总工会第九届执行委员会向大会作了《在社会主义物质文明和精神文明建设中发扬工人阶级的主人翁精神》的工作报告，明确提出了要建设一支有理想、有道德、有文化、守纪律的职工队伍，充分发挥工人阶级在社会主义物质文明和精神文明建设中的主力军作用。此后，1988 年召开的中国工会十一大，提出了要推进工会改革，团结亿万职工在全面深化改革中发挥主力军作用。

1992 年党的十四大确定了我国经济体制改革的目标是建立社会主义市场经济体制。党的十四大的胜利召开，为社会主义市场经济条件下中国工会事业的发展明确了前进方向。在建立社会主义市场经济体制的过程中，中国工会和工会学研究面临一系列新问题：如何在搞好国有企业经营体制转换的同时，维护好职工的合法权益；如何处理好国家、企业、职工三者的关系；如何创新工会工作方向和工作方式，应对新形势新问题；等等。1993 年中国工会十二大通过的《中国工会章程》，在“总则”第三段对我国工人阶级的性质和地位作了明确规定，指出“中国工人阶级是我国的领导阶级，是先进生产力和生产关系的代表，是改革开放和社会主义现代化建设的主力军，是维护社会安定的强大而集中的社会力量”③。中国工会十三大、十四大、十五大、十六大都沿用这一表述，充分肯定了我国工人阶级在改革开放和社会主义现代化建设中的地位和作用。

---

① 中国工会章程简史（第 2 版）[M]. 北京：中国工人出版社，2018：194.
② 改革开放三十年重要文献选编（上）[M]. 北京：中央文献出版社，2008：14.
③ 中国工会章程简史（第 2 版）[M]. 北京：中国工人出版社，2018：228.

4. 中国特色社会主义新时代：中国工人阶级继续发挥主力军作用，为全面建成社会主义现代化强国、以中国式现代化全面推进中华民族伟大复兴而踔厉奋发、奋勇前进

2012 年召开的党的十八大开启了中国特色社会主义新时代，这是我国发展新的历史方位。习近平总书记多次在不同场合就新时代巩固工人阶级领导地位、充分发挥工人阶级主力军作用、坚持全心全意依靠工人的根本方针等作了重要论述。习近平总书记明确指出："工人阶级是我国的领导阶级，是我国先进生产力和生产关系的代表，是我们党最坚实最可靠的阶级基础，是全面建成小康社会、坚持和发展中国特色社会主义的主力军。"① 习近平总书记特别强调："不论时代怎样变迁，不论社会怎样变化，我们党全心全意依靠工人阶级根本方针都不能忘记、不能淡化，我国工人阶级地位和作用都不容动摇、不容忽视。"②

2018 年中国工会十七大通过的《中国工会章程》，在对工人阶级性质、地位的表述上，增加了"是中国共产党最坚实最可靠的阶级基础"的新定位，将中国工人阶级的性质和地位完整表述为"工人阶级是我国的领导阶级，是先进生产力和生产关系的代表，是中国共产党最坚实最可靠的阶级基础，是改革开放和社会主义现代化建设的主力军，是维护社会安定的强大而集中的社会力量"③。

新时代新征程上，中国工人阶级以忠诚可靠赓续工人阶级政治本色，以劳动创造担当工人阶级使命任务，以过硬本领展现工人阶级时代风采，以团结奋斗弘扬工人阶级崇高品格，以更加豪迈的姿态、勇于担当的精神，为实现全面建成社会主义现代化强国、以中国式现代化全面推进中华民族伟大复兴的宏伟目标而奋勇前进。

二、中国工会

中国工会十八大报告指出："中国工人阶级作为中国共产党最坚实最可靠的阶级基础，始终凝聚在党的旗帜下，牢牢把握我国工人运动时代主题，为完成党在不同历史时期的中心任务作出了重要贡献；中国工会作为党领导下的职工群众组织，始终忠诚党的事业，组织动员和服务亿万职工群众，充分发挥了桥梁纽带

① 习近平关于工人阶级和工会工作论述摘编［M］. 北京：中央文献出版社，2023：21.
② 习近平关于工人阶级和工会工作论述摘编［M］. 北京：中央文献出版社，2023：23－24.
③ 中国工会章程简史（第 2 版）［M］. 北京：中国工人出版社，2018：285.

作用。党的中心任务就是中国工人运动和工会工作的主题和方向。”[①] 深入中国工人运动的脉络去梳理中国工会性质的变化历程，是新时代中国工会学研究的重要内容。

1. 新民主主义革命时期：中国工会是工人阶级斗争的营垒，以争取民族和工人的解放为宗旨

关于工会的性质问题，1926 年 5 月第三次全国劳动大会通过的《组织问题与其运用之方法决议案》，第一次对民主革命时期工会的性质作了概括。该决议案指出：“工会是工人阶级斗争的营垒，他的组织，只有两种形式——产业的与职业的。他的原则是要严密的集中。所谓严密，是要工人群众在工会中加紧团结起来；所谓集中，就是在某地一个职业或一种产业，只有一个工会的组织。”[②] 作为工人阶级斗争的营垒，工会如何才能更好地发挥作用呢？1927 年 6 月第四次全国劳动大会通过的《组织问题决议案》，对此作了回答，强调工人阶级要完成重大任务，必须“吸收广大的工人群众参加工会；工会领导机关深入群众，与他们共同研究各种重要的事件，讨论有关工人斗争的方法等问题；在斗争中培养提拔有能力的工人参加工会活动。只有这样，才能使工会组织健全有力，进而与国际工人结成联合战线，共同斗争”[③]。

关于工会的宗旨问题，1925 年 5 月第二次全国劳动大会通过的《中华全国总工会章程》第一次明确指出：“本会以团结全国工人，图谋工人福利为宗旨。”[④] 1938 年 4 月陕甘宁边区工人第一次全国代表大会通过的《陕甘宁边区总工会章程》进一步指出：“本会以团结全边区工人、职员、雇农，拥护工人的利益，争取民族和工人的解放为宗旨。”[⑤] 这就将工会的宗旨从“图谋工人福利”拓展提升为“中华民族解放和工人阶级解放”。1948 年 8 月第六次全国劳动大会通过的《中华全国总工会章程》，对新民主主义革命时期中国工会的宗旨作了完整概括：“本会宗旨为团结全国职工，保护职工利益，争取中国工人阶级的解放，联合全国一切被压迫人民争取中国人民的解放，联合全世界工人为保卫世界和平与民主而奋斗。”[⑥] 由此可见，在新民主主义革命时期，党领导的工会坚持四个

① 王东明．以习近平新时代中国特色社会主义思想为指导组织动员亿万职工为强国建设民族复兴团结奋斗——在中国工会第十八次全国代表大会上的报告［N］．工人日报，2023－10－14．

② 中国工会章程简史（第 2 版）［M］．北京：中国工人出版社，2018：167．

③ 中国工会章程简史（第 2 版）［M］．北京：中国工人出版社，2018：171．

④ 中国工会章程简史（第 2 版）［M］．北京：中国工人出版社，2018：164．

⑤ 中国工会章程简史（第 2 版）［M］．北京：中国工人出版社，2018：182．

⑥ 中国工会章程简史（第 2 版）［M］．北京：中国工人出版社，2018：184．

宗旨：其一，团结全国的工人；其二，保护职工的利益；其三，争取中国工人阶级的解放和中国人民、中华民族的解放；其四，保卫世界和平与民主。

2. 社会主义革命和建设时期：中国工会是党领导下的工人阶级的自愿结合的广泛的群众组织，是学习管理、主持经济、学习共产主义的学校

1949 年中华人民共和国成立，广大工人阶级和劳动人民成了国家的主人。1953 年 5 月中国工会第七次全国代表大会通过的《中华人民共和国工会章程》明确规定："在人民民主专政的政权建立以后，中国工会在党的领导下成为工人群众学习管理的学校，学习主持经济的学校，学习共产主义的学校。"① 该章程同时明确规定："中国工会在国家建设时期最重要的任务，就是加强工人阶级的团结，巩固工农联盟，教育工人群众自觉地遵守国家法令和劳动纪律，努力发展生产，不断地提高劳动生产率，为完成与超额完成国家生产计划，加速国家工业化和逐步过渡到社会主义社会而斗争。"②

1957 年 12 月中国工会第八次全国代表大会通过的《中国工会章程》，第一次提出了中国工会是"党联系群众的引带"和"人民民主政权最坚强的社会支柱"。③ 该章程指出，"中国工会是工人阶级自愿结合的广泛的群众组织"，"中国工会是党领导下的工人阶级的群众组织，是党联系群众的引带。在人民民主专政条件下，中国工会是职工群众学习管理的学校，学习主持经济的学校，学习共产主义的学校"。④ 该章程同时还指出，"中国工会是我国人民民主政权最坚强的社会支柱"。⑤

1978 年 10 月中国工会第九次全国代表大会通过的《中国工会章程》，重申了 1957 年中国工会八大关于在社会主义革命和建设时期中国工会性质的界定，即"中国工会是中国共产党领导下的工人阶级自愿结合的群众组织，是党联系群众的纽带和中华人民共和国政权的支柱，是广大职工群众学习管理的学校，学习主持经济的学校，学习共产主义的学校。在整个社会主义历史阶段，工会都必须发挥应有的作用"⑥。

3. 改革开放和社会主义现代化建设时期：中国工会是党领导的职工自愿结合的工人阶级群众组织，是党联系职工群众的桥梁和纽带，是国家政权的重要社

① 中国工会章程简史（第 2 版）[M]. 北京：中国工人出版社，2018：187.
② 中国工会章程简史（第 2 版）[M]. 北京：中国工人出版社，2018：187.
③ 中国工会章程简史（第 2 版）[M]. 北京：中国工人出版社，2018：194－195.
④ 中国工会章程简史（第 2 版）[M]. 北京：中国工人出版社，2018：194.
⑤ 中国工会章程简史（第 2 版）[M]. 北京：中国工人出版社，2018：195.
⑥ 中国工会章程简史（第 2 版）[M]. 北京：中国工人出版社，2018：204.

会支柱，是会员和职工利益的代表

1983 年 10 月中国工会第十次全国代表大会修正的《中国工会章程》，在“总则”部分开宗明义地指出：“中国工会是中国共产党领导的职工自愿结合的工人阶级群众组织。”① 该章程同时提出：“工会要为职工说话、办事，维护职工的合法权益，加强对职工的思想政治教育和文化技术教育，建设一支有理想、有道德、有文化、守纪律的职工队伍，充分发挥工人阶级在社会主义物质文明和精神文明建设中的主力军作用。”②

1988 年 10 月中国工会第十一次全国代表大会通过的《中国工会章程》，将工会的地位进一步提升为“重要的社会政治团体”。该章程指出：“中国工会是中国共产党领导的职工自愿结合的工人阶级群众组织，是重要的社会政治团体。工会坚持以经济建设为中心，在维护全国人民总体利益的同时，更好地表达和维护职工群众的具体利益，为职工说话、办事，建设一支有理想、有道德、有文化、守纪律的职工队伍，充分发挥工人阶级在社会主义物质文明和精神文明建设中的主力军作用。”③

1992 年党的十四大明确了我国经济体制改革的目标是建立社会主义市场经济体制。与此相适应，1993 年召开的中国工会第十二次全国代表大会通过的《中国工会章程》，对社会主义市场经济体条件下中国工会的性质、职能、作用作了明确的规定。④ 1998 年的中国工会第十三次全国代表大会沿用了这些表述，在文字上未作修改。

关于中国工会的性质，根据 1993 年 10 月中国工会第十二次全国代表大会通过的《关于〈中国工会章程（修正案）〉的决议》修正的《中国工会章程》指出：“中国工会是中国共产党领导的职工自愿结合的工人阶级群众组织，是党联系职工群众的桥梁和纽带，是国家政权的重要社会支柱，是会员和职工利益的代表。”⑤

关于中国工会的职能，根据 1993 年 10 月中国工会第十二次全国代表大会通过的《关于〈中国工会章程（修正案）〉的决议》修正的《中国工会章程》指出：“中国工会的主要社会职能是：维护职工的合法利益和民主权利；动员和组

① 中国工会章程简史（第 2 版）[M]. 北京：中国工人出版社，2018：210.
② 中国工会章程简史（第 2 版）[M]. 北京：中国工人出版社，2018：210.
③ 中国工会章程简史（第 2 版）[M]. 北京：中国工人出版社，2018：219.
④ 中国工会章程简史（第 2 版）[M]. 北京：中国工人出版社，2018：228 - 229.
⑤ 中国工会章程简史（第 2 版）[M]. 北京：中国工人出版社，2018：228.

织职工积极参加建设和改革，完成经济和社会发展任务；代表和组织职工参与国家和社会事务管理，参与企业、事业和机关的民主管理；教育职工不断提高思想道德素质和科学文化素质，建设有理想、有道德、有文化、守纪律的职工队伍。”①

关于中国工会的作用，根据1998年10月中国工会第十三次全国代表大会通过的《关于〈中国工会章程（修正案）〉的决议》修正的《中国工会章程》，将其概括为三方面：其一，在发展社会主义市场经济的过程中，在维护职工政治权利的同时，维护职工的劳动权利和物质文化利益，并参与协调劳动关系，努力促进经济发展和社会的长期稳定；其二，维护国家政权，协助人民政协开展工作，在政府行使国家权力过程中发挥民主参与和社会监督作用；其三，在企业、事业单位中，支持行政依法行使管理权力，组织职工参与民主管理和民主监督，与行政方面建立协商制度，保障职工的合法权益，调动职工的积极性，促进企业、事业的发展。②

2003年9月召开的中国工会十四大，第一次对中国工会的基本职责作了明确界定，指出“中国工会的基本职责是维护职工合法权益”③。2008年10月的中国工会十五大、2013年10月的中国工会十六大都继续肯认了这一说法。

4. 中国特色社会主义新时代：坚持中国工会的性质定位，为全面建成社会主义现代化强国、实现第二个百年奋斗目标，以中国式现代化全面推进中华民族伟大复兴而奋斗

2018年中国工会十七大和2023年中国工会十八大都在“总则”开门见山、开宗明义地写道：“中国工会是中国共产党领导的职工自愿结合的工人阶级群众组织，是党联系职工群众的桥梁和纽带，是国家政权的重要社会支柱，是会员和职工利益的代表。”

2018年中国工会十七大通过的《中国工会章程》根据党的十九大精神，把“以习近平新时代中国特色社会主义思想为指导”写入工会章程，增写了中国工会“保持和增强政治性、先进性、群众性”，鲜明强调中国工会“自觉接受中国共产党的领导”和“承担团结引导职工群众听党话、跟党走”的政治责任，提出中国工会的基本职责是维护职工合法权益、竭诚服务职工群众，提出中国工会

① 中国工会章程简史（第2版）[M]. 北京：中国工人出版社，2018：228.
② 中国工会章程简史（第2版）[M]. 北京：中国工人出版社，2018：239-240.
③ 中国工会章程简史（第2版）[M]. 北京：中国工人出版社，2018：250.

“把握为实现中华民族伟大复兴的中国梦而奋斗的工人运动时代主题”。①

中国工会十八大全面贯彻党的二十大精神，强调工会保持和增强政治性、先进性、群众性，坚定不移地走中国特色社会主义工会发展道路，推动党的全心全意依靠工人阶级的根本指导方针的贯彻落实，全面履行工会的社会职能，在维护全国人民总体利益的同时，更好地表达和维护职工的具体利益，团结和动员全国职工自力更生、艰苦创业，坚持和发展中国特色社会主义，为全面建成社会主义现代化强国、实现第二个百年奋斗目标，以中国式现代化全面推进中华民族伟大复兴而奋斗。

三、基于两个基本概念的新时代中国工会学理论体系创新

阐明“工人阶级”和“中国工会”这两个基本概念，有助于推动新时代中国工会学研究。新时代中国工会学研究需要围绕“什么是工人阶级、工人阶级要干什么，什么是工会、工会要干什么”“什么是中国工人阶级，什么是中国工会”“中国工会干什么”“中国工会怎样干”“中国工会如何发展”这五个问题，系统阐明马克思主义关于工人阶级和工会工作的理论、中国工人阶级和工会的性质理论、中国工会的职能和基本职责理论、中国工会治理理论、中国工会改革创新理论，形成一个内在关联、系统完整的理论体系。

1. 什么是工人阶级、工人阶级要干什么，什么是工会、工会要干什么——马克思主义关于工人阶级和工会工作的理论

马克思主义关于工人阶级和工会工作的理论，尤其是习近平总书记关于工人阶级和工会工作的重要论述，构成新时代中国工会学的理论基础。这一理论基础需要系统阐明三个问题：

第一个问题是马克思、恩格斯、列宁关于劳动的理论、关于工人阶级的理论、关于工会的理论，重点阐明马克思主义劳动观的基本要旨、无产阶级伟大历史使命理论、工人运动与科学社会主义相结合的思想以及马克思主义经典作家关于工会的起源、性质、地位以及工会国际联合的思想，等等。

第二个问题是中国共产党关于工人阶级和工会工作理论的探索与发展，分别阐明以毛泽东同志为主要代表的党的第一代中央领导集体、以邓小平同志为主要代表的党的第二代中央领导集体、以江泽民同志为主要代表的党的第三代领导集体、以胡锦涛同志为总书记的党中央关于工人阶级和工会工作的理论。

---

① 中国工会章程简史（第2版）[M]. 北京：中国工人出版社，2018：285－286.

第三个问题是习近平总书记关于工人阶级和工会工作的重要论述。这一重要论述，系统阐明了新时代党的工运事业和工会工作的地位作用、工运主题、发展道路、目标任务、根本保证，深刻回答了新时代为什么要全心全意依靠工人阶级、怎样全心全意依靠工人阶级，建设什么样的工会、怎样建设工会等方向性、根本性、战略性重大问题，为新时代新征程党的工运事业和工会工作提供了根本遵循。在理论阐释上，要结合中国工会十八大精神，系统阐明这一重要论述的理论主题、根本问题、科学体系、理论特质、重要地位和重大意义。

2. 什么是中国工人阶级，什么是中国工会——中国工人阶级和中国工会的性质理论

工会的性质、地位和作用问题，是贯穿工会各项工作全部过程的、带有方向性和原则性的大问题，也是每一个工会工作者进行工作的基本理论原则和行动依据。毛泽东指出："大家明白，不论做什么事，不懂得那件事的情形，它的性质，它和它以外的事情的关联，就不知道那件事的规律，就不知道如何去做，就不能做好那件事。"① 同理，不了解中国工会的性质，就无法确定工会与其他社会组织的区别、相互关系和相互作用。所谓事物之间的相互关系和相互作用，就是不同性质事物的结合。因此，只有正确认识中国工人阶级的性质和地位，正确认识中国工会的性质和地位，才能进一步确定工会工作的理论原则和行动依据。

3. 中国工会干什么——中国工会的职能和基本职责理论

工会的职能和基本职责是体现工会性质、地位的实践活动的基本方面。离开工会的职能和基本职责，工会的性质、地位就成了无内容的空洞抽象。

工会的职能是工会通过自身职责的确定和履行所发挥的社会功能，即工会的社会职责与社会功能的有机统一。职责，所要说明的是工会这个社会组织究竟是干什么的，它有哪些社会责任，应该干什么，能够干什么。功能，是指工会在履行自己的职责之后，会起到什么样的社会效果和社会作用，具有什么样的社会价值。因此，工会的职能是工会实践活动的基本方向和内容，工会的基本职责是工会履行各项社会职能的基础工作和首要任务。

中国工会的职能和基本职责是由工会的性质、地位和作用决定的，与中国工会的产生、目标和任务紧密相连。为适应社会主义市场经济发展和劳动关系新变化，顺应职工群众的新期待、新需求，中国工会要通过履行职能、承担基本职责，充分发挥职工利益代表者和维护者的作用。

---

① 毛泽东选集：第1卷［M］. 北京：人民出版社，1991：171.

4. 中国工会怎样干——中国工会治理理论

中国工会应该怎样干，怎样才能干好，这事关工会治理体系和治理能力现代化，事关工会治理体系在国家治理体系和治理能力现代化中的地位和作用。党的十九届四中全会在推进国家治理体系和治理能力现代化的战略部署中强调，要“健全联系广泛、服务群众的群团工作体系，推动人民团体增强政治性、先进性、群众性，把各自联系的群众紧紧团结在党的周围”①，这为工会参与国家治理指明了方向。

推进中国工会治理理论研究，需要阐明两个问题：其一，工会治理在国家治理体系和治理能力现代化中的作用。国家治理体系和治理能力现代化是一项庞大的系统工程，涉及经济、政治、文化、社会、生态文明等各领域的制度安排、法律法规制定、体制机制、效能发挥等。工会工作要结合实际，在推进国家治理体系和治理能力现代化进程中发挥工会应有的作用。其二，职工、单位和所属工会相配合相协调的机制。按照“哪里有职工，哪里就有工会”的最终目标，持之以恒不断推进工会组建工作，加强自我教育、自我管理、自我服务，从基层基础做起，探索善治、法治、德治、自治“四位一体”的工会治理体系创新。

5. 中国工会如何发展——中国工会改革创新理论

党的二十大报告指出，要“深化工会、共青团、妇联等群团组织改革和建设，有效发挥桥梁纽带作用”②。工会要充分体现自己的性质，实现应有的地位，卓有成效地开展各项工作，更好地发挥职能作用，归根到底取决于工会自身的建设、改革和创新。要根据中国工会十八大提出的“要围绕保持和增强政治性、先进性、群众性，深入推进工会改革创新，健全联系广泛、服务职工的工会工作体系”要求，系统推进工会改革创新。中国工会的改革创新理论，应该包括如下内容：其一，工会的组织建设与改革；其二，工会的思想建设与改革；其三，工会的工作方法、作风建设与改革；其四，工会的经济、事业建设与改革。

总之，基于“工人阶级”和“中国工会”这两个基本概念，我们可以围绕“什么是工人阶级、工人阶级要干什么，什么是工会、工会要干什么”“什么是中国工人阶级，什么是中国工会”“中国工会干什么”“中国工会怎样干”“中国工会如何发展”这五个问题，构建一个逻辑统一、内在关联的话语体系和学科体系，以推动新时代中国工会学理论体系的创新和发展。

---

① 十九大以来重要文献选编（中）[M]. 北京：中央文献出版社，2021：274.

② 习近平. 高举中国特色社会主义伟大旗帜 为全面建设社会主义现代化国家而团结奋斗——在中国共产党第二十次全国代表大会上的报告 [M]. 北京：人民出版社，2022：38.

首都劳动领域政治安全工作现状研究①

徐超凡

（北京市工会干部学院工会理论与工会教育研究所）

摘　要：政治安全建设在总体国家安全观中处于首要地位，维护劳动领域政治安全是工会所担负的重要职责，是国家安全和社会稳定的有力保障。劳动领域政治安全，核心是要保障维护职工的合法权益。然而，当前经济社会的发展变革加剧，劳动领域政治安全正面临着前所未有的重大挑战和考验。为此，我们有必要立足于现阶段的特殊形势，对首都劳动领域政治安全相关工作，如劳动关系现状、劳动争议调解、劳动关系风险监测预警等方面所面临的问题现状进行梳理、判断和分析，总结典型经验做法，以求探索应对之策。

关键词：政治安全　劳动关系　劳动争议调解　风险预警　对策建议

一、研究背景

（一）维护政治安全是维护国家安全的基础和根本

2014 年 4 月，习近平总书记在全国召开的中央国家安全委员会第一次全体会议首次提出关于国家安全的新理念——总体国家安全观②，会议指出："必须坚持总体国家安全观，以人民安全为宗旨，以政治安全为根本，以经济安全为基础，以军事、文化、社会安全为保障，以促进国际安全为依托，走出一条中国特

① 课题来源：本课题系北京市总工会 2022 年调研课题"北京市劳动领域政治安全工作机制研究"（编号：2022－GHDYKT－ZX10）的子课题及研究成果。

② 习近平：坚持总体国家安全观，走中国特色国家安全道路［N］. 人民日报，2014－04－16.

色国家安全道路。”十九大报告对总体国家安全观的论述为：“必须坚持国家利益至上，以人民安全为宗旨，以政治安全为根本，统筹外部安全和内部安全、国土安全和国民安全、传统安全和非传统安全、自身安全和共同安全，完善国家安全制度体系，加强国家安全能力建设，坚决维护国家主权、安全、发展利益。”①党的二十大报告首次把国家安全作为报告中独立的一部分并作出了前所未有的系统阐述，对党和政府在当前统筹好发展和安全两件大事、构建现代化的国家安全体系、增强现代化的维护国家安全能力、有效保障国家安全和社会稳定等具有重要的指导作用。报告第十一部分对国家安全首次作出系统阐述，标题为“推进国家安全体系和能力现代化，坚决维护国家安全和社会稳定”②。总体国家安全观是对包括人民安全、政治安全等若干个国家安全要素组成国家安全体系、各种安全要素之间、安全体系与安全要素之间互相影响互相制约的一种综合整体认识和看法。习近平总书记强调：“把政治安全放在首要位置。”③ 政治安全建设既是维护国家安全的基础和根本，又是全国人民坚决维护和贯彻落实国家安全最直接、最现实的政治目标与迫切需求。只有政治安全得到保障，其他领域的安全才能有序维护。政治安全事关整个中国共产党和整个中国社会国家的安危，事关推进中国特色社会主义中国建设的伟大全局，必须将维护国家政治安全摆在首位。

（二）劳动领域政治安全面临着前所未有的重大挑战和考验

在构建和谐劳动关系方面，当前我国劳动关系总体和谐稳定，然而随着经济社会加快转型、新旧动能加快转换，新业态新模式不断涌现，劳动关系更为复杂，相关主体及其利益诉求越来越多元化，构建和谐劳动关系的任务更加艰巨繁重。在维护劳动领域政治安全方面，当前我国社会大局总体稳定，但也面临着重大考验，百年未有之大变局加速演进，美西方对我国进行着全方位的遏制打压。敌对势力往往借所谓“维权”对我国劳动领域插手煽动、渗透破坏，维护劳动领域政治安全工作任重道远。因此，我们有必要立足于当前的特殊形势，对首都劳动领域政治安全工作所面临的问题现状进行梳理、判断和分析，总结经验做法，构思应对之策。

---

① 习近平．决胜全面建成小康社会 夺取新时代中国特色社会主义伟大胜利——在中国共产党第十九次全国代表大会上的报告［M］．北京：人民出版社，2017：24.

② 习近平．高举中国特色社会主义伟大旗帜 为全面建设社会主义现代化国家而团结奋斗——在中国共产党第二十次全国代表大会上的报告［EB/OL］．人民网，2021－10－16.

③ 习近平在中央政治局第二十六次集体学习时强调 坚持系统思维构建大安全格局 为建设社会主义现代化国家提供坚强保障［EB/OL］．中国共产党新闻网，2020－12－13.

（三）维护劳动领域政治安全与构建和谐劳动关系相辅相成

《中共中央 国务院关于构建和谐劳动关系的意见》① 中指出，劳动关系是生产关系的重要组成部分，是最基本、最重要的社会关系之一。劳动关系是否和谐，事关广大职工和企业的切身利益，事关经济发展与社会和谐。构建和谐劳动关系与维护劳动领域政治安全是相辅相成的。劳动关系和谐是维护劳动领域政治安全的重要基础；确保劳动领域政治安全，劳动关系才会更加和谐。工会组织要做好劳动领域政治安全工作，就必须始终坚持防范化解与引领构建两手抓，两手都要紧，着力推动构建和谐劳动关系，维护劳动领域政治安全。因此，我们有必要将总体国家安全观贯穿到工会工作的全过程和各方面，从劳动领域政治安全的大局出发，用更系统的视角把握劳动关系的根源性问题。

二、研究目的

本课题以2022年第九次全国职工队伍状况调查在北京地区的开展作为契机和依托，将首都劳动关系现状作为切入点，并在此基础之上对劳动领域政治安全工作开展状况实施调研，以期发现存在的问题并试图提出合理化建议。

三、实证研究

（一）北京市劳动关系现状及主要问题

近年来，受新冠疫情与全球经济影响，我国经济下行压力加大，一些产业受到一些冲击，特别是劳动密集型中小企业出现经营困难，个别企业停产关闭。因此，我国企业劳动关系领域出现了一些新的变化，企业用工需求减少，规模裁员和职工待岗歇业现象增加，欠薪、断保甚至欠薪逃匿问题时有发生，劳动关系的不稳定性增强，劳动争议和举报投诉案件数量上升，发展和谐劳动关系面临新情况新问题。

1. 受新冠疫情与经济下行影响，职工队伍焦虑弥漫

在对2022年北京市总工会开展的第九次全市职工队伍状况调查的数据予以分析后，我们发现近五年：受各种原因影响有失业经历的职工占比13.5%；下岗

① 中共中央 国务院关于构建和谐劳动关系的意见［J］. 中国工运，2015（6）：4－7.

职工占比5%；有待岗经历的职工占比12.4%；离职后因各种原因未拿到经济补偿金的职工占比87.9%；超六成（60.6%）职工认为新冠疫情给其所在行业带来了冲击，甚至导致停工停产（23.2%）、失业（7.6%）、收入降低（37.5%）、断缴社保（6.6%）、就业机会下降（44.3%）；半数（50%）职工在近五年内会担心自己有失业风险，内心不安全感增加；在表达意见的渠道方面，选择用QQ、微信群等网络渠道反映诉求的职工占比12.2%；认为自己有一定压力及压力很大的职工占比90.41%，且主要的压力源仍是新冠疫情（17%）导致的收入下降（17%）以及对目前生活的影响，如对子女教育（12.9%）、高房价（11.9%）、看病就医费用高（10.7%）等民生问题的担忧。然而，我们也从数据中了解到，82.21%的职工认为社会是相对公平的，75.09%的职工对自己的生活感到满意，并对未来的生活抱有希望（82.6%）。

2. 职工队伍对工会工作认知老旧，工会维护职能知晓率低

在本次第九次职工队伍状况调查中，我们也分析了职工对工会工作的评价。当遇到困境的时候，职工想到寻求工会帮助的比例仅为8.8%，更倾向于通过亲友或自我调整（33%）；提及工会，职工最容易联想到的（图1）前三位依次是慰问送温暖（21.9%）、职工代表（16.9%）、福利补助（14%），而对于维权保障方面如劳动合同（5.9%）、调解争议纠纷（4.1%）等了解不够；在职工对工会各项职能发挥的评分上（图2），位居前三位的分别是帮扶困难职工、送温暖（95.83%）、维护女职工特殊权益（95.18%）、丰富职工业余文化生活（95.02%），而维护职能也位列末端；在对工会工作未来的期待上（图3），被排在前三位的依次是提高职工工资收入（24.8%）、开展职工职业技能培训（20.9%）、职工子女教育托管（9.5%），而调解劳动争议仅为6.1%。由此可见，职工对工会工作认知老旧，工会维护职能深入人心的能力有待提升。

3. 劳动争议案件数量较历年下降，案件复杂程度增加

我们对2017—2021年北京市总工会劳动争议案件的数据进行梳理后发现：此阶段劳动争议案件总量有逐年下降的趋势（图4）；由于近年来相关劳动争议调处联动机制的出台，工会加强了劳动争议调处的力度，虽外在环境有诸多不利影响，但争议案件成功调解率仍保持相对稳定，并有逐渐向好的趋势（图5）；五年来工会在争议调解方面为职工挽回直接经济损失共计13.29亿元。

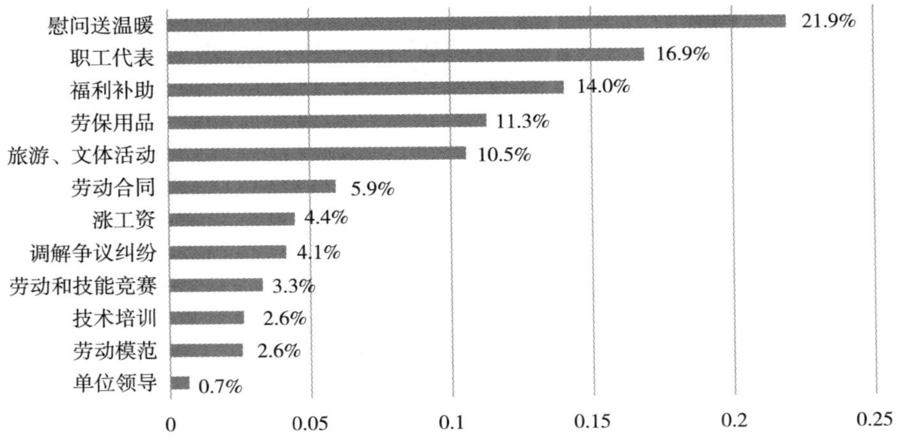

图 1　职工联想到工会的认知

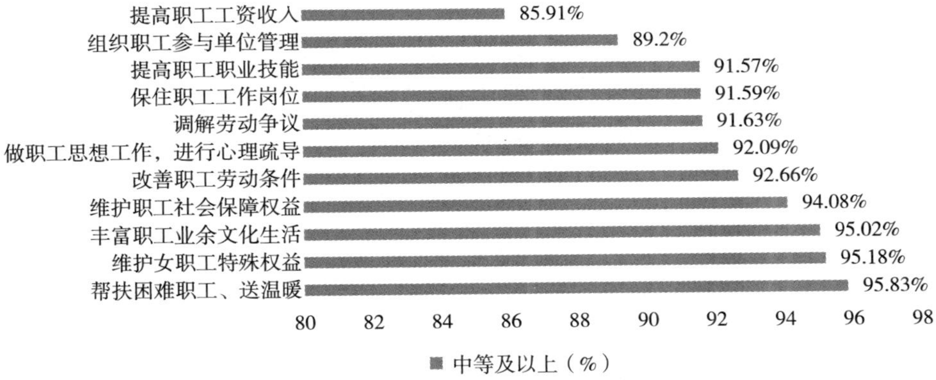

图 2　职工对工会各项职能发挥程度的评分

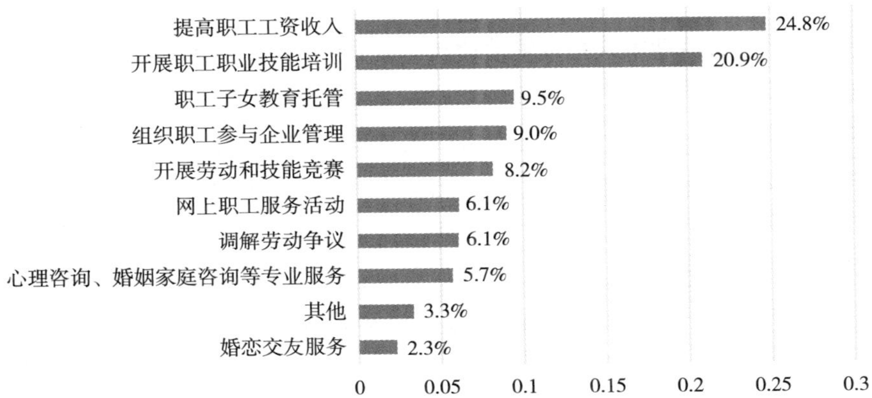

图 3　职工对工会未来的期待

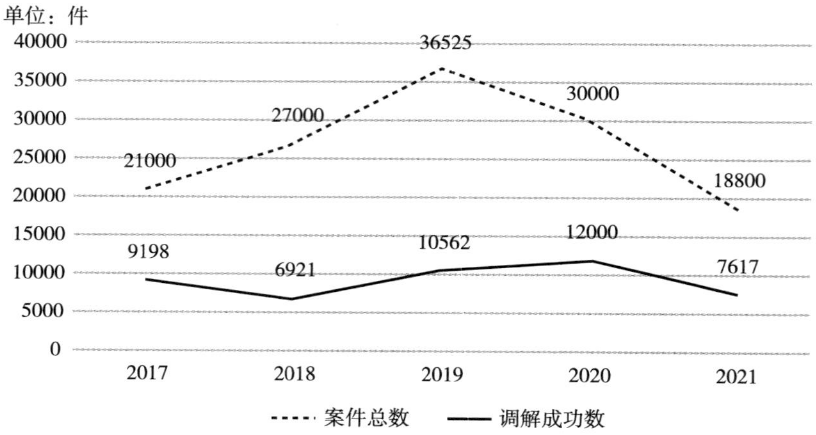

图 4　劳动争议案件总数及调解成功案件数（2017—2021 年）

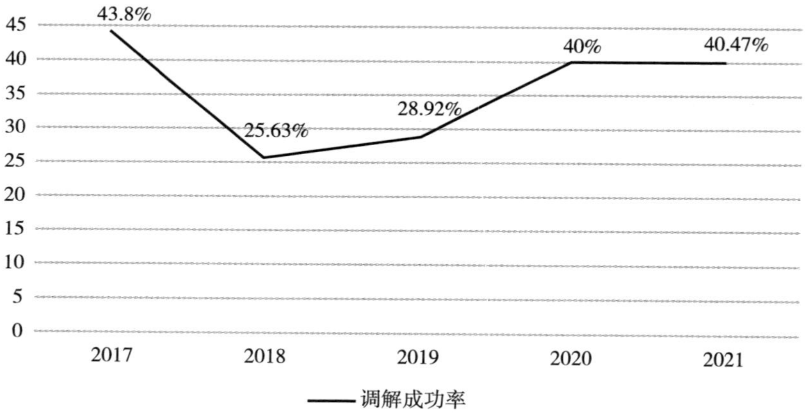

图 5　劳动争议案件调解成功率（2017—2021 年）

此阶段，全市劳动争议总量继续增长、复杂性增加，但调解案件总量有所回落。究其原因，一是经济压力导致劳动争议调解难度增加，劳资双方往往难以达成同意、接受调解；二是法院、劳动仲裁机构的调解职能对工会联动机制的调解案件有所分流。产业结构调整与全国城市化进程使得劳动者群体也发生结构性变化。在 2019 年以前，农民工相关争议平均占劳动争议的约 56%，从 2020 年开始，农民工所占比重就降低到了 50% 以下。反而，因部分企业受疫情影响经营困难，涉疫情争议、裁员破产争议增多，涉及人数多，容易引发集体争议；另外，“共享用工”、新就业形态、教培行业、互联网行业的劳动争议问题频繁凸显。

其中，教培行业争议诉求以劳动报酬为主，解除劳动合同的补偿金、赔偿金次之；结合北京市法院的数据来看，新就业形态争议主要包括交通事故侵权第三人带来的劳动劳务关系认定争议、职业伤害造成的劳务赔偿或者劳动关系认定争议以及拖欠劳动劳务报酬争议。由于相应用工法律关系较为复杂，许多立法尚属空白。这类争议调解难度普遍较高，争议越发复杂，调解成本明显增加。

尽管如此，2021 年的调解成功率达到 40.47%，已连续四年保持上升态势。

4. 新就业形态劳动者尚存风险隐患，用工关系认定尤甚

根据北京市总工会对新就业形态劳动者的调研结论，该群体可能对首都政治安全、经济发展、社会稳定等领域带来的安全风险隐患及具体表现梳理如下：

反映最普遍的问题就是新就业形态从业者用工关系认定模糊。目前我国现有劳动法律法规难以对新就业形态进行有效统一规制，相当一部分平台企业不与新就业形态劳动者签订劳动合同，仅签订民事合同或者通过层层外包的方式使劳动关系复杂化。

社会保险权益缺失。资料显示，新就业形态劳动者参保比例明显低于在职职工，仅有 10.6% 的劳动者由平台缴纳社保，2.67% 的劳动者由平台购买了商业保险（如意外伤害险），34.28% 的劳动者未缴纳任何保险。

劳动保护问题突出，部分从业者、交通工具等不符合规定，存在安全隐患。例如，大多数网约车和网约车司机不具备网络预约出租汽车运输证和网络预约出租汽车驾驶员证，部分快递员和外卖骑手长期使用超标车、无牌车等，尤其外卖骑手交通事故频发。

平台与劳动者权利义务不平衡。劳动者个体承担社会风险，包括经营、人身和财产风险；“算法”规则、价格、收入全部由平台单方制定，劳动者没有话语权。

人群煽动性强。该群体由于工作同质性强、熟人介绍熟人、学历水平普遍较低、政治觉悟不高、分辨能力较弱，因此极易受到蛊惑和煽动而聚集抗议，甚至出现“自组织”等维权风险。

5. 互联网企业大规模裁员有舆情，以经济补偿为焦点

中国互联网协会评定的互联网百强企业中，位于北京市的企业有 40 家，2021 年年底开始的互联网企业大规模裁员，对北京市劳动关系和谐稳定产生较大影响。根据北京市总工会对互联网裁员的特点分析，可以发现：

企业根据业务调整，减员与招人同步进行，有进有出，部分企业进大于出。通过人社部门对北京互联网企业职工社保缴纳情况分析，2021 年互联网企业减

员 11.76 万人，同时新招聘增加员工 15.82 万人，2022 年 1 至 2 月减员 5708 人，新增 11508 人。

互联网企业补偿标准普遍高于传统行业，劳动争议和纠纷化解难度相对可控。从企业补偿标准看，普遍能实现 N＋1 的补偿方案，不少企业同时还有额外的补偿和关怀福利。

被裁员工方面，互联网企业主要是裁科技经营管理和运营人员，职工再就业难度相对较低，抗风险能力相对较强。例如，调研数据显示，16 家头部企业再就业率均超过 70%，部分高于 90%。

劳资争议方面，劳动关系风险焦点主要集中在经济补偿等方面。

裁员方式比较粗暴简单，人文关怀不足，极易引发职工情绪性维权。

（二）北京市劳动争议调解联动机制现状与经验

根据调研设计，课题组分别对朝阳、大兴、丰台、怀柔、昌平、西城、门头沟、密云、石景山等九个区县深入走访，总结了北京市劳动争议调解联动机制运行过程中的典型经验与工作创新。

1. 朝阳区总工会

“融调解”三方机制。

朝阳区总工会与区法院、区人社局建立了诉源治理“融调解”工作机制。课题组通过访谈了解到，该机制是北京市朝阳区人民法院为响应最高法的相关指导意见而联合区总工会、区仲裁院所建立的劳动纠纷诉源治理的工作举措。“融调解”机制将劳动争议解决端口前移至劳动仲裁阶段，尽量促使劳动纠纷化解在诉讼之前，充分发挥调解的基础力量，从而降低和缓冲劳动仲裁、法院立案的压力，同时使得劳动者的合法权益能够尽快得到保障，促进朝阳区劳动关系的和谐稳定以及群众获得感、幸福感、安全感的提升。

具体举措：一是融合三方调解力量，构建多元调解化解机制。法院建立劳动纠纷调解队伍，优先吸纳区仲裁院、区总工会的调解员和调解组织进入，定期为调解员提供专业培训。二是扩展委托委派调解机制，针对劳动争议纠纷，委派特邀调解员或特邀调解组织进行调解，达成调解协议后当事人可向区法院申请司法确认或者出具调解书。三是区法院与区仲裁院开展联合调解，针对部分集体性劳动纠纷，区仲裁院可以向法院提出申请，由法院派遣具有优秀调解能力和资深调解经验的审判员同区仲裁院仲裁员、调解员在劳动纠纷仲裁前开展调解工作。四是设立法官工作站，加强劳动纠纷巡回审判。区法院在区劳动人事争议仲裁院、区总工会职工服务中心分别设立法官工作站，通过劳动纠纷巡回审判、靠前调解、现场司法确认、法律讲座等多种形式，为当事人提供便捷高效的诉讼服务，努力实现“审理一案、教育一片”的效果。

提高“三率、三心、三讲”。

为提高劳动争议案件调处工作质量提出了“三率、三心、三讲”工作标准，服务职工群众具备爱心、热心、耐心；调解过程中做到讲原则、讲方法、讲程序；不断提升调解成功率、群众满意率、审核通过率。

基层调解员“以干代训，干训结合”。

每年定期开展劳动争议调解“以干代训”工作，提高基层调解员专业化水平。朝阳区劳动争议调解中心律师多次为各基层工会、区仲裁院开展“劳动争议调解方法与技巧”“律师视角下的裁审衔接”等主题的现场培训，提高工会干部业务能力。撰写《劳动争议调解员工作指引手册》《工会劳动争议调解员实用手册》《劳动争议调解方法与技巧》等实用手册，将劳动争议预防调解工作方法与经验系统梳理成册。

微信公众号“调解室的故事”。

朝阳区劳动争议调解中心的合作律所在微信公众号中开通了“调解室的故事”专栏，定期更新，该专栏主要是总结调解过程中的一些经验、调解中的典型案例、调解中各方情绪的把握、法律问题的处理等。

2. 大兴区总工会

“培育助推和谐劳动关系企业共同行动”深入推进集体协商。

大兴区总工会开展“培育助推和谐劳动关系企业共同行动”，深化“四个一”服务企业工作机制，深入推进全区集体协商提质增效，引导职工、企业依法协商减少争议，从源头预防化解劳动关系矛盾纠纷，营造职工依法维权、企业依法用工的良好社会氛围。从争议化解中发现苗头，加大源头治理力度，及时发现欠薪隐患、用工风险，促进问题妥善解决，防止矛盾纠纷激化升级。

“人社 + 工会”裁调衔接机制、“法院 + 工会”诉调衔接机制。

充分发挥调解成本低、对抗性弱、方式灵活、有利于修复关系的优势，健全完善“人社 + 工会”裁调衔接机制，“法院 + 工会”诉调衔接机制，建立常态化联席会议工作制度，加强劳动争议工会调解与仲裁调解、司法调解的协调联动，同区法院强化推进在线诉调对接，同区人社局协力开展“言和”调解、“联合调解”等，共同探索劳动争议化解的新途径和新方法，形成各负其责、齐抓共管、互动有力、运转高效的联动机制。

“一窗受理、联合调解、分步处置”模式。

2022 年，联同区人社局、劳动人事仲裁院，创新劳动争议“一窗受理、联合调解、分步处置”模式，设立劳动纠纷一站式综合服务窗口，建立“法律咨询、联合调解、行政执法、仲裁裁决”的分步处置工作流程，由劳动监察员、仲裁员、工会调解员共同组成联合调解组，实时跟踪劳动争议案件，降低职工群众维权门槛，引导职工先行通过工会渠道与企业进行调解，推进劳动争议快捷处置化解。

暖心调解“言和”平台。

2022 年，联同区人社局、劳动人事仲裁院合力打造暖心调解“言和”平台，提供仲裁支撑、工会参与的“零距离”线上调解，推动劳动争议化解从线下走到线上，引导劳资双方变“我去告你”为“我们去言和吧”，以“言和”的形式将劳动争议问题捋清楚、政策法规讲透彻，满足当事人“评评理”的需求，通过“群众参与、民主协商”的方式，实现劳动争议源头治理目标，推动了劳动争议异地化解，为职工和企业节约了时间和精力。

法律援助“线上零距离、线下零跑腿”。

构筑“线上零距离、线下零跑腿”法律援助服务体系，通过开展“四进”普法宣传、律师志愿服务、窗口咨询接待、12345 和 12351 热线派单服务，为职工提供法律政策咨询、解答服务，不断提升职工维护自身权益的意识和能力。通过设立法援窗口、电话专线，开通农民工、新就业形态劳动者等特殊群体法律援助“绿色通道”，不断扩大工会法律援助覆盖面。

维权维稳“三紧盯，三及时”。

紧盯三类问题，做到三个及时，全力实现好、维护好、发展好职工的合法权益。一是紧盯苗头问题，及时发现劳动关系不稳定企业，指导企业依法依规用工，防范化解劳动风险；二是紧盯热点问题，及时发现并处置裁员、欠薪等集体劳动争议，快速稳妥化解劳动争议；三是紧盯突出问题，及时应对农民工欠薪、新就业形态劳动者权益维护等难点问题，加强同人力社保等部门的联动协作，强化工作措施，力争取得突破。

建立新就业形态从业者“快速通道”。

设立速通服务窗口，对新就业形态劳动者因薪酬、工伤、加班等产生的劳动争议，优先提供法律援助。遇到重大、疑难、群体性争议等法律问题，积极协调司法部门等多种法律援助渠道。完善“言和”平台线上调解模式，协同区劳动仲裁院成立“护薪”专班，建立“快速通道”“分类处置”“线上调解”等便捷渠道，引导新就业形态劳动者和企业优先选择“言和”平台、“联合调解”解决劳动争议纠纷，推进劳动争议高效、快捷化解。

“六送”安全感、“六送”幸福感。

“六送”专项保障，包括意外伤害（身故 2 万元，伤残最高 2 万元）、子女意外（身故 2 万元，伤残最高 2 万元）、重大疾病（保障 30 种疾病，1 万元）、女工特疾（12 种女工疾病，1.5 万元）、因病身故（1 万元）、家财损失（火灾、水渍，最高 1 万元）6 项内容，最高保障 11.5 万元。凡是加入工会的新就业形态从业者，不需要任何操作，即可免费享受专项保障。另外，制定“送政策、送关爱、送健康、送慰问、送温暖、送清凉”六送服务，为新就业形态从业者组织免费体检、送慰问礼包、建立暖心驿站和提供就餐优惠等。

3. 昌平区总工会

“速裁庭”“案前调解”工作模式。

区总工会自 2016 年 8 月与区仲裁委合作开展劳动争议调解工作，2021 年区仲裁委成立了“速裁庭”，促使工会调解组织和仲裁委探索合作新思路，开创工作新模式。自 2022 年 3 月，仲裁立案庭与工会调解组织合议，将此前的庭前调解更进一步，升级为“案前调解”，即在立案庭收到申请人提出的仲裁材料后，利用审核材料是否予以立案的审查期，工会调解组织介入开展调解工作，化解争议。“案前调解”作为一种新的工作模式，经过半年的磨合，目前已稳步推进。

“工会 + 法院”“总对总”在线多元解纷新格局。

2020 年，最高人民法院与中华全国总工会联合发文，推进劳动争议调解多元化解试点工作，完善诉调对接工作机制。2022 年，北京市高级人民法院、北京市总工会联合制定了《关于深化劳动争议纠纷多元化解机制建设 加快推进在线诉调对接工作的意见》。根据上级文件精神，7 月区总工会与区法院召开了联席会议，研究昌平区“工会 + 法院”“总对总”在线多元解纷新格局。

4. 西城区总工会

区委“两新”工委会议工作调度会。

与区委组织部、区市场监管局、区商务局建立沟通协商机制，共享全区快递、送餐站点分布、人员数量、党群活动服务中心、暖心驿站等资源，适时对府右街派出所、西长安街、广外等重点街道开展慰问，形成了党建引领，工建服务党建的新格局。

“户外劳动者驿站服务项目标识。”

由区总工会统一设计并制作，已于 2022 年 10 月起挂牌明示，鲜艳的橙红色标识牌上用简单的图文向广大户外劳动者展示工会阵地中的服务物品，例如，冰箱、急救包、微波炉等，进一步推进工会阵地标准化、规范化建设。

5. 门头沟区总工会

“源头化解矛盾，集体协商除隐患。”

集体协商是创新社会管理、协调劳动关系的重要法律制度，是劳资双方平等对话的平台，是化解劳资矛盾纠纷的重要方式，也是规范劳动关系双方行为的重要法律手段。门头沟区总工会以法治为引领，将集体协商作为工作抓手，依法规范、依法协调、依法治理，及时防范化解劳动关系风险隐患，维护职工合法权益，努力构建和谐劳动关系，维护劳动领域政治安全。

6. 密云区总工会

构建“一点多线、覆盖全面”的劳动争议调解网格化联动体系。

为进一步推进我区劳动争议调解联动机制建设，全面贯彻“预防为主、基层为主、调解为主”的工作方针，有效建立区劳动争议调解中心与“六方联动”部门、区总工会直属工会、基层企业事业单位工会等劳动争议调解组织的运行衔接机制，形成以区劳动争议调解中心调解为主导，与各级劳动争议调解组织直线联动的“一点多线、覆盖全面”的劳动争议调解网格化联动体系。

（三）北京市劳动关系风险监测预警机制现状及主要问题

根据调研设计，课题组分别对朝阳、大兴、丰台、怀柔、昌平、西城、门头沟、密云、石景山等九个区县深入走访，总结了北京市劳动关系风险监测预警机制的运行现状，并梳理了现阶段该机制运行中的难点与困境。

1. 劳动关系风险监测预警机制运行现状与典型经验

（1）搭建全方位就业平台，提供政策支持。朝阳区联合区人社局、行业工会，加快推动教培行业转岗就业，积极鼓励各类用人单位招用教培机构转岗人员，对招用符合政策人员的单位给予区级就业补贴；支持校外教培机构人员积极参与职业技能培训，为再就业打下基础；加大就业帮扶，对在改革转型过程中面临暂时性生产经营困难且恢复有望、坚持不裁员或少裁员的机构给予一定比例的失业保险返还金等。

（2）依托专业律师，保障法律服务工作针对性。开展“一站一家一律师”法律服务工作，发挥专业律师作用，做好劳动争议调解和法律援助，做到应援尽援。提高基层工会调解员业务能力，加强街道（地区）工会服务站调解室建设，就近为职工服务，把矛盾化解在基层，化解在萌芽状态。做好法律宣传工作，以大兴为例，组织法律服务团队进园区、进企业、进社区、进工地，紧盯农民工、新就业形态从业人员等重点人群，组织开展“宪法宣传周”“尊法守法·携手筑梦”等主题法治宣传服务活动，开展劳动保障法律法规政策解读、法律讲座、法律体检等活动，并通过微信公众号定期推送职工法律知识，不断提升职工维护自身权益的意识和能力。

（3）从源头上预防和化解劳动关系风险。例如，大兴区总工会持续开展“培育助推和谐劳动关系企业共同行动”，坚持并深化“四个一”服务企业工作机制，通过“分块指导＋联合培育”模式，培育助推企业和谐劳动关系；开展“聚合力·促发展”优秀职工代表提案征集推荐活动，促使和谐劳动关系建设、集体协商、民主管理由外部推动转变为职工和企业双方的自觉行动；开展选树和谐劳动关系单位、集体协商示范单位、民主管理示范单位活动，鼓励带动全区企业主动探索构建和谐劳动关系的有效做法，争做构建和谐劳动关系的表率。

（4）加强政策制定源头参与及过程监督，集中反映职工诉求。以西城区总工会为例，积极参加区委常委会，召开与区政府联席会，代表职工反映意愿诉求，参与区人大、区政协和区人力社保局、区卫健委、区应急局等有关部门对社会保障、劳动安全卫生等涉及职工切身利益的政策措施的制定、完善、实施和监督，加大源头参与的力度，发出工会的声音，代表职工提出工会的意见主张。

（5）加强劳动关系预警、排查与化解的力度，将风险控制在萌芽状态。各区都能够结合区域行业特点对重点群体和企业实施劳动关系排查工作，例如，密云区总工会将全面排查的范围划定在：货车司机、网约车司机、出租车司机、塔吊司机等涉运群体存在的不稳定因素；新就业形态劳动者群体涉稳风险特别是通过网络群组组织策划“集体维权”等问题；教育培训、房地产、互联网等重点行业失业、欠薪问题；受疫情影响或企业关停并转迁过程中职工的分流安置、欠薪、欠保等问题；可能引发职工集体上访的苗头性、倾向性、普遍性问题等。此外，《工人日报》客户端、《劳动午报》、密云工会微信公众号和密云电视台《工会之声》以及密云电台《工会在身边》等媒体的宣传内容，必须经过分管负责人严格把关，重要内容需经主要领导审核；加强对全国和市级职工书屋、职工书架的管理，对所存书籍和宣传刊物进行集中排查，对与政治路线不符、不健康的书籍及时清理等。

（6）主动了解企业经营管理困境，加强政策支持。例如，密云区总工会为帮助受新冠疫情影响的企业恢复经营，对符合条件的小微企业上缴工会经费给予全额返还，简化返还手续，加强信息化技术手段运用，做到应返尽返。通过企业上缴经费情况分析、深入走访企业等形式，了解企业面临的困难，尤其是受疫情影响经营困难的企业，提出帮助企业纾困的建议。

（7）加强信访、热线等派单处置。例如，密云区总工会，由办公室、帮扶中心、组织部、基层组织建设管理中心、税务代收、宣教部等部门联合负责，畅通信访接待、12345 市民服务热线、12351 热线等渠道，落实接诉即办、未诉先办，积极解决职工群众诉求。派单处置涉及的部门高度重视、密切配合、认真负责，切实维护职工合法权益，确保职工队伍稳定。

2. 劳动关系风险监测预警机制运行难点与工作困境

一是受全球经济影响，职工和企业均压力增加，劳动关系更加敏感和复杂，劳动纠纷调处难度更大；二是外卖小哥、快递小哥等平台用工形式的新就业形态劳动者群体逐步壮大，对他们的用工关系确定及合法权益维护缺乏可循制度和规定；三是网络信息迅猛发展，一些劳动争议纠纷极容易同其他敏感、热点话题事件形成叠加效果并通过网络快速传播，给矛盾纠纷化解带来更大压力和挑战；四是工会干部队伍在预判影响安全稳定的风险时存在经验不足的情况，对隐藏的潜在风险，因政治敏感度不高，不容易发现；五是对风险处置工作基本停留在事后，在事前和事中应加大风险预防的力度；六是与相关部门的协调联动尚不够充分，在工作中容易出现“各扫门前雪”的现象。

四、对策建议

（一）北京市劳动争议调解联动机制工作建议

1. 对新就业形态劳动者劳动关系认定问题加强政策指导

新就业形态从业人员并不都是劳动关系，完善相关法律制度，根据用工事实认定劳动者与平台企业之间的法律关系，实现平台企业用工过程中的权责统一。在标准劳动关系之外，探索将传统劳动保护手段适用于新业态领域中“不完全符合确立劳动关系”情形的有效途径和方式。制定并出台适应新就业形态发展和平台用工特点的规范性法律文件或司法解释，明确平台用工时与劳动者签订劳动合同或书面协议的具体适用范围和标准。《关于维护新就业形态劳动者劳动保障权益的指导意见》[①] 明确不完全符合确立劳动关系情形但企业对劳动者进行劳动管

---

① 人社部．人社部等八部门共同印发指导意见 维护新就业形态劳动者劳动保障权益［EB/OL］．中华人民共和国中央人民政府网，2021－07－23．

理的，建议企业与不完全符合确立劳动关系情形的从业者订立书面协议，合理确定企业与劳动者的权利义务。加强新就业形态领域劳动争议办案指导，依法依规处理新就业形态就业群体劳动保障权益案件。

2. 为平台企业及合作用工企业提供用工“法治体检”

聚焦新就业形态劳动者，特别是外卖送餐员、快递员、网约车司机、货车司机等群体劳动权益保障的关键领域和重点环节。一是为平台企业及其合作用工企业提供劳动用工“法治体检”，指导和帮助企业依法合规用工、消除法律风险。深入了解企业需求，提供点对点、结对式法律服务，协助做好劳动用工相关规章制度、重大事项及平台算法的法律审查、合规管理和风险评估，重点排查影响劳动关系的不稳定因素，以提示函、意见书、告知书等形式出具法律意见。二是用工企业和平台探索建立新就业形态从业人员的职业伤害保障机制，为新就业形态从业人员提供基本保障。三是建立健全行业自律监管机制，充分发挥行业协会、企业工会组织的自治、协调、解纷功能。

3. 向新就业形态从业者、农民工等重点群体加强法律政策宣传

对广大职工群众，特别是新就业形态劳动者、农民工等进行重点宣传，扩大宣传的覆盖面和影响力，进一步提升广大职工依法维权意识。以宣讲《工会法》《劳动法》《劳动合同法》《法律援助法》等法律法规以及《关于维护新就业形态劳动者劳动保障权益的指导意见》等政策举措为重点，面向新就业形态劳动者组织开展多种形式的普法活动。如充分利用新媒体平台深入开展普法宣传活动，通过线上线下等多种形式开展普法宣传活动。紧抓重要时间节点，深入楼宇、社区、街道、工地、企业园区，针对广大职工群众，特别是新就业形态劳动者，开展“送法律”服务活动，使其不断提升法律意识和权利意识，重视合同订立，认真审查合同文本，对于劳动关系、非劳动关系等用工模式及其对应的劳动基准保障和权利义务关系有明确、清晰的认识，充分知晓从业的法律风险，营造学法、懂法、守法、用法的社会氛围。

4. 加强区域联动部门的基层劳动争议调解网络建设

一是加强同区法院、人社局、司法局等劳动关系联动单位之间的配合，发挥镇、街道、基地劳动争议调解组织作用，建立健全区域、行业、企业劳动争议调解组织，加强各级工会同劳动监察部门的配合，开展巡回调解、上门调解，就近为职工提供法律服务，把矛盾化解在基层，化解在萌芽状态。二是进一步加强联动机制人才建设，促进调解服务“供需平衡”。加强工会干部队伍，专、兼职调解员队伍建设，推动劳动法律法规政策的知识更新，强化街道服务站调解组织作

用发挥，为劳动争议联动机制良好运转提供人才和组织保障。三是充分发挥区工会及多方联动机制力量，协调企业与劳动者妥善解决劳动争议，鼓励和引导争议双方当事人通过协商、调解、仲裁等非诉讼方式解决纠纷。

5. 加强劳动争议相关法律法规宣传力度以消除误区

依托工会、法院官网、微博、微信公众号等，建立完善线上法律咨询、解答、调解工作，在扎实做好劳动争议诉调对接工作的同时，积极联系主要媒体，宣传具有现实意义的成功案例，形成良好的舆论导向。宣传过程中进行以案释法而非机械照搬法条，增强用人单位法治意识，从而规范用工，形成良好用工环境；增强职工尤其是农民工的依法维权意识，从而倒逼用人单位规范管理。

（二）北京市劳动关系风险监测预警机制工作建议

1. 坚持“向前一步”以推进新业态的建会和保障

聚焦新就业形态劳动者等重点群体和头部企业，坚持维稳维权相统一，一体推进建会入会和权益保障工作。工会要主动推进维权服务“向前一步”，切实把新就业形态劳动者吸引过来、组织起来、稳固下来。抓好劳动合同、集体合同与职代会等关键环节，用好工会法律服务“工具箱”，切实维护新就业形态劳动者合法权益，确保区域职工队伍和谐稳定，以“保企业、保就业、保稳定”为集体协商工作主线，积极协调人社局开展新业态头部企业建立集体协商制度工作，重点做好百人以上建会企业集体协商质效评估工作。继续深化推进新就业形态从业者的权益保障工作，加强劳动争议调解工作制度建设，强化 12351 热线接诉即办以及新就业形态劳动者劳动争议、法律援助、应援尽援等措施。加强户外劳动者、新就业形态劳动者暖心驿站建设和使用效率，为职工提供暖心服务。

2. 建设巩固基层组织阵地基础

打造工会特色精准服务项目，充分利用各种资源，强化服务职工功能，建好服务阵地，做实服务项目，健全服务体系，大处着眼，小处着手，真正把温暖送到职工群众心坎上。以新就业形态劳动者群体为例，针对该人群在工作中急需解决的“针头线脑”小事，加大社会资源整合力度，逐步在更大范围内形成随处可见、随时可享的工会服务网络，例如，朝阳区实施的美团骑手“520”；大兴区“六送”服务；西城区“户外劳动者暖心驿站”以优化阵地建设做好户外劳动者服务保障；等等。

3. 强化对新就业形态劳动者的思想政治引领与政策宣贯

进一步强化对新就业形态劳动者的思想政治引领，广泛宣传党的路线方针政策和保障新就业形态群体权益的政策举措，开展调查研究，深入了解新就业形态劳动者的思想状况、工作实际、生活需求。大力弘扬劳模精神、劳动精神、工匠精神，优化宣传策略，注重劳模精神的完整性与统一性，以互联网符号为载体，用职工熟悉的形式传播劳模精神与理念，让正确思想占领网络空间，引领新就业形态劳动者自尊、自信、自立、自强。

4. 打破思维定式创新方法以解决职工的急难愁盼问题

加大创新和探索实践力度，把工会维权服务工作抓实抓细，以构建和谐劳动关系为抓手，切实守牢维护劳动领域政治安全底线。以西城区“优胜教育”突发集体争议案件为例，此次事件是疫情背景下企业生存危机与教育培训行业运行机制弊端交互的一个缩影，经网络媒体报道后引发较高社会关注。西城区总工会及时发现、及时上报、及时启动协调劳动关系三方机制和应急预案，会同相关部门采取有效措施，特事特办，从引入法援、优先立案，到联合送达、协作维稳等一系列措施，敢于打破思维定式，创新工作方式方法，寻求高效高质解决问题措施，使得案件处理过程顺畅平稳，有效避免了事态的扩大。

5. 注重涉劳动领域网络舆情管理以防恶意操作和破坏

在网络信息化大潮的影响下，网络日益成为职工群体交流思想、凝聚共识的重要场所，网络舆情削弱了政府部门对信息的控制能力，也容易出现网络群体极化现象①，一定条件下延伸至现实世界，尤其个别极端情绪催生的极端行为，有可能会对社会政治稳定造成潜在威胁。网络舆情的生成与放大，对国家政治安全的重要影响日益凸显。工会应注重对网络舆情的管理，强化网络舆情引导，时刻关注网络上涉及劳动关系、职工权益等方面的热点、敏感信息、散播不实错误的言论等，针对职工群体思想动态变化，特别是境外思潮向境内渗透风险，主动出击，及时做好封堵和正面引导，防止恶意操作和破坏。

参考文献：

[1] 习近平：坚持总体国家安全观，走中国特色国家安全道路［N］. 人民日报，2014-04-16.

[2] 习近平. 决胜全面建成小康社会 夺取新时代中国特色社会主义伟大胜利——在中国共产党第十九次全国代表大会上的报告［M］. 北京：人民出版社，2017.

① 李天书，姜建华. 信息化背景下网络舆情管理研究［J］. 法制与经济，2018（4）：165-167.

［3］习近平在中央政治局第二十六次集体学习时强调 坚持系统思维构建大安全格局 为建设社会主义现代化国家提供坚强保障［EB/OL］. 中国共产党新闻网，2020－12－13.
［4］中共中央 国务院关于构建和谐劳动关系的意见［N］. 人民日报，2015－04－09.
［5］人社部. 人社部等八部门共同印发指导意见 维护新就业形态劳动者劳动保障权益［EB/OL］. 中华人民共和国中央人民政府网，2021－07－23.
［6］李天书，姜建华. 信息化背景下网络舆情管理研究［J］. 法制与经济，2018（4）.

中国产业工会的百年历程与高质量发展

莫家佳

（广东省总工会干部学校、广东南华工商职业学院）

摘　要：中国产业工会的建立距今已有百年历史，在各个历史阶段都肩负着不同重担作出贡献。革命时期，产业工会新建后职能明确，组织工人阶级参与革命，为工人阶级谋福利；社会主义建设时期，产业工会承担生产建设、教育等职能，为新中国发展贡献力量；改革开放阶段，面对市场经济体制改革，劳资关系变化带来的冲突，产业工会在协商维权上展作为；进入新时代，产业工会在思想政治引领、团结广大职工建功立业上下功夫。产业工会在百年历史中展现了最了解产业发展全局，熟悉产业工人队伍情况，在团结产业工人上具有特殊的联系和跨地域工作等优势。从历史脉络中找寻经验与启示，产业工会通过增强群众性、加大源头参与、加强组织建设和工会干部队伍建设等工作实现改革创新，走向高质量发展。

关键词：产业工会　三个时期历史　新时代　优势启示　工作思路

关于中国工会史料的研究取得大量硕果，资料汇编、档案、领导人相关论述集、史志和报刊文章等将百年来的中国工会发展面貌进行了总结呈现。历史是我们回望中国工会在党的领导下联系和团结工人阶级的时光隧道，也是中国工会做党联系职工群众桥梁，团结动员亿万职工全面建设社会主义现代化，实现中国工运时代主题的借镜。产业工人作为工人阶级的重要组成部分，当前也是各地工会改革的重点，但中国工运史料研究对于产业工会的研究较为少见①，我们或许可

① 冯维．新中国工会史史料编撰与研究述评［J］．工会理论研究（上海工会管理职业学院学报），2023（4）：67－80.

以通过探索中国产业工会的历史，从中寻找产业工会在国家建设和维护职工权益方面的影响，进一步探究它如何肩负时代责任和新时代贡献工运事业的切入点和着力点。

一、产业工会的概念和起源

产业工会是按照产业的原则把产业部门的职工组织起来的工会组织，在我国指的是由同一产业或性质相近的几个产业的职工自愿结合组成的工人阶级群众组织①,《中华人民共和国工会法》第十一条写道："同一行业或者性质相近的几个行业，可以根据需要建立全国的或者地方的产业工会。"② 不难看出，产业工会与产业、行业密不可分，这还可以追溯到对行业工会和产业工会的探讨。国际工会界将相同的职业、行业、技术的工人组成的工会称为行业工会，例如，木匠工人组成的木匠工会、油漆工人组成的油漆工会，非常典型的一个职业一个工会。产业工会则是在同一产业内，不考虑职业、技术不同，以生产的产品为基础组成的工会，例如，汽车生产工人组成的汽车厂工会组织、钢铁厂工人组成的钢铁厂工会组织。显而易见，产业工会与行业工会有着明显的区分，产业工会的组织对象既可以超越企业的同种产业工人，也可以适用于同一个企业内的工人，更具有组织弹性，行业工会则是以相同职业、行业为出发点向外拓展以涵盖更多的组织对象。③ 但值得注意的是，实际上我国并未对产业、行业做详细区分，这与我国的实际情况有着具体的关联，新中国成立以来基本没有基于职业的分工，分为三大类的产业是社会分工的产物，而一个或者多个行业组成了产业，行业和产业成为隶属关系，行业工会实际上包含在产业工会的组织形式里面。从今天我国的产业工会来看，全国10个产业工会也印证了我国对产业工会的定义。

无论是产业工会还是行业工会，最早它们的产生发展与劳动关系都密不可分。资产阶级革命和工业革命相继确立了资本主义的生产关系，工人遭到剥削和压迫，工人运动相继爆发。19世纪40年代，马克思主义的诞生为无产阶级提供了科学的理论指南和明确的斗争目标，经历了第一国际、第二国际和共产国际组织，产业工会也在无产阶级和资产阶级的斗争中应运而生了。中国的产业工会已

① 李玉赋．产业工会工作概论［M］．北京：中国工人出版社，2018：6.

② 中华人民共和国工会法［M］．北京：中国民主法制出版社，2022：12.

③ 乔健．促进工会体制改革，发挥产业工会作用［C］//中国劳动学会．第三届中国劳动论坛论文集．北京：中国劳动社会保障出版社，2008.

有百余年历史，自中国工人阶级登上政治舞台，产业工会便在迅速成长，在新民主主义革命时期、社会主义建设时期、改革开放时期和中国特色社会主义新时代等不同时期充分发挥了桥梁纽带作用，为产业发展、职工权益维护和促进队伍稳定等方面，作了积极的贡献。

二、新民主主义革命时期的产业工会——明确职能效果显著

鸦片战争到五四运动前夕，中国工人阶级在近代资本主义工业的大山下，已经有了类似工会组织的萌芽，通商口岸和矿厂工人自发组织向资本家和反动势力进行斗争，受制于无领导组织和革命的失败，这时的“工会热”也只是昙花一现，但为工人阶级创建近代工会积攒了丰富经验。

直至五四运动爆发，马克思主义在中国得到了广泛的传播，1921 年，在马克思主义与工人运动的结合中，中国共产党成立。一经成立，中国共产党就意识到产业工会的政治性、斗争性和阶级性，党的一大通过的《中国共产党第一个决议》明确规定，党的基本任务是成立产业工会。在共产主义小组的领导下，1920 年 11 月成立的“上海机器工会”和 1921 年 3 月成立的“中华海员工业联合总会”分别成为最早的地方性产业工会和全国性产业工会。相继，在中国共产党代表大会和全国劳动大会上，对于产业工人和产业工会的重视与强调，使得产业工会得到了极大的发展，到 1922 年年底，全国的铁路、矿厂和工厂都建立了工会组织，各行各业、各个产业的工人广泛集中到产业工会中，为新民主主义革命贡献力量，罢工运动在全国各地普遍兴起。在这个时期，也涌现了如今耳熟能详的“工人俱乐部”，党领导建立的第一个产业工会长辛店铁路工人会改名为长辛店工人俱乐部，1922 年 5 月，安源路矿工人俱乐部成立，它们都成为组织工人运动的坚强依靠和支撑，在夺取无产阶级政权中发挥了强有力的作用。

而回溯当时中国共产党对产业工会的定位，以及工人俱乐部的组织形态，我们也可以窥见早期产业工会的特点，为我们厘清产业工会的运作和经验提供帮助。中国共产党认为共产党是工人的政党，工人阶级是基础，因此在早期的时候就对组织工人阶级的工作作出了职能定位。1922 年是中华劳动运动纪元年，在上海举行的中国共产党第二次全国代表大会通过了《关于“工会运动与共产党”的决议案》，鲜明地回答了工会是为什么成立的，工会是做什么的，工会的职责有哪些，工会如何教育会员，共产党、工人、工会之间是怎样的关系等问题，从答案中不难厘清，工会具有保护工人权益、教育引导、经济生产等职能，同时也

有着今日“围绕中心 服务大局”即在中国共产党的领导下开展工人运动取得革命胜利的职能。[①] 最早的中国工会以产业工会为主，对工会职能的定位也是对产业工会的定位，这些职能在当时各产业工会的落实上也达成一致。安源路矿工人俱乐部总章规定“本部以联络感情，化除地域界限……群策群力，共图工人阶级之福利，谋社会之进化为宗旨”[②]。刘少奇亦是将“使无产阶级团结起来养成无产阶级支配社会的潜伏力量”作为工会工作的宗旨，并在安源路矿工人俱乐部对工人表示我们社会主义最反对的是吃饭不做功，要遵守正当的厂规[③]，表明了产业工会生产的职能。

清晰的职能对当时的产业工会建设起到了极大的作用，在中国共产党的领导下，产业工会化身“工人之家”和“革命之家”，投身政治斗争，团结工人阶级顽强抵抗，大力发展教育，维护工人权益，各方面成效显著，尤其在维护工人权益上，长辛店工人俱乐部“八月罢工”就增加工资、八小时工作制、发放工伤工资等要求的抗争取得了胜利，安源路矿工人俱乐部罢工抵制包工制度，为工人提高工资待遇，争取到年终加薪，谋取到节假日、子女读书等福利。

可以说，早期的产业工会已经构建起一套职能定位清晰、组织运作规范、功能设置齐全、成果显著的框架，肩负起工人阶级斗争、宣传教育、民生建设等功能，对一脉相承的今日产业工会具有重要的历史意义。

三、社会主义建设时期的产业工会——投身经济建设

1949 年 10 月，新中国宣告成立，中共中央就要求把产业工人组织起来恢复和发展生产，不久后全总就要求建立 22 个全国产业工会，并对产业工会进行的全国统一性工作进行了明确，主要涉及完成与超额完成生产计划并发动开展生产竞赛，作为代表签订全国统一集体合同并检查合同执行情况，协助行政或资方检查安全生产情况，进行业务技术和文化的教育，规定工作计划和各时期工作重点步骤，有关统一性的工资问题和劳动保障问题。新中国成立后，上海电气和机电工会着力推动国家经济建设，带领工人成功做成世界第一台双水内冷发电机、中

① 中国共产党第二次全国代表大会关于“工会运动与共产党”的决议案［M］//中华全国总工会．中共中央关于工人运动文件选编（上）．北京：档案出版社，1985：11.

② 安源路矿工人俱乐部总章［M］//中共萍乡市委《安源铁矿工人运动》编纂组．安源路矿工人运动（上）．北京：中共党史资料出版社，1990：394.

③ 刘少奇．对俱乐部过去的批评和将来的计划［M］//中国中共文献研究会刘少奇思想生平研究分会，安源路矿工人运动纪念馆．刘少奇与安源．北京：中共党史出版社，1981：30.

国第一套火力发电机组、第一台万吨水压机……中国海员工会迅速组织广大水运职工，投身生产和社会主义建设中，同时参与抗美援朝和镇压反革命运动，巩固革命成果。另外，中国海员工会也积极组织水运职工为实现“一五”计划建功立业，开展“六大海港港际竞赛”等增产节约和先进生产者运动。可以看出，产业工会开始作为行政辅助部门，重点就教育、生产、竞赛、工资和保障问题开展工作，这些工作内容也是当今产业工会工作的着力点。

随着国家经济建设发展所处的不同阶段，为了更好地适应发展需要，国家对于产业工会的规划也在不断调整，总的来说，先后经历了快速地扩张成立，1953年很快成立了23个全国产业工会，到抑制成立速度并调整结构，1953年年底只保留15个全国产业工会，之后到有阶段地、按产业补充性健全，1956年年底全国各产业工会和组织结构不断加强，全国一级产业工会达25个，后来在不断的体制完善和机构设置调整中，部分产业工会被撤销，再到十年“文化大革命”期间，产业工会停止了活动。产业工会随着国家发展需要在调整，每一次调整都使产业工会的职责更加清晰，机构设置更加明朗，在社会主义建设时期，产业工会有声有色地开展劳动竞赛，贯彻生产方针，推广生产经验，团结引领工人阶级为社会主义建设贡献了力量。

而在这一阶段，随着国家中心任务较新民主主义革命时期的转变，我们也能看到地方总工会的出现，产业工会的身影开始渐渐淡去。新中国时期为了提高工人阶级的文化素养和技能水平，培养生产骨干和干部，以北京市为例，1949年9月，北平市职工总会筹委会在职工训练班的基础上，建立北京市总工会职工学校。1950年，北京市总工会建立北京市劳动人民文化宫，用作职工开展艺术教育和文化活动的场所，1959年全国新技工培养训练展览会在此处举行。此外，北京市总工会联合团市委、文联等创办艺术学校，招揽文艺骨干进行培训。在北京市劳动人民文化宫开放后，全国各地迅速掀起建设工人文化宫热潮，各地市人民政府、总工会在各地选址建设工人文化宫，不少直接沿用工人俱乐部的旧址建设文化宫作为职工群众休闲娱乐学习的场所。

随着社会的发展，工人阶级的主要矛盾和重点任务不再是革命斗争争取胜利，社会主义在我国的建成也使得工人阶级转而向提高个人素质和能力发展，工人阶级齐心协力建设社会主义新中国，也开始追求精神生活，组织体系的健全使得产业工会转变了地位，不容忽视的是在社会主义建设时期，产业工会仍旧发挥了重要作用，为满足社会发展和工人阶级发展提供了支撑。

四、改革开放时期的产业工会——协商维权展作为

以十一届三中全会和中国工会九大为标志，中国社会主义建设和工人运动迈向了改革开放时期，工会也迎来了组织恢复、理顺体制的阶段。在这个时期，中国工会九大、十大根据经济体制改革的实际情况在通过的《中国工会章程》中对产业工会发挥作用的规定进行了明确和完善，中华全国总工会也为更好地发挥产业工会的作用，将全国产业工会组织作出调整，精简机构，在1985年提出《关于发挥产业工会作用的几点意见》，将产业工会的组织性质、工作任务、领导关系明确，也让产业工会的领导班子、组织架构建设得到了加强。20世纪90年代，中华全国总工会先后印发加强产业工会建设的意见和暂行规定，对健全产业工会领导班子和调整加强工作机构给予了具体意见，产业工会的类型，产业工会与地方工会的关系，产业工会领导班子的配备选举和机构设置等具体问题得到了进一步的规范。到1997年年底，全国产业工会共有16个，全国县以上地方产业工会共有17549个。① 随着中央国家机关机构的调整，产业工会也在跟随调整，到2008年，《关于加强和改进新形势下产业工会工作的意见》对产业工会的主要职责、工作目标、工作方式等作出明确规定和要求，使产业工会的发展与新形势发展相适应，推动产业工会走向新的发展阶段。

政策引导下的产业工会不断改革，在改革开放时期，由于经济体制的改革，中国经济进入迅速发展阶段，也给劳资关系带来了冲击和影响。改革开放的契机使全国各地的劳动力开始流动，非公有制企业带着其劳资关系回归，催生了农民工等新型的劳动力人群，并让劳动保护缺乏、延长工时随意等问题浮出水面。在改革开放后，中国劳资关系先后经历了劳资关系初步形成、劳资矛盾被忽视，劳动权益受损严重，劳资关系稳定、开始构建和谐劳资关系三个阶段。② 劳资冲突带来的结果，使得工人罢工反复出现，1989年6月至1990年10月，仅深圳、珠海两市，发生工人罢工、停工、怠工事件达74起，参加职工近万人，这些事件绝大多数都发生在“三资”和私营企业。③ 面临严峻的工人阶级劳动权益受损的情况，需要工会承担起维护职工权益的责任，受制于计划经济体制的影响，改革开放初期的工会本身也面临着拨乱反正、自我理顺等问题，但仍在改革开放阶段

① 李玉赋．产业工会工作概论［M］．北京：中国工人出版社，2018：19.

② 易重华．改革开放后中国劳资关系的形成与演进［J］．经济研究导刊，2013（19）：62－65，83.

③ 王文慧．我国劳资关系现状及其发展走势初探［J］．上海企业，1995（2）：2.

扮演了重要的角色。1988 年，面对愈演愈烈的罢工、停工活动，中共中央书记处讨论时提出，当职工群众正当权益受到侵犯但无法靠基层渠道解决的时候，工会有权领导群众揭发揭露，全国总工会应该把处理罢工成功的案例分享给各级工会参考。[①] 2001 年修订的《工会法》也明确提出工会应代表职工同企业、单位和有关方面协商，工会拥有了处理劳动冲突的合法性。

在改革开放进程中，产业工会梳理清楚了组织架构和领导班子配备，投身到集体协商和权益维护上取得成效。中国海员工会建立与交通运输部的联席会议制度，搭建全国海上、港口劳动关系三方协调机制，2009 年签订第一份全国性行业集体协议——《中国船员集体协议》，有力维护了海员的合法权益。山东省海员工会就《山东省船员集体协议》与用人单位达成共识，从劳动合同、最低工资标准、福利、教育培训、争议处理等方面保障船员。北京交通运输工会与政府、行业协会建立汽车行业劳动关系三方协商机制，健全完善行业性劳动合同，积极推进行业性集体合同，深化探索产业化和行业化维权新思路。[②] 上海电气和机电工会签订了上海第一份集体合同，成立了全国第一家以劳模命名的“李斌技师学院”，后续为国家培养了大量的劳模工匠。种种作为加强了产业工会的源头参与和宏观维护工作，有效完善和发挥了其独特的作用。

五、新时代的产业工会——团结引领建功立业

党的十八大召开，标志着中国特色社会主义进入新时代，习近平总书记对工人阶级和工会工作多次作出重要论述，为新时代工会工作提供了科学指南和明确目标，也向产业工会的发展提出了新任务和新要求，产业工会也在新时代新征程展现了新作为。

2015 年，党中央印发《关于加强和改进党的群团工作的意见》并召开中央党的群团工作会议，对党的群团工作改革作出了指示，这也是产业工会在新时代改革的任务。《全国总工会改革试点方案》的出台进一步明确了产业工会组织成员构成比例，对产业工会发挥作用明确了要求。2016 年，《中华全国总工会关于深入推进产业工会工作创新发展的意见》明确了产业工会创新发展的具体要求，产业工会也在中华全国总工会的部署下集中换届，在新一届的领导机构下全力推

① 冯同庆．劳动冲突难解之结 [J]．中国改革，2010 (8)：61 - 62.

② 李志全，安京．新形势下产业工会地位与作用的思考——工会在出租汽车行业的维权工作实践与探索 [J]．北京市工会干部学院学报，2009，24 (3)：3 - 8.

进工会系统改革。2017 年《新时期产业工人队伍建设改革方案》的通过，为产业工会贡献力量提供了契机，产业工会将用其独特优势与作用，引领产业工人奋进新时代。2021 年，中华全国总工会发布《中国工运事业和工会工作“十四五”发展规划》，明确深化产业工人队伍建设改革，在推动高质量发展中充分发挥工人阶级主力军作用。同年，全国产业工会座谈会在北京召开，研究部署下一阶段重点任务。2022 年首届大国工匠创新交流大会开幕，习近平总书记发来贺信，充分体现对工人阶级、工运事业和工会工作的高度重视。党的二十大明确提出，深化工会、共青团、妇联等群团组织改革和建设，有效发挥桥梁纽带作用，工会工作大有作为。

在新时代的宏伟蓝图和科学指引下，产业工会履职尽责，在职工思想和政治工作上，以习近平新时代中国特色社会主义思想为指引，加大“中国梦劳动美”主题宣传教育，团结引导广大职工坚定不移听党话跟党走，筑牢共同奋斗的思想根基。紧抓组织动员职工在推动产业高质量发展上建功立业主线，开展劳动和技能竞赛，搭建劳模创新工作室，强化对技能人才的培训教育，完善产业工人福利待遇，深入推进产业工人队伍建设改革。大力弘扬劳模精神、劳动精神、工匠精神，培育选树劳模工匠和先进典型，开展劳模工匠进校园、进企业、进工厂活动，使三种精神深入人心。切实维护劳动领域政治安全，创建和谐劳动关系，推动互联网企业建会入会工作，推进新就业形态劳动者与企业集体协商，强化产业工会基层组织建设，真正成为职工最信赖的“娘家人”“贴心人”。

六、产业工会的优势与启示

产业工会在历史的浪潮中不断发展，经历过改革更新走到今天，成为推进工运事业和工会工作的重要部分，从百年的发展中也积累起了对今天有参考性意义的经验。同时，我们也可以看到，产业工会是中国工会组织中的一部分，与地方工会有业务和职能的交织，但也要看到产业工会有着地方工会无法相比的优势。吴亚平教授在产业工会座谈会上说“离开产业工会，中国工会就不叫工会”①，我们回望产业工会的历史，中国早期组织工人运动依靠产业工会，中国共产党是工人阶级的政党，产业工会必将继续在今后的工会建设中起着重要的作用。

当前，我国采用产业工会与地方工会相结合，以地方工会为主的模式，这种

① 引自吴亚平教授在中国劳动关系学院“产业工会工作座谈会”上的发言，2004 年 10 月 19 日。

组织领导模式可以使工会更好地接受地方党委的领导，服务于当地的经济社会发展。随着国家的不断发展，产业和产业劳动关系作为产业工会存在的客观基础，必将面临更多的变化，新就业形态劳动者的出现，劳动关系在具有某些社会共性的同时，也会因产业的不同而具有特殊性，不同产业工人的利益需求也并非一致，这就需要产业工会代表工人维护特殊的权益。产业发展并非亘古不变，更需要产业工会掌握新形势新动态，代表产业工人，这也显现出了产业工会的独特优势。

产业工会最是了解产业发展全局，熟悉产业工人队伍情况。产业工会从建立之初，无论数量和组织架构怎么调整，都一直在最贴近工人的地方，长辛店铁路工人会为工人提高工资、缩短工时共同努力，成为当时工人的“天国”，上海电气和机电工会秉承机器工会初心，为中国装备制造创造众多“第一”，培养了一大批劳模工匠，再到山东省海员工会为海员争取工伤赔偿，产业工会密切联系产业工人，为新时代产业工人队伍建设改革奠定良好根基。

产业工会具有浓厚的发展历史，在团结产业工人上具有特殊的联系。早期的产业工会将相同和相近产业的工人聚集在一起，“产业”二字成为工人之间群体身份的符号，这种符号又可以细分为“铁路产业”“水运产业”等，全国的产业工会便是由这些产业组成。一个类别的产业工会下，产业工人对于自己产业的归属感认同感强烈，因产业而聚集，因产业而凝聚。我国海员工会至今已有 101 年历史，中国金融工会已有 72 年历史，中华全国铁路工会亦有百年历史，产业工会与产业工人通过历史的链接和产业的同属关系，有着更为深切的联系。

产业工会也可通过产业链接跨地域工作。同一个产业遍布全国各地，在全国的产业工会下还有地方的产业工会，一个产业工会也会涵盖很多的企业，这便为跨地域工作提供了条件。近年来，产业工会也利用自身优势开始跨产业联合工作，在促就业、产业工会工作交流、产业工人技能提升等方面相互帮扶。

在探讨产业工会自身优势的同时，也更应该理顺地方工会与产业工会的职能聚焦，在党委的领导下，地方工会着力于统筹协调、指导工作，为各级工会发展提供保障，产业工会要在培训教育、协商谈判、推进参与产业生产上下功夫，发挥好协调劳动关系、维护职工合法权益的优势作用，地方工会与产业工会相互结合搭建完备的工会履责体系。

以史为鉴，从历史的视角来看产业工会，也给今天产业工会的职责使命和发展提供了一定的启示。中国革命、建设、改革开放等不同时期，产业工会在中国共产党的领导下先后担负起不同的历史使命，如今产业工会也应不断加强自身建设和工作职能的转变，更加适配新时代的产业发展和经济发展形势。产业工业要再涌现一批像刘少奇、李立三一样的领导干部，善于利用产业特征、地缘位置等条件，推进产业工会的改革创新。传承产业工会百年的运作成功经验，坚持政治优先，自觉接受党的领导，坚持以人民为中心，坚持先进性，充分发挥产业工会组织的多重功能。

七、产业工会高质量发展的思路

产业工会的诞生、发展与工人运动的不断发展密不可分，是政治、经济、社会矛盾的必然产物，中国产业工会在政治地位、法律地位上都有明确的规范和保证，在社会认识上也形成广泛的共识。在新时代新征程上，习近平总书记强调工会要随着时代发展、事业创新而发展、创新，并为深入推进工会改革创新指明了方向。[①] 产业工会实现高质量发展必须深入学习贯彻习近平总书记关于工人阶级和工会工作的重要论述，以科学的答案前进。

加大源头参与，切实维护行业劳动领域政治安全。当前，各行各业劳动用工呈现多样化的局势，劳动关系的稳定性不断受到挑战，维护稳定的风险也在增大，互联网这一新型产业近年来更是出现了不少的劳动争议问题。产业工会可积极推动联席会议，根据产业的特点，强化建章立制工作，推动建立行业集体协商制度。

加强组织建设，扩大工会工作覆盖面。习近平总书记指出，努力把工作做到所有职工群众中去，扩大覆盖面不要做表面文章，注意吸引和团结职工群众。新形势下加强基层工会建设是动员产业工人投身建功立业，增强产业工会组织活力的重要渠道。产业工会应深入开展调研，摸清楚各产业、各行业的职工群众的特性，广泛宣传入会的优惠政策，走进工厂、车间亲近工人，将工作做到实处，做到职工群众心坎上。

发挥产业工会教育培训作用，提升产业工人技能素养。产业工人队伍建设改革是习近平总书记亲自部署的重大改革，产业工会是推进“产改”的重要力量。在中华民族实现伟大复兴中国梦的伟大征程中，实现由“中国制造”走向“中国创造”的中国梦，产业工人的重要性不言而喻。同时，产业工人在不同企业、

---

① 中共中央党史和文献研究院．习近平关于工人阶级和工会工作论述摘编［M］．北京：中央文献出版社，2023：113－127.

不同行业流动性增加，归属感和认同感减弱，技术得不到提升，发展没有空间，产业工会作为“大学校”应发挥好教育培训、激励等作用，培养选拔更多高技能人才。近年来，各产业工会积极开展技能竞赛、创建劳模工作室收获颇丰，未来要巩固现有成果，建立稳定的人才培养机制，培育更多大国工匠。

理顺与地方工会的关系，加强工会干部队伍建设。在多种工会存在的情况下，也会出现不少产业工会式微，履职能力减弱的情况，产业工会要理顺与地方工会的关系，重视起产业工会在履职尽责上的优势，主动作为，与地方工会优势互补。同时，产业工会要加强工会干部队伍建设，习近平总书记强调，群团干部有不同于党政干部的特点，群团干部要懂群众，善于用群众工作方式方法。产业工会作为贴近产业工人的群团组织，干部队伍更应该积累基层工作经验，大力开展调查研究，给产业工会具体工作提供“金点子”。

产业工会是中国工会的重要组成部分，在产业结构转型，新一轮产业革命和技术革命时期，国家需要能支撑中国制造、中国创造的高技能人才，产业工会要抓住机遇，从政治上、职责上、组织上、队伍上加强建设，让产业工会组织活起来、工作实起来、成果富起来。

深化改革背景下基层工会工作成效评价体系研究

金世育　邹卫民

（上海工会管理职业学院）

摘　要：2015 年群团改革以来，基层工会按照强“三性”、去“四化”的改革要求，全面展开改革实践。构建基层工会工作成效评价体系，可以客观评价前一阶段的改革成效，摸清当前基层工作遇到的突出问题。基层工会是工会改革和建设的核心议题，对其进行工作评价应选择广义概念和整体性目标，具体以小三级工会作为评价对象的实体。本文通过梳理 2015 年以来全国总工会出台的涉及小三级工会组织建设文件，确定政治引领、组织建设、依法履职、组织活力 4 项评价维度，并进行指标转化，最终形成 32 项评价指标。

关键词：基层工会　改革　工作成效　评价体系

工会改革是全面深化改革的重要组成部分。党的二十大明确指出，要深化工会等群团组织改革和建设。自 2015 年党的群团工作会议以来，中国工会按照强“三性”、去“四化”的改革要求，自上而下全面展开改革实践，并将改革的重点放在基层，突出“减上补下”，“重点解决脱离群众的问题”。2022 年 5 月全总深化工会改革创新领导小组全体会议召开，此轮工会改革进入总结与深化阶段。经过多年改革，中国工会是否已很好地解决基层组织问题？如何客观评价基层工会在改革后的工作成效？目前，对各级工会工作成效的评价多为主观陈述和总结，而围绕改革目标，以数据、事实为依据，科学分析工作成效变化情况的很少。考核评价是衡量改革效果、发现改革问题、提升改革质量的重要方式。本研究从工会改革相关学术研究、全国和地方的政策文件出发，探析新时代新征程工会改革和建设的核心要义，尝试提出评价基层工作成效的指标维度，以期起到抛砖引玉的作用。

一、基层工会：工会改革和建设的核心议题

关于工会改革的讨论在社会主义国家建设的各个时期都曾出现过，其根本原因是社会主义国家制度下的工会建设发展长期存有理论争鸣。受之影响，社会主义建设的各个时期都出现过工会改革。早在俄国社会主义建设转向经济建设的时期，列宁就提出过工会适应社会主义建设形式根本改变的理论，要求工会正确区分阶级斗争在资产阶级掌握政权的国家中与无产阶级掌握政权的国家中的区别①，并且触发了工会改革。

新中国成立以来，中国工会也经历了多次改革，其中有四次改革节点较为明显。新中国成立之初，为了以工会的形式把所有的雇佣劳动者都组织起来，李立三对新工会的理想形象进行了设计②，并且出于生产建设的考虑而迅速壮大基层工会。改革开放40多年，我国建立并不断完善社会主义市场经济体制，在此过程中劳动关系发生了深刻变化。在此期间，中国工会不断地进行自我改革，以适应市场经济下劳动关系协调和治理的需要。全国总工会1988年短暂颁行《工会改革的基本设想》，希望通过理顺内外部关系、密切与职工的联系、激发基层活力，提升工会的群众化、民主化。彼时工会需要获得职工信赖③，改革目标是力求解决工会不同程度地脱离职工群众的问题。21世纪初，基层工作薄弱问题困扰中国工会建设。大量非公有制企业不建立工会，上级工会正在失去联系和组织工人的正常渠道，不断陷入“组织危机”④。2005年中国工会以“组织起来、切实维权”为方针进行了工作改革，全国总工会出台了《关于加强协调劳动关系，切实维护职工合法权益，推动构建社会主义和谐社会的决定》。此次围绕工会维权职能展开的工作改革，其重点是“加强工会基层建设、发挥基层工会作用，关心职工生产生活、维护职工切身利益”。进入新时代，2015年中央首次召开党的群团工作会议，并颁布了《中共中央关于加强和改进党的群团工作的意见》（以下简称《意见》），掀起了最近一轮的工会改革。《意见》指出群团组织“基层基础薄弱、有效覆盖面不足、吸引力凝聚力不够问题突出，特别是在非公有制经济

① 冯同庆．马克思主义工会思想史［M］．北京：中国工人出版社，1992：231.
② 中国工运学院．李立三赖若愚论工会［M］．北京：档案出版社，1987：84.
③ 陈骥．改革中的工会和工会的改革［M］．北京：中国工人出版社，1999：145－147.
④ 张�硕．当代中国劳动制度变化与工会功能的转变［M］．保定：河北大学出版社，2004：134.

组织、社会组织和各类新兴群体中的影响力亟待增强”[①]。这种基层组织的薄弱现状，甚至在一定程度上引发了工会组织“毛细血管堵塞，神经末梢坏死”以及“高位截瘫”的问题。[②]

综上，从历次中国工会改革的目标和内容来看，基层组织薄弱是中国工会改革面临的重要问题之一。[③] 工会追求全国人民总体利益与职工群众具体利益双重目标价值，工会争议的核心在于双重目标之间存有张力。在实践中，价值张力具化为中国工会体制的官民二重性问题，即行政性与社会性的内在冲突。[④] 工会改革的核心命题不是工会如何改变与国家的关系，而是如何建立与工人的关系。[⑤] 联系职工群众最密切的一线基层组织自然成为改革的重点。工会改革不是结构性概念，也不是工会产生机制的制度性变革，而是强度概念。[⑥] 通过加强基层建设，使得工会更好地走入职工群体、占领职工阵地。从改革开放后两次落地的大改革来看，总结推广的优秀改革经验在很大程度上都直指基层工会。2005 年以“社会化维权模式”为特征的改革中，各地涌现出的蛇口模式、义乌模式、大连模式等，是对基层工会难以履行职责的困境破解。2016 年全总办公厅印发了《上海市宝山区顾村镇加强基层工会建设的经验做法》的通知，向全国推广上海基层工会改革试点经验。顾村经验的主要内容是“贯彻落实中央党的群团工作会议精神，推动工会改革向基层延伸”，“破解非公有制企业工会组建难、职工入会难、经费人员保障不足、维权服务不到位等基层工会面临的突出问题，以此打通了联系服务职工的‘最后一公里’，扩大了工会有效覆盖，激发了基层工会活力”。顾村经验的核心就是尝试在现有工会体制下解决基层组织薄弱的问题。[⑦] 在历次改革实践中，工会改革的出路都归于基层工会：一是通过自身建设解决工会组织体系的上下断层问题，在功能上实现去行政化和回归社会；二是通过自上而下的代表性扩张和组织增建，建立与职工群众的组织联系，以符合“组织起

---

① 李玉赋．新的使命和担当——中国工会改革创新实录（2015—2017）［M］．北京：中国工人出版社，2017：173.

② 乔健．工会改革：中国特色工会道路的“提质增效”——2016 年上海群团改革的经验探析［J］．中国劳动关系学院学报，2017（2）：73.

③ 吴亚平．企业工会：劳动者权益的代表者和维护者——兼论工会组织体制改革的目标和方向［J］．新视野，2010（6）：33.

④ 颜江伟．行政化与回归社会：中国工会体制的弊病与改革［J］．中共浙江省委党校学报，2007（3）：29.

⑤ 闻效仪．“上代下”：工会改革逻辑与多样化类型［J］．社会学评论，2020（5）：30.

⑥ 闻效仪．“上代下”：工会改革逻辑与多样化类型［J］．社会学评论，2020（5）：30.

⑦ 袁红君，吴建平．激励机制与基层工会改革［J］．中国劳动关系学院学报，2022（2）：104.

来”的目标要求。因此，中国工会改革和建设的核心议题一直以来是基层，通过完善工会组织体系、激发基层工会活力，实现工作重心的下移。

二、基层工会的工作目标：理论推导与要素识别

基层工会作为工会改革和建设的核心议题，对其工作成效的观察，与国内国外对工会改革的研究之间，存在一定的脱节。客观评价前一阶段的改革成效，及时发现问题、采取措施，是下一阶段进一步深化改革的重要依据。改革后，新的工会制度安排是否能够有效地实现改革初衷，仍有待进一步观察。[①] 因此，在深化工会改革和建设阶段，客观评价实践层面的工作尤为必要，可以直观展现前期改革成效。

（一）基层工会的概念范畴、工作目标与评价主体

1. 作为评价对象的基层工会

在中国工会研究中，基层工会存在广义和狭义之分。依据《中国工会章程》，狭义的基层工会是指企业、事业单位、机关和其他社会组织等基层单位所建立的工会。《工会法》第十一条规定，县级以上地方建立地方各级总工会。在中国工会组织体系中，县级工会处于承上启下的重要位置，广义的基层工会是指县级以下工会组织。工会组织内部存在较为明显的层级差异，即不同层级的工会因为所处的结构位置不同，在组织目标、工作手段和行动资源上会有很大差异。故而，关于中国工会的研究，通常将工会领导机关和基层工会区分开来。[②] 我国劳动关系市场化以后，工会在改革中探索出“上代下”机制，即上级工会代表企业工会发挥作用，该机制的形成体现了工会改革的逻辑。[③] 虽然县级以下地区性的工会组织与企业等用人单位的工会在职责结构上逐渐呈现出分化趋势[④]，但是在基层以“上代下”机制为联结纽带，县级以下工会组织之间已经形成工作有机体。因此，广义概念下的工作成效研究更为真实。

工会改革的重点在基层，难点在基层，落实也在基层。本研究采用广义的基

---

① 乔健．工会改革：中国特色工会道路的“提质增效”——2016 年上海群团改革的经验探析［J］．中国劳动关系学院学报，2017（2）：73.

② 吴建平．地方工会“借力”运作的过程、条件及局限［J］．社会学研究，2017（2）：105.

③ 闻效仪．“上代下”：工会改革逻辑与多样化类型［J］．社会学评论，2020（5）：18.

④ 吴建平．地方工会“以上代下”与基层工会“瘦身减负”——近 40 年来中国工会改革的趋势与特点［J］．中国劳动关系学院学报，2018（1）：20.

层工会概念，以小三级工会组织作为基层工会概念的实体。小三级工会组织即街镇（园区）—区域性、行业性工会联合会—企业，是工会工作体系中最完整的微观单元，是工会履行维护服务职能的重要阵地。以小三级工会组织为评价对象，构建基层工会工作成效评价体系，更为客观务实。

2. 评价主体与整体性目标设定

传统的工会工作成效评价在评价对象上，采取了地区性工会和企业工会的组织类型二分法，对县级以下地区性的工会组织与企业等用人单位的工会分别设定工作目标。2014 年全国总工会下发了《关于新形势下加强基层工会建设的意见》，对企业工会提出了“六有”的建设标准（有依法选举的工会主席、有独立健全的组织机构、有服务职工的活动载体、有健全完善的制度机制、有自主管理的工会经费、有会员满意的工作绩效），并且作为基层组织评优评先的基准条件。对县级以下地区性工会评价则不然，早在 2005 年全国总工会就下发了《关于加强乡镇（街道）工会规范化建设的意见》，对乡镇（街道）工会提出“六好”的工作评价标准（党委政府重视支持好、组织网络健全好、履行基本职责好、指导帮助基层好、服务职工群众好、围绕中心开展工作好），其目标更系统更全面。地区性工会的工作目标除了指导企业工会开展工作外，还包括地区工会工作的领导责任。

传统的评价体系把地区性工会和企业工会的工作目标简单分列，分别考量成效，容易出现上下工作不连贯、工作手势不统一的问题。将县级以下基层工会作为一个整体系统评价，以小三级工会作为评价对象的实体，综合二者的特点设定目标，更契合基层工作真实状态。基层工会处于工会组织体系最末端，其工作目标主要来自上级要求和职工需求。中国工会实行同级党组织和上级工会双重领导，上级要求又分为党对工会工作的要求、上级工会的工作部署。因此，基层工会工作的评价主体包括三层党组织、上级工会和职工。整体性目标的设定，是把评价主体的要求作为衡量成效高低的具体标准。党的工运事业目标，即党关于工运事业的重大部署和政府在劳动领域的重要政策；地区工会工作目标，即街镇（园区）工会工作的水平和进展；基层工会工作目标，即企业工会等一线组织的运作状况。

（二）工作成效的评价维度与解释要素

评估是手段，不是形式，要求巧妙设定评价维度。在评价维度确定的基础上，通过概括经验事实形成评价标签，进而确定解释要素，为下一步指标设计做准备。本研究以三层主体的要求作为价值标尺，通过梳理2015年以来全国总工会出台的涉及小三级工会组织建设文件，整合相同和近似标签，本着力求简化的原则，确定4项评价维度。

1. 依据价值标尺提炼评价标签

2015年群团改革以来，全国总工会先后出台了《关于加强和规范区域性、行业性工会联合会建设的意见》《关于加强乡镇（街道）工会建设的若干意见》《“县级工会加强年”专项工作方案》《深入推进新就业形态劳动者工会工作三年行动计划（2023—2025年）》等组织建设文件，为确定评价标签进提供了文献依据。

表1　全国总工会关于基层工会建设的文件及工作任务要求（2019—2023年）

文件名	出台时间	重点工作	评价主体	标签
《关于加强乡镇（街道）工会建设的若干意见》	2019年12月	推动企事业单位依法建立工会组织	上级工会	组建任务
		广泛吸收职工入会		
		加强职工思想政治引领	党组织	政治引领
		劳动和技能竞赛	上级工会	活动活力
		维护职工合法权益	职工、上级工会	维权
		开展集体协商	职工、上级工会	维权
		健全企事业单位民主管理制度	职工、上级工会	维权
		健全协调劳动关系机制	党组织、上级工会	维权
		开展困难职工帮扶	职工、上级工会	服务
《关于加强和规范区域性、行业性工会联合会建设的意见》	2020年1月	职工的思想政治引领	党组织	政治引领
		推动区域、行业内基层单位的工会组建	上级工会	组建任务
		劳动和技能竞赛	职工、上级工会	活动活力
		区域、行业民主管理	职工、上级工会	维权
		区域、行业集体合同制度	职工、上级工会	维权
		协调劳动关系	职工、上级工会	维权
		工会服务职工工作	职工、上级工会	服务

续表

<table>
<tr><th>文件名</th><th>出台时间</th><th>重点工作</th><th>评价主体</th><th>标签</th></tr>
<tr><td rowspan="5">《“县级工会加强年”专项工作方案》</td><td rowspan="5">2022 年 8 月</td><td>政治引领</td><td>党组织</td><td>政治引领</td></tr>
<tr><td>组织功能</td><td>上级工会</td><td>组建任务</td></tr>
<tr><td>服务阵地</td><td>职工、上级工会</td><td>服务</td></tr>
<tr><td>制度机制</td><td>上级工会</td><td>制度机制</td></tr>
<tr><td>工作发挥</td><td>职工、上级工会</td><td>活动活力</td></tr>
<tr><td rowspan="11">《深入推进新就业形态劳动者工会工作三年行动计划（2023—2025 年）》</td><td rowspan="11">2023 年</td><td>习近平新时代中国特色社会主义思想</td><td>党组织</td><td>政治引领</td></tr>
<tr><td>提升新就业形态劳动者素质</td><td>职工、上级工会</td><td>服务</td></tr>
<tr><td>选树宣传劳动者先进典型</td><td>党组织</td><td>政治引领</td></tr>
<tr><td>持续推进建会入会</td><td>上级工会</td><td>组建任务</td></tr>
<tr><td>加强规范化建设</td><td>上级工会</td><td>制度机制</td></tr>
<tr><td>推动完善法律法规和政策</td><td rowspan="3">职工、上级工会</td><td rowspan="3">维权</td></tr>
<tr><td>推进协商协调机制建设</td></tr>
<tr><td>加强企业民主管理</td></tr>
<tr><td>提高服务水平</td><td rowspan="2">职工、上级工会</td><td rowspan="2">服务</td></tr>
<tr><td>推进劳动保护</td></tr>
<tr><td>促进和谐稳定</td><td>职工、上级工会</td><td>维权</td></tr>
</table>

2. 选定评价维度与解释要素

（1）政治引领。工会是党联系职工群众的桥梁和纽带，承担着巩固和扩大党的群众基础和执政基础的政治责任。党的群众基础和执政基础包括物质和精神两方面[①]，这也是党对工会工作的目标要求之一。在基层工会工作中，对职工群众的政治引领主要表现为党的重要理论和重要思想的宣传和职工教育两大领域的具体工作展开。

（2）组织建设。工会改革的主要策略在于依靠组织路径进行劳工团结。在

① 中共中央党史和文献研究院．习近平关于工人阶级和工会工作论述摘编［M］．北京：中央文献出版社，2023：41.

中国的政治体制下，新时期的工会应该坚持以组织动员作为改革内核。① 基层工会工作成效体现为区域内实现工会组织高度覆盖，进而构建纵横交织、覆盖广泛的工会组织体系和联系广泛、服务职工的工会工作体系。解释要素包括推进区域工会组建，推进县域内区域性、行业性工会联合会建设，对新就业形态劳动者的有效覆盖，利用新技术发展会员，等等。在企业工会层面，组织建设还包括自身建设的含义，以规范化建设为主要目标，包括组织资源的积累与获取，还需考虑经费拨缴足额使用规范这一解释要素。

（3）依法履职。在工会改革和建设中，逐渐明晰了在现有组织制度中，各级工会组织职责。关于维权服务成效，体现地方总工会以“上代下”为企业工会维权，服务阵地与服务资源的下沉，具体表现为建立健全政府与工会联席会议制度，推动集体协商和职代会制度提质增效，社会化维权模式基本建立，推进基层群团服务站建设，提供维权帮扶救助、政策咨询、妈咪小屋、公益活动等多种服务，打通服务职工“最后一公里”。

（4）组织活力。地方工会具备在国家（党政）既有框架下进行自我修复的能动性和自主性。② 基层组织的能动性与自主性主要通过组织活力展现，即有活力的队伍和有活力的活动。在落实工会改革过程中，地方性工会以让基层工会有人、有能力办事为目标，创新性开展一些干部队伍建设工作，有效地激发工会干部队伍活力。从评价维度上看，用于解释县级以下工会组织活力的要素包括干部队伍建设（非公有制企业工会干部队伍、职业化社会化工会工作者队伍），还有地区工会活动情况。

三、工作成效的评价指标：总体原则与指标转化

（一）评价指标的总体原则

评估维度的目标较为抽象，难以测量评估，需要分解转换为可测量的具体指标。基层工作的评价指标需既能展现新时代工运事业发展的过程性，又能体现深化工会改革和建设的成果。评价指标的设定，一是应满足评价主体的要求，且可以容纳过程性指标。二是评价指标的选择遵循“自下而上”的生成逻辑，具体

---

① 岳经纶，陈泳欣．中国工会改革的“第三条道路”［J］．探索与争鸣，2019（3）：89.

② 岳经纶，陈泳欣．超越统合主义？社会治理创新时期的工会改革［J］．学术研究，2018（10）：58.

划分应契合实践。指标内容既包含基层落实政策的效率和效果，又能够体现参评对象的异质性。根据地区经济特点，小三级工会组织大致可分为商贸型街镇工会、生活型街镇工会和开发区工会，并各自总结工作特点。三是维度中蕴含实时动态的工会状况指数，既能通过时间序列展现基层工作成效，又能通过截面数据准确地反映当下基层工会动态和工作“健康”程度。四是科学的评价维度兼备正激励与负激励作用，在同一评估对象的不同时期和同一时期的不同评估对象之间形成良性竞争机制，通过评价推动小三级工会形成行动的自发性，自主深化工会改革和建设。五是按照小三级工会内部职责功能，针对性选择评价指标，提高指标有效性。街镇级工会自主组织本地区工会工作，发挥统筹协调区域资源作用；区域性行业性工会联合会重点履行二次覆盖的职责；企业工会等一线组织联系职工最密切、服务职工最具体，凸显职工满意度。六是要广泛听取被评估对象的意见，在正式推出前开展若干次试行，完善指标和权重设置，优化评估指标体系，做到评价指标既科学、专业，又看得懂、易操作。

（二）评价体系的具体指标

测量指标是对工作完成效果的最直接衡量方式。测量指标的提取，一是以数据、事实为依据，可以科学分析改革前后效果变化情况，突破现有的对基层工会工作的评价以对相关工作的陈述和总结居多的状况。二是按照关键要素法建构指标体系，不过分追求指标全面，但求选择精准。一级影响因素变量指标，直接采用评价维度的四方面。二级影响因素变量指标，将一级指标按照各项工会改革、工会重点工作拆分，体现非公有制企业工会改革绩效的核心驱动因素。三级影响因素指标由各项二级指标涵盖的具体工作及任务组成，为二级指标各项工作及任务的评估标准，能够明确赋权重进行量化。

表 2　基层工会工作成效评价指标

序号	维度（一级指标）	二级指标	三级指标
1	政治引领	思想宣传	宣传活动
			培育选树先进典型
		职工教育	职工培训
			职工技能提升

续表

序号	维度（一级指标）	二级指标	三级指标
2	组织建设	组建任务	推进工会组建
			吸纳职工入会
			区域性、行业性工会联合会建设
			新就业形态劳动者的有效覆盖
		规范化建设	党工共建
			工会委员会、经费审查委员会、女职工委员会合规
			换届选举规范
			工会经费收支管理
			工会经费审查工作
			会员评价活动
		基础数据	信息台账
			数据库维护
3	依法履职	维权	政府与工会联席会议
			集体协商
			职工代表大会
			劳动法律监督
			职工法律援助
		服务	帮困救助
			工会送温暖
			服务阵地
			职工实事工程
4	组织活力	活动活力	劳动和技能竞赛活动
			职工技术创新活动
			文体团队建设
			文体资源整合
			文体赛事组织和参与
		队伍活力	非公有制企业工会干部队伍
			职业化社会化工会工作者队伍

四、评价体系运用的效用目标与工作路径

改革创新是工运事业蓬勃发展的不竭动力。将基层工会工作成效评价体系运用于实践，其效用将影响今后改革的重点方向、改革策略、改革进度，但在实施路径上需要注意工作技巧。

（一）评价体系运用的效用目标

评价体系的运用应坚持面向基层、面向一线，积极探索符合时代发展和工会规律的运行机制，目的是不断完善评估体系，在深化工会建设阶段发挥以下作用。

第一，破除持续深化改革的动力不足问题。在前期改革中，基层工会不同程度存在以点带面、点上突破的情况，小三级基层工会组织以街镇、开发区（工业园区）总工会为引领，基于区域先天优势在工会改革的部分领域取得较为突出的成绩，但工作成效的均衡性不足，既有特色亦有短板。在改革进入深化阶段时，先进典型进一步开拓工作、后进单位迎头赶上动力不足问题开始显现，表现为抓单项多、抓全面少，易开展完成的多、敢于啃“硬骨头”的少等问题。引入工作成效评价体系，在基层工作中形成量的意识和竞争意识，持续激发改革动力。

第二，均衡地区之间工作成效差异。不同区域的前期禀赋不同，企业数量和规模、职工人数、行业类型等方面千差万别，小三级基层工会组织呈现“千区千面”样态，进而产生改革进度不一、质量效果不一的结果。统一的改革和建设标准难以评价所有类型的小三级基层工会组织。与此同时，一些区域确实存在照搬照抄举措的多、学改革理念思路的少的问题，基层工会改革和建设进展缓慢。情况较为严重的区域还出现了一些怀疑的声音，有些地方认为该经验适合发达区域，不适合经济落后区域，容易出现“水土不服”问题。公开客观评价地区工作情况，有助于最大限度地凝聚改革共识、汇聚改革合力。

第三，应对改革面临的新情况新问题。伴随经济社会发展，劳动领域出现一些新情况新问题，成为基层工会改革和建设新的焦点。新就业形态劳动者建会与权益保障，正在成为基层工作的重点。运用新技术发展会员，通过扫码入会等方式加入了工会组织系统，后续做好关心关爱、完成工会组建及运转，需要基层工会强有力的组织力。

第四，激发基层干部干事创业的激情。在企业工会中，工会干部仍然存在适

应性不够、创新乏力、信心不足等问题。在非公有制企业工会中“不敢为”“不愿为”“不能为”的问题又有所抬头，一定程度上影响了基层工会活力的激发；在区域性行业性工会联合会中，工会社会化工作者的职业发展路径和自上而下的评价机制，影响了工会事业发展的生机与活力。工作成效评价在一定程度上可以促进改革和机制创新，激发组织活力。

（二）评价体系的工作路径

1. 充分给予基层工会组织自主工作权限

对基层工会工作进行评价的前提是要赋予评价对象自主组织本地区工会工作的权限。一是加强街镇（园区）总工会组织建设。组织架构严格按照联合制代表制的组织原则建立总工会，街镇（园区）总工会委员会人员构成向一线倾斜，确保劳模职工、先进职工和女职工占一定比例；健全街镇（园区）总工会作为地方工会的各项职能，不断提升推进工作主动性，自主开展本地区的工会工作，执行上级工会的决定和制订落实本级工会工作规划，定期向上级工会报告工作；组织机构单独设置，建立独立账户，对本地区工会经费使用和管理负主要责任。二是街镇（园区）总工会发挥统筹协调区域资源作用。街镇（园区）总工会担负与同级党政沟通联系责任，依法依规、按时及时召开工会与同级政府的联席会议，沟通处理本地区劳动关系与工会工作；组织力量梳理地区工会以外资源，牵头协调社区资源、国有企业资源支持地区工会工作；充分发挥枢纽性作用，支持和培育本地区的社会组织参与非公有制企业工会改革。三是统筹规划本地区工会组织建设。街镇（园区）总工会制订实施本地区小三级工会组织建设工作规划；做好工会干部资源的调配，保障区域性、行业性工会联合会和联合工会的干部配备；推动区域性、行业性工会实体化运作。四是街镇（园区）总工会对非公有制工会改革负主体责任。夯实“双实”工会、联合工会组织基础，将区域性、行业性工会建设情况作为街镇（园区）总工会考核的重要指标；动态保持非公有制企业工会较高的建会率；通过非公有制企业工会实际运转情况、“先进职工之家”“优秀工会工作者”参评情况，衡量各街镇（园区）总工会工作成效。

2. 构建经济高效的数据采集路径

评估实施需要获取评估对象的真实情况，调阅文档、问卷调查等传统的数据采集方式会增加评估对象额外工作量，容易遭遇被评估者的抵制。构建经济高效的数据采集路径，有助于评价工作顺利实施。一是要具备大数据的思维方式，强调全面性实施、全域覆盖，坚持执行整体考核的评价实施路径，缩短评价工作链。二是尽可能利用已有统计口径和数据资源，补充采取座谈调查、问卷调查、满意度测评等方式，形成评估基础数据，避免依托专门的大规模数据采集与问卷调查，尽可能降低评价工作成本，防止给一线工作者带来额外负担。三是提高数据采集的智能化水平。在组织库、会员库等工会数据库中，引入自动识别与数据采集技术，实现数据来源的稳定性和数据资源的动态性；打破各级工会之间的数据壁垒，解决各部门分别向基层重复采集数据的问题；消除“数据烟囱”，向基层开放数据使用权限。四是做好指数的丰富度与数据更新的频率之间的矛盾权衡，动态设定年度评估标准，评价指标确保公平公开公正。五是基层工会状况指数，以实时动态数据为主，采用动态数据与静态数据相结合的指数生成方式。实时动态数据则反映了基层工会工作的开展态势，进而感知态势的演化过程，突出了指数的预测和预警功能。

3. 及时精准反馈评价成效

评估工作坚持评促改、不断提升的工作目标，一是评估执行“下评一级”原则。评估工作引入第三方专业机构主持实施，凸显评价工作的严谨、公正、客观。第三方机构以年度为单位对小三级基层工会组织进行评估，并且组织地区职工满意度测评；评估工作结合改革工作成效，重点考察各小三级基层工会组织推进改革的责任意识、担当意识和工作主动性；街镇（园区）总工会可根据地区工作情况对下一级组织建立量化考核制度。二是动态设定年度评估标准。根据小三级基层工会组织年度工作情况，动态设定评估标准；依据工会工作相关制度文件，科学配比各项指标的分值；对于年度重点工作、全区重点任务，在当年度考核中提高考核占比权重。三是评估工作确保公开透明。评估全过程坚持信息公开、过程公开、结果公开；评估结果设定优、良、中、差四个等级，得分情况和评估结果以会务公开的形式在全区公开发布，接受会员监督。四是纳入整体工作评价体系。指标评估融入原有的上级组织对下级组织的工作考核中，减少额外工作负担。上级工会将每年对小三级基层工会组织工作的评估结果报其同级党组织，推动基层工会工作成效的评估结果与全国、各省市“模范职工之家”等组织荣誉申报相关联。

4. 开展针对性服务助力基层调整

评价工作最终目标是服务助力基层，落实过程中要体现服务的理念。一是建立问题反馈机制。第三方机构负责具体评估过程的实施，并将评估发现的问题以评估报告的形式向各街镇、开发区总工会反馈。被评价的小三级工会可通过评估结果，找差距、补短板，不断地提升工会工作水平。二是开展“上代下”针对性服务。上级工会通过参考评估报告，归纳评估集中反映出的问题，并向各街镇、开发区总工会反馈的工作短板，进行针对性的“上代下”服务，主动对接、协调区域资源，帮助基层工会解决问题、集思整改。三是集中力量破解改革难题。对于评估中突出反映出的问题，上级工会应跨前一步，组织人员力量研究制订针对性方案，帮助小三级工会组织攻坚克难。

5. 做好跟踪反馈积极转化评估成效

为了更好地服务下一阶段的基层改革和建设工作，评价结果应可持续、机制化地运用，一是坚持评估跟踪反馈。评估工作要避免“一锤定音”的传统做法，从而形成改革、评价、提升的工作闭环；街镇（园区）总工会对评估中出现的问题要限期整改；每年评估工作及成效转化情况向上级工会报告；上一年度整改的重点要作为当年评估重点内容，通过评估不断促进小三级基层工会组织履职的能力持续提升。二是坚持评估成效转化。建立评估成效转化机制，边探索边总结、边探索边完善，及时将探索形成的有效措施、成熟做法，总结提升为可复制可推广的改革经验，从而将改革成效逐步固化、不断扩展。

边疆民族地区视域下工会在共同富裕方面的新作为

王翠玲

（内蒙古工会事业发展中心）

摘　要：中国式现代化具有五个重要特征，实现共同富裕是中国式现代化的一个重要方面。目前我国共有9个边疆地区，分别是广西、云南、西藏、新疆、甘肃、内蒙古、辽宁、吉林、黑龙江。实现共同富裕是全体人民的富裕，工会作为党联系职工群众的桥梁纽带，在实现共同富裕这张蓝图中，能够“怎么画、如何画、画什么”，更是考验工会的担当作为与智慧力量。本文以9个边疆地区为研究对象，探索工会在实现共同富裕的创新作为，旨在提高边疆地区人民生活水平和丰富精神文化生活，创新工会工作新模式，提升工会地位。

关键词：工会　边疆地区　共同富裕

一、相关概念梳理

1. 共同富裕

在我国古代历史上有许多关于共同富裕的论述，闪耀着古人智慧的光芒。《礼记·礼运篇》中有一句话这样写道：“大道之行也，天下为公。”意思是大道施行的时候，天下是所有人的。孔子的“不患寡而患不均，不患贫而患不安”也表达了对于公平正义的期待。大同社会是古人描述的一种理想状态，小康社会的出现使得大同社会中描述的理想状态不再模糊。“小康”一词最早出自《诗经·民劳》，“民亦劳止，汔可小康”，体现了为政者对人民的关怀。这些古人对于“大同”“小康”的朴素追求体现了人们对于美好生活的探索与向往。

中国共产党和国家领导人也在共同富裕方面有创新性提法。近代以来，在中国共产党的带领下，我们实现了民族独立、人民解放，为共同富裕的实现创造了稳定的内部环境。邓小平同志将小康社会落实到具体的规划中，创造性地提出了实现小康社会的“三步走”战略。在习近平总书记的带领下，在2020年我们如期建成了小康社会，为世界减贫事业作出了巨大的贡献。古人所描述的“小康”社会不再是“空中楼阁”，“小康”社会的实现为共同富裕奠定了坚实的物质基础。

2. 边疆地区

边疆地区是融边境、民族为一体的地区。通常表现为边境线长、人口稀少、文化多样、地域辽阔等特征。由于受到历史背景、地理条件、生态环境等方面的制约，表现出经济、文化相对落后的局面，目前以及未来都是我国实现共同富裕的短板。

二、选题背景

1. 问题的提出

邓小平同志指出：“社会主义的本质是解放生产力，发展生产力，消灭剥削，消除两极分化，最终达到共同富裕。”[1]为我们指明了前进的道路，最终是要实现共同富裕。虽然在2020年我国成功打赢了脱贫攻坚战，建成了小康社会，完成了世界减贫历史上的奇迹，但是不能改变我们现在仍处于并将长期处于社会主义初级阶段的这一现实。习近平总书记在呼和浩特听取内蒙古自治区党委和政府工作汇报时强调：“从全国来看，推动全体人民共同富裕，最艰巨的任务在一些边疆民族地区。这些边疆民族地区在走向共同富裕的道路上不能掉队。”[2]习近平总书记的这段话对边疆民族地区发展提出了殷殷嘱托。

虽然是短板，亦具有潜力。我国少数民族人口有1.25亿，民族自治地方占国土面积的64%[2]，在我国2.2万公里的陆地边界线中，有1.9万公里在民族地区，2400多万边境地区人口中，超过一半是少数民族。研究边疆民族地区共同富裕不仅能够促进民族团结、社会稳定，进一步铸牢中华民族共同体意识，而且也有利于让全社会人民共享改革发展的成果，促进共同富裕的实现。

2. 工会与实现共同富裕的联系性

（1）为职工群众服务是工会天然的工作属性

首先，实现共同富裕是全体人民的共同富裕，体现着发展为了人民、发展依靠人民、发展成果由人民共享的人民观。而工会作为党联系职工群众的桥梁纽带，始终把为职工群众服务作为工作出发点，竭诚服务职工群众是工会工作的根本遵循。工会始终以为职工群众服务作为工作中心，把职工幸福不幸福、满意不满意作为工作的衡量标准。

（2）工会所倡导的劳动观是实现共同富裕的条件基础

其次，习近平总书记指出："幸福生活是奋斗出来的，共同富裕要靠勤劳智慧来创造。"指出了实现共同富裕不是纸上谈兵，也不是空喊口号，而是要通过劳动创造美好生活。工会非常重视劳动价值，举行了"中国梦·劳动美"的系列活动，在全社会大力弘扬劳模精神、劳动精神、工匠精神，举办全国性的劳动和技能比赛，组织劳模宣讲等，都体现了工会无论在意识形态还是实际工作中，都非常重视劳动的价值。工会所大力弘扬的劳动精神正是实现共同富裕的必要条件。

（3）体现了工会坚持党的领导的逻辑

最后，实现共同富裕不仅是简单的经济问题，更是关系国家根基稳定的政治问题。实现共同富裕不仅是马克思主义思想里的"共产主义"，更是体现了我党全心全意为人民服务的宗旨。工会作为党联系职工群众的桥梁纽带，应该以党的旗帜为旗帜，以党的意志为意志，以党的初心使命作为工会的初心使命，以党的奋斗目标作为工会的奋斗目标，成为推动实现共同富裕的重要力量。

三、9 个边疆民族地区经济水平、精神生活状况

在这一部分一共通过四个指标来反映边疆民族地区经济水平、精神生活的状况，通过这些指标直观地了解边疆民族地区人民生活现状，根据问题提出有针对性的建议和意见。

1. 边疆民族地区经济水平状况

当前边疆民族地区人民经济发展态势总体保持稳中有升。2020 年我国实现了整体脱贫，边疆民族地区作为我国脱贫攻坚的深水区，完成了国家脱贫攻坚"最后一公里"任务。在庆祝脱贫攻坚任务胜利完成的同时，我们也应该看到，边疆民族地区在经济上也存在着许多问题。譬如，边疆民族地区产业结构的不完善、GDP 总量以及增速落后于沿海发达省份、人均可支配收入低于国家平均水平等一系列现实经济困境。

在本部分通过边疆民族地区 GDP 总量和边疆民族地区人均可支配收入两个

指标来衡量边疆民族地区经济发展水平。

用 GDP 衡量一个地区经济发展水平是经济学家最常采用的指标，因此在本部分我们首先采用 GDP 来测算边疆民族地区经济发展水平。

表1　9个边疆民族地区 GDP 总量（亿元）

地区	2021	2020	2019	2018	2017	2016
全国	1143669. 7	1013567	986515. 2	919281. 1	832035. 9	746395. 1
广西	24740. 9	22156. 7	21237. 1	19627. 8	17790. 7	16116. 6
云南	27146. 8	24521. 9	23223. 8	20880. 6	18486	16369
西藏	2080. 17	1902. 7	1697. 8	1548. 4	1349	1173
新疆	15983. 7	13797. 6	13597. 1	12809. 4	11159. 9	9630. 8
甘肃	10243. 3	9016. 7	8718. 3	8104. 1	7336. 7	6907. 9
内蒙古	20514. 2	17359. 8	17212. 5	16140. 8	14898. 1	13789. 3
辽宁	27584. 1	25115	24855. 3	23510. 5	21693	20392. 5
吉林	13235. 5	12311. 3	11726. 8	11253. 8	10922	10427
黑龙江	14879. 2	13698. 5	13544. 4	12846. 5	12313	11895

注：数据来源于《国家统计年鉴》。

在表1中我们看到9个边疆民族省、自治区 GDP 总量总体呈现上升的态势。2016 年，GDP 总量最高的是辽宁，为 20392. 5 亿元，GDP 总量最低的是西藏，为 1173 亿元，分别占全国的 2. 73% 和 0. 05%。2021 年，GDP 总量最高的是辽宁，为 27584. 1 亿元，GDP 总量最低的是西藏，为 2080. 17 亿元，分别占全国的 2. 41% 和 0. 18%。2016 年 9 个边疆民族省、自治区 GDP 总量占全国的 14. 7%，2021 年占全国的 13. 4%。

由此可见，虽然 9 个边疆民族省、自治区 GDP 总量逐年增加，但是也存在着发展不平衡不充分问题。例如，2021 年西藏 GDP 总量仅仅占全国的 0. 18%，当年 GDP 总量最高的广州占全国 GDP 总量的比重为 10. 8%，广州 GDP 总量为西藏的 60 倍。9 个边疆民族省、自治区 GDP 总量仅占全国的 13. 4%，仅比广东一个省 GDP 总量多 2. 6%，由此可见经济发展水平的低下。

GDP 指标能够衡量一个地区的整体经济发展水平，但不能够很好地衡量个人情况。因此我们用人均可支配收入来作为衡量共同富裕中物质生活状况的另一个指标。

表2　9个边疆民族地区人均可支配收入（元）

地区	2021	2020	2019	2018	2017	2016
全国	35128.1	32188.8	30732.8	28228	25973.8	23821
广西	26726.7	24562.3	23328.2	21485	19904.8	18305.1
云南	25666.2	23294.9	22082.4	20084.2	18348.3	16719.9
西藏	24949.9	21744.1	19501.3	17286.1	15497.3	13639.2
新疆	26075	23844.7	23103.4	21500.2	19975.1	18354.7
甘肃	22066	20335.1	19139.0	17488.4	16011.0	14670.3
内蒙古	34108.4	31497.3	30555	28375.7	26212.2	24126.6
辽宁	35111.7	32738.3	31819.7	29701.4	27835.4	26039.7
吉林	27769.8	25751	24562.9	22798.4	21368.3	19967
黑龙江	27159	24902	24253.6	22725.8	21205.8	19838.5

注：数据来源于《国家统计年鉴》。

在表2中我们看到的是9个边疆民族地区人均可支配收入普遍低于全国平均水平，经济发展水平较差。2016年全国人均可支配收入为23821元，9个边疆民族省、自治区中最高的是辽宁，为26039.7元，最低的是西藏，为13639.2元。只有内蒙古、辽宁高于全国平均水平，其他7个省、自治区均低于全国平均水平。2021年最高的是辽宁，为35111.7元，最低的是甘肃，为22066元，9个边疆民族地区均低于全国平均水平。

2. 边疆民族地区精神生活状况

改革开放以来，随着我国物质经济的极大发展，吃饱穿暖已不再是人们的追求，社会矛盾发生了深刻变革，人们越来越追求个人、自由、精神方面的进步。习近平总书记在党的二十大报告中强调："物质富足、精神富有是社会主义现代化的根本要求。"表明精神富有不再是空洞的话题，而是为政者必须直面的议题。边疆民族地区由于交通、地域、文化、语言等多方面的限制，在精神文化方面依然存在着公共文化设施数量少、落后等困境。

本部分通过公共图书馆数量和人均公园绿地面积作为衡量共同富裕中的精神生活的两个指标。

（1）公共图书馆为市民提供了学习、社交的场所，对市民免费开放，提供日常查阅、借阅等服务以及开展社会教育等。公共图书馆对受众的包容性使其成为大家学习和社交的场所。图书馆对学习的意义不言而喻，现在图书馆也越来越成为社交的场所，大家周末相约一起在图书馆看看书、参加活动，更是一种新型打卡方式。

表3　9个边疆民族地区公共图书馆情况（个）

地区	2021	2020	2019	2018	2017	2016
全国	3215	3212	3196	3176	3166	3153
广西	116	116	116	116	115	114
云南	151	149	151	151	151	151
西藏	82	81	81	81	81	81
新疆	110	107	107	107	107	107
甘肃	104	104	104	103	103	103
内蒙古	117	117	117	117	117	117
辽宁	129	129	130	130	130	130
吉林	66	66	66	66	66	66
黑龙江	103	103	110	109	109	108

注：数据来源于《国家统计年鉴》。

在表3中我们看到9个边疆民族地区公共图书馆数量近几年基本维持不变。2021年9个边疆民族地区公共图书馆总数量占全国的30.4%。当年公共图书馆数量最多的是四川，为207个，与最多的云南差56个，与最少的吉林差141个，由此可见边疆民族地区在文化方面的投入与某些发达省区还存在着较大的差距，而且9个边疆民族省、自治区之间文化投入的差距也较大，例如，2021年公共图书馆数量最多的云南与数量最少的吉林之间相差85个。

（2）公园绿地不仅是人们休闲娱乐和社交的场所，更是丰富了城市特色功能。随着人们物质生活水平的提高，越来越多的人在享受高品质住房的同时，渴望生活环境周围有一块绿地能够满足日常休闲娱乐以及必要的社交，所以用公园绿地来衡量精神生活有现实意义。

表4　人均公园绿地面积　（平方米）

地区	2021	2020	2019	2018	2017	2016
全国	14.87	14.78	14.36	14.11	14.01	13.7

续表

地区	2021	2020	2019	2018	2017	2016
广西	13.8	12.85	13.52	13.05	12.42	11.77
云南	12.94	12.27	11.88	11.85	11.5	11.33
西藏	13.33	12.02	9.8	8.71	5.85	7.84
新疆	15.4	14.02	14.88	14.31	13.23	12.22
甘肃	14.88	15.15	14.28	13.65	14.87	13.94
内蒙古	19.96	19.2	18.71	18.52	19.66	19.77
辽宁	13.44	13.4	11.97	12.04	12.07	11.33
吉林	13.55	12.94	12.54	13.45	11.37	13.37
黑龙江	13.60	12.77	12.43	12.35	11.78	11.91

注：数据来源于《国家统计年鉴》。

在表4中我们看到9个边疆民族地区人均公园绿地面积均呈现上升的趋势。其中，2021年全国人均公园绿地面积为14.87平方米，超过全国人均水平的省、自治区只有三个，分别是新疆、甘肃、内蒙古，其他六个省、自治区均低于全国平均水平。人均公园绿地面积最高的内蒙古与最低的云南相差7.02平方米，可见省区之间的差距较大。

总而言之，边疆民族地区无论在经济发展方面还是在精神生活方面，都与某些发达省区之间存在着较大的差距，处于较为落后水平，迫切需要改变现状。

四、边疆民族地区发展的优势、劣势、机遇、挑战

了解边疆民族地区发展的优势、劣势、机遇、挑战，有助于厘清边疆民族地区发展脉络，为工会创新型服务提供有针对性的参考。

1. 边疆民族地区发展的优势

（1）自然资源和民族文化资源非常丰富。边疆民族地区地处我国内陆边疆边缘，近海域、近山脉、近邻国，特殊的地理位置优势赋予了边疆民族地区特殊的优势。例如，自然资源禀赋，煤矿、天然气、各种稀有产品含量居于全国前列。

（2）国家相关政策的重视。随着国家兴边富民、西部大开发、振兴东北、脱贫攻坚等一系列战略的实施，边疆民族地区经济发展水平显著提高。贫困发生率逐年降低，形成了一大批特色产业，经济发展“造血”能力明显提高。

（3）边疆民族地区稳定发展态势较好。铸牢中华民族共同体意识使得各民族增强了对于民族的认同感和归属感，为边疆和谐稳定注入了强大的动力。

2. 边疆民族地区发展的劣势

整体而言我国经济发展呈现东强西弱的态势，沿海发达程度大于内陆，相对于东部发达地区，边疆民族地区在经济方面呈现出劣势。虽然我国实施了西部大开发、精准扶贫等战略，解决了绝对贫困问题，但是相对贫困仍然是未来长期困扰边疆民族地区的问题。

（1）产业发展不合理、产业链较短。一般来说，边疆民族地区产业结构较为低端，存在着第一产业规模性不够、第二产业占比较高、第三产业质量较低等问题。由于产业结构较为低端，存在着为了发展经济牺牲环境的不良现象。以内蒙古为例，习近平总书记交给内蒙古的五大任务之一就是把内蒙古建设成为我国北方重要的生态安全屏障，表明了边疆地区对于国家生态环境保护的重要意义。

（2）基础设施较为薄弱。我国边疆地区近山脉、近高原，虽然其间也分布着草原和绿洲，但部分地方也被沙漠和戈壁滩所包围，使得这些地方自然环境十分恶劣，基础设施尤其是交通设施的普及存在着较大的困难。所谓要想富，先修路，交通设施在经济发展中起着基础性的作用。

3. 边疆民族地区发展的机遇

（1）党和国家非常重视边疆民族地区。铸牢中华民族共同体意识的提出体现了党和国家重视边疆民族地区的稳定和繁荣，“五十六个民族是一家人，一个民族都不能落下”[2]。“一带一路”的提出更是将边疆民族地区纳入国家的总体发展战略中，使这些民族地区搭上发展的快车，一同发展，一同富裕。

（2）特殊的地理位置优势。边疆民族地区一般与其他国家为邻，有着先天的对外开放优势。以内蒙古为例，现在共有 20 个对外开放的口岸，这些口岸促进了与蒙古国、俄罗斯的经济交流和文化交流。

4. 边疆民族地区发展的挑战

（1）人们需求的高层次、多元化。随着经济的发展，人们对精神方面的追求更加强烈，需求更加多元，由最简单的经济需求转向精神、生态、自由等方面的需求。与东部沿海地区相比，边疆民族地区发展不平衡、不充分问题更加突出，因此满足人们多元化需要更加难以实现。

（2）难以留住高质量人才。边疆民族地区由于产业结构不完善，难以留住优秀的人才，在“孔雀东南飞”的背景下，如何留住、吸引高端人才是边疆民族地区发展所要思考的难题。

五、工会实现共同富裕的路径选择

表5　分地区工会组织情况（万个）

	2021	2020	2019
全国	221.4	247.6	261.1
广西	6.3	7.3	9.5
云南	6.7	8.6	8.7
西藏	0.9	0.8	0.8
新疆	3.6	3.2	3.2
甘肃	3.6	3.8	3.5
内蒙古	5.2	5.7	5.6
辽宁	5.7	5.6	5.7
吉林	2.8	2.9	2.7
黑龙江	4.1	5.3	6

注：数据来源于《国家统计年鉴》。

在表5中我们看到在2019—2021年三年的时间内全国工会组织数量呈现下降的趋势，9个边疆民族地区基本上与全国的形势一样，下降趋势较为明显或者上升趋势不明显。2021年9个边疆民族地区工会组织仅占全国的17.6%，低于全国平均水平的有8个省、自治区，只有云南省高于平均水平，由此可见，边疆民族地区存在着工会组织数量少的困境。

工会在边疆民族地区实现共同富裕方面进行了系列探索和实践，但与职工群众对于美好生活的向往相比，还存在着社会保障不足、就业质量不高、职工素质不高、权益保障不足、基层工会数量不足等问题，解决好这些难题是未来工会工作新的方向和目标。面对现状，未来工会在实现共同富裕方面应该突出以下几方面：

1．加强宣传教育，形成正确的劳动观

共同富裕不是一朝一夕所能够实现的，是一项长期性、艰巨性的任务。在实现这项任务的过程中，要宣传好劳动创造幸福生活的正确劳动观，弘扬尊重人才、尊重知识的社会风尚。大力弘扬劳模精神、劳动精神、工匠精神，这三种精神不仅是我们亿万劳动者在长期的实践过程中形成的优秀品质，更是我们社会主义核心价值观和民族精神的重要组成部分，是鼓励我们前进的强大精神动力。大力宣传劳模优秀的事迹，利用榜样的力量营造崇尚劳动、尊重劳动的社会氛围。在宣传的时候，要结合新媒体的运用，利用三微一端新型网络平台，开设专栏，讲好劳模故事、劳动故事、工匠故事。要注重劳模和工匠的选树和管理，让他们的技能、方法、经验得到更广泛的传播。创建劳模人才工作室，搭建运作规范、蓬勃发展、具有品牌影响力的劳模发挥作用平台，为社会主义现代化高楼的建设提供源源不断的高素质人才。不仅要讲好劳动故事，而且要在注重劳动教育，在工会干部培训的过程中讲授相关方面的课程，利用劳模工匠宣讲团、大国工匠进校园等活动，扩大劳模和工匠的影响力。

不仅要注重“劳动最美”社会风尚的宣传，而且还要让职工群众从内心深处认可共同富裕。推动宣传教育下企业、下车间、下班组，使职工群众了解共同富裕的历史背景、发展脉络、实现路径等内容，既要防止出现某些不顾现实条件盲目蛮干的过分高涨情绪，又要杜绝出现某些瞻前顾后不敢干的畏难情绪。工会既要把党关于共同富裕的制度、政策贯彻落实到职工群众中，也要发挥职工群众对于共同富裕的组织、评价等功能，更要推动职工群众在建功新时代中发挥主人翁作用。当然理论的宣传依赖于理论研究。各级工会要利用工会干校、工人研究会等研究型团体，加大对共同富裕理论的研究，尤其是在边疆民族地区，加大调研力度了解他们在实现共同富裕方面的难点、堵点，有针对性地提出可行性建议，将对策总结提升为可推广、可复制的经验做法。

2. 建立高素质人才队伍，摆脱“孔雀东南飞”困境

人才是发展的第一要义。打造一支知识型、技术型、创新型的高素质人才队伍，增强在劳动力市场的竞争力。产业工人是未来中等收入群体的重要组成部分，提升产业工人素质对于扩大中等收入群体、完善我国各阶层收入分配结构至关重要。要发挥工会在产业工人队伍建设改革中的牵头引领作用，开展广泛的职业技能培训和劳动竞赛，改善产业工人待遇，增强职业荣誉感和吸引力。推动共同富裕，首先要做到富裕，发展才是第一要义，发展必须是高质量发展，做大高质量发展这块蛋糕。对工人来说，就是要强调技能的重要性。倡导“多劳多得、技能高者多得”的良性竞争氛围。持续推进产业工人队伍建设改革，健全培训交流机制，开展引领性劳动和技能竞赛“师带徒”活动，建立劳模创新工作室。

边疆民族地区得益于丰富的自然资源和优秀的民族文化，在发展旅游业方面也是得天独厚。以云南省为例，利用丰富的资源优势和特色的民族文化使得旅游业成为云南省的支柱性产业。尤其是在疫情结束的几年里，旅游业将迎来爆炸式发展，边疆民族地区应该抓住机遇，勇于发展，利用优势，乘胜追击。工会可以

对民族手艺相关传承人进行培训，一方面有利于规范行业发展，留住人才，吸引就业，摆脱“孔雀东南飞”的困境，另一方面对于传承民族文化也是举足轻重。

3. 建立健全高标准职工服务体系，提升职工群众生活品质

目前我国共有4亿职工，工会有3亿会员，这些人员是实现共同富裕的中坚力量和坚实基础，切实维护好这部分群体的利益对于实现共同富裕有举足轻重的作用。持续做优做强工会服务职工群众品牌，针对特殊困难群体开展定向帮扶。例如，对环卫工人、贫困户开展全覆盖慰问，并且将困难职工纳入困难职工救助系统，每年发放帮扶资金。开展相应的帮扶活动，例如，职工医疗互助保障活动、建设户外劳动者服务站点、“求学圆梦”、免费为女职工进行“两癌筛查”、法律服务活动等。工会是职工利益的代表者，尤其是在边疆民族地区，工会更应该承担起改善职工生活条件、提高职工工资待遇的责任，这既体现了“一个民族都不能落下”的政治使命感，又体现了工会竭诚服务职工的历史责任感。

4. 发挥工会组织优势，推动铸牢中华民族共同体意识深入人心

边疆民族地区稳定对于边疆经济发展意义非凡。试问如果没有一个稳定的发展环境，何来经济的腾飞？工会也可以在边疆民族地区稳定方面发挥作用：可以通过组织党的二十大代表、劳动模范等成立宣讲团，或者通过建立民族团结教育基地，让铸牢中华民族共同体意识在民族地区生根发芽、遍地开花。中华民族是一个大家庭，各民族应该像石榴籽一样紧紧包围在一起，工会作为党联系职工群众的桥梁纽带，更应该在职工心中树立中华民族大团结的思想，践行在日常的行为中。

5. 丰富职工精神文化生活，弘扬少数民族优秀传统文化

中国式现代化是物质文明与精神文明相协调的现代化。光注重物质富裕的现代化不是中国式现代化，中国式现代化理应有的内涵就是精神文明、精神富足。丰富职工群众精神文化生活，是目前工会不能逃避也不应该逃避的一项工作。除了一些常规的文化活动，例如，组织观影、相亲、参观等活动外，边疆民族地区应该发挥民族优势，组织职工群众开展创新的活动。例如，可以带领职工前往少数民族村寨了解少数民族人民生活情况，更亲近他们。也可以通过一些小活动，例如，一起制作民族服饰、共同体验民族美食、学习民族语言等活动，既丰富了职工群众的精神文化生活，又弘扬了优秀的少数民族文化。对于一些“可移动”的少数民族文化，例如，演出，则可以组成演出团，到各个地方进行表演，尤其要深入农村，因为农村在这方面的需求远远大于城市。未来工会应该更加将着力点放在关注职工个人发展上面。注重职工品德、智力、素养、职业发展等更高层次的需求，举办多样性的活动，满足个性化诉求。

笔者相信，工会作为党领导下的服务职工群众的群团组织，必定能够在实现共同富裕方面大有可为、大有作为。

参考文献：

[1] 陈选华，朱程程．中国共产党共同富裕思想的三重逻辑［J］．江南论坛，2023（6）．

[2] 农民日报·中国农网评论员．让边疆民族地区在共富路上不掉队［N］．农民日报，2023－06－20（1）．

[3] 高姣萍．共同富裕下边疆民族地区经济高质量发展研究［J］．边疆经济与文化，2023（8）．

[4] 王丽华．基于SWOT分析的边疆民族地区治理研究［J］．边疆经济与文化，2020（10）．

[5] 曹志红，童洲章．论精神生活共同富裕的时代意蕴和实现路径［J］．安康学院学报，2023，35（4）．

[6] 麻国庆，牛家儒．人民精神生活共同富裕的理论内涵与实践路径［J］．社会科学家，2023（5）．

[7] 邹卫民，唐城．稳步推进共同富裕视域下职工权益发展探索、诉求分析与工会作为——以上海市为例［J］．北京市工会干部学院学报，2023，38（2）．

[8] 黄意武．新时代实现人民精神生活共同富裕的显著优势［J］．重庆大学学报（社会科学版），2023（5）．

[9] 本报评论员．在边疆民族地区走向共同富裕的道路上作模范［N］．内蒙古日报（汉），2023－07－21（1）．

[10] 李友钟，邹卫民，唐城．推进共同富裕背景下的工会作为［J］．工会理论研究（上海工会管理职业学院学报），2022（6）．

[11] 牛雪峰．“推进共同富裕战略目标下的工会作为”研讨会综述［J］．工会理论研究（上海工会管理职业学院学报），2022（2）．

[12] 许倩，王慧．共同富裕视域下的工会作用发挥研究［J］．北京市工会干部学院学报，2023，38（2）．

[13] 习近平．高举中国特色社会主义伟大旗帜 为全面建设社会主义现代化国家而团结奋斗——在中国共产党第二十次全国代表大会上的报告［N］．人民日报，2022－10－26（1）．

新时代工会联系引导社会组织服务职工的路径研究

林美铃

（福建省总工会干部学校　福建省总工会重点课题调研组）

摘　要： 新修改的《工会法》，将工会组织以及工会工作的覆盖面进一步扩展到社会组织，这对新时代工会联系引导社会组织服务职工群众工作有了新的要求。为进一步贯彻落实党中央、省委关于加强和改进党的群团工作要求和工会工作法治化现实需要，本文在调研的基础上，积极探索社会组织建会入会方式方法，着力破解社会组织中工会组织覆盖不够全面、作用发挥不够充分等问题，以期推动各级工会加强联系引导社会组织工作力度，在促进社会组织有序参与社会治理、提供社会服务、承担社会责任、提升职工生活品质等方面充分发挥工会的重要作用，有利于劳动关系和谐与社会稳定。

关键词： 工会　联系引导　社会组织　服务职工

党的十八大以来，习近平总书记高度重视群团改革工作，在中央党的群团工作会议上习近平总书记强调，联系和引导相关社会组织，是群团组织发挥桥梁和纽带作用的一项重要任务，要接长手臂、形成链条，使群团组织成为党联系社会组织的一个重要渠道。《中共中央关于加强和改进党的群团工作的意见》要求各级党委和政府支持群团组织在党组织领导下发挥作用，加强对有关社会组织的政治引领、示范带动、联系服务，群团组织要通过服务来引导和促进社会组织健康有序发展。为进一步贯彻落实党中央、省委关于加强和改进党的群团工作要求，结合学习贯彻习近平新时代中国特色社会主义思想主题教育和省总工会关于在全省工会系统大兴调查研究的部署要求，本课题组于 2023 年 5—6 月先后七次深入福州、莆田等地，组织20多人次召开座谈交流会，实地走访调研福建省家政服务业协会、福建省卓越企业服务中心、福建省海峡社会组织研究院等社会组织9家，同时向各地发放《工会联系引导社会组织调查》工会干部和社会组织问卷1180份，了解研究当前我省工会联系引导社会组织工作情况、存在的问题及对策建议。现将调研情况总结如下：

一、我省工会联系引导社会组织服务职工工作成效

一是联系培育，示范带动，一批社会组织的政治立场更加坚定。通过党建共建、搭建阵地、购买服务、项目合作、联谊交友、推动建会入会等举措，寓政治引领于联系服务之中，各级工会与1000多家社会组织建立常态化联系。以学习宣传贯彻新《工会法》为契机，积极推动一批工作基础较好、社会影响较大的社会组织依法建会。以培育示范基地、扶持优秀项目等为抓手，示范带动社会组织为职工群众提供专业化服务，目前我省共有5个探索实践做法被选入《全国工会联系引导社会组织工作法40例》，8个服务项目入选“全国工会联系引导社会组织服务职工优秀项目”，10家社会组织挂牌省级“工会联系引导社会组织服务职工示范基地”。2021年省总工会还举办了“全省社会组织庆祝建党100周年文艺会演”，团结引导社会组织听党话、跟党走、作贡献。

二是打造枢纽，搭建平台，职工需求与社会组织服务供给对接更加畅通。省总工会以举办“工会联系服务社会组织培训交流活动”为切入点，搭建联系交流平台，两期共邀请100多家AAA级以上省级社会组织参加。各级工会积极探索形成了“福州市劳动领域社会组织共享基地”“厦门市思明区职工加油站”“龙岩市服务业职工技能培训基地”等一批工会联系引导社会组织的平台和阵地。广泛收集、梳理职工需求，以职工子女暑托班、单身青年职工交友、职工子女心脏病筛查治疗、关爱农民工子女“三进”等项目活动为载体，全省工会上下联动、群策群力，通过购买300多家社会组织服务，协同做好一系列为职工办实事项目，实现了职工需求与社会组织供给的有效对接，真正打通服务职工最后一公里。

三是延伸手臂，多元协同，工会服务职工群众高品质生活更加精准。围绕聚焦党政中心大局、聚焦最广大普通职工所急所需所盼，以努力做到党政有感、职工有感、社会有感为目标，积极探索新时代聚合社会组织力量服务职工，推动社会组织积极参与社会治理。省总工会本级购买省医务志愿者协会、省卓越企业服

务中心等专业服务，为职工身心健康、维护权益保驾护航。探索实施“关爱职工公益伙伴纽带计划”项目，联动省企联、东南眼科医院、一脉阳光、《慈善公益报》社等社会公益力量，为职工提供各类帮扶服务。近六年各级工会共投入6000多万元，运用社会化、市场化方式，购买了社会组织服务项目200多个，高效、精准、专业的服务直接惠及职工及其家庭40多万个。

二、我省工会联系引导社会组织服务职工存在问题和原因剖析

近几年，我省各地社会组织蓬勃发展，但部分社会组织在组织规模、活动能力等方面存在先天不足、动力不足、活力不足，主要问题可归结为：经费紧张、人才缺乏、能力不足、社会支持欠缺、内部管理混乱等。究其原因，主要是有关社会组织发展所必要的法律制度、社会支持等方面还不健全，部分社会组织在获取资源、运用资源、协调社会关系、发挥社会作用等方面没有明显优势和能力，工会联系引导社会组织工作中面临着一些困难和问题。如涉及当前我省社会组织在开展工会服务职工活动/项目时存在的困难，详见社会组织问卷分析图1。

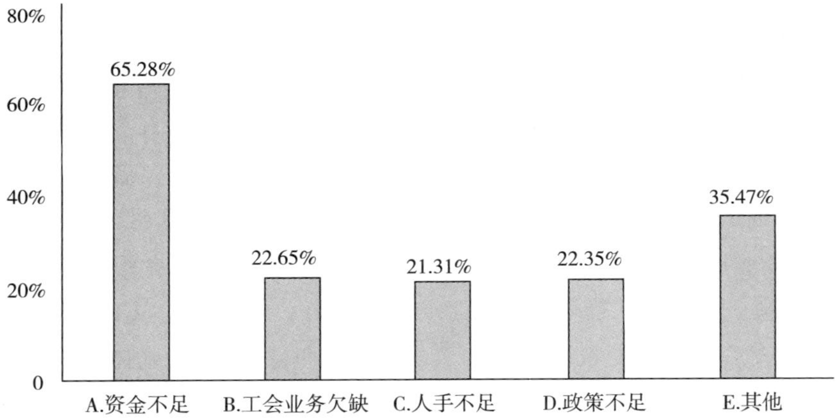

图1　社会组织在开展工会服务职工活动/项目时存在的困难

图1数据显示：当前我省社会组织在开展工会服务职工活动/项目时存在的最大的困难是资金不足，占比65.28%。当然，政策不足、人手不足、工会业务欠缺等因素也在一定程度上制约并影响了我省社会组织开展工会服务职工活动/项目的效果。

涉及当前我省工会干部认为社会组织在开展工会服务职工活动/项目时存在问题，详见工会干部问卷分析图2。

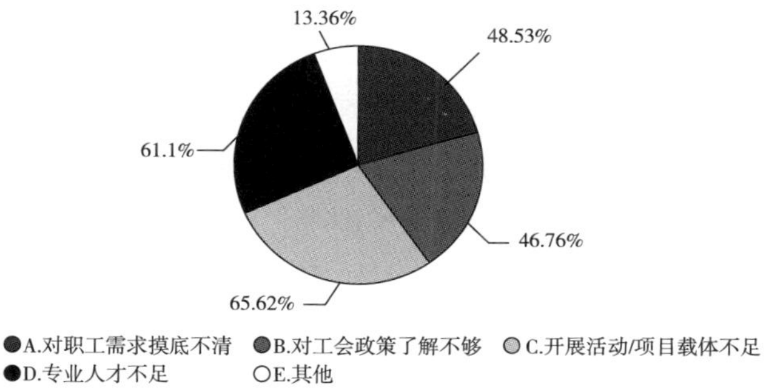

图2　社会组织在开展工会服务职工活动/项目时存在的问题

图2数据显示：当前我省工会干部认为社会组织在开展工会服务职工活动/项目时存在的问题主要有：开展活动/项目载体不足，占比65.62%；专业人才不足，占比61.1%；对职工需求摸底不清，占比48.53%；对工会政策了解不够，占比46.76%。

涉及当前各级工会开展联系引导社会组织工作存在的困难，详见工会干部问卷分析图3。

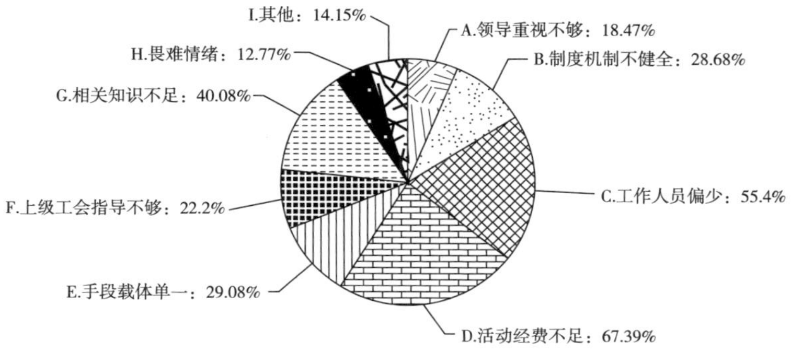

图3　当前各级工会开展联系引导社会组织工作存在的困难

图3数据显示：当前各级工会开展联系引导社会组织工作存在的困难主要有：一是活动经费不足，占比67.39%；二是工作人员偏少，占比55.4%；三是相关知识不足，占比40.08%；同时，手段载体单一、制度机制不健全、上级工会指导不够、（本级工会）领导重视不够、（工会干部）畏难情绪等。

综合调研情况，现就当前工会在联系引导社会组织工作中存在的困难和问题归结如下：

一是工会联系引导社会组织工作机制还不健全。

调研发现，当前我省各级工会常态化联系社会组织存在随意性、零散性等特点，打听一家联系一家，联系一家合作一家，在构建持续性、广泛性的联系机制上还需加强。问卷显示，28.68%的工会干部认为制度机制不健全是当前我省各级工会开展联系引导社会组织存在的主要困难。

二是工会对社会组织工会工作的指导不够。

问卷显示，22.2%的工会干部认为上级工会指导不够，虽然发动全省各级工会，开展了职工子女暑托班、青年职工联谊交友活动等一些惠及职工的好项目，但仍存在抓手不多、联系不广，点上有花、面上无景等现象，各地工会指导力度不一，工会社会组织工作成效参差不齐。

三是工会联系引导社会组织的资金投入不足。

问卷显示，67.39%的工会干部认为工会联系引导社会组织活动经费不足，虽然各级工会以公益项目合作、购买服务等为主要方式，加强与社会组织的联系，但在活动经费投入上，部分工会干部还存在一定的畏难情绪，不愿意多投入、不敢多投入，一定程度上阻碍了工会联系引导社会组织的发展进程。

四是社会组织中从业人员日趋多元、专业性不强。

问卷显示，61.1%的工会干部认为当前社会组织在开展工会服务职工活动/项目时存在的问题是专业人才不足。通过调研发现，相比于其他市场主体，社会组织整体工资福利待遇相对偏低，职业发展前景有限，专业性人才相对匮乏。有的社会组织工作人员主要为退休人员，有的社会组织工作人员变动频繁，工作衔接不畅，由于社会组织工作人员人普遍少且散，其职工思想观念多样化、利益诉求多元化，这对工会维护职工合法权益提出了更高要求。

五是社会组织活力不足，助力职工满足高品质生活能力不够。

社会组织收入渠道不多，活动资金短缺，影响其作用的发挥。有些社会组织行为不规范，自律和活力不足，组织机构不够健全，内部治理机制和运作机制不科学，缺乏驱动力和内生力。即使已建会的社会组织对于工会工作和工会相关政策也了解不多，无法有效链接工会资源服务职工群众，不利于工作的有序开展。问卷显示，在工会建会率达84.65%的社会组织中竟然有42.92%的社会组织对工会工作了解较少或者不了解。问卷显示，65.62%的工会干部认为当前社会组织在开展工会服务职工活动/项目时存在的问题是开展活动/项目载体不足。同时通过对比工会可以通过购买社会组织哪些服务来助力提升职工美好生活品质（详见工会干部问卷图4）与当前社会组织与工会合作的活动/项目（详见社会组织问卷图5）两组数据可知，当前社会组织链接工会资源不足，服务职工载体不够，工会联系引导社会组织服务职工工作与各级工会需要、职工期待仍有差距。（详见表1）

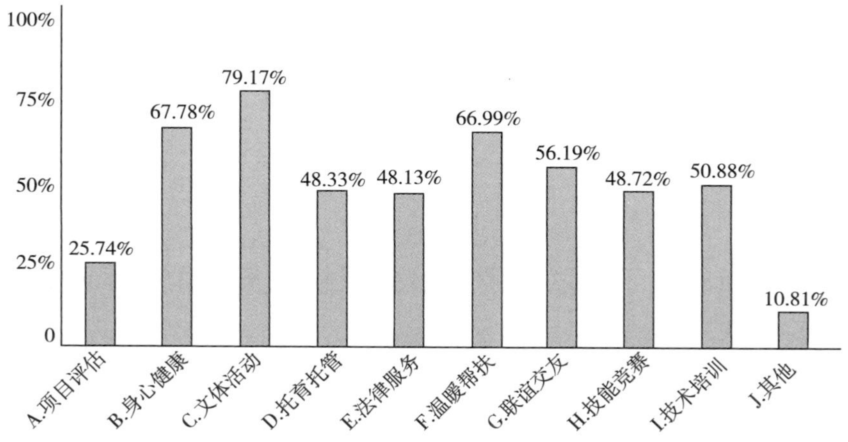

图4　工会可以通过购买社会组织哪些服务来助力提升职工美好生活品质

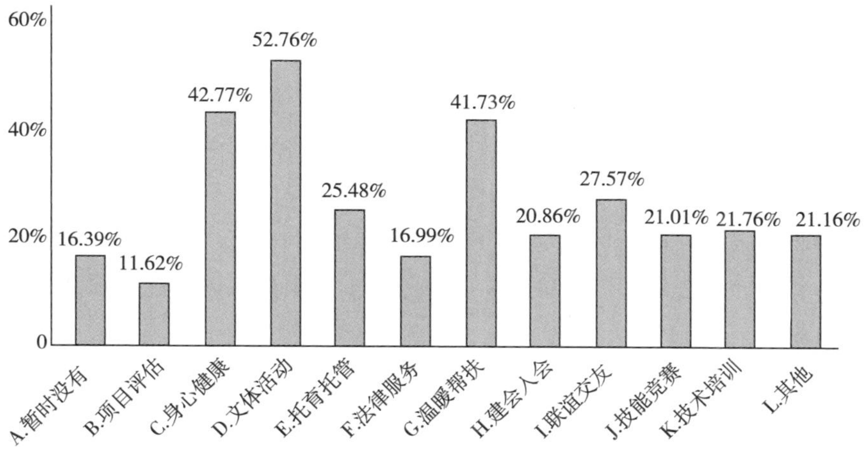

图5　当前社会组织与工会合作的活动/项目

表1　工会干部对社会组织开展项目制活动期待与社会组织实际参与开展工会活动/项目的差距情况表

类别 项目	项目评估	身心健康	文体活动	托育托管	法律服务	温暖帮扶	联谊交友	技能竞赛	技术培训
工会期待值（%）	25.74	67.78	79.17	48.33	48.13	66.99	56.19	48.72	50.88
社会组织达标值（%）	11.62	42.77	52.76	25.48	16.99	41.73	27.57	21.01	21.76
差距值（%）	14.12	25.01	26.41	22.85	31.14	25.26	28.62	27.71	29.12

三、新时代工会联系引导社会组织服务职工对策建议

（一）强化政治引领，打造服务职工的“生态圈”

问卷显示，51.87%的工会干部认为可以通过政治引领增强工会与社会组织的黏性，工会要始终扛起引领广大职工“听党话、跟党走”的政治责任担当，把联系引导社会组织工作作为系统工程来抓，建立“上级工会—基层工会—社会组织—职工群众”的责任体系，打造线上线下相融合的服务职工“生态圈”。通过“孵化圈”扩面增量、“发展圈”提能增效、“品牌圈”示范引领的“三个圈层”梯次培育，增强社会组织“生命力”。从政治上形成工会联系引导社会组织工作的高度自觉，细化责任落实，激发内生动力。各地市结合当地经济社会发展实际，运用数字赋能，引导社会组织以职工需求为导向，开展多元化、个性化和专业化的职工服务，逐步构建起“工会—社会组织—职工”联动融合的服务格局，激励和引导社会组织积极参与职工服务，丰富服务载体，逐步形成多元化服务体系格局。

（二）实现互联互通，建立科学实用的交流机制

问卷显示，54.62%的工会干部认为信息互联有利于增强工会与社会组织的黏性。工会联系社会组织，对工会组织学习社会组织基本知识以及总结项目运作经验提出了一些要求，同时，社会组织也需要加强对工会组织的了解、认同。工会组织和社会组织在专业上应取长补短、互通有无。如果社会组织不了解不掌握

工会理论知识，不会“工言工语”，那将无法保证服务内容真正惠及广大职工群众。鉴于此，需建立一套科学实用的培训交流机制，实现信息互联互通。问卷显示，72.5%的工会干部认为有必要建立工会与社会组织的培训交流机制。一是定期开展工会理论和业务的培训，可探索开设“社会组织疗休养＋工会业务培训”专班，同时将培训考核结果作为购买服务的重要参考指标之一。二是建立与社会组织负责人定期交流机制。一方面，把优秀的社会组织负责人吸纳到工会工作中来。另一方面，选派工会干部到相关社会组织履行联系社会组织职责，侧重引导和指导社会组织建立工会，开展各类服务职工活动，帮助总结推广工作经验等。

（三）创新建会入会，构建工会与社会组织的良好互动关系

社会组织的建会要打破传统的工会组建思路，可以通过“先工作覆盖再组织覆盖，先服务职工再组织职工入会，先社会组织外入会再推进社会组织内建会”的“三先三再”方式，鼓励和推动社会组织加入工会。通过分类指导、因势利导、逐一破题，开展“集中建会行动”，在场所固定、人员稳定、具备条件的社会组织中依法建会。不断创新入会形式，简化建会程序，对暂不具备条件建会的社会组织，采取行业统建、单位联建、区域合建等方式推动建会，扩大建会覆盖面。各级工会引导社会组织依法建会，做实互动融合的工作载体，推动购买服务落地生效。结合地区发展和个性化所需，改善工会服务供给，多元化满足职工需求，不断培育工会服务“新增长点”，从而达到在工会的联系引导下，社会组织参与社会治理的作用得到充分彰显。推动构建工会与社会组织的“三种”关系。即团体间志同道合、心心相印的朋友关系；业务上互利互惠、共建共赢的合作关系；组织上你中有我，我中有你的同人关系。

（四）全省工会联动，健全各级工会联系引导社会组织的工作体系

一是提高思想认识，转变工作思路。问卷显示，67.19%的工会干部认为提高思想认识是各级工会干部联系引导社会组织服务之中急需解决的问题。各级工会要高度重视工会联系引导社会组织工作，把这项工作摆上重要议事日程，主要领导同志要亲自过问，明确分管领导同志，明确负责部门和工作人员，精心谋划，周密部署，建立健全制度机制，提供必要条件和经费保障，狠抓落实。二是加强业务指导，强化业务能力。问卷显示，75.64%的工会干部认为强化业务能力是各级工会干部联系引导社会组织服务之中急需解决的问题。上级工会可通过开设工会联系社会组织专班、牵头制订可执行的多元化项目合作方案、开展各地

市优秀社会组织工作经验交流研讨、现场观摩等方式，加强对下级工会的业务指导，定期对从事相关业务工作的工会干部进行培训，提高工会干部队伍综合素质和业务能力，打造一支政治过硬、业务精湛、熟悉社会组织工作的工会干部队伍，切实形成工会联系引导社会组织服务职工群众工作在政策上能支持，在业务上可指导，在经费上有保障，在使用上能规范。三是深入调查研究，拓展工作方法。问卷显示，65.62%的工会干部认为深入调查研究是各级工会干部联系引导社会组织服务之中急需解决的问题。各级工会要深入调查研究，了解掌握各地社会组织数量、规模状况、行业分布、资金来源、活动内容、工作方式等情况，摸底各级工会和职工需求，整合社会资源，在《福建省总工会关于购买社会组织专业服务促进职工生活品质提升的意见》基础上，探索建立社会组织服务工会和职工项目库，对入库项目给予一定的资金或政策支持。四是加大资金投入，塑造品牌效益。问卷显示，66.21%的工会干部认为资金支持有利于增强工会与社会组织的黏性。各级工会逐步增加购买社会组织服务经费投入，探索建立职工群众需求、社会组织资源、专业服务项目等基础数据库，引导社会组织精准参与服务职工活动中。树立品牌意识，购买服务项目实施全过程要体现工会形象标识，提高“闽工”品牌辨识度；用好官网、微信公众号、抖音等新媒体，加大“闽工”品牌项目宣传和推介，持续打造一批工会联系引导社会组织服务职工示范基地，宣传推介一批工会联系引导社会组织服务职工优秀项目，扩大社会影响力。

（五）探索成立“劳动领域社会组织人士分团”，不断提升服务效能

劳动领域社会组织人士分团是工会团结引导社会组织人士的桥梁纽带，是工会团结引导社会组织人士有序政治参与的重要平台，是工会团结引导社会组织人士为职工服务并发挥其优势作用的重要载体。成立劳动领域社会组织人士分团并开展活动，旨在通过组织起来，更好接长工会手臂，更好联系引导社会组织为职工提供专业化服务，促进提升工会工作整体效能，推动工会联系引导社会组织工作融入工会主责主业，实现新时代工会社会组织工作高质量发展。劳动领域社会组织人士分团工作联络办公室拟设在省总工会社会联络部，负责向新的社会阶层人士服务团工作联络办公室报告工作情况；负责具体策划、指导、统筹和协调组织劳动领域社会组织人士分团开展活动并提供必要的支持保障。劳动领域社会组织人士分团成员来自省总工会直接联系和培养的劳动领域社会组织人士；各设区市总工会团结引导相关行业协会代表人士，政治可靠、背景清楚，有一定影响力和代表性的劳动领域社会组织代表人士等。劳动领域社会组织人士分团根据工作

需要，不定期举办学习研讨、调研考察、公益创投、公益服务等各类活动，发挥优势作用，积极献计出力，提升社会组织服务效能，助力职工生活品质提升，助推经济社会稳定发展。

参考文献：

[1] 常青．工会联系引导劳动关系领域社会组织：背景、功能与路径［J］．工会理论研究（上海工会管理职业学院学报），2019（2）．

[2] 马惠珺．对工会联系引导劳动领域社会组织工作的思考［J］．工友，2021（12）．

[3] 涂群．推动工会组织和社会组织深度融合发展——习近平总书记关于工会联系引导社会组织论述的思考与实践［J］．中国工运，2019（9）．

[4] 湖北省总工会社会联络部．打造工会联系引导社会组织工作亮丽名片［J］．工友，2021（12）．

[5] 王爱民，严萍，崔盛杰．担当＋创新＋服务探索工会联系引导社会组织的宁波做法［J］．工会信息，2019（17）．

[6] 徐海珊．工会联系引导社会组织工作理论与实践的思考［J］．中国工运，2020（8）．

新时代提升职工生活品质
打造幸福型（中小）企业试点单位工作体系

王绘乾

（天津市工会管理干部学院）

摘　要：新时代提升职工生活品质，打造幸福型（中小）企业试点单位，是一项系统性的工会工作：理论体系是将党的二十大作为主要理论依据，对民营经济和工会提升职工生活品质两方面建设的论述，进一步阐明提升职工生活品质工作的思想指导作用；将实践体系引入中小企业这一具体范围中，对幸福型（中小）企业标准化建设做了细致分析；评价体系是制定提升职工生活品质，打造幸福型（中小）企业试点申报表和评分表，从实践的角度讲述具体评估工作。这三方面工作体系的全面论述，是工会打造幸福型企业为职工利益服务的参考性文献。

关键词：提升职工生活品质　幸福型企业　理论体系　实践体系　评价体系

党的二十大提出了“增进民生福祉，提高人民生活品质”，具体到工会工作中就是如何“提升职工生活品质”工作。从2021年年初在中华全国总工会的带动下全国开展了“提升职工生活品质”行动，已取得了卓有成效的成绩。打造幸福型企业就是“提升职工生活品质”行动的一项实质性工作。在中华全国总工会和地方各级总工会的带领下，已经陆续建立起了用于培育、创新、帮扶、服务职工的试点单位。

另外，把研究的关注度集中在中小企业，一是中小企业涉及职工群众的数量巨大，最具研究价值；二是因为范围越小，研究成果越具体，更具针对性；三是在幸福型企业标准化建设工作中，鲜有人关注到中小企业，此文就是为中小企业发声。因此从影响力、示范效应和推广角度来说，在工会打造幸福型企业试点单位工作中，中小企业应该占据着更为重要的地位。打造和推广幸福型（中小）企业试点单位工作体系，是工会切实成为解决幸福型企业标准化建设实际运作和推广问题的参考，填补工会这一领域理论与实践的空白。

中国工会第十八次全国代表大会把“用心用情做好维权服务工作，实现好、维护好、发展好职工群众根本利益”[①] 作为今后五年工作的要点之一。因此我们更有信心和勇气“用心用情”地实现好、维护好新时代提升职工生活品质，打造幸福型企业这一关乎职工群众根本利益的工作。

一、新时代提升职工生活品质，打造幸福型（中小）企业试点单位理论体系

（一）工会做好新时代提升职工生活品质工作顺应了“增进民生福祉，提高人民生活品质”的要求

党的二十大将“增进民生福祉，提高人民生活品质”作为专章论述，足见我党对民生问题的关注度之高。报告中指出：我们要实现好、维护好、发展好最广大人民根本利益，紧紧抓住人民最关心最直接最现实的利益问题，坚持尽力而为、量力而行，深入群众、深入基层，采取更多惠民生、暖民心举措，着力解决好人民群众急难愁盼问题，健全基本公共服务体系，提高公共服务水平，增强均衡性和可及性，扎实推进共同富裕。[②]

大会报告对扎实推进共同富裕提出了具体的做法。目的是“实现好、维护好、发展好最广大人民根本利益”，方法是各单位要“尽力而为、量力而行，深入群众、深入基层，采取更多惠民生、暖民心举措……”。[③] 这给工会指出了明确的工作思路，将提升职工群众利益作为新时代中国特色社会主义时期的重要工作。本文所论证的就是工会尽力而为、量力而行地做好打造幸福型企业试点单位的工作。通过工会深入企业了解职工群众的需求，认真做好“惠民生、暖民心”工作，努力打造

---

① 王东明．以习近平新时代中国特色社会主义思想为指导组织动员亿万职工为强国建设民族复兴团结奋斗——在中国工会第十八次全国代表大会上的报告［N］．工人日报，2023-10-14.

② 习近平．高举中国特色社会主义伟大旗帜　为全面建设社会主义现代化国家而团结奋斗——在中国共产党第二十次全国代表大会上的报告［M］．北京：人民出版社，2022.

③ 习近平．高举中国特色社会主义伟大旗帜　为全面建设社会主义现代化国家而团结奋斗——在中国共产党第二十次全国代表大会上的报告［M］．北京：人民出版社，2022.

好幸福型企业样板，通过样板推而广之，最大限度地让各行各业职工群众成为幸福型企业的受益者，将工会提高公共服务水平、竭诚服务职工工作做到实处。

（二）党的二十大开局之年中央就大力支持民营经济的发展，同时指明了提升职工生活品质政策的新思路

2023 年 7 月 19 日，中共中央、国务院印发了《关于促进民营经济发展壮大的意见》（以下简称《意见》）31 条，该《意见》再次肯定了民营经济地位和作用的重要性，成为民营经济大发展的重要指导意见。《意见》主体内容是党的二十大提出“加快构建新发展格局，着力推动高质量发展”中所强调的：“毫不动摇鼓励、支持、引导非公有制经济发展”① 具体举措。《意见》中的第 28 条指出：支持民营企业更好履行社会责任。教育引导民营企业自觉担负促进共同富裕的社会责任，在企业内部积极构建和谐劳动关系，推动构建全体员工利益共同体，让企业发展成果更公平惠及全体员工……②这是党的二十大提出的“增进民生福祉，提高人民生活品质”具体要求的指导方针。

《意见》印发之后，据不完全统计，国家发展和改革委发布了《关于进一步抓好抓实促进民间投资工作努力调动民间投资积极性的通知》，提出 4 方面 17 项举措；联合市场监管总局、税务总局等八部门印发《关于实施促进民营经济发展近期若干举措的通知》，提出 28 项举措；财政部、税务总局先后发布《关于增值税小规模纳税人减免增值税政策的公告》和《关于接续推出和优化“便民办税春风行动”措施促进民营经济发展壮大服务高质量发展的通知》；最高人民法院发布 11 个人民法院依法保护民营企业产权和企业家权益典型案例；最高人民检察院印发《关于依法惩治和预防民营企业内部人员侵害民营企业合法权益犯罪、为民营经济发展营造良好法治环境的意见》；公安部发布了服务保障高质量发展 26 项举措等。③ 由此可见，《意见》的印发引起了各级职能部门的积极响应，在党的二十大开局之年，促进民营经济发展壮大的工作就已全面展开。

2018 年年末改革开放 40 年之际，国家统计局统计了 40 年来的民营企业状况：当时我国民营企业超过 2500 万户，解决城镇就业超过 80%，对新增就业贡

---

① 习近平. 高举中国特色社会主义伟大旗帜 为全面建设社会主义现代化国家而团结奋斗——在中国共产党第二十次全国代表大会上的报告［M］. 北京：人民出版社，2022.

② 中共中央国务院关于促进民营经济发展壮大的意见［N］. 人民日报，2023－07－20.

③ 国家发展改革委负责同志出席国新办举行的推动民营经济高质量发展新闻发布会介绍相关情况并回答记者提问［EB/OL］. 中华人民共和国国家发展和改革委员会，2023－09－04.

献率达到了90%，成为支撑经济持续健康发展的重要力量。[①] 疫情三年，各行各业均受到一定的影响，尤其是（中小）民营企业，《意见》的及时出台也是对民营企业这一重要力量的有力支持。在党的二十大开局之年，在疫情三年之后，在民营经济发展遇到困难之时，《意见》的印发可谓恰逢其时。

引用了这么多有关民营经济、民营企业的内容，是要说明党的二十大开局之年与民营经济相关的工作即是重要工作。而中小企业几乎全部归于民营之中，因此工会系统在这样的政策和时代背景下，要重视民营经济发展壮大的工作，在中小企业提升职工生活品质上下功夫，力争做出优秀的成绩来。

（三）打造幸福型企业试点单位是工会提升职工生活品质的一项行之有效的工作

中国工会第十八次全国代表大会指出："加强工会服务工作的研究分析，在做好传统服务的基础上，适应时代要求和职工群众需求，全面运用数字化技术，推出更多更好更及时的服务职工群众项目。"[②] 这次大会不仅要求我们加强工会的服务工作，而且要求在做好传统服务的基础上，顺应新时代去升级创新。这对我们工会工作者提出了更高的要求。

2021年7月16日，中华全国总工会制定并发布了《中国工运事业和工会工作"十四五"发展规划》（以下简称《规划》）。对提升职工生活品质打造幸福型企业试点工作给出了明确的要求。《规划》的第六部分就是"建立健全高标准职工服务体系，不断提升职工生活品质"。其中第21条"实施提升职工生活品质行动"指出：要深入推进职工生活幸福型企业建设工作，精准对接社会资源与职工需求，培育一批服务项目，引导企业改善职工生产生活条件。到2025年年底实现1万家企业完成职工生活幸福型企业标准化建设的目标。[③]《规划》的出台拉开了"十四五"期间工会在新时期工作的序幕，为提升职工生活品质打造幸福型企业试点工作提供了政策保障。

新近出版的《习近平关于工人阶级和工会工作论述摘编》开篇第一段指出："党对工会寄予厚望，职工群众对工会充满期待。中国工会是中国共产党领导的工人阶级群众组织，是党联系职工群众的桥梁和纽带，是社会主义国家政权的重

① 经济结构不断升级发展协调性显著增强——新中国成立70周年经济社会发展成就系列报告之二［EB/OL］. 国家统计局，2019－07－08.

② 王东明. 以习近平新时代中国特色社会主义思想为指导组织动员亿万职工为强国建设民族复兴团结奋斗——在中国工会第十八次全国代表大会上的报告［N］. 工人日报，2023－10－14.

③ 中国工运事业和工会工作"十四五"发展规划［N］. 工人日报，2021－07－21.

要社会支柱。”①

从“党对工会寄予厚望，职工群众对工会充满期待”这句话联想到了宋代范仲淹《岳阳楼记》中的千古名句“居庙堂之高则忧其民，处江湖之远则忧其君”。对工会从业者来说就是行庙堂之职时要切实关心体恤职工群众，深入基层调研学习之时也要认真谋划好工会工作思路。时刻提醒自己只要“忧国忧民”，自会“尽职尽责”。真正发挥好工会的桥梁纽带作用，成为社会主义国家政权的一根强有力的“支柱”。

各级总工会在提升职工生活品质工作上要有一份“尽职尽责”之心。深入认真分析政策，制定好利于国家、企业、职工的三赢“良方”。

为此工会要“尽力而为、量力而行”地担负起职工群众增福祉、提品质的具体工作。通过试点单位的评估选拔，确立一批有示范效应的单位，根据名次可把被选单位分为三个级别由工会统一授牌，并根据不同级别给予相应的补助资金支持。被选单位要建立好不断完善自身幸福型企业的运行机制。今后定期（每年至每三年均可）对试点单位进行阶段性检查，对优秀试点单位予以升级授牌鼓励，从中总结新的可行性推广方案，对检查不合格的试点单位给予降级或摘牌处理；定期（可定为“每年”）举办新的试点单位评估工作，持续补充更多新鲜血液。通过工会支持，汇总好的模式和方案，将其因地制宜地推广开来，把打造幸福型企业工作落到实处，真正提升职工幸福指数，共同创建幸福和谐的劳动关系。

试点单位评估在工会其他工作中经过验证是有效的。以“劳模和工匠创新工作室”评估工作为例简要说明。某地区工会每三年组织一次“劳模和工匠创新工作室”评估工作，使用科学的筛选方式进行评定，其中包括：上报评审材料以打分的形式初评；进入各单位现场考察检验阶段；召开评审会现场评分等程序。初评分＋现场评分得出总分，根据分值高低将参评的劳模和工匠创新工作室进行排名，分为三星（建功型）、二星（成长型）、一星（初创型）和淘汰四等次，被评定为星级的工作室按等级不同授星级牌，按不同星级每年发放相应的职工创新补助资金。随着第二期“劳模和工匠创新工作室”评估工作的开展，有的劳模和工匠创新工作室升了星级，有的新近入选。在争星和入选的激烈竞争中，极大地调动了各工作室的积极性。几年的运作之后，该地区的劳模和工匠创新工作室发展势头明显优于其他地区。各工作室成绩逐年提高，更加喜人的是通过评

① 中共中央党史和文献研究院．习近平关于工人阶级和工会工作论述摘编［M］．北京：中央文献出版社，2023.

估，各工作室培育出了更多的劳模和工匠，发挥出了建立劳模和工匠创新工作室的“传”“帮”“带”作用，同时引导了一批新参评的劳模和工匠创新工作室争相加入其中，形成良好的扩散效应。正如习近平总书记在全国劳动模范和先进工作者表彰大会上的讲话中强调指出：要完善和落实技术工人培养、使用、评价、考核机制，提高技能人才待遇水平，畅通技能人才职业发展通道，完善技能人才激励政策，激励更多劳动者特别是青年人走技能成才、技能报国之路，培养更多高技能人才和大国工匠。①

劳模和工匠创新工作室星级评估工作很好地解决了如何“培养更多高技能人才和大国工匠”的问题。在工作室评估评价体系中，将人才培养、专利、发明创造、竞赛获奖等方面作为评分的重点。通过评估，以评促建，参评过的工作室在今后的工作中都加大了对考核项目的专项提升，使得工作室在今后的发展业绩与日俱增。

打造幸福型企业试点单位就可效仿劳模和工匠创新工作室星级评估的形式。打造幸福型企业试点工作进一步做强、做实，使职工群众真切体会到在企业的被认可、被尊重、无后顾之忧、有爱厂之情，积极营造一个能安心工作、愉快工作、幸福身心的工作环境。

近几年工会系统一直深耕于提升职工生活品质工作，积极鼓励企业探索符合工会业务特长的途径。各级总工会安排补助资金用于提升职工生活品质试点单位的建设，已经打造了一批帮扶服务职工的项目，总结出了一系列经验做法，取得了一些可复制和推广的阶段性成果。

党的二十大开局之年，随着《意见》和《规划》的出台，相信各级工会把打造幸福型企业试点单位工作重视起来，先建成一批试点，巩固好成效、总结好经验、谋划好推广。今后随着挂牌企业提升改进、新参评企业的前赴后继、推陈出新，形成逐年提升、逐步完善的趋势，进而再总结、再推广。如此把提升职工生活品质打造幸福型企业工作带到良性循环的正轨上来。

二、新时代提升职工生活品质，打造幸福型（中小）企业试点单位实践体系

（一）打造幸福型企业试点单位工作要侧重中小企业

打造幸福型企业试点单位工作容易走入如下误区：

① 习近平．在全国劳动模范和先进工作者表彰大会上的讲话［M］．北京：人民出版社，2020.

我国的大型企业特别是大型的民营企业，由于资金相对雄厚，贯彻落实“幸福型企业”试点单位建设工作相对好推进。如果大型企业想争取试点单位的名头，势必会加大建设的投入，在试点评估的筹建上就有先天资金与规模的优势，上报的材料往往明显优于中小企业，被评定为试点单位的概率也大大提高。而中小企业在这方面的竞争力弱，资金的投入和规模化的建设难以保障，影响这些企业被评定为试点单位的积极性。中小企业在评估无望的前提下，往往选择退出竞争，因此试点名额多数被大型企业获得。这种现象势必将示范作用带偏成为少数大型企业的专场，资金和规模的攀比成为评审标准。试点建设的模式如果建立在资金的堆砌之上，那么这种模式很难在中小微企业中推广，这就意味着职工群众人数占绝大多数的中小微企业难以在打造幸福型企业活动中受益。因此说，工会在打造幸福型企业试点单位工作时要充分考虑到中小微企业受众人数多、影响面广，但资金有限、竞争力弱的客观现状。人数占比多制定规则时就应该有所侧重，竞争力弱就应该予以扶持。将大型企业和中小企业分开赛道，让试点工作均衡良性地发展。

因此这里明确给出结论：各级工会系统对于针对中小企业打造幸福型企业试点单位要予以扶持。

之所以这样判定，也是基于如下四方面的原因：

一是工会系统要做好打造幸福型企业试点单位工作，关键是要把提升职工生活品质工作更多普及社会的角角落落。党的二十大所提出的“扎实推进共同富裕”的要求，要深刻体会其中“扎实”的深意。工会工作不是做表面文章，让绝大多数职工群众受益，人数居多的中小企业就是不可忽视也无法回避的工作对象。只有照顾好这一庞大人群，才能真正做到“扎实推进”，在推广的普及面上把工作做到实处。

二是前文论述中指出在党的二十大开局之年，在疫情三年之后，在民营经济发展遇到困难之时，《意见》和《规划》的出台可谓恰逢其时。无论是民营与非民营，中小规模企业的数量和涉及人数占比都相当大。中小企业应该作为提升职工生活品质打造幸福型企业工作不可忽视的重要组成部分，是支撑经济持续健康发展的重要且有力的支持。

三是大型企业的工资待遇、生活保障、人员稳定性以及员工归属感一般均优于中小企业，大型企业职工幸福指数（优越感）本就高于中小企业。提升中小企业幸福指数，就是提升中小企业职工的幸福感，这一人群的幸福感建立起来之后，职工无后顾之忧，工作积极性和工作效率也会随之上升，中小企业才能有稳步发展的根基。

四是大型企业打造任何项目都较中小企业具有优势，中小企业看似难以完成的任务，在大型企业看来就会相对简单。而中小企业往往为生存和发展奔波，在幸福型企业这一涉及职工福利的项目上往往积极性不高，因此需要工会系统出台政策，适当扶植中小企业。

以上分析充分地说明了工会应该针对中小企业打造幸福型企业试点单位予以一定的扶持。协调好大型企业和中小企业打造幸福型企业试点单位的方案，应做好如下三方面。

一是大型企业与中小企业尽量不要同台竞争，从根本上杜绝了规模不同而产生的不合理竞争。所谓的不要同台竞争就是大型企业有大型企业的评选名额，中小企业有中小企业的评选名额，两者互不干涉。做好试点单位评估工作，合理全面的评估方案必不可少。

二是各地总工会要根据当地大型企业与中小企业的数据（企业数量的比例、两者的就业人数比例）合理配置幸福型企业试点单位选拔名额的比例，尽量做到多方面的兼顾。如果当地大型企业数量少、员工数量占比少，试点单位选拔名额的占比就应向中小企业倾斜；当地大型企业数量多、员工数量占比也较多，试点单位选拔名额的占比就应向大型企业倾斜；当地大型企业和中小企业数量与员工数量较均衡，试点单位选拔名额的占比就可五五分之。

三是大型企业和中小企业不同台竞争，并不是把两者割裂开来，总结出来的优秀经验还是可以取长补短相互借鉴的。

（二）探索做好打造幸福型（中小）企业试点单位的方法

针对打造幸福型（中小）企业试点单位的方法，工会应本着服务为先，减负为本，注重情感，因地制宜，灵活变通的方针。总之要尽力发挥工会特长，用尽量少的资金提供尽量好的服务，在用心和用情上下功夫。上级工会在评估时也要注重效果和结果，从报审的文件中挖掘企业用心用情的好案例，并给用心用情的好方案加分，更要把挖掘到的好的适合中小企业的案例推广，不以金额的多少论成败。以下建议将进一步论证本节观点。

1. 鼓励企业探索节约开支良方

节约开支是任何实体单位的共识，中小企业尤为看中。打造幸福型（中小）企业试点单位的成败也在于此，只有节约开支的方案搞得好，今后的经验推广才能更顺利，真正能够把提升职工生活品质工作做到实处。

调研一个小型企业时挖掘到一个很有说服力的“幸福田园”案例。该企业新近成立且规模较小，仅有50多名职工，但年营业额增速迅猛，2022年营业额就达2亿元人民币，是典型的“小微型”科技企业。2023年年初，企业工会就利用厂区围墙内狭长的土地，让职工在工作之余种花种菜。由于是轮流耕种，大家都觉得挺感兴趣而且也没什么负担。到了盛夏，满园的花卉争奇斗艳，各种蔬菜也喜获丰收。员工在赏花迎丰收之时又迎来了新的喜悦，就是在食堂的餐桌上能够尽情地品尝自己种植的各种有机蔬菜，下班时职工的行囊中也装满了蔬菜供家人分享。如果说耕种用的工具算是一笔花费，那么提供给食堂源源不断的蔬菜以及发放给职工的蔬菜又何尝不是一笔节省的开支。在这个案例当中我们看到了一个“无中生有的金点子”，一个一举多得的创举。充分利用了剩余土地，愉悦和锻炼了职工的身心，充实了食堂和家庭的菜篮子，更为关键的是职工也品尝到了自己的劳动成果。“幸福田园”就是一个很适合推广的案例。相信充分发挥广大职工群众的智慧，这样一举多得的优秀案例会大量涌现。

2. 增强企业对员工的服务意识

打造幸福型企业的同时，也是企业管理者和职工群众加强沟通，增进和谐劳动关系的契机。“谈心餐”就是很好的案例。某企业在确认为参评幸福型企业试点之初，就订立了一条新制度。就是在每天中午食堂开饭之时，企业核心管理者和工会领导分别随机与员工共进午餐，旨在增进干群间的友谊。更重要的是，利用午餐时机，从职工群众那里可以了解到大家的思想动态和工作生活的困难，也可以交换工作心得和和商讨企业发展大计等。在调研该企业时，此项制度已经开展了近半年的时间，这半年间干群关系变得亲密了，领导与职工群众的沟通顺畅了，很多累积的问题不知不觉地被解决了，职工群众的主人翁意识增强了，整个企业从上至下所有人员关系和谐了、笑容增多了……

中小企业职工对企业的归属感不强，企业跳槽现象普遍，很多企业主对此也是无计可施。其实转变企业主的思维，把一味的管理意识转变成服务意识，劳资关系就悄然变得和谐起来。职工对企业的归属感也会逐步增强，员工跳槽现象也极大地减少。此例证就说明幸福型企业的建设往往需要一个观念的转变，转变观念能起到立竿见影的效果。

3. 因地制宜地打造特色服务方案

不同企业有着不同的特色，在打造幸福型企业工作中，可以充分利用自身特色把工会活动搞好。

例如，某企业在六一儿童节策划的“让孩子亲历父母的工作”活动。在六一儿童节来临之际，共邀员工的子女（适龄儿童）来企业进行庆祝六一儿童节系列活动，最重头的两个活动项目是让孩子亲自体验父母的日常工作，还有集体尝试企业较有特色的工作项目。体验父母工作项目能够使孩子感受到父母在企业的日常工作，进而增进了亲子关系。尝试特色工作项目可以使孩子们锻炼实际操作能力，从特殊项目中感受到劳动的乐趣。这样的儿童节过得既充实又能使孩子们得到锻炼。

特色服务方案利用了年节的机会，让职工家属参与进来，同时又因地制宜地利用了企业日常工作的设备，无须刻意购买节日活动的物料，达到了让活动既节省开支又内容充实的双赢目的。此案例也说明活动不是一味花销，只要企业用心发现，企业自身就有很多可挖掘的因地制宜的好“点子”。

这里列举的三个案例是众多优秀方案的缩影，所选案例都有成本低、收效高、简单易行、便于推广等共性，为做好幸福型（中小）企业的工作打开思路。

（三）做好幸福型（中小）企业试点单位的帮扶、评估和普及工作

1. 帮扶指导工作

幸福型（中小）企业试点单位的评估工作是一系列复杂的流程。无论是评估材料的规范填写与申报，还是优秀案例的拓展与挖掘。通过对很多企业的调研发现，大多数企业对申报工作和流程都不了解，不知从何下手，如不进行有针对性地指导，那么上报上来的资料不仅五花八门，而且还抓不住重点。这样就使得上报材料不能如实地体现企业的优点。到了评估时，工作人员会发现材料参差不齐，难以以统一的标准进行评定。

为了避免上述问题，在启动试点单位评估工作时，应该召集参评单位先开一个统一的宣讲会，将各项工作流程和需要注意的事项进行讲解。同时发放一份详尽的范例作为参考。

上级工会权益保障部门可抽调有经验的同志在不给企业添负担的基础上，下沉到中小企业定期指导如何完善试点单位的申报工作。深入了解企业现状，及时解决与申报相关的问题，悉心指导如何填写申报资料，对申报内容的归类整理，共同挖掘和提炼企业服务职工的好案例，与企业共同探索创新方案等，总之让企业感受到上级工会对企业的真心支持。最终辅助企业拿出一套标准化评估的申报材料。

2. 评估筛选工作

评估筛选工作一般要经过三个阶段：申报表打分排序的初筛阶段；去企业进行现场考察核实，确定入围阶段；召开评估大会，入围企业现场陈述的终评阶段。

注：本文着重介绍幸福型（中小）企业试点单位的评估工作，因此论文只对中小企业评估进行说明。现实中，上级工会单位进行试点评估应该是大型企业和中

小企业同时进行甚至同台竞争。因文章篇幅问题，这里就不对大型企业作论述了。

第一阶段初筛阶段：收集参评单位的申报表和证明申报表填报信息为真的佐证材料（佐证材料成册以附件的形式附于表后）。由评审组评委对所有参评企业报送的申报表按照统一标准客观地进行打分，以分值排序。根据名次先后，将拟入围总名额数110% ~150%的企业确定为入围，进入下一评估阶段。入围数量大于总名额数是考虑到在考察核实时可能裁撤一些不合格的企业，还有在第三阶段终评时给入围但排名靠后的企业争取入选的机会。

第二阶段考察核实阶段：依次去入围企业做现场核实工作，如核查出企业与申报表事实不符的问题，视情节严重情况做减分或取消评审资格等处理。

第三阶段终评阶段：召开幸福型企业试点单位评估大会。入围企业依次在评审组评委面前用PPT的形式介绍自己在幸福型企业建设工作中的具体情况、特点、亮点等，然后评委与汇报者进行答辩，为企业给出终评评分。然后将第一、第三阶段即初筛阶段、终评阶段的分数设置不同比例的权重相加（比如，两个阶段分值各占50%权重，权重比可根据具体实施情况自定），计算出两个阶段总分值和排序。

根据排序先后，确定入选企业。工会评估组织部门将入选企业按排名划分等级（一般分为三个等级），为今后试点单位复查时根据入选企业表现的优劣做好升降级管理工作。

3. 推广普及工作

幸福型（中小）企业试点单位一经确立，工会提升职工生活品质工作就进入了实质性的推广阶段。通过三方面可获取推广材料。

一是在参评企业提交的申报表中提取优秀案例。参评企业填写的申报表可谓是海量优秀案例的大合集，加之附件中佐证材料的补充，形成了一篇篇详尽的优秀案例。评审组评委进一步对企业实地考察印证时就可以刻意将有价值的材料标注下来，评估工作结束之后即可总结成优秀案例合集。

二是对试点企业定期复查并挖掘新的优秀案例。对试点单位复查时，优者提供新的试点单位建设成绩和好案例，进而提升试点单位挂牌等级，增加对试点单位的补助资金投入；无建树、无进展的企业降级或淘汰出局，减少或断供补助资金投入。复查挖掘试点企业在建设幸福型企业过程中新涌现出来的好案例，进一步充实到优秀案例合集当中。

三是与中华全国总工会、其他地区省总工会、市总工会互通有无，获取优秀案例资料。

上述三个渠道获取的优秀案例分门别类地编纂成合集，遵照前文分析的结论，尽量向企业推介少花钱多办事的高性价比方案。将合集以电子文件的形式推介给广大企业。同时以工会的名义下发“提升职工生活品质打造幸福型企业”推广实施文件，敦促企业工会做好学习和实施工作。以后由工会做好抽查、维护等工作。力争完成试点单位评估、建设、优秀案例总结、推广、维护等一揽子工作，然后再评估、再建设……形成服务闭环，推进提升职工生活品质，打造幸福型企业进入良性循环当中。

这里需要补充强调的一点就是，要使幸福型企业有更大范围的推广，就要考虑到还有很多微型企业，小到无法设置企业工会等其他职能（如食堂、安保等）地步，而这样的企业也涉及了大量的职工群众。还有近年全总主推的新业态职工，尽管在部分地区建立了联合工会，但是很难囊括所有的新业态职工。打造幸福型企业的推广很可能会有很多盲区。建议工会总结出优秀案例的同时，从中选取适合微型企业的、有代表性的、可行性强的、简单易推广的案例印制成单页传单，分发到微型企业主和新业态管理单位中去，发挥基层如区、街道工会和工会服务站工作人员的作用，并从政策上给予一定的扶持，适当拨付一定的款项，对这样的小单位体进行积极引导、热情帮助，一点一滴地做好职工福利工作。将“提升职工生活品质”工作真正做到实处，把普惠真正惠及社会的方方面面，充分体现习近平新时代中国特色社会主义的优越性。

三、新时代提升职工生活品质，打造幸福型（中小）企业试点单位评价体系

（一）《XX（地区）提升职工生活品质打造幸福型企业试点申报表》的内容与设置解析

提升职工生活品质，打造幸福型企业最重要的工作就是设置一套完善的申报表，它是维系这个评估工作的核心所在。评审组评委初评时的评分依据，赴企业现场考察核实的工作内容，终审 PPT 介绍核心框架都是基于这套申报表。因此申报表设置的好坏直接关系着整体评估工作的成败。依托以往参与评估工作累积的经验；参照大量其他项目评估工作案例，从中吸取很多成功因素，加之前文理论体系和实践体系的具体分析，制定出了这套《XX（地区）提升职工生活品质打造幸福型企业试点申报表》（一套6页）。图1展示的就是此表的内容，仅供参考。

XX（地区）提升职工生活品质

打造幸福型企业试点

申报表

企业名称________________

推荐单位________________

填报日期　　年　月　日

XXX总工会制

填表说明

1. "推荐单位"原则上填写企业上一级主管单位工会，如无上一级主管单位工会就填写单位所在行政地区工会。

2. "企业占地面积（合计）"填写企业实际占地面积，如在本城市内有多处办公地点，则填写多地点面积总和。

3. "职工总数（合计）" 填写企业在册职工人数，如在本城市内有多处办公地点，则填写多地点职工总和。

4. "经费主要来源"填写当年主要资金来源部门，如"XX企业"或"XX企业工会"等。如果资金投入企业两个以上数额占比较大情况，需分别注明投入经费额。需另附相关复印件（见说明8）。

5. "打造幸福型企业情况简介"简要介绍以下三部分：企业基本情况、幸福型企业建设情况、特色（可多个）项目。

6. "项目介绍"语言力求简练，尽量用翔实的数据说明。如"食堂"的项目介绍："企业职工倒班，实行三餐制，节假日不休息，早餐标准10元，午餐、晚餐标准25元，员工生日有溢价30元左右单独生日餐和小礼品"。项目内容如过多，可扩充表格行数以至表述完结。

7. 在任何项目中如有获奖、媒体报道等情形，应在项目中注明，并将证明附于佐证材料中，获奖和报道级别不同可加相应分值。多项获奖和报道可累计加分但评分时总分不超过10分。

8. "附页"是项目内容相对应的证据，作为佐证材料编辑成附件册，附件册设置好目录，标明页码便于检索。

9. "其它（特色）"是申报表的一个主要加分项，如果申报企业确有切实可行的优秀案例，可在"总评项"相应的"其它（特色）"栏中填写。

企业名称			创建日期（年）	年
推荐单位	工会		企业占地面积（合计）	平方米
所在城区			职工总人数（合计）	人
行业领域			注册资金	万元
近三年幸福企业经费投入	年度	投入金额	经费主要来源	
	20　年	元		
	20　年	元		
	20　年	元		
打造幸福型企业情况简介（1000字左右）				

XX企业（盖章）

年　月　日

幸福企业申报项目总汇

序号	总评项	分项	项目介绍（简明概要，尽量用详实数据）	附页
1	职工生产生活条件	食堂	企业职工倒班，实行三餐制，节假日不休息，早餐标准10元，午餐、晚餐标准25元，员工生日有溢价30元左右单独生日餐和小礼品	4-6页
		宿舍	无	无
		交通	（略）……	（略）
		其它（特色）	每月中旬在餐厅为本月过生日的职工集中开一次生日庆典，公司领导致贺，安排蛋糕、生日餐和小礼品。	8-9页
2	职工困难帮扶机制	家庭、伤病困难帮扶	（略）……	（略）
		重大疾病困难帮扶	以下都（略）……	
		常态化送温暖机制		
		其它（特色）		
3	职工依规建设福利待遇机制	福利费用分发情况		
		节日、生日慰问情况		
		生病探望		
		婚丧嫁娶慰问制度		
		带薪休假及疗休养制度		
		其它（特色）		

序号	总评项	分项	项目介绍（简明扼要，尽量用详实数据）	附页
4	职工供给资源	社会机构公益慈善合作		
		生活关爱智能平台		
		合作共享产销融合机制		
		家政、养老托育商品优惠项目		
		生活产品和服务需求		
		其它（特色）		
5	职工健康服务体系	健康服务中心或医务室		
		体检		
		心理咨询		
		健身活动		
		其它（特色）		

序号	总评项	分项	项目介绍（简明扼要，尽量用详实数据）	附页
6	职工人文关怀	退休职工“四个一”暖人心活动		
		单身职工婚恋、交友活动		
		特殊时期女职工关爱活动		
		职工参加社会公益事业情况		
		其它（特色）		
7	劳动关系	劳动用工规范情况		
		职工工资合理增长情况		
		劳动条件、职工安全健康保障情况		
		社会保险覆盖情况		
		人文关怀、化解劳动关系矛盾机制		
		构建和谐劳动关系		
		其它（特色）		

图1　表格内容

评审采用报表的形式本身就是工作的简明化，报表条理清晰地划明工作内容便于填写，填报时统一的标准也便于评委评分。申报表在最初构架时就本着填写内容不宜过多，申报难度不宜过大的原则。旨在降低企业完成申报任务的难度，最大限度地找到既做好工作又尽量少给企业添负担的最佳结合点。还有就是在项目中大量设有“其他（特色）”栏，此栏目为企业展示自身特色服务内容提供了充足的空间。更主要的是“其他（特色）”栏是企业创新提升职工福利的好方法、好点子，工会挖掘优秀案例的主要来源。

申报表由“改善职工生产生活条件、健全完善职工困难帮扶机制、依法保障职工享受福利待遇、丰富服务职工供给资源、强化职工健康服务体系、加强职工人文关怀、劳动关系和谐稳定”这七大类共三十个细分小项目组合设置而成，基本保证了工会对职工权益保障方面各项工作业务的全覆盖。

（二）《XX（地区）提升职工生活品质打造幸福型企业试点申报表》中“填表说明”的几点解析

一是“职工总数（合计）”和“经费主要来源”两项主要用来评估企业工会

按规年支出的情况。具体方法是将三年投入经费的年平均数除以员工总人数得到职工人均福利额。具体公式为：

三年经费总和（元）÷3（年）÷员工总人数＝职工人均福利额

企业规模不同，年投入经费总额的多少差别很大，使得这项数据的横向比较存在很大的不公平性。采用上述计算方法用“职工人均福利额”进行比较，尽量做到最大的公平。之所以说是尽量做到最大的公平，是因为不同企业人均工资的高低也是不同的，企业间以职工人均福利额的方式横向比较也不是绝对公平，只是接近公平，这种算法已经是能做到的最公平方案了。

二是“项目介绍”栏是了解打造幸福型企业具体业绩的评分项，是申报表的填写重点，需要企业对其重视起来。要求企业如实填写，不要夸大，也不要疏漏；做到语言简练，便于评委理解，加快审核速度；表述中能有数据的尽量用数据，量化的表述便于评分。有些企业担忧自身规模小，填报数据尤其是总数项目略显寒酸，在评委审核时要把企业规模（总人数）因素考虑在内。建议在评估初期宣讲大会上提前说明。

三是如有获奖、媒体报道等应在“项目介绍”栏内写明，同时标清获奖和媒体报道的级别，如××活动获国家级××奖项，××活动被××省（自治区、直辖市）级××媒体报道等。同一“项目介绍”栏如有多次获奖与报道，均可一一记录。获奖和媒体报道在评估中作为独立评分项。

四是“附页”栏是“项目介绍”栏有益而必要的补充。在“项目介绍”栏内填写的所有内容必须有相应的佐证材料。如活动照片影印版、材料和票据复印件、获奖证书复印件、媒体报道画面截屏或网址链接等。将所有的佐证材料依“项目介绍”栏顺序进行排列并装订成册，册首编辑好详细的目录，标明页码。“附页”栏内将以页码的形式填写，便于评委们检索。

五是“其他（特色）”栏内填写七大类中三十小项之外的用于提升职工生活品质的良方良策。在评估初期宣讲大会召开以后，会给各参评企业一个较长的时间筹备（一般三个月或更长时间后再提交申报表），按照申报表自查和整改自己的企业。七大类中已有的三十小项相当于考试的“基础题”，多是总结几年内的自查项目，是各企业同台竞争部分。而“其他（特色）”栏则相当于“论述题”，更像是企业的整改工作，需要参评企业用心开发好提升职工生活品质新项目。企业间“基础题”的较量较难拉开差距，而“论述题”如果发挥好了，很可能成为胜出的关键，参评企业要给予足够的重视。另外，“其他（特色）”栏大概率会成为今后推广优秀案例的“资源库”。

（三）《XX（地区）提升职工生活品质打造幸福型企业试点评分表》解析

1.《XX（地区）提升职工生活品质打造幸福型企业试点评分表》

根据《XX（地区）提升职工生活品质打造幸福型企业试点申报表》设计《XX（地区）提升职工生活品质打造幸福型企业试点评分表》。图 2 为评分表的展示：

XX（地区）提升职工生活品质
打造幸福型企业试点评分表

企业名称____________　　推荐单位__________工会

近三年经费投入得分	0分	1分	2分	3分	4分	5分

序号	总评项	分项				在相应分值处划（√）			得分	获奖和媒体分
1	职工生产生活条件	食堂				0	1	2		
		宿舍				0	1	2		
		交通				0	1	2		
		其它（特色）	0	1	2	3	4	5		
2	职工困难帮扶机制	家庭、伤病困难帮扶				0	1	2		
		重大疾病困难帮扶				0	1	2		
		常态化送温暖机制				0	1	2		
		其它（特色）	0	1	2	3	4	5		
3	职工依规建设福利待遇机制	福利费用分发情况				0	1	2		
		节日、生日慰问情况				0	1	2		
		生病探望				0	1	2		
		婚丧嫁娶慰问制度				0	1	2		
		带薪休假及疗休养制度				0	1	2		
		其它（特色）	0	1	2	3	4	5		

序号	总评项	分项				在相应分值处划（√）			得分	获奖或媒体分
4	职工供给资源	社会机构公益慈善合作				0	1	2		
		生活关爱智能平台				0	1	2		
		合作共享产销融合机制				0	1	2		
		家政、养老托育商品优惠项目				0	1	2		
		生活产品和服务需求				0	1	2		
		其它（特色）	0	1	2	3	4	5		
5	职工健康服务体系	健康服务中心或医务室				0	1	2		
		体检				0	1	2		
		心理咨询				0	1	2		
		健身活动				0	1	2		
		其它（特色）	0	1	2	3	4	5		
6	职工人文关怀	退休职工“四个一”暖人心活动				0	1	2		
		单身职工婚恋、交友活动				0	1	2		
		特殊时期女职工关爱活动				0	1	2		
		职工参加社会公益事业情况				0	1	2		
		其它（特色）	0	1	2	3	4	5		
7	劳动关系	劳动用工规范情况				0	1	2		
		职工工资合理增长情况				0	1	2		
		劳动条件、职工安全健康保障情况				0	1	2		
		社会保险覆盖情况				0	1	2		
		人文关怀、化解劳动关系矛盾机制				0	1	2		
		构建和谐劳动关系				0	1	2		
		其它（特色）	0	1	2	3	4	5		
小计		经费投入分								
合计分值										

注：获奖或媒体分分值大于等于 10 分时按 10 分计算。合计分值超 100 分按 100 分计算。

图 2　评分表内容

2. 提升职工生活品质打造幸福型企业试点评分规则

评分表得分项目由“近三年经费统计”“七大类三十细分小项”和“其他（特色）”“获奖或媒体报道”三部分组成，具体评分分值分配见表 1：

表1　评分分值分配

序号	项目	单项最高分值	数量	总分值	总计
1	近三年经费统计	5	1	5	100
2	七大类三十细分小项	2	30	60	
	其他（特色）	5	7	35	
3	获奖或媒体报道（加分项）	2	N	10	10

序号1："近三年经费统计"项的分值评判方法。

在前文"填表说明"中已经论述了三年经费统计将换算为"职工人均福利额"，然而人均福利额也无法直接转化为具体分值。将所有参评企业"职工人均福利额"由高到低进行排序，由于单项最高分值是"5分"，所以将大排序结果分为6段，依次是"0""1""2""3""4""5"。在相应阶段给予相应的分值。比如，有100个企业参评，"职工人均福利额"排序在前20名的企业得"5分"，以此类推，排序最后20名的企业得"1分"，没有投入过经费的企业判定为"0分"。

序号2："七大类三十细分小项"和"其他（特色）"项的分值评判方法。

"七大类三十细分小项"最高分值"2分"，三十细分小项满分为"60分"。根据报表填写情况分为"无""一般""优秀"三个等级，由评审组评委评定等级，给出对应分值"0分""1分""2分"。

"其他（特色）"项最高分值"5分"，由于总评项有七大类，因此"其他（特色）"也设置了七个填写栏，满分为"35分"。根据报表填写情况分为"无""五极""四级""三级""二级""一级"六个等级，由评审组评委评定等级，给出对应分值"0分""1分""2分""3分""4分""5分"。

序号3："获奖或媒体报道"项的分值评判方法。

与填报项目相关的"获奖或媒体报道"对应填到"三十细分小项"和"其他（特色）项"栏目中。颁奖单位或报道媒体仅限国家级以上（包括国际级）和省部级单位两个级别，对应分值为"2分"和"1分"。由评审组评委审核佐证材料合格后方能加分。

同一栏如出现多个"获奖或媒体报道"内容可累加记录，分值也随之累加。

"获奖或媒体报道"项是在百分分值以外的加分项，相当于考卷中的加试题，在分值累加至"10分"时便不再做加分计算，即此评分项"10分"封顶。

记分还可能会有一个极少出现的极端现象，之前的百分评审得分分值在 90～100 分时，加上“获奖或媒体报道”分后很可能总分超百，统一规定按满分“100 分”记录。

3.《XX（地区）提升职工生活品质打造幸福型企业试点评分表》解析

“近三年经费统计”“七大类三十细分小项”和“其他（特色）”“获奖或媒体报道”三部分中，前两部分的分值总和是 100 分。大多数企业得分的分值可能会很低，甚至难以及格（达到 60 分），其实这一现象实属正常。这是评分体系本身的原因造成的，以往常规的评估工作往往会将基础性的“三十细分小项”作为评分主体，设定 90～100 分的总分值。现在把“三十细分小项”的分值压缩到“60 分”，所以企业很难达到高分值。“挤出”“35 分”给了“其他（特色）”栏，就是为促使企业下大力气创造优秀案例而大搞创新。而且将“其他（特色）”栏分摊给七个总评项各“5 分”，就是希望企业在这七大类工作要点上都尽量争取干出成绩来。参评企业在组织材料填写申报表时，会逐渐发现评估工作的成败关键不是“三十细分小项”的优劣，大部分参评企业很难在这“60 分”中拉开差距。“其他（特色）”栏才是成败的关键。

“获奖或媒体报道”项：将其单列为“10 分”的加分项，就是为了鼓励参评企业积极参与各类相关的比赛，积极向媒体推介自己而争取被报道。其实在追求做这些评奖和媒体报道工作时，企业必定是在为提升职工生活品质，打造幸福型企业而全力为之。当收获到一个个奖牌时，当看到一篇篇报道时，该企业的职工已经真实地沉浸在幸福之中了。因此这“10 分”加分项可谓是做好幸福型企业的催化剂，重要且必要。

4.《XX（地区）提升职工生活品质打造幸福型企业试点评分表》解析

为了直观演示评分表的评分效果，制作了一套模拟评分的样表（见图 3），供读者感受一下打分情况作为分析借鉴之用。

此模拟评分表分值统计：“近三年经费统计”得满分 5 分；“三十细分小项”得到 60 分中的 43 分；“其他（特色）”得到 35 分中的 15 分；“获奖或媒体报道”得到 10 分中的 5 分。

这份模拟评分表将是大多数企业的评分可能出现的情况。1.“近三年经费统计”是评估工作的必评项，分值不大，对评估结果影响有限。只是作为“经费”这一避不开的问题，不能不选用在评分表中，但也不作为分值主项。2.“三十细分小项”得 43 分算是上等表现，多数企业平时努力均可做到，由于填报的是近三年的情况，因此三年的过往造不得假。这项基础分的确能够检验出企业平时的

XX（地区）提升职工生活品质
打造幸福型企业试点评分表

企业名称＿＿＿＿＿＿ 推荐单位＿＿＿＿＿工会

近三年经费投入得分	0分	1分	2分	3分	4分	√

序号	总评项	分项				在相应分值处划（√）			得分	获奖和媒体分
1	职工生产生活条件	食堂				0	√	2	1	1
		宿舍				√	1	2	0	
		交通				0	1	√	2	
		其它（特色）	0	1	2	√	4	5	3	
2	职工困难帮扶机制	家庭、伤病困难帮扶				0	1	√	2	
		重大疾病困难帮扶				0	√	2	1	
		常态化送温暖机制				0	1	√	2	
		其它（特色）	√	1	2	3	4	5	0	
3	职工依规建设福利待遇机制	福利费用分发情况				0	1	√	2	
		节日、生日慰问情况				0	1	√	2	1
		生病探望				0	1	√	2	
		婚丧嫁娶慰问制度				0	√	2	1	
		带薪休假及疗休养制度				√	1	2	0	
		其它（特色）	√	1	2	3	4	5	0	

序号	总评项	分项				在相应分值处划（√）			得分	获奖或媒体分
4	职工供给资源	社会机构公益慈善合作				√	1	2	0	2
		生活关爱智能平台				0	√	2	1	
		合作共享产销融合机制				0	1	√	2	
		家政、养老托育商品优惠项目				0	√	2	1	
		生活产品和服务需求				0	1	√	2	
		其它（特色）	0	1	2	3	4	√	5	
5	职工健康服务体系	健康服务中心或医务室				0	√	2	1	
		体检				0	1	√	2	
		心理咨询				0	√	2	1	
		健身活动				0	1	√	2	
		其它（特色）	0	1	2	√	4	5	3	
6	职工人文关怀	退休职工“四个一”暖人心活动				0	√	2	1	
		单身职工婚恋、交友活动				0	√	2	1	
		特殊时期女职工关爱活动				0	1	√	2	
		职工参加社会公益事业情况				0	1	√	2	1
		其它（特色）	0	1	2	3	√	5	4	
7	劳动关系	劳动用工规范情况				0	1	√	2	
		职工工资合理增长情况				0	√	2	1	
		劳动条件、职工安全健康保障情况				0	1	√	2	
		社会保险覆盖情况				0	1	√	2	
		人文关怀、化解劳动关系矛盾机制				0	1	√	2	
		构建和谐劳动关系				0	√	2	1	
		其它（特色）	√	1	2	3	4	5	0	
小计		经费投入分				5			58	5
合计分值						68				

注：获奖或媒体分分值大于等于10分时按10分计算。合计分值超100分按100分计算。

图3 表格内容

功课做得如何。3.“其他（特色）”得15分就有点拉胯了，或许会因此成绩丢失晋级的机会，参评单位务必注意。4.“获奖或媒体报道”得5分，在实际中并不多见，因为企业在核心业务方面获奖、申请专利、被媒体报道是常有之事，但是在幸福型企业这一非专业方面能拿5分实属不易，评估本身就有着以评促建的作用，相信通过评估，企业切实会在这方面投入一定的关注。

最后就模拟评分表补充说明一个观点作为本文的结语：细心的人可能会对模拟评分表第一项中“食堂”一栏“获奖或媒体报道”得1分感到不解——食堂在哪方面可能获奖或被媒体报道？正解是在现实中该申报企业聘请的食堂大师傅曾在三年内本省烹饪比赛中胜出并持有的获奖证书。这一案例说明填报报表不能一味“广撒网”而不把好质量关，最终让评委去做删减工作；但也要细心筛查不放过任何一个有价值的信息进行填报。这一得分表象可以为申报企业如何收集资料提供思路，但从深层次分析这一案例就会感受到更深层次的问题：有这样一个企业，在提升职工生活品质，打造幸福型企业的工作中可谓是尽心竭力，不放过每一个细节。就如食堂工作，为职工能吃到更美味的饭菜，倾力培养企业自己的厨师，提升他们的烹饪技能，出资对其进行培训，定期组织食堂的技术比武工作等。直至某厨师在省部级烹饪比赛中获奖。在这个企业工作的厨师是幸福的，因为他们在工作中提升了技能，得到各界的认可。再进一步深入思考，其实这个企业的职工才是最幸福的，因为在他们工作的企业平时就能够品尝到美味佳肴。看到这个案例的企业有没有心动，也去培养自己的厨师？如果问提升职工生活品质，打造幸福型企业的工作意义何在，那——意义就在于此！

中国工会第十八次全国代表大会也提出："不断增强广大职工群众的获得感、幸福感、安全感，千方百计调动亿万职工群众的积极性、主动性、创造性，唱响'咱们工人有力量'的时代强音。"①

参考文献：

［1］王东明．以习近平新时代中国特色社会主义思想为指导组织动员亿万职工为强国建设民族复兴团结奋斗——在中国工会第十八次全国代表大会上的报告［N］．工人日报，2023－10－14.

［2］习近平．高举中国特色社会主义伟大旗帜　为全面建设社会主义现代化国家而团结奋斗——在中国共产党第二十次全国代表大会上的报告［M］．北京：人民出版社，2022.

［3］中共中央国务院关于促进民营经济发展壮大的意见［N］．人民日报，2023－07－20.

［4］国家发展改革委负责同志出席国新办举行的推动民营经济高质量发展新闻发布会介绍相关情况并回答记者提问［EB/OL］．中华人民共和国国家发展和改革委员会，2023－09－04.

［5］经济结构不断升级发展协调性显著增强——新中国成立 70 周年经济社会发展成就系列报告之二［EB/OL］．国家统计局，2019－07－08.

［6］中国工运事业和工会工作"十四五"发展规划［N］．工人日报，2021－07－21.

［7］中共中央党史和文献研究院．习近平关于工人阶级和工会工作论述摘编［M］．北京：中央文献出版社，2023.

［8］习近平．在全国劳动模范和先进工作者表彰大会上的讲话［M］．北京：人民出版社，2020.

① 王东明．以习近平新时代中国特色社会主义思想为指导组织动员亿万职工为强国建设民族复兴团结奋斗——在中国工会第十八次全国代表大会上的报告［N］．工人日报，2023－10－14.

职工心理健康现状及工会工作启示

——以S市企业职工心理健康现状调查为例

吕　丹　王　飞　倪水康

(中国劳动关系学院长三角学院、绍兴市职工中等专业学校)

摘　要: 目前,受经济发展压力、就业形势变动、身体状态变化、互联网应用以及产业信息化结构调整等诸多因素影响,职工情绪和压力发生了一些变化,不少因素对职工身心健康造成影响,同时也影响企业长远发展。笔者及其团队于2023年6月至9月在S市范围内调查了企业员工的心理健康水平,分析职工情绪主要影响因素,并从工会工作角度提出对策建议,为企业改善工作环境和提升员工幸福感提供理论依据和现实指导。

关键词: 心理健康　心理测量量表　情绪管理　工会工作　员工幸福感

目前,受经济发展压力、就业形势变动、身体状态变化、互联网应用以及产业信息化结构调整等诸多因素影响,职工情绪和压力发生了一些变化,不少因素对职工身心健康造成进一步影响。为摸清一线职工心理健康状况,笔者及其团队于2023年6月至9月在S市范围内调查了企业员工的心理健康水平,分析职工焦虑情绪、抑郁情绪、压力感知的主要影响因素,以及焦虑情绪、抑郁情绪、压力感知对离职倾向的影响。以期为工会工作提供决策参考,为企业工作环境的改善和员工幸福感的提升提供理论依据和现实指导。

一、S市职工心理健康水平总体情况

根据大样本调查,国内研究者已经形成了“焦虑情绪、抑郁情绪、压力感知”的全国常模得分，体现了疫情发生前个体的心理健康状况。本次调查以疫情前的全国常模得分作为比较依据，以判断职工“焦虑情绪、抑郁情绪、压力感知”严重程度，从中可以发现职工的心理健康水平。总体来说，本次调查发现，S市职工焦虑情绪－抑郁情绪－压力感知总体较好，焦虑情绪水平较疫情前全国常模水平略有偏高。

（一）焦虑情绪水平现状

本次有效数据为3594名职工，根据全国常模得分判断依据（焦虑情绪得分≤7分为正常，8～9分为轻度，10～14分为中度，15～19分为重度，≥20分为非常严重），调查结果显示：S市职工焦虑情绪感知严重程度分布偏度为－0.27，表现为负偏态。这说明，与前几年全国常模的正态分布相比，S市职工焦虑情绪程度有所增加。

（二）抑郁情绪水平现状

根据全国常模得分判断依据（抑郁情绪得分≤9分为正常，10～13分为轻度，14～20分为中度，21～27分为重度，≥28分为非常严重），本次调查结果显示：S市职工焦虑情绪感知严重程度分布偏度为0.42，表现为正偏态（更偏向于正常）。这说明，S市职工抑郁情绪水平属于总体状况良好，与前几年全国常模的正态分布相比更偏向正常水平。

（三）压力感知水平现状

根据全国常模得分判断依据（压力感知得分≤14分为正常，15～18分为轻度，19～25分为中度，26～33分为重度，≥34分为非常严重），S市职工的压力感知程度如下：S市职工压力感知严重程度的分布偏度为0.02，说明样本分布总体基本属于正态分布。与前几年全国常模的正态分布相比差异变化不大。这说明从时间维度（疫情前与疫情后）和相对维度（与全国样本相比）上来看，S市职工压力感知程度没有显著差异。

二、人口统计学变量分析

本部分采用t检验和F方差分析，分析了职工心理健康的人口统计学变量，主要涵盖企业类型、性别类型、职位类型以及学历类型等。

（一）企业类型

为了探讨职工心理健康状况是否与企业类型相关，我们采用独立样本 t 检验的方式进行了考察，平均数与标注差参见表 1。具体检验结果如下：

表 1　不同类型企业职工心理健康水平

	压力感知	焦虑情绪	抑郁情绪
国企	11.63 ±4.66	10.39 ±4.14	9.21 ±3.78
私企	11.86 ±4.69	10.32 ±4.14	9.29 ±3.83

以压力感知得分为因变量，对国企和私企进行独立样本 t 检验，结果发现企业类型之间的差异不显著（$t=1.129$，$P>0.05$）。

以焦虑情绪得分为因变量，对国企和私企进行独立样本 t 检验，结果发现企业类型之间的差异不显著（$t=0.45$，$P>0.05$）。

以抑郁情绪得分为因变量，对国企和私企进行独立样本 t 检验，结果发现企业类型之间的差异不显著（$t=0.47$，$P>0.05$）。

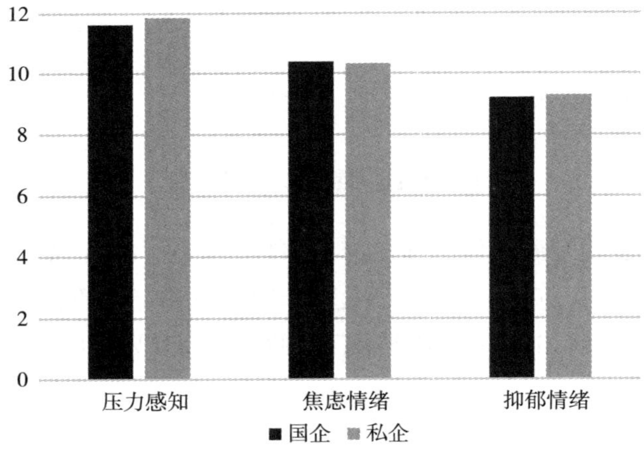

图 1　企业类型差异

（二）性别类型

为了探讨职工心理健康状况是否与性别类型相关，我们采用独立样本 t 检验的方式进行了考察，平均数与标注差参见表 2。具体检验结果如下：

表 2　不同性别职工的心理健康水平

	压力感知	焦虑情绪	抑郁情绪
男性	11.92 ±4.90	10.61 ±4.42	9.47 ±4.03
女性	11.24 ±4.19	10.00 ±3.58	8.80 ±3.31

以压力感知得分为因变量，对男性和女性进行独立样本 t 检验，结果发现性别类型之间的差异显著（$t=4.24$，$P<0.0001$），男性职工压力感知水平大于女性职工。

以焦虑情绪得分为因变量，对男性和女性进行独立样本 t 检验，结果发现性别之间差异显著（$t=4.26$，$P<0.0001$），男性职工焦虑情绪水平大于女性职工。

以抑郁情绪得分为因变量，对男性和女性进行独立样本 t 检验，结果发现性别类型之间的差异显著（$t=5.08$，$P<0.0001$），男性职工抑郁情绪大于女性职工。

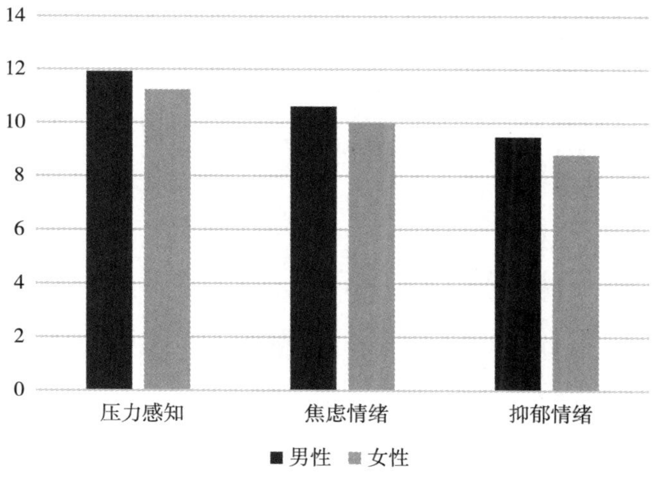

图 2　性别差异

（三）职位类型

为了探讨职工心理健康状况是否与职位类型相关，我们采用方差分析的方式进行了考察，平均数与标注差参见表 3。具体检验结果如下：

表 3　不同职位职工的心理健康水平

	压力感知	焦虑情绪	抑郁情绪
基层员工	11.69 ±4.73	10.46 ±4.21	9.29 ±3.86
中层管理人员	11.58 ±4.16	9.83 ±3.49	8.75 ±3.12
高层管理人员	10.26 ±3.41	8.63 ±2.54	7.76 ±2.76

以压力感知得分为因变量，对职位类型进行方差分析，结果发现，职位类型之间的差异显著（$F=0.97$，$P>0.05$）。

以焦虑情绪得分为因变量，对职位类型进行方差分析，结果发现职位类型差异显著（$F=5.44$，$P=0.004$），进一步事后多重比较发现，中层管理人员的焦虑情绪得分显著低于基层员工，而高层管理人员与中层管理人员差异不显著。

以抑郁情绪得分为因变量，对职位类型进行方差分析，结果发现职位类型之间的差异显著（$F=4.80$，$P=0.008$），进一步事后多重比较发现，中层管理人员的抑郁情绪得分显著低于基层员工，而高层管理人员与中层管理人员差异不显著。

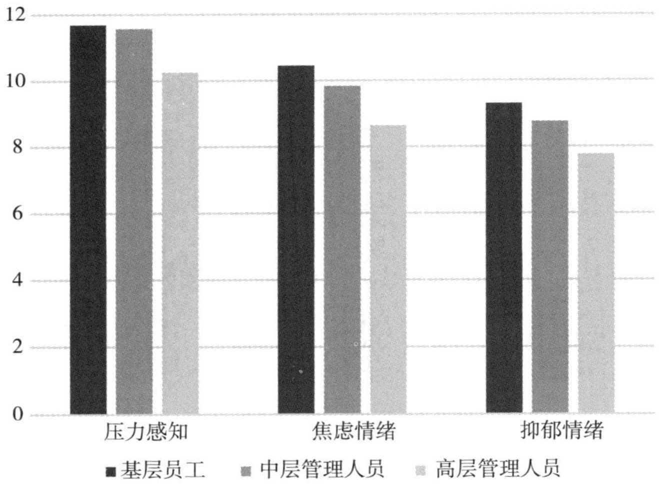

图 3　职位类型差异

（四）学历类型

为了探讨职工心理健康状况是否与学历类型相关，我们采用独立样本 t 检验的方式进行了考察，平均数与标注差参见表 4。具体检验结果如下：

表4　不同学历职工的心理健康水平

	压力感知	焦虑情绪	抑郁情绪
大专及以下	11.5024 ±4.68053	10.3122 ±4.21189	9.1466 ±3.82680
本科及以上	11.8659 ±4.64344	10.4641 ±4.05346	9.3172 ±3.74626

以压力感知得分为因变量，对学历类型进行独立样本 t 检验，结果发现大专及以下与本科及以上之间的差异不显著（$t=2.33$，$P>0.05$）。

以焦虑情绪得分为因变量，对学历类型进行独立样本 t 检验，结果发现大专及以下与本科及以上之间的差异不显著（$t=1.10$，$P>0.05$）。

以抑郁情绪得分为因变量，对学历类型进行独立样本 t 检验，结果发现大专及以下与本科及以上之间的差异不显著（$t=1.35$，$P>0.05$）。

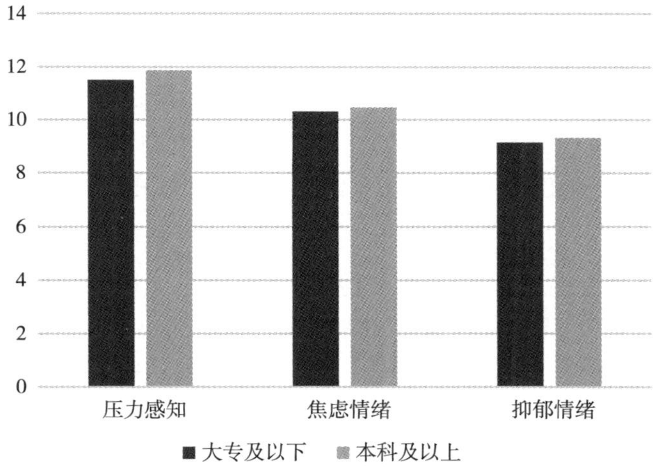

图4　学历差异

三、职工心理健康水平引发离职倾向的心理机制

本部分分析了职工心理健康水平引发离职倾向的心理机制，结果发现，“焦虑情绪→抑郁情绪→压力感知”水平均能通过体验回避心理导致离职倾向。通过分析心理健康水平影响职工离职倾向的心理机制，锁定其心理素质短板。

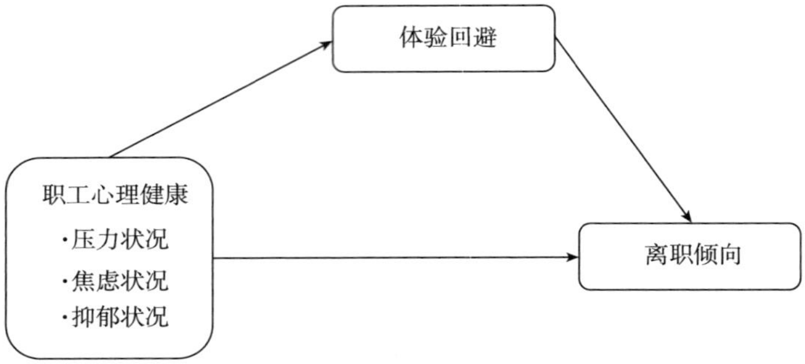

图 5　职工心理健康水平引发离职倾向的心理机制

（一）压力感知水平→体验回避→离职倾向

首先，探讨体验回避在压力感知水平与离职倾向之间的中介作用模型是否成立。回归分析发现，压力感知水平对离职倾向有显著的正向预测作用（$\beta=0.62$，$P<0.001$）；在此基础上，加入体验回避这一中介变量后，结果发现，体验回避对离职倾向有显著的正向预测作用（$\beta=0.38$，$P<0.001$），压力感知水平对离职倾向的正向预测作用依然显著（$\beta=0.32$，$P<0.001$）。以上结果说明中介作用模型成立。

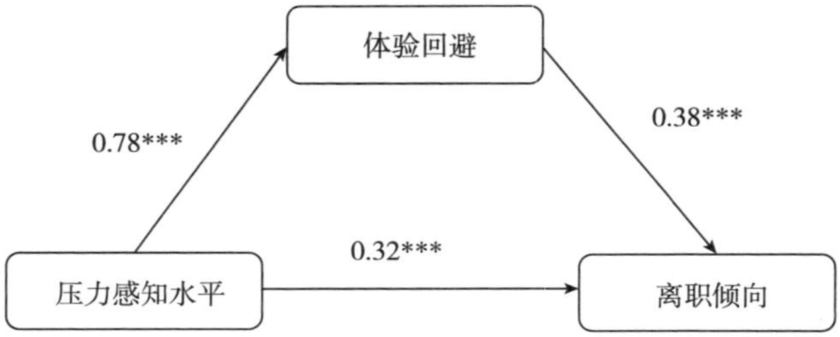

图 6　压力感知水平→体验回避→离职倾向

其次，采用偏差校正的非参数百分位 bootstrap 方法进行中介效应检验。由表 11 可知，压力感知水平对离职倾向影响的总效应的 95% 的置信区间为（0.59，0.64），体验回避的中介效应的 95% 的置信区间为（0.25，0.34），直接效应的 95% 的置信区间为（0.28，0.36），以上置信区间均不包含 0。因此，体验回避在压力感知水平与离职倾向的关系中起到部分中介作用，中介效应占总效应的比例（ab/c）为 48.39%。具体效应值见表 5。

表 5　效应分解及偏差校正的非参数百分位 bootstrap 的 95%置信区间

路径	效应值	bootstrap 标准误	95%的置信区间	
			下限	上限
压力感知水平→离职倾向	0.32	0.02	0.28	0.36
压力感知水平→体验回避→离职倾向	0.78 * 0.38 = 0.30	0.02	0.25	0.34
总效应	0.62	0.01	0.59	0.64

（二）焦虑情绪水平→体验回避→离职倾向

首先，探讨体验回避在焦虑情绪水平与离职倾向之间的中介作用模型是否成立。回归分析发现，焦虑情绪水平对离职倾向有显著的正向预测作用（$\beta = 0.59$，$P < 0.001$）；在此基础上，加入体验回避这一中介变量后，结果发现，体验回避对离职倾向有显著的正向预测作用（$\beta = 0.43$，$P < 0.001$），焦虑情绪水平对离职倾向的正向预测作用依然显著（$\beta = 0.26$，$P < 0.001$）。以上结果说明中介作用模型成立。

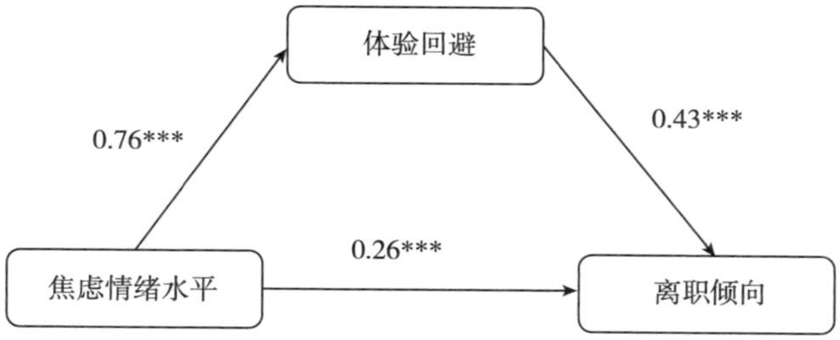

图 7　焦虑情绪水平→体验回避→离职倾向

其次，采用偏差校正的非参数百分位 bootstrap 方法进行中介效应检验。由表 6 可知，焦虑情绪水平对离职倾向影响的总效应的 95% 的置信区间为（0.56，0.61），体验回避的中介效应的 95% 的置信区间为（0.29，0.37），直接效应的 95% 的置信区间为（0.22，0.30），以上置信区间均不包含 0。因此，体验回避在焦虑情绪水平与离职倾向的关系中起到部分中介作用，中介效应占总效应的比例（ab/c）为 55.93%。具体效应值见表 6。

表 6　效应分解及偏差校正的非参数百分位 bootstrap 的 95%置信区间

路径	效应值	bootstrap 标准误	95% 的置信区间	
			下限	上限
焦虑情绪水平→离职倾向	0. 26	0. 02	0. 22	0. 30
焦虑情绪水平→体验回避→离职倾向	0. 76 * 0. 43 = 0. 33	0. 02	0. 29	0. 37
总效应	0. 59	0. 01	0. 56	0. 61

（三）抑郁情绪水平→体验回避→离职倾向

首先，探讨体验回避在抑郁情绪水平与离职倾向之间的中介作用模型是否成立。回归分析发现，抑郁情绪水平对离职倾向有显著的正向预测作用（$\beta = 0.65$，$P < 0.001$）；在此基础上，加入体验回避这一中介变量后，结果发现，体验回避对离职倾向有显著的正向预测作用（$\beta = 0.32$，$P < 0.001$），抑郁情绪水平对离职倾向的正向预测作用依然显著（$\beta = 0.41$，$P < 0.001$）。以上结果说明中介作用模型成立。

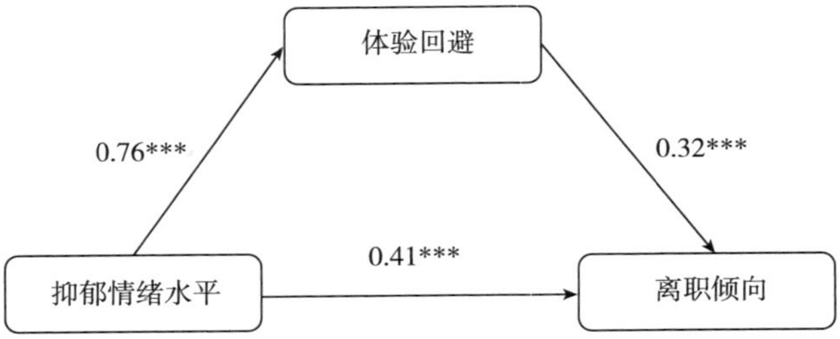

图 8　抑郁情绪水平→体验回避→离职倾向

其次，采用偏差校正的非参数百分位 bootstrap 方法进行中介效应检验。由表 7 可知，抑郁情绪水平对离职倾向影响的总效应的 95% 的置信区间为（0. 62，0. 67），体验回避的中介效应的 95% 的置信区间为（0. 20，0. 29），直接效应的 95% 的置信区间为（0. 37，0. 44），以上置信区间均不包含 0。因此，体验回避在抑郁情绪水平与离职倾向的关系中起到部分中介作用，中介效应占总效应的比例（ab/c）为 36. 92%。具体效应值见表 7。

表 7　效应分解及偏差校正的非参数百分位 bootstrap 的 95%置信区间

路径	效应值	bootstrap 标准误	95%的置信区间	
			下限	上限
抑郁情绪水平→离职倾向	0.41	0.02	0.37	0.44
抑郁情绪水平→体验回避→离职倾向	0.76 * 0.32 = 0.24	0.02	0.20	0.29
总效应	0.65	0.01	0.62	0.67

五、工会服务对策与建议

经历三年疫情，中国经济复苏正在逐渐变好，但面临着经济结构调整、国际环境的复杂性等因素，企业发展面临越来越多的挑战，而这也进一步影响了企业职工的心理健康，主要表现就是焦虑情绪水平提高（与全国常模相比，抑郁情绪水平、压力感知水平均正常）。焦虑情绪与焦虑情绪症不同，疫情后 S 市职工焦虑情绪水平提高是一种正常现象，但忽略职工焦虑情绪严重性则不利于职工的健康发展，因此需要采取一些措施缓解职工焦虑情绪、提升职工心理健康。

职工的心理健康状况是工会日常工作中需要关注的重点。心理健康服务的工作原则之一，就是只关注服务对象心理健康层面的问题，而不能干涉或协助服务对象处理具体的现实问题。但在实际情况中，职工的困惑和压力感知往往与他们在工作和生活中遇到的问题有着千丝万缕的联系。在企业中，工会扮演着职工们“娘家人”的角色，代表并维护着职工的合法权益，其工作的责任和重心是实实在在地为员工服务。组织层面上，工会是企业的管理者和职工之间的沟通桥梁，起到纽带作用；个人层面上，工会是企业职工贴心的“娘家人”，起到关心、支持职工的作用。

职工的身心健康状况在有工会组织的企业中会更受关注。这是因为工会等组织会承担起保障员工合法权益，帮助维护职工合法权益的责任，同时也会在企事业单位内部定期而广泛地组织关心职工心理健康状况的活动。根据本次 S 市职工心理健康调研结果，提出以下建议：

（一）加强心理健康知识在企业内部普及

心理健康问题会影响职工的工作效率和企业的整体工作氛围，进而对企业的发展和社会和谐环境的形成产生负面影响，而心理健康问题又时常在企业或社会的转型期尤为突出。因此，在当前竞争日渐激烈的社会背景下，加大对职工心理健康知识和心理疾病的科普与宣传力度，提升职工的心理健康意识，增强职工进行自我调节的能力，对于推动S市企业长远、健康地发展，有着重大的现实意义。

因此，有必要持续深入而广泛地开展心理健康知识宣传和常见心理疾病的科普工作，尤其要在有失眠、抑郁情绪和焦虑情绪等常见心理障碍的人群、特殊产业企业和其他重点的制造业职工群体中开展具有针对性和实用性的心理健康知识和心理急救技能的科普工作，从而推动企业职工心理和行为问题的早期识别、干预和康复，提升职工整体心理健康水平。

提高职工心理健康水平和自我调节能力，首先需要使其具备充足的心理知识。各企业工会应当定期开展一些有关心理健康知识的专题系列活动，例如，心理健康知识演讲比赛、心理剧场模拟比赛、心理知识竞答、心理主题晚会等活动。在此基础上，通过各种员工乐于接受并且贴近生活的方式向广大企业职工普及心理健康知识，加大宣传力度，以提升职工对心理健康服务的认同感和学习心理健康知识的积极性。同时，通过海报、心理主题活动等形式，提高员工对企业各种心理活动的关注度。

（二）帮助员工不断提升情绪管理技能

提升职工心理健康水平，不仅需要丰富职工的知识储备，还需要帮助职工成为提高自己心理健康水平的主人，使其具备管理自身情绪的能力，掌握情绪管理的技能。在企业中，工作压力感知较大的情境下，情绪管理技能可以缓解员工的压力感知体验、消极情绪、焦虑情绪和抑郁情绪以及倦怠等负面情绪，从而增强员工的自我调节能力，提升积极情绪，并改善其工作和家庭平衡以及主观幸福感。具有较强的心理健康意识，接受过系统的心理健康知识培训的职工，通常具有较强的自我调适和自我疏导能力，能更好地适应环境。因此，在社会文化交往和社会实践活动中，企业职工要充分发挥自己的主动性，积极主动、自觉地开展自主的探索和自我的发展，在自我发现、自我判断、自我解决问题的过程中，不断地成长，在参与活动中得到亲身体验和感悟，从重视自身的心理健康开始，培养一种健康的生活方式。

例如，最近几年，许多公司都开始尝试通过正念干预训练，帮助员工处理工作情境中的负性事件。Yu 和 Zellmer - Bruhn（2018）的研究表明，正念训练可以有效降低团队冲突对个人社交影响的跨水平的溢出效应。不仅如此，Liang 等（2018）也在其研究中发现正念训练具有显著提高企业职工的自我调节能力、削弱敌对和攻击关系的作用。许多大型公司和企业，例如，安泰保险（Aetna）、通用公司（GM）最近几年也开始进行正念训练，以提高员工的自我调节能力和工作能力。

（三）促进企业改善领导者管理风格

在我国等级制度和尊卑文化的作用下，职场中存在着很大的权力差距，管理者与员工之间的关系呈现出明显的非对称性。上级通常掌控着下级大多数的资源与命运，拥有的权力更大，无论对错，都能用命令的方式来命令下级，得到下级的信赖与顺从。这种情况为消极管理风格创造了一个很好的温床，让老板在与员工交互时，对员工的需要和感觉不够重视甚至忽略，进而表现出更多的消极管理风格行为。组织支持可以有效缓解情绪性员工对工作的倦怠，而从企业的日常管理来看，组织的规范和政策等都是通过员工的直接领导来体现的。因此，从职工的角度来看，直接领导很多时候就成了职工心中公司的象征和代表。企业领导者管理职工的风格和对待工作的方式与态度，对整个工作团队的组织氛围有着直接的影响，同时也会对企业职工的身心健康和工作幸福感产生影响。

改进企业管理者的领导方式，既可以有效地减少其破坏性领导行为的发生，又可以有效地促进领导者在真实管理过程中，呈现出更多的积极领导行为，比如，变革型领导、真诚领导行为、道德领导行为、谦逊性领导行为以及服务型领导行为。此外，提高领导者的创造力、恢复力、对焦虑情绪和压力感知的承受能力，能够显著地提升下属的职场幸福感和工作效率。

根据企业经营工作需要，开展各种形式的心理健康教育活动。对广大企业管理者的心理知识缺口与误区进行调查，利用海报、网站、APP、微信公众号等各类新媒体形式，根据管理者的心理知识薄弱点设计宣传内容，为企业管理者提供一个方便、科学、高效的心理知识库；定期举办企业管理者心理健康演讲、心理健康知识竞赛等活动，激发企业管理者全面学习心理健康知识的积极性；按照“贴近实际、贴近岗位、贴近需求”的原则，在管理干部、专业技术人员等各类管理人员中开展适合企业管理场景的心理技能培训，不断提高企业经营和管理者的心理技能应用水平。

根据本次调查所揭示出的S市员工的健康状况，企业可以更有针对性地进行社会交流和团体心理管理活动，协助企业员工掌握并提高生活和工作中的沟通技巧，协助管理者消除管理盲区，提升管理效能；并最终提高员工与组织的整体心理健康水平，形成积极健康的组织氛围。

（四）协助企业建设内部心理健康服务网络

企业的发展离不开员工的奋斗，而企业与员工又是相互依存的关系，一个企业要想谋求健康、可持续发展，就不能离开员工这个主体，而职工身心健康状况，既是职工队伍建设的重要内容，也是实现企业发展战略目标的重要保障。因此，具有社会责任意识的企业，更应该对职工身心健康给予充分的关注和重视。

首先，在硬件方面，每个单位都可以以本单位的工会和人力资源部门为依托，普遍建立心理健康服务中心，如心理咨询室和减压室等。具体而言，应当鼓励规模较大的企事业单位普遍设立心理健康服务站点，建立心理健康服务团队，为职工提供专业的心理健康服务；规模较小的企事业单位和其他社会组织可以通过购买专业机构服务的形式为员工提供心理健康服务。

其次，在软件方面，通过企业内专业的志愿者服务，帮助员工在感觉到工作压力过大时快速地从工作状态中脱离出来，使员工的精力得到恢复，保持充沛的精力来面对新的工作任务和挑战。同时也可以提高员工对企业的满意度，增强员工的幸福感。

最后，要加强对职工的心理健康状况的动态监测和评价，对于那些被发现有心理健康风险的职工，应当及时给予他们精神上的关怀。对心理健康水平需要改善的职工，可安排专门的心理咨询师对其进行电话随访；而对于那些迫切需要提高心理健康水平的员工，可以安排面对面的心理咨询，以最终确定他们的心理健康状况，若需紧急心理干预，则可以开启企业心理危机应急系统，向员工提供更进一步的帮助。

在帮助员工解决现实困难的过程中，工会组织也能间接减轻员工因为问题而产生的负面情绪。企业要在S市各级工会的支持下，做好员工的心理危机预防和干预工作，强化职工的自我调适能力，持续提高心理健康知识普及程度，增加资源投入，提高员工的心理健康服务成效，拓宽职工心理健康服务覆盖面，从各方面提升职工整体心理健康水平。

参考文献：

[1] 李超平，时勘．分配公平与程序公平对工作倦怠的影响［J］．心理学报，2003（5）．

[2] 曹静，吉阳，祝卓宏．接纳与行动问卷第二版中文版测评大学生的信效度［J］．中国心理卫生杂志，2013，27（11）．

[3] 王雁飞，吴茜，朱瑜．心理资本与变革支持行为的关系——变革开放性和工作自主性的作用研究［J］．心理科学，2016，39（4）．

[4] 沈伊默．从社会交换的角度看组织认同的来源及效益［J］．心理学报，2007（5）．

工会推进文化润疆路径研究

高亚磊

（新疆工会干部学校）

摘　要：文化是一个国家、一个民族的灵魂。习近平总书记着眼新疆当前和长远发展，在第三次中央新疆工作座谈会上提出要深入实施“文化润疆工程”，为新时代新疆的思想文化工作指明了正确的前进方向。工会作为国家政权的重要社会支柱，在建设美丽新疆，推进强国建设和实现民族复兴伟业中肩负着重要的使命。因此，笔者从丰富职工群众精神文化、打造文化工程与乡村振兴有效结合、加强与对口援疆省市的文化交流等六方面，研究工会推进文化润疆的路径和举措，引导广大职工群众不断铸牢中华民族共同体意识，在新征程上团结奋斗、勇毅前行，扎实推进中国式现代化新疆实践。

关键词：新疆　工会　文化润疆

习近平总书记在第三次中央新疆工作座谈会上提出要“深入开展文化润疆工程”①，这不仅明确了新疆工作的方向，更凸显了文化润疆的核心目的：构建各民族和谐共处的家园，培育中华民族共同体意识。在刚召开的全国宣传思想文化工作会议上，习近平总书记对宣传思想文化工作作出重要指示，强调“宣传思想文化工作事关党的前途命运，事关国家长治久安，事关民族凝聚力和向心力，是一项极端重要的工作”②。进一步要求工会必须高度重视宣传思想文化工作，充

① 习近平出席第三次中央新疆工作座谈会并发表重要讲话［EB/OL］. 中华人民共和国国防部，2020－09－26.

② 习近平对宣传思想文化工作作出重要指示强调 坚定文化自信秉持开放包容坚持守正创新 为全面建设社会主义现代化国家全面推进中华民族伟大复兴提供坚强思想保证强大精神力量有利文化条件 蔡奇出席全国宣传思想文化工作会议并讲话［N/OL］. 人民日报，2023－10－09.

分发挥其独特职能，宣扬并传承中华优秀文化，组织开展多种形式的文化活动，激发广大职工对中华文化的热爱和敬仰，全力支持并推进文化润疆工程的成功实施。

一、工会推进文化润疆的必要性

（一）工会自身的内在要求

根据我国《中华人民共和国工会法》第二条第一款："工会是中国共产党领导的职工自愿结合的工人阶级群众组织。"① 再结合《中国工会章程》的规定："中国工会是中国共产党领导的职工自愿结合的工人阶级群众组织，是党联系职工群众的桥梁和纽带，是国家政权的重要社会支柱，是会员和职工利益的代表。"② 从这些法律章程中，我们可以充分地认识到工会的性质，即工人阶级群众组织。正是由于工会特殊的性质，因此工会具有维护、教育等职能。在维护职能上，随着市场竞争的日益加剧，劳动关系越来越呈现出复杂化趋势，尤其如新业态劳动者，他们是依托平台经济，服务于新就业形态的劳动主体，与企业之间的劳动关系不再是一对一的固定关系，当权益受到损害时，其保障的主体也不再是传统的单一政府部门，这就需要工会通过不断教育，引导和帮助劳动者理性寻求合理解决诉求和困难的渠道途径，维护职工合法权益，避免矛盾激化发生过激行为，维护社会稳定。伴随社会主义市场经济快速发展，社会对劳动者的素质要求逐步提高，工人们所能获取的地位和权益维护更多地依赖于他们的个人素质。工会有责任和义务举办各种教育培训，使职工通过参与、学习和互动，更好地展现自我，提升自身的综合素质，积极投身于中国式现代化建设中来。

因此，工会作为职工自愿结合的工人阶级的群众组织，不仅要维护职工的合法权益，更要在教育培训方面做足文章，确保职工群众的综合素质得到提升。这既是对工会本身的期望，也是每一位劳动者的殷切希望。工会需充分发挥其教育等相关职能，促进职工群众提升自我，共同为推动文化润疆工程贡献力量。

（二）铸牢中华民族共同体意识的本质要求

习近平总书记在听取自治区党委和政府、新疆生产建设兵团工作汇报时指

---

① 中华人民共和国工会法［N/OL］. 台州市教育局，2022-07-12.

② 中国工会章程［EB/OL］. 陕工网，2018-10-29.

出："铸牢中华民族共同体意识是新时代党的民族工作的主线，也是民族地区各项工作的主线。要把铸牢中华民族共同体意识工作抓实。无论是出台法律法规还是政策措施，都要把是否有利于强化中华民族的共同性、增强中华民族共同体意识作为首要考虑。"[①] 新疆作为少数民族主要聚居区，引导职工群众铸牢中华民族共同体意识显得尤为重要。因此，应严格遵照总书记叮嘱，深入开展文化润疆工程，引导各民族职工群众坚定对中华文化深层次认同，不断铸牢中华民族共同体意识，持续巩固民族团结。同时，境内外敌对势力进一步加紧对我国边疆民族地区意识形态领域的渗透工作，妄图煽动民族对立，将少数民族文化从中华文化中割裂开来，破坏民族地区的安定和谐。[②] 要求必须深入推进文化润疆，保障新疆各民族文化浸润不受到西方多元文化思潮的干扰冲击、文化霸权主义的威胁，维护新疆社会稳定和长治久安。

二、工会推进文化润疆的现实条件

（一）党和政府高度重视文化润疆工作

文化润疆是以习近平同志为核心的党中央从战略上审视和谋划新疆工作作出的重大战略部署，是新时代党的治疆方略的重要组成部分。习近平总书记在乌鲁木齐调研期间，参观新疆大学校史馆和铸牢中华民族共同体意识研究基地、新疆历史文物展，观看柯尔克孜族英雄史诗《玛纳斯》说唱展示、固原巷儿童中华优秀传统文化知识表演等，强调要以增强认同为目标，深入开展文化润疆。自治区党委聚焦文化润疆，召开文化润疆领导小组会议，研究健全文化润疆工作机制，审议实施意见，要求各单位把文化润疆作为重大政治任务，推动党中央文化战略落到实处。2023 年 10 月 8 日全国宣传思想文化工作会议召开后，自治区党委及时召开会议部署相关要求，强调"要紧扣铸牢中华民族共同体意识主线，增强各族干部群众'五个认同'，深入推进文化润疆"，充分体现了党和政府对推进文化润疆工作的高度重视。马兴瑞书记在接待各省市对口援疆代表团和在吐鲁番等基层实地调研期间，也多次强调要强化文化交往交流交融，传承和保护好历

① 习近平在听取新疆维吾尔自治区党委和政府、新疆生产建设兵团工作汇报时强调：牢牢把握新疆在国家全局中的战略定位 在中国式现代化进程中更好建设美丽新疆［EB/OL］. 中华人民共和国中央人民政府，2023－08－26.

② 杨昊霖，顾光海. 文化润疆铸牢中华民族共同体意识的三个基本维度［J］. 广西民族研究，2021（1）：20.

史文化遗产，深化文化润疆，为新时期工会深入推进文化润疆提供了坚强的政治保证。

（二）具有一支高素质专业化工会干部队伍

2018年，习近平总书记在同全国总工会新一届领导班子成员集体谈话时强调："要加强和改进党对工会工作的领导，研究解决工会工作中的重大问题，推动建设一支高素质专业化的工会干部队伍，支持工会依法依章程创造性开展工作。"① 为切实加强新时期工会干部队伍建设，自治区总工会严格落实中共中央《干部教育培训工作条例》精神，按照每年全国工会干部教育培训工作会议部署和培训规划总体要求，有计划地组织各地、州、市，县、市、区，产业、厅、局、公司（集团）工会开展新任工会主席、劳动保障法律监督员、工会财务与经审、集体协商等各类线上线下和疆内外工会干部培训班，促进能力和素质提升。积极开展送教下基层活动，坚持问题导向，补短板，强弱项。持续开展常态化下沉基层工作，新疆区总领导班子成员定期带队包联下沉14个地州市以帮带干推动工作，持续巩固提升基层组织建设质量。积极向全总申请政策支持，全区社会化工会工作者招录扩充至2247名，提高区总本级补助标准，开设社会化工会工作者专题培训班，强化能力素质提升，有力解决基层工会力量薄弱的问题，逐步建立起了一支高素质专业化工会干部队伍。

（三）有广泛文化阵地和宣传阵地

为切实丰富职工群众精神文化生活，新疆维吾尔自治区总工会结合基层实际，建立基层工会经费投入增长机制，每年列支6000万元以上用于基层工会开展各项工作。投入大量资金用于补助基层工会建立文化宫、户外劳动者驿站、职工服务中心、工会服务帮扶站、职工书屋等；积极发挥对口援疆优势，强化援疆资金在工会阵地打造上的投入力度，为工会文化阵地打造提供了良好的保障。各地州市工会每年向基层投入资金用于阵地打造，免费捐赠书籍、书法作品等。企业也积极关注职工精神文化需求，投入大量资金和资源打造职工大舞台、职工书屋、职工摄影展、职工宣传片、职工文化长廊等，阵地建设取得明显成效。工会为进一步广泛凝聚人心，团结动员广大职工积极投身强国建设、民族复兴，积极

---

① 中共中央党史和文献研究院．习近平关于工人阶级和工会工作论述摘编［M］．北京：中央文献出版社，2023：15－16.

做好宣传工作，凝聚各单位、多部门力量，搭建多元化宣传平台。将工会微信公众号、工会网站、网络平台活动作为主要载体，充分利用微信和抖音、快手等短视频平台扩大在基层职工群众中的影响力。尤其近年来伴随“两新”组织工作的深入推进，建立了大量的户外劳动者驿站用于服务职工生活，对工会工作的开展起到了良好的宣传作用。

三、工会推进文化润疆的路径探索

（一）始终坚持党的全面领导

党的十八大以来，习近平总书记始终强调要坚持党的全面领导，2015 年出台的《中共中央关于加强和改进党的群团工作的意见》和召开的中央党的群团工作会议指出，群团组织要自觉服从党的领导，切实保持和增强党的群团工作的政治性。党的二十大报告中明确指出：“坚持和加强党的全面领导。”① 尤其近期出版发行的《习近平关于工人阶级和工会工作论述摘编》，第一章内容便是“坚持党对工运事业和工会工作的领导”，充分体现了以习近平同志为核心的党中央对工人阶级和工会工作的高度重视，要求在新形势下，工会工作的开展必须始终坚持党的领导，走新时代中国特色社会主义工会发展道路。中国共产党百年奋斗史也充分证明了党的先进性，唯有加强党的领导，才能牢牢掌握意识形态领域领导权，更好为推进文化润疆打造坚实的基础，确保新时代党的治疆方略稳步推进。中国共产党自成立之初，就是中华五千年文脉的传承者、发展者和倡导者，中国共产党始终坚持守正创新的发展路向，理性、客观、辩证地看待、传承、发展和弘扬中华优秀传统文化，更是在带领中华各族儿女携手奋进的过程中形成了革命文化、社会主义先进文化等优秀成果。② 因此，工会在推进文化润疆实施过程中务必要把始终坚持中国共产党的领导放在首要位置，在文化传承中发挥榜样作用，为各族群众树立旗帜和标杆，让职工群众深刻感受工会党员干部文化传承者形象，引领各族职工群众成为“文化润疆”的坚定信仰者、忠实践行者。

---

① 习近平．高举中国特色社会主义伟大旗帜 为全面建设社会主义现代化国家而团结奋斗——在中国共产党第二十次全国代表大会上的报告［N］．人民日报，2022－10－26.

② 徐安玉，陶文飞．文化润疆：理论逻辑、现实意蕴与实践路径［J］．西北民族大学学报（哲学社会科学版），2022（4）：45.

（二）在工会干部教育和劳模宣传上突出重点

工会，作为职工素质提高的“大学校”①，在中国共产党成立早期邓中夏就已经在长辛店铁路工人中创办了劳动补习学校，培养工人运动骨干。当下，要求我们必须紧紧聚焦推进中国式现代化的新疆大力开展教育培训，将全面学习贯彻习近平新时代中国特色社会主义思想作为干部教育培训首要政治任务，与学习贯彻党的二十大精神和习近平文化思想结合起来，与习近平总书记关于工人阶级和工会工作的重要论述及第三次中央新疆工作座谈会精神结合起来，与习近平总书记视察新疆重要讲话重要指示精神以及习近平总书记听取自治区党委和政府、兵团工作汇报时重要讲话精神结合起来，与中国工会十八大和自治区工会十三大精神结合起来，贯穿于培训班课程内容中，提升工会干部政治理论水平，切实强化思想政治引领，教育引导工会干部坚定拥护“两个确立”、坚决做到“两个维护”。

为切实加强干部的知识与理论武装，我们必须创新培训方法。采用线上和线下与实地观摩学习相结合的培训形式，确保干部对党的创新理论有深入的理解和真挚的情感认同。此外，结合党的二十大报告，我们还要强调中共党史学习教育的重要性。通过专题班的培训方式，深化对党史、新中国史、改革开放史、社会主义发展史、中华民族发展史和中国共产党领导下的中国工人运动史教育培训。目标是确保学习者既理解历史，也能将其运用于实际工作，持续坚定自己的理想信念，不断增强政治判断力、政治领悟力和政治执行力，切实将学习成果转化为“十四五”时期新疆社会稳定和长治久安的实际行动。

工会还需进一步发挥好宣传作用，着力在劳模等重点宣传上下狠功夫。习近平总书记强调：“劳模精神、劳动精神、工匠精神是以爱国主义为核心的民族精神和以改革创新为核心的时代精神的生动体现，是鼓舞全党全国各族人民风雨无阻、勇敢前进的强大精神动力。”② 把旅客安全刻进骨子里的新疆首位女动车组司机李全珍，巍巍昆仑上书写找矿传奇的新疆地矿局第八地质大队地调所所长、地质矿产高级工程师万建领，实干追梦的新疆中泰集团托克逊能化公司出炉工赛福丁·伊斯热依力，他们在自己的行业领域里书写着传奇，是习近平新时代中国特色社会主义思想的忠诚践行者，是新时代党的治疆方略的坚定推动者。

---

① 张安顺．工会干部培训教材［M］．北京：人民日报出版社，2019：7.

② 习近平出席全国劳动模范和先进工作者表彰大会并发表重要讲话［EB/OL］．中华人民共和国中央人民政府，2020－11－24.

鉴于此，工会组织必须凸显劳模的引领示范作用。应进一步通过各大报刊和媒体讲好劳模故事，深化“网聚职工正能量争做新疆好网民”主题活动，扩大劳模微视频传播途径。鼓励劳模进企业、社区和学校，分享他们的故事，增强他们在社会中的影响力。尤其在“一带一路”核心区建设大背景下，新疆作为我国向西开放的桥头堡，具有独特的区位优势，工会组织应积极融入“一带一路”建设中，加强与沿线国家的交往交流合作，将新疆职工群众故事通过“一带一路”沿线大型全媒体报道，讲好新疆职工故事。进一步提高劳模政治待遇，8 月 21 日，自治区总工会第十三届委员会召开第一次全体会议，全国劳模谭文波、赛福丁·伊斯热依力当选为自治区总工会兼职副主席，在全区范围内掀起学习榜样热潮，发挥了较好的引领示范作用。

广大工会干部应积极以“县级工会加强年”为契机，深入企业和职工一线，宣传习近平总书记对广大职工的关心和工人阶级在我国革命、建设、改革中的重要贡献。大力推广谭文波、赛福丁·伊斯热依力等劳模先进事迹，引导广大职工向先进靠齐，学习先进，以榜样作为前进的动力。我们也要持续深入开展“送教下基层”的活动，将党和国家的温暖带到那些最有需要的边远地区和群众中，目标是进一步铸牢中华民族共同体意识，确保全体人民紧密团结在以习近平同志为核心的党中央周围。持续推进“民族团结一家亲”和民族团结联谊活动，工会干部要与职工群众结亲戚，深入民众之中，分享劳模、工匠故事。结亲干部还应与人民群众同吃同住同劳动，进行具有地方特色、直击人心的宣讲，确保群众真正了解和理解党和国家的政策，为他们讲述讲好中国共产党和新疆的故事。

（三）在丰富职工群众精神文化上下实功夫

工会组织应坚持以社会主义核心价值观为引领，用中国特色社会主义共同理想引导职工，用中华优秀传统文化、革命文化和社会主义先进文化滋养职工心灵，打造“工”字系列职工文化特色品牌，把思想引领融入职工文化建设中。[①] 积极培养和打造一支专兼结合的职工文艺队伍，挖掘和推广一批职工文化项目，培育和创作思想性高、艺术性强、社会影响大、群众口碑好的精品力作。进一步推广“中国梦·劳动美·新疆好”宣传教育活动，将产业工人的思想政治培育与文体活动相结合，重视社会公德、职业道德及家庭美德的建设，并加大职业精

① 全国工会干部培训基础教材编写委员会．中国工人运动史概论［M］．北京：中国工人出版社，2023：104.

神与职业素养的教育力度，确保产业工人广泛认同和践行社会主义核心价值观。① 通过举办书法摄影展、演讲比赛、法律知识竞赛和游泳比赛等活动，满足职工的精神文化需求，展示其健康、团结和合作的面貌。积极开展面向基层和职工的理论宣讲，借助“法律大讲堂”等网络平台，加强职工的法律知识普及。深入开展“建功新时代‘十四五’、奋进新征程”主题劳动与技能竞赛②，推进技术革新、技术协作、创新活动等，鼓励广大职工踊跃参与，以实际行动展现自己的价值，践行责任与使命。

坚持以学习贯彻习近平新时代中国特色社会主义思想主题教育为契机，以课题调研为抓手，扎实开展调查研究，强化“文化润疆”问题导向，深入社区、企业、新经济组织、新社会组织等基层单位把脉问诊，了解基层一线职工的文化需求，紧扣职工群众普遍关心的难题和堵点问题开展对策性研究，尤其要做好城市困难职工和新业态劳动者重要群体的文化需求保障，以社会主义核心价值观强化价值导向引领，广泛凝聚人心，汇聚起在中国式现代化进程中更好建设美丽新疆的磅礴伟力，始终紧紧团结在以习近平同志为核心的党中央周围。

工会应该坚持中华先进文化与新疆地域文化相结合。2023 年 9 月，新疆维吾尔自治区党委书记马兴瑞来到吐鲁番葡萄沟景教寺院遗址发掘现场，听取考古进展介绍，深入调研有关情况时指出：“要坚持保护第一，加大研究利用力度，深入挖掘运用其中的宗教演变、民族交融等历史事实，用‘活’起来的文物丰富各族群众历史文化滋养，引导大家树牢正确的中华民族历史观。”③ 新疆作为中华民族不可分割的一部分是铁的事实，吉木乃通天洞遗址、尉犁烽燧遗址的考古发现，皆印证了新疆历来是文化荟萃、多种宗教并存的地区，中华文化与西域文化的独特交融。新中国成立之初，兵团在党的领导下就始终坚持社会主义先进文化前进方向，大力弘扬井冈山精神、延安精神、南泥湾精神，赓续共产党人红色血脉和优良品质，坚持屯垦戍边，不断增添新的文化元素，逐步与新疆地域文化相结合，形成了独特的兵团精神、胡杨精神。

新时期以来，亮出党徽的新疆大叔、跨越 4700 公里上演付出爱的“代价”的新疆大哥、捡到钱包想尽办法寄还的新疆大爷、“今天不卖馕！”新疆老板麦

---

① 王东明在全总十七届四次执委会议上强调 组织亿万职工为“十四五”开好局起好步建功立业 以优异成绩庆祝建党 100 周年［EB/OL］. 中国工会新闻网，2021－02－09.

② 中华全国总工会关于认真学习贯彻党的十九届五中全会和全国劳模大会精神 组织动员亿万职工为实现“十四五”规划和二〇三五年远景目标建功立业的决议［EB/OL］. 中工网，2021－02－09.

③ 马兴瑞在吐鲁番调研时强调 坚持高质量推进第二批主题教育扎实做好文化润疆改善民生各项工作［EB/OL］. 天山网，2023－09－09.

麦提用行动讲一段新疆故事，从他们的身上我们看到了对中华民族传统美德和中国共产党红色血脉的传承与发展。还有《情暖天山》《新疆是个好地方》《幸福来敲门》等现代文艺作品，直接来源于生活，深入人心。因此，工会在文化润疆中应坚持中华传统文化与新疆地域相结合，积极动员职工不断挖掘红色文化资源，传承和保护历史文化，不断提升文化产品供给质量，满足职工群众的文化需求，树立正确的国家观、历史观、民族观、文化观、宗教观。

（四）打造文化工程与乡村振兴有效结合

自脱贫攻坚启动以来，全区各族职工群众齐心协力，使乡村面貌焕然一新。这些显著的变化不仅彰显了人民群众日益提高的生活水平，更是中国共产党正确领导和全民共同努力的明证。乡村振兴大背景下，全力宣传与实施党的路线、方针和政策，并深入开展群众思想工作至关重要。

村史馆是党在边疆治理中重要的意识形态阵地，是培育社会主义核心价值观、弘扬中华优秀传统文化的重要载体。广布基层的民族团结村史馆、军垦村史馆、知青村史馆、兵地共建村史馆等①，讲述了中国共产党的辉煌历程和脱贫攻坚的感人故事，从而鼓舞各族人民积极参与乡村振兴。工会派驻“访惠聚”工作队要切实履行好职责，以新时代文明实践站为依托、普通话学习为抓手、民族团结教育月为契机，开展普通话竞赛、“好婆婆”“好儿媳”评选表彰，大力弘扬中华优秀传统文化。尤其抓住青少年这个关键群体，大力组织开展“我的中国梦”“新时代好少年”等主题教育，弘扬社会主义先进文化和中华优秀传统文化，夯实乡村思想道德建设的群体基础。② 另外，如克孜勒苏柯尔克孜自治州阿图什市以第三次中央新疆工作座谈会为契机，在全市各村社区嵌入式打造“五疆”小院，为党员、群众提供教育、培训、服务以及举办主题党日活动的场所，还可以利用春节、三八妇女节、清明节和端午节等传统节日，开展各种深受群众喜爱的文化活动，拉近与人民的距离，增强对中华文化的认同感。

工会组织与文联、社科联等单位应加强合作，推动乡村文化的发展和交流，为村级文化阵地建设注入活力。对于村内的文化遗产和遗迹，需要给予特殊关注和保护，同时，挖掘和创新传统乡土文化，让其薪火相传。为了改善农村环境，我们要普及现代的文化理念和行为模式，倡导科学知识，推广移风易俗。例如，

---

① 让村史馆成为文化润疆工程的重要载体［EB/0L］. 中国民族宗教网，2021-01-22.

② 路璇．“文化润疆”背景下推进新疆乡村文化振兴的若干思考［J］. 文化创新比较研究，2022(25)：193.

鼓励村民改变传统的生活方式，如移除地毯，鼓励“吃饭上桌、睡觉上床、学习有书桌”的现代生活方式。此外，持续鼓励村民改善生活环境，如建设“小花园”“小果园”“小菜园”，使生活品质持续提高。我们还需加大对不良风气，如高价彩礼、人情攀比、厚葬薄养等的整治力度，深化村风、家风、民风的培育，创造文明、和谐的乡村社会环境。结合驻村工作，要全面贯彻党的宗教工作基本方针，加强宣传，引导村民树立正确的宗教观。对非法宗教活动和境外干预要保持时刻警惕，确保乡村公共事务不受宗教因素干预，为乡村振兴和文化润疆提供坚实的保障。

打造文化工程与乡村振兴有效结合，还需筑牢乡村振兴经济基石。当前的脱贫成果尽管令人欣慰，但仍面临挑战。个别地区的脱贫基础仍显脆弱，产业发展尚处初级阶段，收入来源不稳定。为避免回落贫困，一方面，我们必须始终保持警惕，高度重视返贫问题，构建完善的防返贫机制。定期地走访入户、深入了解家庭的真实状况、细致的数据记录和一户一策制定，都是确保家庭收入持续增长的关键步骤。另一方面，我们必须重新审视当地的经济模式，单靠临时性工作和小规模养殖往往收入不稳定，存在较大风险。因此，结合村庄的地理、气候和资源条件，“访惠聚”驻村工作队应制订长期发展计划，如推进规模化养殖和种植。同时，鼓励村民自主创业和参与劳动力转移，从根本上改变收入模式。持续加大消费扶贫力度，动员干部用工会会员福利集中购买贫困地区牛羊肉、瓜果、蜂蜜等，助力脱困解困。工会还应该与商务厅、农业农村局、畜牧局、农科院等单位加强沟通和交流，针对经济基础薄弱地区进行有针对性的帮扶，大力发展电商、引进产业项目、改善种植结构和牲畜品种等，增强脱贫地区可持续发展能力。经济基础更加稳固，人民群众的幸福感、获得感和安全感才能进一步增强，为文化润疆工程打下更为坚实的经济基础。

（五）加强工会工作与企业发展的深度融合

工会服务的职工群众主要分布在国企、私企、新经济组织等，由于新疆地处祖国西北边陲，职工群众的整体素质受教育水平和语言等因素影响相对还比较低，自我管理、自我约束的能力还不够强，在面对诱惑、面对困难的时候，处理和解决问题的方式方法还不够灵活，需要工会参与，起到桥梁和枢纽作用，既维护职工合法权益又确保企业生产有序进行。而作为企业的主体，职工综合素质高低对于企业发展至关重要，企业有责任有义务培养职工，打造一支有凝聚力、向心力、创新力和战斗力强的职工队伍，这就需要工会工作和企业发展做到深度融合，助推企业长足发展。

如河南能源新疆公司永宁煤化公司，将工会与企业发展实现有效结合，本着基层干部职工欢不欢迎，锚定干部、职工工作氛围的优化、素质的提升，进而提升各项工作的质量，制订了《班组建设解决方案》，打造“白国周班组管理法”文化长廊、亲情永宁文化长廊、安全文化彩绘墙、职工艺术长廊等，组织开展天天微课堂、演讲大赛、职工创新大赛、技术比武、过职工集体生日等职工喜闻乐见的活动，培养出了区队自己的“明星讲师团”，涌现出了一批有较高水平且各具特色的班组，实现了“工会搭台、行政唱戏”的制度化、常态化载体建设，安全形势稳定向好，“三违”次数由2020年117条减少到2022年42条，公司生产成本、全员工效等指标在河南能源集团及疆内井工矿中保持领先水平。

以上案例清晰告诉我们，企业长远发展的关键是依靠职工，而职工素质提升、技术创新、身心健康保持等需要工会搭台。因此，在企业管理中，工会扮演着至关重要的角色，我们不能用传统的思维去定义和理解工会，工会不只是打造职工活动阵地和简单地开展活动。企业真正要实现长远发展，必须将工会工作纳入企业整体发展规划中，与企业文化建设、制度建设、职工整体队伍建设等方方面面结合起来，实现深度融合，才能充分发挥工会的作用，助力企业长远发展，在市场竞争中掌握更多主动权。

（六）加强与对口援疆省市的文化交流

在第九次全国对口支援新疆工作会议上，王沪宁指出：“要持续深入推进文化润疆，增进各族群众对伟大祖国、中华民族、中华文化、中国共产党、中国特色社会主义的认同。”① 为更好建设美丽新疆，近年来内地对口援疆省市投入了大量的人力、物力、财力，多次来疆实地调查研究，研究支援新疆新举措、新办法，力求取得更好成效。工会组织应及时抓住这一契机，充分发挥好新疆与内地省市间的桥梁作用，加强与援疆省市间的文化交流，在传统集中资源，完善基础设施，构建包括服务中心、文化宫、职工书屋、创业园和帮扶站在内的核心文化阵地的基础上，积极探索文化援疆新模式，从简单的“输血型”逐步转变为“造血型”。2023年“赣新工匠手拉手 文化润疆心连心”烘焙技艺交流活动启动仪式在阿克陶县技工学校举行，赣新两地烘焙技能和馕产业传统手艺工匠之间的交流与学习，对进一步传播传统技艺、展示中华文化魅力等方面有非常重要的意

① 第九次全国对口支援新疆工作会议召开 王沪宁出席并讲话［EB/OL］. 新华网，2023-09-21.

义，也促进了疆内外各族职工的交往交流交融。2023年9月，第二届湖南非遗博览会在郴州市开幕，新疆烙画、吐鲁番彩陶、托克逊白高粱馕制作技艺、土陶模制法烧制技艺等吐鲁番非遗项目惊艳亮相，让游客充分感受新疆非遗的魅力。还有电影《援疆干部》在新疆昌吉市开机，皆是对口援疆推进文化润疆的新举措。工会作为职工"娘家人"，应该充分扮演好娘家人角色，发挥好桥梁和纽带作用，选派职工代表前往内地省市交流学习，将新疆独特地域文化带到内地，扩大传播途径，并将内地各民族优秀文化或人才引进来，与新疆地域文化交往交流交融，增强最深层次的文化认同，以润物细无声的方式铸牢中华民族共同体意识。

四、工会推进文化润疆的现实作用

（一）强化思想政治引领

工会作为群众组织，在文化润疆工程建设中扮演着不可或缺的角色。作为桥梁和纽带，工会通过教育培训、劳模宣传、深入基层宣讲等确保党和国家的各项政策能迅速地传达给每一个职工，让中华优秀文化深深根植在他们的心中。这不仅鼓舞了广大职工群众在新时期为建设美丽新疆而努力奋斗，还增强了他们与以习近平同志为核心的党中央之间的紧密联系。工会通过劳模宣传、与内地援疆省市文化交流学习、讲好新疆职工故事等方式，能够自觉抵制西方文化渗透，引领并培养各族职工群众，强化他们对于祖国、中华民族、中华文化、中国共产党及中国特色社会主义的认同。这种深入的认同感是社会凝聚力的关键，对于实现新疆的社会稳定和长治久安有着至关重要的影响。

（二）满足职工群众美好生活需要

工会的性质和地位决定了工会必须为广大职工群众服务。工会通过持续深化"中国梦·劳动美·新疆好"等主题活动，利用阵地开展摄影、书法、象棋、游泳等一系列职工广泛参与的活动，丰富了精神文化生活。积极参与职工互助保险广泛普及、法律法规修订、智慧工会建设、推动维权机制完善和落实等，不断健全服务职工体系，满足职工群众实际需要，提高工会服务质量。聚集脱贫地区内生动力不足和文化基础薄弱等问题，在有效发挥驻村工作队作用基础上，加强与援疆省市沟通协调，强化资金帮扶，加强文化往来交流，满足基层职工群众实际需求。针对新业态和城市困难职工等，通过建立户外驿站、送清凉、送温暖、临时救助等举措不断满足困难职工美好生活需要，广泛凝聚了人心。

（三）构建和谐劳动关系

工会积极参与社会治理，通过与企业发展有效结合和打造文化工程与乡村振兴有效结合，能够不断满足职工群众需求，助力经济发展薄弱地区脱困解困，积极构建和谐劳动关系、婆媳关系、夫妻关系、邻里关系等，把劳动领域风险隐患化解在基层，夯实党对基层工作领导的根基，不断巩固党执政的阶级基础和群众基础。尤其当前西方敌对势力故意抹黑新疆，炮制“强迫劳动”谎言，实行意识形态领域渗透，工会通过对劳模和职工故事广泛宣传，用事实对西方谬论进行强有力回击，能够起到正确风向标作用，并以有效的思想政治引领筑牢维护劳动领域政权安全的思想根基，维护劳动领域政治安全，在坚持和完善中国特色社会主义制度、推进国家治理体系和治理能力现代化中起到积极的作用。

（四）助力推进中国式现代化新疆实践

文化润疆既是推进新疆工作总目标的关键一举，也是铸牢中华民族共同体意识的具体途径，更是实现中华民族伟大复兴的重要保障。工会通过教育培训、宣传新疆职工故事、丰富职工精神文化生活、打造文化工程与乡村振兴有效结合、实现工会与企业发展有效结合、强化对口援疆文化交流等举措，能够将广大职工紧紧团结在周围，广泛凝聚人心，为企业发展构建稳定的职工队伍，为社会发展营造和谐氛围。在推进强国建设、民族复兴的新征程上，面对日益复杂化的国际环境和国内新的发展阶段，工会组织通过推动文化润疆工程成功实施，不仅可以广泛凝聚人心，还能提高应对各种风险挑战的能力水平，更好组织和团结动员广大职工群众在中国式现代化进程中建设美丽新疆，不断为强国建设、民族复兴伟业添砖加瓦、增光添彩！

第二章　工会参与国家和社会治理研究

中国式现代化视角下工会自主治理能力提升研究①

唐承超　胡江霖②

（湖南省总工会干部学校）

摘　要：党的二十届三中全会提出要进一步全面深化改革，推进中国式现代化。国家治理体系和治理能力现代化是中国式现代化的重要组成部分，推进工会治理体系和治理能力现代化是实现国家治理体系和治理能力现代化的重要方面。学术界普遍认为工会治理存在两种模式，即自主治理和协同治理。工会自主治理是指在党和国家的领导下，工会依法依章程完成职责范围内的各项工作任务。中国式现代化丰富了工会自主治理的内涵，为工会自主治理提供了行动指南。在党和国家的领导下，工会可以通过加强职工文化建设、推动立法强化制度、亮出特色贴近群众、组建高质人才队伍、完善组织建设等方面举措，不断提升工会自主治理能力。

关键词：中国式现代化；工会自主治理；工会自主治理能力

党的二十大提出要以中国式现代化全面推进中华民族伟大复兴，深刻阐述了中国式现代化的内涵和本质要求，为马克思主义中国化提供了重要的理论创新基础，指明了前进道路。党的二十届三中全会指出要进一步全面深化改革，推进中国现代化，明确“七个聚焦”为战略重点方向。中国式现代化是人口规模巨大的现代化。“数据显示，迄今为止，全球完成工业化的发达国家和地区人口总和

① 基金项目：本文系2021年度湖南省社会科学基金委托项目“湖湘精神与新时代青年培育研究”（项目编号：21WTC15）的阶段性成果。

② 作者简介：唐承超（1976—），男，湖南永州人，中南大学管理学硕士，湖南省总工会干部学校校长，讲师，研究方向为工会治理与工会工作。胡江霖（1995—），女，湖南邵阳人，湖南大学工学硕士，湖南省总工会干部学校兼职教师，助教，研究方向为工会治理与工会工作。

不超过10亿人。中国14亿多人口整体迈入现代化社会，无先例可循，更没有现成道路可走。”① 实现中国式现代化时间紧，任务重，需要社会各界汇聚磅礴力量共同参与。党的二十大报告强调，要“深化工会、共青团、妇联等群团组织改革和建设，有效发挥桥梁纽带作用”②。工会是国家治理体系的组成部分，是社会主义国家政权的重要社会支柱③，在实现中国式现代化的道路上具有重要责任和义务。国家治理体系和治理能力现代化是中国式现代化的重要组成部分，推进工会治理体系和治理能力现代化是实现国家治理体系和治理能力现代化的重要方面。因此，工会组织要大力推动工会治理体系和治理能力的现代化，为实现中国式现代化贡献工会力量。

一、工会自主治理的理论与实践层面探讨

工会治理概念发轫于国家治理体系和治理能力现代化。国家治理体系和治理能力现代化首次提出是在党的十八届三中全会，时隔六年，这一问题在党的十九届四中全会上被再度被关注，国家层面针对这一问题进行了深入研究部署。国家治理体系是一个庞大的议题，包含国家各方面事务的运行和管理，工会治理作为国家治理体系的一部分，对于维护社会和谐稳定，促进党和国家以及社会治理制度化、规范化、程序化有着重要作用。④

（一）工会自主治理的角色和功能定位

目前，学术界普遍认为工会治理存在两种模式，即自主治理和协同治理。协同治理是指工会与其他部门协作，参与管理国家事务，如工会参与基层社会治理、召开政府联席会议推动共建共治、参与立法等⑤；自主治理则是指在党和国家的领导下，工会自主依据《工会法》《中国工会章程》等法律法规，承担职责范围内的职工维权服务活动，如召开职工代表大会、举办劳动技能竞赛等。任国

① 兰琳宗．二十大叙事｜最难也是最伟大的现代化［EB/OL］．中央纪委国家监委网站，2022－10－21.

② 习近平．高举中国特色社会主义伟大旗帜 为全面建设社会主义现代化国家而团结奋斗——在中国共产党第二十次全国代表大会上的报告［N］．人民日报，2022－10－26.

③ 李建庄．充分发挥工会组织在推进国家治理体系和治理能力现代化中的作用［J］．工会信息，2016（17）：4－6.

④ 李建庄．充分发挥工会组织在推进国家治理体系和治理能力现代化中的作用［J］．工会信息，2016（17）：4－6.

⑤ 朱勋克．工会治理的法律规制及路径选择［J］．理论与改革，2014（6）：162－165.

友（2021）根据工会治理模式和工会工作主线构建了新时代工会治理“2+3”体系，认为“2”代表两种模式，即工会自主治理和协同治理；“3”代表工会治理在三个不同层次运作，即参与国家治理、协同政府治理和服务职工群众。① 从治理的主体来看，工会协同治理主要是多元化主体，由工会与党和国家、政府、职工群众共同参与治理②，工会自主治理的主体是党和国家与工会系统自身。从治理的执行模式上看，工会自主治理一般是工会系统内部执行上级工会指令，呈现纵向自上而下的执行模式；工会协同治理一般是在外部参与治理，是横向执行模式，其有三个不同的层级：国家、政府、群众。

关于工会协同治理的研究成果较为丰富。根据国际经验，加强社会组织协同治理，能够一定程度上改变“政府超载”的困境，因为能够在社会治理中担任与众不同的组织者角色，有效整合社会资源，对于化解社会问题、推动经济发展、大局稳定起到至关重要的作用。③ 与此同时，工会协同治理作为社会治理的一种特殊形式，与社会治理的鲜明特征一致：一是在中国共产党领导下的治理；二是根本出发点都是人民的根本利益；三是遵循依法治国的基本方略；四是与国家治理、政府治理具有共同的目标指向。④ 工会组织协同参与社会治理具有独特的价值和优势，表现为：第一，工会组织与职工联系紧密，是职工群众诉求表达的“传声筒”，既是政府管理社会的合作者，又是职工群众利益的代表者和维护者；第二，基层工会地位特殊，对上接受上级工会的科学指导，对下接收来自群众的问题信号，能顺利执行各项政策的落脚点，充分表达职工群众诉求和问题。⑤ 朱勋克（2014）认为，法律授权工会与国家党政机关、立法机关、司法机关等建构起“治理共同体”，共同负责国家各项事务管理，形成和谐共治的局面。⑥ 李杏果（2022）认为工会具有政治和社会两种属性，通过委托代理和双向嵌入机制参与国家治理，对职工群众分散的利益进行有序的组织化调控，体现国

---

① 任国友．工会治理体系建设及其治理能力提升路径［J］．国家治理现代化研究，2021（1）：38－47.

② 任国友．工会治理体系建设及其治理能力提升路径［J］．国家治理现代化研究，2021（1）：38－47.

③ 曾正滋．中国特色社会主义社会组织协同治理研究——以国家治理现代化为视角［D］．福州：福建师范大学，2015.

④ 王浦劬．国家治理、政府治理和社会治理的含义及其相互关系［J］．国家行政学院学报，2014（3）：11－17.

⑤ 陆明．社会治理视域下工会协同参与的思考与进阶［J］．天津市工会管理干部学院学报，2021（3）：10－16.

⑥ 朱勋克．工会治理的法律规制及路径选择［J］．理论与改革，2014（6）：163.

家治理并回应社会诉求，实现国家与职工之间的政治互动和利益均衡。[①]

然而，对于工会自主治理概念的研究并不多，主要以如何加强工会自身建设为主，较少提到工会自主治理这一概念。戴文宪（2023）对工会自主治理的理论有着独到的见解，他认为工会治理是自主治理与被治理的统一，工会自主治理应当包含工会参与治理和工会自身运行治理，扩大了工会自主治理的外延，同时工会自身运行治理又分为工会工作运行治理和工会自身组织运行治理两个方面。[②] 工会工作运行治理是指工会依法依章程开展工会工作，做好职工维权服务等职责范围内工作，工会自身组织运行治理则是从加强工会组织体系建设出发，保障各项工作高效运行。概括地说，本文提出的工会自主治理概念强调以工会自身为主体，关注自身工会运行和组织体系建设。从工会协同治理的角度来谈工会治理能力提升，参与主体较多，问题更复杂，而工会自主治理则更聚焦充分发挥工会自身作用。因此，从工会自主治理的角度出发，立足自身职能定位，以广大职工利益为出发点和落脚点，不断充实工会治理内涵，提升工会服务水平。

（二）工会自主治理的实践分析

各地工会在自主治理方面已有不少实践，有一些地区取得不错的效果，值得借鉴。工会自主治理实践主要分为工会治理体系建设、工会干部队伍建设、创新优化工会管理模式等方面。熊光清和蔡正道（2022）在研究国家治理体系和国家治理能力的辩证关系时，认为国家治理体系是与国家治理相关的一系列配套制度体系，是国家有序运行的制度依据，是一种结构特征，而国家治理能力则是从功能层面分析，是将国家治理体系潜在动能转变为实际有效的治理效能，是从结果的角度反映国家治理体系的优越性。[③] 工会治理体系和工会治理能力也是相辅相成的，是工会治理的一体两翼。

完善工会治理体系促进工会自主治理制度化、规范化，加强工会治理体系建设是提升工会治理能力的基础。上海市是超大规模城市，实现工会自主治理首先从组织体系入手，构建“以地方总工会（市、区级、街道乡镇、开发区）为组织统领，构建‘小三级’架构”的完备工会组织体系，同时化零为整，有意识

① 李杏果．中国工会参与国家治理的内在逻辑与实现路径［J］．理论月刊，2022（2）：59.

② 戴文宪．国家治理现代化视域下工会治理若干问题论要［J］．中国劳动关系学院学报，2023（5）：1－9.

③ 熊光清，蔡正道．中国国家治理体系和治理能力现代化的内涵及目的——从现代化进程角度的考察［J］．学习与探索，2022（8）：55－66.

地建立产业工会、小微企业联合工会等。[①] 上海市经济活跃，用工形式呈现多样化，针对灵活就业、新就业形态、小微企业、劳务派遣、项目外包等职工群体，创新建会方式、入会渠道，扫码入会、网上入会、属地入会、行业入会等多种方式[②]，扩大工会组织规模，提高入会吸引力。温州则是从维权服务角度，强化工会体系建设，着重对制度体制进行完善，制定市县乡企业四级制度清单，提升维权服务效率；同时构建市县乡企业高效协同机制，建立工会领导挂钩联系体系化制度，推动工会治理体系迭代升级。[③] 深圳基层工联会通过探索党工共建机制，建立健全工联会组织管理体制及服务制度，对内优化队伍结构，刺激内生动力，对外加强政企协同，整合资源，形成有利外部环境，最终促使百人以上企业动态建会率达99.8%，取得基层社会治理共建共治共享的良好局面。[④]

创新优化工会管理模式是加强工会自主治理的活力源泉。一是引入数字化技术。各地工会系统逐步实现数字平台一网通办，对区域内职工信息应采尽采，纳入数据平台，实行动态管理，可以及时了解职工状态，同时搭建学习模块、福利优惠模块、生活化服务模块、在线维权模块等。浦东新区疾病预防控制中心采用数字化技术，在现有智能移动办公平台的基础上新增工会板块，开发职工云课堂以及沉浸式体验亲子课堂等[⑤]，丰富职工生活，提升工会服务职工工作效率。二是创新管理理念。工会工作要及时更新管理理念，航天信息股份有限公司针对企业跨区域建会困难的问题，确立了一套“三隶属”建会模式，明确“组织关系属地、管理职能属资、运行机制属业”三项工作思路[⑥]，理顺企业工会组织运行管理，保障工作有序进行。陕煤集团陕北矿业柠条塔公司推行“326”管理模式，即坚持“三个一切”工作理念，抓好两级工会规范化建设，实施权益保障、建功立业、素质提升、巾帼示范、送温暖和文化精品六大工程[⑦]，全方位提升工会服务水平。

---

① 金世育．超大型城市工会组织体系建设：上海的探索与实践［J］．工会理论研究（上海工会管理职业学院学报），2022（4）：31－47.

② 莫负春．加强工会组织体系建设 夯实党执政的阶级基础和群众基础［J］．中国工人，2021（7）：20－21.

③ 程龙凤．推进工会体系化建设的温州实践和思考［J］．中国工运，2021（4）：24－25.

④ 朱志惠，杨诗勇．基层工会参与社会治理的行动逻辑——来自深圳工联会的改革实践［J］．山东工会论坛，2022（4）：12－25.

⑤ 周鑫，郭绍华，符春娣，等．工会数字化管理模式在浦东疾控中心的创新应用［J］．科技视界，2023（4）：3－5.

⑥ 冯玉珠．跨区域企业工会组织体制和管理模式实践与思考［J］．中国工运，2020（1）：73－75.

⑦ 闫敬旺．推行“326”管理模式提高工会管理水平［J］．中国煤炭工业，2020（1）：66－67.

工会干部队伍建设是工会自主治理的关键一环。颜琴（2013）认为，工会干部能力建设是加强工会自身建设的基础。① 张丽（2011）认为加强工会自身建设要提高干部能力等。② 一是要加强工会干部教育培训。推进工会学学科建设，推动工会干部培训标准化、体系化。工会干部教育培训作为建设高素质专业化工会干部队伍的先导性、基础性、战略性工程，加速推进其学科化建设能够促进工会干部教育培训高质量发展。③ 现阶段，正大力推动工会学学科化建设，面向新时代工会治理的需要、工会干部的需求，对工会理论、工会实务、劳动关系领域理论等知识高度凝练和系统梳理，为工会干部培训提供学理化指导。二是以党建带工建，提升工会干部队伍建设水平。平谷区总工会通过加强理论武装、加强廉政建设、党工共建增强凝聚力等举措，不断提升工会干部履职能力、服务职工群众能力。④ 三是建立人才队伍长效机制。中国人民银行杭州中心支行工会经审会打造以“四学”和“八有支撑”为特色的经审干部队伍建设的新机制，搭建起“四梁八柱”⑤，保证了经审干部队伍的专业性和先进性。

二、新时代工会自主治理面临的挑战

党的十八大以来，中国进入新时代，国家经济发展面临转型升级，新经济和新就业形态不断涌现，工会治理的局面也更加复杂，面对的挑战也日益严峻。当前，我们需要更加清醒地认清所处困境，解决难题，才能促进工会治理能力提质升级。

工会自主治理面临的挑战主要来自国内社会大环境和自身内部。从国内社会大环境看，一是我国经济发展方式的转变带来许多新的问题。国家已进入高质量发展阶段，正值大力发展新质生产力时期，逐渐摆脱传统落后的生产方式，转向高质量、高效能的生产模式。一些不符合要求的企业因缺少竞争优势濒临淘汰，一部分职工面临失业、就业难等问题。对工会组织来说，需要及时化解这些企业

① 颜琴．加强能力建设提升工作水平——工会干部能力建设是加强工会自身建设的基础［J］．中国劳动关系学院学报，2013（4）：39－43.

② 张丽．对进一步加强工会自身建设的思考［J］．北京市工会干部学院学报，2011（2）：3－8.

③ 刘丽红，张博思．干部教育学视域下工会干部教育学的学科地位与建设路径［J］．中国劳动关系学院学报，2024（6）：2－8.

④ 平谷区总工会．党建带工建，不断提升工会干部队伍建设水平［J］．工会博览，2024（10）：51.

⑤ 吴宗润．以“四梁八柱”构建新时代工会经审干部队伍建设长效机制［J］．中国工会财会，2021（11）：38－39.

中潜在的不和谐因素，维护社会大局和谐稳定，这对工会治理能力来说是个不小的挑战。二是新经济和新就业形态的出现导致职工群体更加多样化。近年来，电商行业异军突起，随之带领上下游产业行业快速发展，由此出现了一大批以自媒体运营、直播带货、平台用工等方式赚取报酬的职工群体。职工群体变得多元化也导致职工需求多样化、个性化，职工的个人利益更难统一，组织集中职工的难度加大，如何扩大入会途径、满足职工多元化需求、开展有吸引力的工会活动等是新时代工会需要思考的问题。三是平台经济的发展带来了新的职工权益保障难题。新兴行业的崛起、新技术层出不穷，针对新兴事物的法律法规还没有及时覆盖到位，出现平台企业利用算法等技术手段迫使劳动者过度劳动、限制获取高水平的劳动报酬等行为。与此同时，平台经济从业者的工作较为灵活，工作内容碎片化，与传统行业从业者较为固定的属性有较大的区别，一些零散的工作在数字技术的支持下甚至不需要签订劳动合同，因此对劳动关系的界定较为模糊，呈现“去劳动关系化”。① 在这样的情况下，平台企业既规避了自己对于劳动者应承担的责任又能够最大限度地利用剩余价值，导致新业态劳动者的职业存在较大的不稳定性并且缺乏相应的社会保障、工伤保障等，自身对于职业的认同感、获得感较低。四是部分企业、职工对于工会工作不了解、缺乏正确认知。他们对于工会存在错误的认识，认为在企业内部建立工会会阻碍公司发展，对职工维权有抵触心理。部分职工的法律意识淡薄，对侵权、损害自身利益的行为不敏感，不擅长用法律武器保护自己，同时认为工会和公司是利益共同体，对工会的信任度低，导致工会自主治理难度加大。②

从工会内部来看，一是队伍建设有待优化。部分基层工会人才队伍结构性失衡，学习能力不足，无法适应时代快速发展需求，还是按照“老方法、老套路”行事，固守传统的工作方式和思维模式，缺乏创新和变革的动力。同时部分基层工会编制较少，不得不依赖编外合同工、劳务派遣工作人员来补充，但这些人员往往缺乏对工会业务的深入理解和专业培训，导致他们在实际工作中难以熟练地开展工会活动，影响了工会服务的质量和效率。二是部分基层工会干部素质能力有待提升。少部分工会干部的思想认识有待加强，导致外界对工会工作的印象仅停留在“搞搞活动、发发福利”这一层面。部分工会干部劳动领域相关法律知识储备不够完善，不能及时处理职工维权、劳资纠纷等问题。三是职能定位不清

① 雷晓天．繁荣与保障：新业态发展与工会策略［M］．北京：中国工人出版社，2023：21－26.
② 雷晓天．繁荣与保障：新业态发展与工会策略［M］．北京：中国工人出版社，2023：243－244.

晰。研究发现，基层工会人手不足的情况较为常见，导致工会干部常常身兼数职，工作职责混淆，导致工作落实不到位。① 四是工会入会吸引力不够。部分基层工会没有下沉到职工群体中，不能准确了解职工所思所想，体制机制僵化，不能充分利用新技术、新手段等开展工会活动，举办的活动达不到预期效果，导致职工群众参与活动、入会的意愿不强。

三、中国式现代化为工会自主治理提供行动指南

中国式现代化作为贯穿二十大报告的一个关键词，是习近平新时代中国特色社会主义思想理论中的原创性概念。推进中国式现代化是最大的政治，是中国共产党现阶段的中心任务。中国式现代化具有五个方面的内涵，是全方位、全领域、全过程的现代化，为实现第二个百年奋斗目标指明了方向。② 工会应该深刻领悟中国式现代化内涵、本质要求，从中国式现代化理论中寻找自身行动指南，更好地发挥工会组织自身价值，在实现中国式现代化道路上交出工会答卷。

（一）中国式现代化要求工会自主治理坚持党的领导

中国式现代化的本质要求包括坚持党的领导这一重要内容，习近平总书记曾深刻阐述了党的领导对于中国式现代化的重要性，“党的领导直接关系中国式现代化的根本方向、前途命运、最终成败。党的领导决定中国式现代化的根本性质，只有毫不动摇坚持党的领导，中国式现代化才能前景光明、繁荣兴盛；否则就会偏离航向、丧失灵魂，甚至犯颠覆性错误”③。坚持党的领导是中国式现代化最鲜明的特征和最显著的优势，是推进中国式现代化需遵循的首要原则。同时，坚持党的领导也是实现中华民族伟大复兴的重要保障。中国式现代化的最终目标是实现中华民族的伟大复兴，这需要强大的政治领导力、组织力和动员力作为支撑。只有坚持党的领导，才能凝聚起全国各族人民的智慧和力量，共同推进这一伟大事业。从工会发展的历史角度来看，中国共产党领导了中国工人运动和

① 崔金琳，胡冠英，王嘉睿．基层工会参与社会治理的作用研究——以北京市街道（乡镇）工会为例［J］．北京市工会干部学院学报，2021（4）：4－10.

② 习近平．高举中国特色社会主义伟大旗帜 为全面建设社会主义现代化国家而团结奋斗——在中国共产党第二十次全国代表大会上的报告［N］．人民日报，2022－10－26.

③ 习近平在学习贯彻党的二十大精神研讨班开班式上发表重要讲话强调 正确理解和大力推进中国式现代化［EB/OL］．人民网，2023－02－08.

组建了中国工会，党的一些早期领导人还担任过工会组织领导人。[①] 由此可见，坚持党的领导是工会的优良传统，工会的组建和发展都离不开中国共产党的领导。只有坚持党的领导，工会才能坚持正确政治方向，才能在维护职工合法权益、维护劳动关系领域稳定等工作中发挥工会作用。工会治理工作千头万绪，要抓住首要任务与关键环节，就是坚持党的领导。新时代的工会治理应该坚持党的领导不动摇，拥护“两个确立”，增强“四个意识”，坚定“四个自信”，做到“两个维护”，并且通过扎实的工作让党的领导深入职工群众当中。

（二）中国式现代化要求工会自主治理紧紧依靠职工群众

中国式现代化是全体人民共同富裕的现代化，这个特征使得中国式现代化显著区别于西方资本主义国家的现代化。从另一个角度而言，实现全体人民共同富裕也是社会主义的本质要求。共同富裕的概念有个关键词——“共同”。对中国来说，共同富裕不是少数人的富裕，也不是大多数人的富裕，而是全体人民共同富裕，一个都不能少。中国式现代化也是人口规模巨大的现代化，在中国，有14亿多人，要实现超大规模的共同富裕，不是一朝一夕就能实现，要分阶段、分目标逐步实现。最重要的是，需要全体人民的共同努力。工会作为党联系职工群众的桥梁纽带，要把职工群众紧紧团结在党的周围，维护劳动关系和谐稳定，保障安全生产，推动经济有序发展。工会治理过程中，应当及时化解生产生活中的不和谐不稳定因素，只有职工群众目标一致，劲往一处使，才能助力国家稳步推进共同富裕目标。工会治理要坚持依靠群众力量，发挥劳模工匠的带头模范作用，培养一批，带动一批。要充分考虑职工群众利益，了解基层需求，解决职工群众的实际困难，增强职工群众自身的获得感以及对工会的认同感、归属感，强化工会组织的群众黏性。要加强对职工群众的组织动员能力，建设强有力的组织体系，增强职工群众凝聚力，紧密团结职工。

（三）中国式现代化要求工会自主治理坚守服务初心

中国式现代化必须坚持人民至上，“党的理论是来自人民、为了人民、造福人民，人民的创造性实践是理论创新的不竭源泉”[②]。中国式现代化依靠人民共

---

① 乔东．中国工会在中国式现代化中的政治责任和使命任务［J］．天津市工会管理干部学院学报，2023（1）：4－12.

② 习近平．高举中国特色社会主义伟大旗帜 为全面建设社会主义现代化国家而团结奋斗——在中国共产党第二十次全国代表大会上的报告［N］．人民日报，2022－10－26.

建，发展成果由人民共享，必须坚持“以人民为中心”的发展思想。随着中国式现代化进程的不断推进，职工群众的需求发生了较为显著的变化，尤其是年轻群体更注重高质量就业，不仅关注工作的薪资待遇、社会保障、工作环境、职业发展空间等因素，更加关注工作时长、工作与生活的平衡，这一点从劳动者对“996”“007”工作制的批判以及逃离北上广等现象中就可以看出。在一些企业强调“卷”“狼性文化”的当下，新时代劳动者常常戏称“卷不过就躺平”，其实是一种心理上过度承压后的自嘲，这也反映了相比于过度劳动，他们更注重生活质量的提高以及精神文化的满足。同时，随着新质生产力不断推进，产业结构持续优化，传统企业面临转型升级，传统企业职工的生存环境和需求也在发生深刻变化。在时代发展的浪潮里，个人的职业发展也会随着企业在商海中的浮沉而发生动荡。工会组织应该将全心全意为人民服务作为一切行动的出发点和落脚点，及时关注职工群体的这些变化，强化基层服务意识，深入群众了解真实情况，拥有较高的敏锐性、觉察力和判断力。

（四）中国式现代化要求工会自主治理加强体系建设

中国式现代化对工会工作运转、工作实效等提出了更高的要求，完善工会治理体系是工会跟上中国式现代化发展节奏、适应国家治理体系和治理能力现代化的内在要求。中国劳动力人口众多，受教育程度差别较大，同时现代化进程中各项工作加速推进，工会系统内部要处理的事务十分庞杂。一是形成强有力的全覆盖组织体系，有助于增强工会组织力，确保工会组织在各层级、各方面都具备强大的凝聚力和执行力。首先形成从国家层面一直延伸到基层，形成上下贯通、逐级负责的组织架构；其次不论行业、不论规模、不论所有制类型都要建立工会，保证工会组织的覆盖面；再者要关注重点区域、重点行业和重点企业的工会组织建设，也要兼顾其他一般地区和企业的工会组织发展；最后条线分工与地域区块（行业分支）资源整合、相互补充，形成全面高效的工会组织网络。二是完善工会组织的制度，加强各部门、各层级之间的沟通和协调，可以更好地维护职工权益，应对现代化发展带来的诸多挑战。聚焦发展全过程人民民主是深化改革、推进中国式现代化的一个重要方面，工会治理体系是构建和谐劳动关系的有力保障，激发职工的积极性和创造性，推动实现劳动领域的全过程人民民主。

（五）中国式现代化要求工会自主治理具备数字化能力

中国式现代化代表着高效率、高效能、低能耗，实现中国式现代化必然要推动新质生产力的发展，提高全要素生产率。随着新一轮科技革命和产业变革的到来，电子和信息技术的更新迭代加快，以大数据云计算、人工智能、区块链等新技术为代表的新型生产力工具逐渐成为社会主流，落后的生产力工具面临淘汰。同时，由于生产效率的提升，“机器代人”使得传统劳动力密集型行业面临转型升级。未来是以知识密集型行业为主流的时代，其中“知识创新”是显著特征。特别是人工智能技术的普及将带来翻天覆地的变化，人类甚至不需要掌握特定技能，人工智能就能完成 PS、制作海报、合成视频等工作，减少了劳动者学习掌握技能的时间，大幅提升生产效率。工会可以通过录入工会会员信息，大数据分析会员群像特征，快速了解某个特定行业会员的特点，针对性提供工会服务。工会甚至可以利用人工智能技术打造“AI”工会干部，提供程序化的服务，比如，完成围绕工会相关法律条文、工会入会、福利政策等工会工作具体内容的答疑解惑工作，让基层工会干部从烦琐的事务中解脱出来，做更多有利于职工的创造性的工作。工会也可以利用虚拟现实技术，为职工、工会干部提供更加生动活泼的线上培训课程。数字化技术的应用非常广泛，工会治理要顺应时代发展，把握时代特征，充分挖掘数据资源和价值，建设智慧型工会，提高治理效率。

四、中国式现代化视角下工会自主治理能力的提升路径

结合中国式现代化提出的行动指南、全国总工会提出的“559”战略部署以及工会助力发展新质生产力的目标任务，面向“服务化、体系化、品牌化、创新化、数智化”的建设方向，提出几条工会自主治理能力提升的实现路径。

（一）坚持党的领导，健全党建带工建机制

工会自主治理的首要任务是坚持党的领导，明确政治站位。要全面贯彻党的二十大精神、二十届三中全会精神，把握中国式现代化对工会治理的要求，以习近平新时代中国特色社会主义思想为指导，深入学习习近平总书记关于工人阶级和工会工作的重要论述，坚持走中国特色社会主义工会发展道路。① 一是健全党建带工建机制。当前应聚焦工会治理非公企业过程中的痛点难点，完善基层党建带工建制度机制。在非公企业，从培养骨干入手，推行党工组织负责人交叉任职

① 王东明．以习近平新时代中国特色社会主义思想为指导组织动员亿万职工为强国建设民族复兴团结奋斗［N］．工人日报，2023-10-14.

的方式，让技术骨干和劳模成为党员，让党员成为技术骨干和劳模；同时推动党员活动室和工会服务阵地、政府公共服务平台共建共享，形成党建工建融合发展的局面。二是保持工会组织与党政机关的协同联动。[①] 工会组织要加强与各级党政机关的合作，善于借助党和政府的政策和资源，便于自身开展工作。在具体实践层面，要创新完善政府联席会议制度，工会组织和各级政府加强协作，推动联席会议制度成为政府和工会协商解决职工权益问题、共同构建和谐劳动关系的有效机制。具体工作中，工会与党政机关目标、任务一致的，在明确各方职能职责定位的前提下，可以充分利用各方资源，分工协作完成任务。三是发挥工会宣传教育阵地作用，引领职工紧密团结在党的周围。工会组织要把学习贯彻习近平新时代中国特色社会主义思想作为一项重大政治任务，严格落实“第一议题”学习任务，提高工会干部政治素质。与此同时，要把党的最新方针政策、习近平总书记最新讲话精神，及时、广泛、有效地在职工群体中加以宣讲，确保党的治国方针理念能够落实到群众中去，夯实党执政的阶级基础和群众基础。

（二）加强职工文化建设，促进工会自主治理服务化

工会治理的范畴，主要有保障职工劳动经济权益、职工民主政治权利、职工社会权利、职工文化权利，其中，职工文化权利包括职工教育、职业技能培训、公共文化服务、企业文化、职工文化。[②] 王东明在中国工会十七大报告中强调了加强职工文化建设的重要性，各级工会要多在创建优秀精神文明活动中下功夫，发挥文化阵地作用，提供思想精深、制作精良的文化产品，形成健康文明、昂扬向上的职工文化。一是打造职工文化阵地。职工的精神面貌是企业的生命力所在，工会应当引导企业建设优质企业文化或自主创作职工喜闻乐见的文化作品，激发全社会奋斗向上的劳动风尚。基层工会组织联合企业工会打造员工身边的精神文化阵地，如书吧、健身室、心理咨询室、室内体育活动室等，让职工在工作之余有多维自我评价体系，丰富职工精神世界。企业要弘扬优质企业文化，把公司利益与职工身心健康相结合，二者协调发展。二是丰富工会活动。工会活动开展要有意义，要能取得实质性效果，切忌走过场、应付检查。地方各级工会联合企业可以定期开展职工技能培训，不拘泥于工作技能培训，可以开设生活技能培训，如书法、插花、沏茶等实用课程。三是打造优质文化作品。通过职工喜闻乐

---

① 韩升，高健．新时代工会的职责使命、组织变革与经验启示——基于推进社会治理现代化的研究［J］．学习论坛，2020（10）：52－60.

② 朱勋克．工会治理的法律规制及路径选择［J］．理论与改革，2014（6）：162－165.

见的方式弘扬爱岗敬业、奋斗奉献的劳动风尚。工会可以充分利用社会资源，引入社会力量，共同制作优质工会文化作品，如参与策划拍摄劳动领域题材的电视剧等。

（三）推动立法强化制度，推动工会自主治理体系化

党的二十大报告指出，要在法治轨道上全面建设社会主义现代化国家，工会治理法治化正是其题中之义。一是源头参与立法。工会要充分利用自身优势，基层工会有大量服务职工群众的实践经验，可以结合自身资源优势，从顶层设计入手，积极参与相关法律的制定。为了更好保护职工利益促进企业发展，对于法律的修订提出合理化的工会建议。二是及时更新工会干部法律知识储备。工会干部定期学习相关法律知识，深入学习《工会法》《劳动法》等与工会领域密切相关的法律，在企业、职工出现违法行为苗头时保持警惕清醒，及时劝阻，极大程度地保证企业职工权益不受损害。三是加强普法教育宣传。为构建和谐劳动关系，工会要定期下企业给企业和职工讲授法律维权课程，提高服务对象的法律意识。特别是针对农民工、快递员、货车司机等弱势群体，更要加以重视，定期开展专项普法活动和公益法律服务行动，引导其积极表达和依法保障自身权益。四是完善管理制度。厘清工会各项板块工会工作，加强制度体系化建设，推动常规工作规范化，提高办事效率。同时，重视人才管理与使用。在干部培养方面，建立完善的培养机制，在聘用、考核、提拔等关键节点，提供相应培训方案，保障干部想学能学、学了能用、用之有效。在干部交流方面，提供健全的制度、一流的平台，分享交流优秀经验、典型案例，缩小各地区差异，促进工会工作平衡发展，区域融合发展。在干部使用方面，建立干部能上能下机制，保障干部干事创业的积极性。五是以“增三性、去四化”为标准要求工会干部。工会治理执行过程中，工作是否“打折扣”就看干部是否认真落实“去四化”要求。人民群众的事无小事，工会干部要始终把广大人民群众的利益放在第一位，对待工作严肃务实，以结果导向推进各项工作。

（四）亮出特色贴近群众，实现工会自主治理品牌化

工会自主治理要形成工会特色，具有工会辨识度，要能在职工群众中产生强大影响力，在职工群众遇到侵权危机时能够第一时间向工会寻求帮助。一是总结基层经验，建设工会服务品牌。在实践过程中，要具备集成思维，把具有共通性的工作整合，并用最深入人心的文字提炼出工作的内涵、精华，加以宣传推广。

职工群众在看到特定文字时能够准确快速识别到工会，获得相应支持。比如，开展“金秋助学”“农民工平安返乡”“一县一品”建设工程、“一户一产业工人”等活动，紧贴群众需求，同时又容易推广产生影响力，对基层工会干部来说也更容易理解和执行上级政策。二是深挖资源禀赋，打造工会宣教品牌。工会自主治理要充分利用地域优势，用好用活当地红色文化资源、历史人文资源、劳模工匠资源等。在做好职工群众的职业技能培训时，可以发挥劳模工匠的带头模范作用，引入工运史教育，赓续红色基因、传播“三种精神”。三是创新比赛机制，建设职工竞赛品牌。结合经济发展需要，鼓励新质生产力相关工种、特色工种劳动者参加比赛，尤其是吸纳新就业形态劳动者参赛。拓宽参赛渠道，科学设计竞赛内容，给予多维评价尺度，充分展现工匠精神风貌，从知识型、技能型、创新型的角度选拔培养人才。

（五）组建高质量人才队伍，推进工会自主治理创新化

习近平总书记在谈话中指出，工会干部队伍是做好新时代工会工作的重要组织保证，要推动建设一支高素质专业化的工会干部队伍。由此，工会干部队伍是做好工会工作的灵魂所在。王东明为扎实推进工会队伍建设指明了具体方向，要不断完善干部管理相关制度，鼓励干部深入基层一线服务职工群众，打造专职为主、兼职挂职相结合的干部队伍。① 落实工会干部队伍建设，一是筑牢理论基础。学习是作为工会干部最重要的能力，要重点学习习近平总书记重要讲话精神、治国理政理念，强化工会基础理论知识、相关法律法规制度学习，组织开展大规模基层工会干部培训，认真落实培训效果，为达到高素质专业化要求奠定基础。二是加强理论研究创新。组织工会理论教学研究会、创新工会理论研讨会，走在国家政策研究前沿；搭建工会智库，为研判未来发展方向、制定战略决策提供智力支持。三是强化思维创新。工会助力新质生产力发展，要有“新时代、新办法”的意识，用动态的思维看待问题，新问题可以沿用老办法，老问题也有新办法。“不谋全局不足谋一域”，工会干部要有全局思维、国际化视野，能够及时研判大环境下职工群体心理状态、整体工作情况等。四是促进不同地域工会相互交流。工会干部可以实行轮岗制度，充分了解工会不同细分领域的工作内容，加深对基层工会工作的认识，促进对职工群众服务工作的深刻认识。深化“送教

---

① 王东明．以习近平新时代中国特色社会主义思想为指导组织动员亿万职工为强国建设民族复兴团结奋斗［N］．工人日报，2023－10－14．

到基层”活动，围绕基层工会干部工作的迫切需要开展培训，将成熟的、规范的工会工作方法带到基层，将创新理论应用于基层实践，同时用实践经验优化工会理论。

（六）完善组织建设，实现工会自主治理数智化

职工在哪里，工会组织就建到哪里。当前新技术、新经济、新业态的出现，打破了原来固定的劳动关系形式，就业形式更加灵活，职工群体更加多元化，工会组建相比之前要更加变通、更具管理智慧。一是拓宽入会渠道。与传统的用工方式不同，新就业形态劳动者大多以自主创业、灵活就业、平台用工等方式出现，入会难度较大。多地不断创新入会方式，不拘泥于一张纸、一张表格入会的形式，打造工会智慧平台，推行扫码入会、网上入会、现场入会等多样化的入会形式，极大地拓宽了入会渠道。这样一来，将入会“植入”职工工作生活的常用场景，省去烦琐步骤，入会方式更加便捷。二是建立工会联合会。新经济形态下，中小型企业数量较多也是管理的难点。加强乡镇（街道）工会建设，加强区域性、行业性工会联合会，将同类型、同地域的小型工会联结起来形成中大型聚合体，降低管理的难度，有利于整合管理资源。三是升级工会服务。工会组织广泛吸纳会员后，要关注自身服务质量，包括职工权益维护、职工文化需求等，要持续不断为职工提供优质服务，为职工群众排忧解难。要建立完善的内部帮扶救助机制，形成一系列行之有效的工作方法，并推而广之，提高服务工作效率。这样才能真正留得住人心，工会工作才有吸引力。四是加强智慧化管理。工会要充分利用智能化、数字化手段进行工会数智化建设，利用区块链技术建立工会数据管理体系；利用人工智能技术提供自助咨询、自助办理业务、线上培训等服务；利用虚拟现实技术增强工会干部培训、职工培训的趣味性、生动性；打造工会手机端应用软件和网站，帮助职工实现一站式办理业务，快捷便利地享受到工会福利。

在总体国家安全观视域下工会参与社会治理体系现代化建设的路径探析

李积婷　王凌鸿　朱俊秀

（陕西工运学院）

摘　要：党的二十大报告将“完善社会治理体系”纳入推进国家公共安全治理体系和能力现代化的重要内容，强调在总体国家安全观下推进多层次多领域治理，提升社会治理水平。工会是党联系职工群众的桥梁和纽带，要充分发挥群团组织的优势，助推社会治理现代化。本文从工会加强民生福祉建设、提高公共安全治理水平、提升基层治理水平以及完善共建共治共享社会治理格局四方面探析了工会在总体国家安全观视域下参与社会治理体系现代化建设的路径。在推进新时代社会治理体系现代化建设中，工会可从以上多领域重点发力，找准在社会治理体系中的定位，从而高效发挥工会在社会治理中的作用。

关键词：工会　总体国家安全观　社会治理体系现代化

党的二十大报告指出：“国家安全是民族复兴的根基，社会稳定是国家强盛的前提。必须坚定不移贯彻总体国家安全观，把维护国家安全贯穿党和国家工作各方面全过程，确保国家安全和社会稳定。”① 党的二十大报告将“完善社会治理体系”纳入“推进国家安全体系和能力现代化，坚决维护国家安全和社会稳定”专章②，可以认为社会治理与国家安全之间的关系发生了很大变化。社会治理纳入国家安全体系是贯彻落实总体国家安全观的必然要求。总体国家安全观包

---

① 高举中国特色社会主义伟大旗帜 为全面建设社会主义现代化国家而团结奋斗——习近平同志代表第十九届中央委员会向大会作的报告摘登［J］．工会博览，2022（30）：8－20.

② 吴莹．总体国家安全观视域中的社会治理［J］．求索，2023（2）：180－187.

括了五方面的内容："坚持以人民安全为宗旨、以政治安全为根本、以经济安全为基础、以军事科技文化社会安全为保障、以促进国际安全为依托。"[①] 国家安全涵盖了政治、经济、社会三大方面，保障国家安全，即是保障政治安全、保障社会和谐以及保障人民幸福。因此社会治理必然属于国家安全体系。习近平总书记强调："全面贯彻落实总体国家安全观，必须坚持统筹发展和安全。"[②] 统筹发展与安全是推动高质量发展的内在需要，也是推进国家治理体系和治理能力现代化的内在需要。将健全共建共治共享的社会治理制度作为贯彻总体国家安全观的内容，为推进国家安全体系和安全能力现代化提供了坚实的安全保障，以实现新安全格局、保障新发展格局。

一、党的十八大以来社会治理面临的挑战

新时代我国面临更加严峻的安全形势，外部压力前所未有，社会矛盾和社会问题交织，将社会治理体系纳入国家安全体系，是应对时代风险的必然选择。"我国发展进入战略机遇和风险挑战并存、不确定难预料因素增多的时期，各种'黑天鹅'、'灰犀牛'事件随时可能发生。"[③] 对内，我国改革发展面临不少深层次矛盾；于外而言，国际局势剧变，进入新的动荡变革期。政治安全方面，外部势力不断干涉中国内政；经济安全方面，敌对势力通过"单边制裁"对中国经济发展施压；科技安全方面，关键核心技术受制于人，"卡脖子"局面没有得到根本性改变，还有诸如国土安全、网络安全、粮食安全、生物安全，太空、极地、深海等过去我们认为不可能到达的地方都已成为国家安全的一部分。基于上述时代环境，总体国家安全观强调的便是谋求不同领域安全一体，应对各类型的安全挑战，以适应全面维护国家安全的需要。"统筹外部安全和内部安全、国土安全和国民安全、传统安全和非传统安全、自身安全和共同安全，统筹维护和塑造国家安全，夯实国家安全和社会稳定基层基础，完善参与全球安全治理机制，

① 习近平．高举中国特色社会主义伟大旗帜 为全面建设社会主义现代化国家而团结奋斗——在中国共产党第二十次全国代表大会上的报告［EB/OL］．人民网，2022-10-26.

② 习近平：全面贯彻落实总体国家安全观 开创新时代国家安全工作新局面［EB/OL］．人民网，2018-04-17.

③ 习近平．高举中国特色社会主义伟大旗帜 为全面建设社会主义现代化国家而团结奋斗——在中国共产党第二十次全国代表大会上的报告［EB/OL］．人民网，2022-10-26.

建设更高水平的平安中国，以新安全格局保障新发展格局。”① 由此，防范化解各类风险不外溢，确保人民内部矛盾不升级，必须优化社会治理体系，从而保障国家安全治理体系。最后，人民群众日益增长的更高质量的安全需求要求进一步健全公共安全体系。随着“以人为本、生命至上”理念的深入人心，人民群众对个人利益要求享有更多的知情权、参与权和监督权。这就要求“新时代的社会治理必须牢固树立安全发展的理念，加强公共安全体系建设，深化食品药品安全、安全生产、防灾减灾救灾、社会治安防控等方面的体制机制改革，加强公共安全立法和法治化要求……以增强人民群众的获得感、幸福感、安全感”②。

二、总体国家安全观视域下社会治理体系的演变

总体国家安全观是中国特色安全观，这是党不断顺应时代发展而提出的。总体国家安全观于2014年提出，提出后“统筹发展和安全成为我们党治国理政的重大原则，安全治理的领域也更加全面”③。从2015年7月1日起施行的《中华人民共和国国家安全法》中，“健全有效预防和化解社会矛盾的体制机制，健全公共安全体系”等社会治理的内容被作为公共安全和社会安全的维度，列入国家安全的工作内容。党的十七大报告中，提到了要完善“党委领导、政府负责、社会协同、公众参与的社会管理格局”；到党的十八大，增加了“法治保障”，强调“社会管理体制”。党的十九大又进一步提出了要加强和完善“党委领导、政府负责、社会协同、公众参与、法治保障的社会治理体制”。总的来说，关于社会治理的论述是不断完善、不断优化发展的。在十九届四中全会上，一是实现了从“社会治理体制”到“社会治理体系”的重要转变，体现了社会治理内涵的不断丰富，系统性、整体性和科学性不断增强。二是把“民主协商”和“科技支撑”放在社会治理体系中，使我们的社会治理体系更加完善。十九届四中全会还首次提出了人人有责、人人尽责、人人享有的“社会治理共同体”。所有的社会治理的核心在于人。党委、政府、社会组织、公民个人，都具有参与社会治理的责任。人人有责，而且人人要尽责。2022年党的二十大报告第一次将国家安全篇章进行单独阐述，将社会治理纳入国家安全中，成为其重要的手段。在总体

---

① 习近平．高举中国特色社会主义伟大旗帜 为全面建设社会主义现代化国家而团结奋斗——在中国共产党第二十次全国代表大会上的报告［EB/OL］．人民网，2022－10－26.

② 吴莹．总体国家安全观视域中的社会治理［J］．求索，2023（2）：180－187.

③ 吴莹．总体国家安全观视域中的社会治理［J］．求索，2023（2）：180－187.

国家安全观视域下社会治理的战略定位不断调整。社会治理也不仅仅是协调社会关系、规范社会行为、解决社会问题、化解社会矛盾、应对社会风险、维持社会和谐等具体领域，更是融入更加宏大的国家安全体系之中，保障了人民安居乐业、社会安定有序，维护了国家安全。

三、工会参与社会治理体系现代化建设的实践路径

工会是党领导下的工人阶级群众组织，是党与职工群众紧密联系的桥梁和纽带，各级工会都可以充分发挥群团组织的优势，团结职工群众，以服务大局为根本，以职工为中心，依法发挥“参与职能、建设职能、维护职能、教育职能”，有效维护职工合法权益，化解矛盾促进劳动关系和谐，助推社会治理现代化，促进社会的和谐稳定发展。工会参与社会治理体系现代化建设的具体措施有以下四方面：

（一）工会加强民生福祉建设，预防和减少社会矛盾

党的二十大报告指出：“为民造福是立党为公、执政为民的本质要求。必须坚持在发展中保障和改善民生，鼓励共同奋斗创造美好生活，不断实现人民对美好生活的向往。”① 当前我国面临的医疗与就业问题、民生问题、三农问题、贫富差距问题、腐败问题等国内大循环的痛点堵点都隐藏着巨大的社会风险，都需要通过全面深化改革来防范化解。各级工会要增进职工福祉，提升职工生活品质，为助力形成以国内大循环为主体、国内国际双循环相互促进的新发展格局作出积极贡献，在推动实现共同富裕中展现工会作为。党的二十大报告指出：“我们要实现好、维护好、发展好最广大人民根本利益，紧紧抓住人民最关心最直接最现实的利益问题，坚持尽力而为、量力而行，深入群众、深入基层，采取更多惠民生、暖民心举措，着力解决好人民群众急难愁盼问题，健全基本公共服务体系，提高公共服务水平，增强均衡性和可及性，扎实推进共同富裕。”①那么在加强民生福祉建设过程中，工会需要做的有以下三方面：

1. 工会需要在完善的分配制度下处理好和谐劳动关系

党的二十大报告提出，要努力提高居民收入在国民收入分配中的比重。在社

---

① 高举中国特色社会主义伟大旗帜 为全面建设社会主义现代化国家而团结奋斗——习近平同志代表第十九届中央委员会向大会作的报告摘登［J］. 工会博览，2022（30）：8－20.

会再生产中，收入分配是十分重要的一个环节，更是社会主义市场经济体制的重要体现。完善收入分配制度是实现共同富裕的重要路径，而党的二十大报告中再次阐明了共同富裕的深刻内涵和要求，强调共同富裕是全体人民的富裕，而不是少数人的富裕。因此，要增加低收入者收入，扩大中等收入群体，工会可以通过哪些路径实现呢？第一，工会可以全面推行工资集体协商，积极有效地扩大工资集体协商覆盖面，并遵从市场供求关系、当地物价水平、社会平均工资与最低工资标准等重要参考因素，保证其协商的实效性。工会针对小微企业、新就业形态领域等开展协商难度较大的行业可探索创新协商方式，进一步解决劳方不敢谈、工会不会谈、资方不愿谈的困境，完善正确处理内部矛盾机制，着力构建和谐劳动关系。第二，扎实有效做好维护工作，“着力维护好新就业形态劳动者、农民工、城市困难职工等群体合法权益，健全劳动关系协调机制”①。工会需切实保障劳动者特别是低收入劳动者的权益，加强工会劳动法律监督与政府劳动保障监察的协作配合，严厉打击恶意欠薪行为，各级工会做好宣传引导和维权服务，积极参与拖欠劳动者工资争议处理。工会畅通和规范职工群众诉求表达，加强举报投诉接待力量，畅通工会帮扶中心、法律援助中心和“12351”职工维权热线等投诉举报渠道。第三，贯彻落实党中央关于扎实推进共同富裕的决策部署，就是要推动实现多劳者多得、技高者多得，增加劳动者特别是一线工人劳动报酬。那么工会可以大力宣扬劳动精神、劳模精神及工匠精神，从而鼓励勤劳致富，多劳多得，促进机会公平。此外，工会可以积极开展形式多样的行业和企业劳动和技能竞赛活动，从而扩大劳模和工匠技能创新工作室的示范影响力，努力营造劳动光荣的社会风尚和精益求精的敬业风气。

2. 工会需继续深化产业工人队伍改革，以确保高质量就业

虽然我国劳动力资源比较丰富，但是就业总量的压力和结构性矛盾一直并存。近年来，一方面数字经济蓬勃发展，直播零售、移动出行、外卖等行业依托互联网平台的新就业形态壮大，这些行业就业容量大、门槛低、灵活性和兼职性强，成为吸纳劳动者的重要渠道。另一方面，人口老龄化逐渐显现，劳动力供给下降，影响职工劳动经济权益的因素增多，稳定和扩大就业面临较大压力。稳住就业这个最大的民生，党的二十大报告提出实施就业优先战略，因此各级工会作为联系党和职工群众的桥梁与纽带，要解决好职工最关心最直接的现实利益问

① 宇文利，奚佳梦．新时代劳动精神的弘扬与培育［J］．新疆师范大学学报（哲学社会科学版），2023（2）：134－144，2.

题。在面临产业转型升级和科技创新驱动的情况下，工会应结合市场需求和职工实际，着力提升职工科学文化素质和职业技能素质，搭建多元化职工教育平台，健全终身职业技能培训制度，助力产业工人数字化转型。对于新就业形态劳动者的发展，工会应给予支持和规范，持续建会入会，加强其权益保障，实现高质量稳定就业和更充分的就业。

3. 工会需助力健全社会保障体系，从源头保障职工合法权益

首先，为进一步推动社会保障体系的建立与完善，从源头上切实维护职工的合法权益，多年来工会积极参与有关社会保障法规、政策的制定，如先后参与了《工伤保险条例》《失业保险条例》《企业年金办法》《住房公积金管理条例》等社会保障政策法规的制定和修改，提出工会的主张和建议。其次，各级工会应充分发挥自身密切联系职工群众、组织体系健全的优势，既要发挥源头参与职能，又要发挥利用基层工会形成上下联动的全方位参与职能。建立与同级多部门的长效沟通机制，发挥监督职能。此外，开展工会在社会保险方面的专项行动，通过职代会、民主协商等措施提高保障水平。最后，工会还可以通过加强社会保险服务等培训与咨询工作，助力健全社会保险体系。

（二）工会提高公共安全治理水平，保持社会大局稳定

习近平总书记强调要“自觉把维护公共安全放在维护最广大人民根本利益中来认识，放在贯彻落实总体国家安全观中来思考，放在推进国家治理体系和治理能力现代化中来把握”[①]。党的二十大报告在“推进国家安全体系和能力现代化，坚决维护国家安全和社会稳定”部分中提出：“提高公共安全治理水平，坚持安全第一、预防为主”“完善公共安全体系”。[②] 大多数人都缺乏公共安全风险意识，普遍认为风险都是突然发生，只能在风险发生后再采取补救措施。安全生产和职业健康是职工在工作场所的基本权利。近年来。各级工会高度重视职工劳动保护工作，为维护职工安全健康合法权益、促进实现体面劳动作出了不懈努力。全国安全生产状况总体稳定、趋于好转，职业病危害的源头治理和专项整治力度不断加大，急性重大职业病危害事件得到有效遏制，劳动者的职业健康水平稳步提高。但同时也有一些行业和企业，特别是高危行业和中小企业的职业健康法治

① 吴超．新时代十年中国全面加强社会建设的探索创新［J］．当代中国史研究，2023（2）：9－26，156.

② 高举中国特色社会主义伟大旗帜 为全面建设社会主义现代化国家而团结奋斗——习近平同志代表第十九届中央委员会向大会作的报告摘登［J］．工会博览，2022（30）：8－20.

意识、职业病防护措施落实、流动性强的用工单位的用工合同和劳动保险、劳动者自我防护意识等问题仍需进一步重视。工会可以从预防、整治、应急处置、监管这四方面提升公共安全治理水平。

预防：加强安全意识观念教育。开展预防事故和职业病的群众性活动。各级工会要牢固树立安全发展理念，弘扬生命至上、安全第一的思想，深入开展以“安康杯”竞赛为载体的群众性安全生产和职业健康活动，进一步完善工会劳动保护监督机制；推行安全生产和职业健康专项集体合同，切实加强安全生产群众监督，增强职工自我防护意识和防护能力；组织职工群防群治、防治结合，配合政府和企业开展安全隐患排查治理。工会在开展工作时，要准确把握当前形势下我国安全生产的新情况、新问题，在此基础上进一步推进思想观念、安全科技、安全文化等创新，做好安全管理，强化群体安全意识与自我保护意识，掌握基本的安全保护技巧与方法。构筑一张群防群治安全网，实现早发现、早预警、早整治：一线职工群众人人对本岗位的安全风险进行辨识，人人对发现的隐患及时上报；职代会定期组织职工代表开展巡视检查，将安全生产检查结果提交职代会审议；安全咨询专家对汇总的隐患情况进行分析研判，聚焦常见多发事故，提出防范意见，给予专业指导。

整治：工会的基本职责是维护劳动者的合法权益，因此对生产经营单位事关劳动者生命安全的安全生产工作有权进行监督。按照《中华人民共和国工会法》的规定，工会组织有权监督有关劳动安全卫生法律法规和政策措施的落实，督促企业认真执行国家有关劳动保护的法律和政策。工会工作的开展和实施要突出以人为本的价值理念，切实保障和维护合法权益。深入基层职工群体，加强沟通联系，把握职工的现实需求，想职工所想，帮助解决其工作中的实际问题。了解不同部门、层级和岗位的职工需求及作业过程中常见的安全生产问题，有针对性地实施整治。

应急处置：工会干部在事故调查中要以受害职工“娘家人”的身份，时刻站在职工立场发声，以事实为依据，以法律为准绳，勇于“亮剑”，最大限度维护受害职工的合法权益。为有效应对突发事故，提升全员应急处置能力，切实增强自身的应急意识，真正做到“人人讲安全、个个会应急”，2023 年多部门联合印发《关于工会在生产安全事故调查处理中充分发挥作用的实施意见》，就工会在安全事故调查中充分发挥作用提出明确要求。在事故处置中，各级工会不仅要及时掌握事故伤亡人数及财产损失情况，及时准确规范做好事故信息上报工作，还需要配合地方党政做好工伤职工及遇难职工家属的安抚慰问、心理疏导等工作，引导职工依法理性表达合理诉求，防止发生次生事故和群体性事件。

监管：工会组织依法独立开展劳动保护监督，构建工会领导、资源整合、源头参与、联合执法的全面、系统的监督格局，建立和完善利益协调、诉求表达、权益保障的工作机制，确保工会作用最大化发挥，并提高监管效力。充分认识到工会劳动保护监管工作的复杂性，工作实施的基础性和长期性。确保相关工作实施的规范化、经常化、制度化，根据实际工作需要，建立长效监管机制。重点加强高危作业、事故多发环节、一线生产作业人员的安全行为监督。健全和完善群众举报制度、奖励制度、责任制度。工会组织加强自身建设，提高队伍的整体水平，明确自身工作原则、工作职责，建立广泛参与与监管机制。

工会提高公共安全治理水平，在保障职工安全健康权利方面，必须认真履行好法律赋予的参与、维护、建设、教育四大职能，关注重点行业领域安全风险，深入推进隐患排查治理，开展各类安全教育培训，组织开展“安康杯”竞赛活动，依法参与事故善后处理，加大工会监督检查力度，强化职代会民主监督。着力推动持续提升职工自我保护意识和安全作业能力，形成“人人讲安全、个个会应急”的良好氛围，构建起新时期工会促进安全生产工作体系。在安全文化建设工作中切实起到为职工生命健康保驾护航的有效作用。

（三）工会提升基层治理水平，推动人民内部矛盾化解

社会治理的基础是基层治理，社会治理现代化离不开基层治理现代化。城市的社区治理、农村的村落治理，都属于基层治理范畴。基层涉及面宽、量大、事多，直接面对群众，往往更容易产生社会矛盾与纠纷。因此，预防和化解社会矛盾通常需要创新机制。《关于加强基层治理体系和治理能力现代化建设的意见》明确指出，基层治理是国家治理的基石，统筹推进乡镇街道和城乡社区建设是实现国家治理体系和治理能力现代化的基础工程。党的二十大报告强调将纠纷化解在基层、化解在萌芽状态。工会作为维护职工权益的组织，在提升基层治理、推动人民内部矛盾化解方面起着重要作用。而基层治理的方式很多，但随着高质量与数字化发展，通常采用构建“网格化管理、精细化服务、信息化支撑的基层治理平台”来提升基层治理水平。①

工会可以通过实施网格化管理来提升基层治理水平。网格化管理是指将社区

① 习近平．高举中国特色社会主义伟大旗帜 为全面建设社会主义现代化国家而团结奋斗——在中国共产党第二十次全国代表大会上的报告［EB/OL］．人民网，2022－10－26.

或单位划分成若干个网格，每个网格有相应的工作人员负责管理和服务。在工会的基层工作中，可以根据职工分布情况划分出不同的网格，由工会干部负责对网格内的职工进行联系、服务和管理。通过网格化管理，工会可以更加全面地了解职工的需求和问题，并及时采取措施解决，提高基层治理的效果和质量。如南通市通州区兴东街道陆扶桥村构建“党建带工建、工建促党建、党工共建”新模式，力促工会下沉到网格，充分依托网格化治理优势，推进工会参与社会治理，创新工会网格化建设。目前，该模式在强化企业安全、维护妇女权益、优化营商环境等方面取得显著成效，有效促进了地方经济健康稳定发展。

工会可以通过精细化服务来满足职工的多样化需求。每个职工都有不同的需求和关注点，工会应该根据不同职工的特点和需求，提供个性化的服务。比如，对于年轻职工可以提供培训和晋升机会；对于中老年职工可以提供健康管理和福利待遇保障等服务。通过精细化服务，工会可以更好地满足职工的需求，增强职工的获得感和幸福感。如辽宁省大连市普兰店区总工会紧贴新就业形态劳动者群体的实际需求，提供精细化服务，联合交警部门为快递员、外卖小哥进行交通安全教育培训，在必要时，送上物资和方便面、牛奶等慰问品，切实让他们感受到工会组织的关怀与温暖。

工会应该加强信息化建设提供信息化支撑。随着科技的不断发展，信息化已经成为提升治理能力的重要手段。工会可以建立起信息化平台，通过互联网、移动端等渠道发布各种通知、政策解读和权益保障等信息，让职工能够及时了解工会的工作和相关事宜。同时，工会还可以借助信息化手段收集和分析职工的意见和建议，以提升工会的决策水平和服务质量。如安徽省宿州市埇桥区总工会全面推进数字工会建设，拓展服务领域，探索出新时代服务职工新路子，依托安徽职工服务网、公众号等平台，常态化开展就业招聘、“皖工之约”大讲堂、技能竞赛、有奖竞答等活动。线上线下同步举办“工会送岗位乐业在江淮”就业援助行动大型招聘会，让工会服务更加智能化、便捷化、普惠化。

工会应提供开放共享平台，让广大职工获得感满满。如四季服务、维权服务、学堂服务、文体服务、心理服务、驿站服务等，不断深化工会改革创新，完善推广“共享职工之家”服务模式，为广大职工提供具有工会特点的普惠性、常态性、精准性服务。

（四）工会完善共建共治共享社会治理格局，提高安全治理效能

党的二十大报告强调：“健全共建共治共享的社会治理制度，提升社会治理

效能。”[①] 工会可以引导职工主动参与完善共建共治共享社会治理格局，共同维护社会的安定和谐。工会需找准在社会治理体系中的定位，要充分发挥群团组织的优势，从而高效发挥工会在社会治理中的作用。那么工会可从以下多领域重点发力：

工会聚焦思想引领，营造社会治理良好舆论氛围。坚持党建引领、党工共建，广泛组织开展“中国梦·劳动美”主题宣传教育，用新时代党的创新理论武装职工，引导广大职工听党话跟党走。大力弘扬劳模精神、劳动精神、工匠精神，用先进模范人物典型事迹激励职工。开展“新时代工会大讲堂”。开展劳动技能竞赛活动，激发广大职工群众干事创业热情，让劳动光荣、技能宝贵、创造伟大在全社会蔚然成风。

工会聚焦风险防控，维护社会治理劳动领域政治安全。常态化开展风险隐患排查，及时化解职工权益保障问题和不稳定因素。“强化沟通协调，健全劳动关系风险监测、分析、研判、预防机制”[②]，及时研判和准确掌握劳动关系现状和发展趋势，切实解决职工利益诉求。提升集体协商质量，实施集体协商“稳就业促发展构和谐”计划、“春季要约”专项行动，围绕特色行业，重点商圈、企业，加强分类指导、精准施策。

工会聚焦民主管理，提升社会治理群众自治能力。认真落实民主管理制度，保障职工群众的“知情权、参与权、表达权、监督权”[③]，营造和谐劳动关系的良好氛围。引导职工积极为企业发展建言献策，推动企业健康持续稳定发展。

工会聚焦法律维权，完善社会治理矛盾纠纷多元化解。加强普法宣传，落实劳动保障法规。发挥工会劳动法律监督组织和监督员作用，指导帮助企业规范劳动用工，预防用人单位劳动违法行为，切实维护广大职工合法劳动权益。

工会聚焦暖心服务，形成社会治理职工共建共治共享新格局。打造服务职工阵地新样板，全力推动“会、站、家”一体化建设，实现服务区域全覆盖。主动服务工作大局，发挥工会组织优势，动员工会志愿者投身一线，形成全社会共同参与的群防群治的局面，让工会红成为社区治理的一道亮丽风景。聚焦新就业形态劳动者，最大限度地把快递员、外卖配送员、网约车司机、货车司机四类新就业形态劳动者吸引过来、组织起来。扎实开展“我为职工办实事”实践活动，推动“春送岗位、夏送清凉、金秋助学、冬送温暖”四季品牌服务常态化。

---

① 习近平．高举中国特色社会主义伟大旗帜 为全面建设社会主义现代化国家而团结奋斗——在中国共产党第二十次全国代表大会上的报告［EB/OL］．人民网，2022－10－26.

② 王东明．在全总十七届六次执委会议上的讲话［J］．兵团工运，2022（Z1）：15－19.

③ 王东明．在全总十七届六次执委会议上的讲话［J］．兵团工运，2022（Z1）：15－19.

第三章　产业工人队伍建设与改革研究

人工智能视域下产业工人思想政治引领工作面临的挑战与工会工作创新研究

王艳艳

（河南省总工会干部学校）

摘　要：加强产业工人思想政治引领，教育引导产业工人听党话、感党恩、跟党走，爱岗敬业、干好本职工作，是党赋予工会的一项重要政治责任。思想工作不是简单的认知问题，而是与社会、环境、个人实践密切相关。人工智能是影响面广的颠覆性技术，对劳动领域、传播领域乃至意识形态领域带来深刻影响，也给产业工人思想政治引领工作带来机遇和挑战。为此，工会组织可以从增“三性”即政治性、先进性、群众性着手，正确处理守正、创新与务实的关系，坚持用习近平新时代中国特色社会主义思想凝心铸魂，创新工作方式方法，用心用情解决实际问题，强信心，暖人心，筑牢产业工人共同奋斗的思想基础。

关键词：人工智能　产业工人　思想政治引领　工会

党的十八大以来，以习近平同志为核心的党中央始终关心关爱工人阶级，高度重视并有力推进产业工人队伍改革，并把加强和改进产业工人队伍思想政治建设摆在突出重要位置。产业工人是工人阶级的主体力量，工会要不断强化对产业工人的思想政治引领，坚持用习近平新时代中国特色社会主义思想凝心铸魂，加强对产业工人的理想信念教育、职业素养教育、社会主义核心价值观教育，大力弘扬劳模精神、劳动精神、工匠精神，造就一支有理想守信念、懂技术会创新、敢担当讲奉献的宏大的产业工人队伍，在强国建设、民族复兴伟业中汇聚万众一心、众志成城的磅礴力量。

人工智能已成为国际竞争的新焦点和经济发展的新引擎，在“算法、算力、数据”的相互作用下，以近乎“人的思维”处理复杂问题，逐渐演变为一种能够进行自我学习、自我推理、自我适应的技术，也给产业工人思想政治引领带来新的问题。一方面，有必要形成新时代人工智能与产业工人思想政治引领双向促进的良好局面。这是因为，产业工人是人工智能技术及相关产品重要的研发设计者、训练操作者、生产制造者和产品应用者，人工智能的感知系统和思维范围受到人类开发者的限定，人工智能庞大的数据库也需要人类使用者的“喂养”，想要在中国式现代化发展中更好发挥人机关系的优势，创新推进产业工人思想政治引领正当其时。另一方面，人工智能正悄无声息地深度嵌入劳动领域乃至意识形态领域，颠覆性重构了意识形态的信息生产主体、传播载体和传播效果，并造成“机器换人”“信息茧房”等现实问题，不断引发产业工人的疑惑、焦虑，如何强信心、暖人心，进一步增强产业工人对社会主义主流意识形态的认同，是急需思考的问题。

为此，本文在文献研究基础上，重点探讨两个问题：一是人工智能视域下产业工人思想政治引领工作面临的多重挑战；二是针对这些挑战，工会如何应对。希望为工会更好开展相关工作提供一些思路。

一、文献回顾

产业工人，主要是指从事第一产业的农场、林场，第二产业的采矿业、制造业、建筑业和电力、热气、煤气及水的生产和供应业，从事以工资收入为生活来源的第三产业的运输、仓储和邮政业以及信息传输、软件和信息技术服务业等集体生产劳动的劳动者。目前，农村户籍的产业工人占了一半以上，制造业、建筑业集中了近80%的产业工人，第三产业工人的比重越来越大。而且，新时代产业工人还有新的特征：一是与新技术、新业态相衔接，在新材料、新能源、先进制造等产业中分布较多；二是年龄较小，以80后、90后居多；三是受教育程度较高，多数具有中专以上学历。①

思想政治引领，就是先进的执政党用先进的思想引领其他人，筑牢团结奋斗的共同思想政治基础。② 围绕“产业工人思想政治引领”课题，学者们从不同角度研究了产业工人的思想政治状况、产生问题原因及相应解决对策。王艳霞从我

① 数据来源于全国总工会发布的第九次全国职工队伍状况调查结果。
② 刘佳义．论凝聚共识［J］．中国政协，2019（23）：20－21．

国社会矛盾变化视角出发，阐述了产业工人队伍改革的重要意义，并指出产业工人面临思想意识的变迁与困惑，产生困惑的原因是产业工人地位下降，困惑的解决也必须靠产业工人社会地位及社会权利的整体提升，而其核心则是正确的思想引领。① 李鑫尧等基于全国 12 家企业、6 所职业院校的调查结果，发现在实体经济发展中，产业工人的思想政治状况基本稳定，但不少产业工人同时存在职业自豪感不强、主人翁意识淡薄、学技能动力不足、建功新时代着力点不清等问题，而产生这些问题的原因主要是产业工人社会地位低、经济待遇低、技能提升难以及新业态下择业观的冲击等。② 河北省总工会办公室对包括进城务工产业工人、国有企业大龄产业工人、新生代农民工、劳模工匠等先进典型、外资企业产业工人在内的不同类型产业工人的思想特点进行了分析，并给出对策建议。③ 刘若实在调研基础上发现，非公企业产业工人存在思想政治引领难度加大、产业工人身份认同感不足等问题，须通过实施思想政治引领工程、加强制度保障、强化宣传教育、加大权益维护等措施，实现产业工人物质生活和精神生活的相互促进。④ 赵明霏在研究“互联网 + 产业工人队伍建设”时，提出通过构建产业工人队伍信息平台、建立产业工人基础数据库和学习资源数据库、充分发挥思想引领等服务职能，形成多主体协同参与的产业工人队伍建设新模式。⑤

关于什么是人工智能，一类观点认为人工智能始见于计算机科学领域，是围绕模拟人脑思维活动而衍生和发展起来的一系列计算机科学的总称。⑥ 2018 年以来，国内逐渐开始研究“人工智能与思想引领”相关课题。李昊远指出，在思想引领的命题中，之所以用“引领”而非“代替”“排除”等词语，就在于承认多元思想的共存共生，换言之，思想引领旨在正视多元思想的合理利益诉求，调动一切积极有利的思想因素，共建和谐共生、相互协同的思想生态。智能时代，作为“中介”“座架”的人工智能深刻融入网络空间的思想生态之中，以至于思

① 王艳霞．深化产业工人队伍建设研究——基于新时代我国社会主要矛盾变化的视角［J］．山东工会论坛，2018，24（4）：31－36.

② 李鑫尧，姜海珊．实体经济发展中产业工人思想政治引领的实践路径探索——基于全国 12 家企业、6 所职业院校的调查［J］．中国劳动关系学院学报，2021，35（1）：68－74.

③ 河北省总工会办公室．新时期不同类型产业工人思想状况分析与对策［J］．工会信息，2019（11）：20－22.

④ 刘若实．共同富裕背景下非公企业产业工人思想政治建设路径研究——基于浙江非公企业产业工人思想状况调查［J］．天津市工会管理干部学院学报，2023，40（2）：22－27.

⑤ 赵明霏．“互联网＋产业工人队伍建设”路径探析［J］．山东工会论坛，2019，25（1）：100－103.

⑥ 张磊，王建新．从释放到赋权：人工智能嵌入网络主流意识形态话语权建构研究［J］．新疆社会科学，2021（1）：140－146.

想和思想之间的关系可以表达为“技术性链接”“技术性依存”“技术性交往”，“技术”跟进思想引领显得十分重要。[①] 沈江平认为，人工智能是受人类主体理性建构和制约下的产物，这种特点决定人的主体价值甚至社会价值观念必定融入整个设计过程之中，这些价值观念会随设计过程的完成而发生作用，也就是说人工智能必然带有意识形态性。[②] 代金平等认为，ChatGPT 等生成式人工智能技术内嵌渗透到社会生活领域之中，裹挟了众多具有新特点的意识形态风险，如何化解防范这些风险，成为维护意识形态安全“绕不过的门槛”。[③] 万伦来等探究“和谐—错位—冲突”的人机关系发展变化历史，提出通过建立正确的人机伦理三观，使人对人机伦理形成合理认识，在人工智能中嵌入“善”的理念，构建和谐共生的新型人机关系。[④] 谢丽娜等指出，人工智能技术挑战着人类的全面发展，人类不仅遭遇着失业危机，人的劳动能力也有可能被替换，尤其是当人寻求进步的途径跟不上技术的发展，社会就会产生新的不平衡。为使人工智能技术更好服务于人的全面发展，需要保持人对技术的主体地位，促进教育与生产劳动深度融合，赋能人全面发展的洞察力和想象力。[⑤] 张新春等指出，人工智能技术条件下，人类社会不仅有基础为“人的全面发展”创造更好的物质、教育条件，而且伴随生产关系、经济关系的变化，社会由于现实需要会创造出更多促进“人的全面发展”的就业岗位、社会服务。而教育，尤其是对“人的全面发展”的教育，将是人类消灭社会桎梏、解决进步瓶颈、推动历史前进的长效动力。[⑥]

通过文献梳理发现，人工智能与人类的意识始终保持着千丝万缕的关系，产业工人是人工智能发展的重要主体，产业工人思想政治引领是关系人的全面发展、产业工人队伍稳定、经济社会发展、国家安全的一项基础性工作。面对人工智能带来的新情况新问题，如何做好产业工人思想政治引领工作是当前工会干部需要思考的一个重要课题。但是，从工会角度出发进行相关研究的文献较少。为

---

① 李昊远．语境、逻辑与意义：网络空间思想引领的技术跟进［J］．常州大学学报（社会科学版），2023，24（4）：107－116．

② 沈江平．人工智能：一种意识形态视角［J］．中国社会科学文摘，2019（7）：17－19．

③ 代金平，覃杨杨．ChatGPT 等生成式人工智能的意识形态风险及其应对［J/OL］．重庆大学学报（社会科学版），2023（5）：101－110．

④ 万伦来，杨泓艺．人工智能时代人机关系的哲学反思［J］．齐齐哈尔大学学报（哲学社会科学版），2021（1）：29－33．

⑤ 谢丽娜，孙振东．人工智能时代人的全面发展：何以可能和何以可为？［J］．开放教育研究，2022，28（4）：13－21．

⑥ 张新春，董长瑞．人工智能技术条件下“人的全面发展”向何处去——兼论新技术下劳动的一般特征［J］．经济学家，2019（1）：43－52．

此，本文围绕“人工智能视域下产业工人思想政治引领工作”这一主题进行探讨。

二、人工智能视域下产业工人思想政治引领面临的多重挑战

产业工人思想困惑、理想信念的问题，不是简单的认知问题，而是与社会、环境、个人实践密切相关。人工智能视域下，劳动领域、传播领域乃至意识形态领域都发生深刻变化，这些都为产业工人思想政治引领工作带来挑战。

（一）劳动领域人机关系变化及其挑战

人工智能和实体经济的重度结合，一定会造成人和机器之间的关系的变化。SAP 发布的《未来网络经济的 99 个趋势报告》指出，尽管 51% 的工作活动可以实现自动化，但是只有不到 5% 的工作会被人工智能或机器完全替换。Stanford HAI 发布《2023 年人工智能指数报告》指出，人机协作是人工智能未来的发展方向。这说明，我们将面对的并不是机器与人之间的对立和竞争，而是优势互补、协同配合的人机一体化关系。由于人工智能的介入，产业工人工作方式、情感需求、收入水平、价值观念随之发生变化，诸多现实问题没有解决、现实需求没有被满足，这些问题需要引起思想引领工作者的注意。

一是传统劳动岗位减少所引发的问题。在工人成本增加和国家“人口红利”下降的情况下，“机器换人”正在从南方发达地区的制造业、服务业等向全国的不同产业领域拓展，人机协同将成为未来主流的工作方式。产业工人需要视人工智能为工作伙伴，以最快的速度掌握操控、维护智能机器人等相关技能。但是，“学习新技能并不是一蹴而就的事”，没有跟上时代的产业工人很可能在轮番技术更迭中“沉入谷底”，面临生存与发展困境，更可能催生“弱势群体”内心的相对被剥夺感。

二是价值与酬劳不匹配的问题。部分产业工人在人机协同的劳动模式下，工作效率虽然提升，但是总体付出的劳动量下降，所获得的酬劳相比以前就会减少。事实上，产业工人作为人机协同的主观能动者，肩负着监控人工智能工作任务是否快速完成、智能化设备是否在可控状态等相关工作，应该从智能机器人创造的价值中获得部分酬劳。但是，很多企业或组织都把引进智能机器人所带来的回报计算成固定资产投入的收入，而不会考虑给相关产业工人提升待遇。不仅如此，不同领域、不同行业的收入差距逐渐增加，与高精尖相关联的产业，其产业

工人酬劳可能会上升至较高水平，而处于边缘化产业或即将被淘汰的产业内的工人却将面对低收入造成的贫困化等危险。与收入差距一起产生的问题则是产业工人队伍的不断分化，这给统一不同工种产业工人的思想基础、增进不同工种产业工人之间的团结协作，带来更多挑战。

三是人际交往疏离、人机关系异化问题。在人机协同的劳动模式下，人机交流将挤占人际交流的空间，产业工人更关注自己与智能机器人之间的沟通与链接，工人之间的沟通则从“面对面”转变为虚拟化、智能化的“屏对屏”，人际关系在生产中呈现疏离状态。碎片化、分布式就业削弱产业工人与社会的联系，且社会关系不要求身体“在场”，“公共生活”随之减少，产业工人日益个体化。人机互动增加和人人互动减少，可能引发新型的情绪问题和工作场所压力，降低产业工人工作场所幸福感和体验感。加之社会过度竞争、内卷，且受到原子化个人观的影响，产业工人越来越孤独，聊天机器人、陪伴机器人可能成为许多孤独个体的“伴侣”，但这会加剧人际关系的疏离、个人生活的孤僻，潜移默化改变产业工人的行为及价值观，进而侵蚀产业工人的独立性和自主性。

四是价值观念转变、现实诉求多元化问题。人工智能的大量使用，使得大量规律性、事务性的工作岗位被取代，产业工人转向易变性和非规律性岗位，在这种不确定性和模糊性愈来愈高的工作岗位中，秉持“安分守己”工作价值观的员工将面临更多的职业挑战，以创造性工作为主的产业工人将成为工作场所的主力军，“说走就走”、忠于专业而非组织等可能成为新的工作价值观。不仅如此，“90 后”“00 后”等新生代产业工人队伍逐渐壮大，他们受过良好教育，思维活跃，自我意识更强，表达方式个性化，追求更高层次的生活品质，重视个人成长和职业发展，敢于挑战权威，维权意识和能力明显增强，这些变化也给产业工人思想政治引领工作带来挑战。

（二）传播领域智能传播崛起及其挑战

人工智能改变了传统的信息传播方式，产业工人的思想和行为方式的变化不再单一依赖于现实环境的变化，而是受到智能媒介所创造的“拟态环境”的影响。“拟态环境”是智能媒介通过对新闻和信息有选择地甄别、加工、过滤、重构后人为造就的信息环境。“智能媒介”，则既包括智能手机、智能电视、智能音箱、个人电脑等实体媒介物品，也包括新闻推荐算法、语音助理、ChatGPT 聊天机器人等“无形”数码物。拟态环境中，智能媒介表现出的个性分发、智能交互、圈层固化等问题，会影响产业工人思想政治引领工作。

一是“个性分发”稀释主流思想传播内容。第一，算法推荐的“定制性”降低产业工人对主流思想的注意力。这是因为，智能媒介运行的背后潜藏着人的思想意图和价值倾向。一些智能媒介操控者在资本逐利、个人私利的驱动下，将热点话题推送至信息前沿，而部分重要的主流思想相关信息，由于无法满足资本增值的需求，在资本逻辑的“拣选”机制中被隐蔽、下沉、后置。第二，算法推荐的“喂养性”影响产业工人对异质性思想的辨别力。产业工人在享受智能媒介提供的个性化信息服务时，也使自身深陷同质化的信息困境，无法获取意见相异的信息，容易在“偏颇吸收”机理的影响下视野变窄、思维僵化，甚至于只愿意接受自己愿意相信的信息，陷入“信息茧房”① 的认知陷阱。

二是“智能交互”广泛使用挤压主流思想传播阵地。首先，人工智能抢占产业工人日常生活阵地。ChatGPT 等生成式人工智能实现服务场景多元化，涵盖日常工作、科研教育，乃至公共服务等领域，通过人机对话的智能交互模式，从海量信息中简洁高效地归纳出用户所需信息，进而潜移默化地介入产业工人的吃穿住行，干预日常生活，影响个人决策。而传统主流思想传播阵地多是面向企业、车间、班组，遵循的是自上而下、集中统一的传播方式，对日常生活片段时间的影响和辐射力还有待加强。其次，人工智能影响话语阵地建设。“智能交互”以高度拟人化的“对话者”身份，根据用户的提问和反馈，一步步调整自己的答案，这种问答式的、不断通过提问者的否定来层层递进完成问题探讨的方式，正是著名的“苏格拉底助产术”，呈现出西方话语逻辑框架特点。并且，生成式人工智能的话语生产是一种“从有到有”的过程，就是对海量未经组织的原始话语数据进行排列处理，这可能会过滤掉主流思想中许多有价值、有深度的信息，造成内容和意义的双重“缩水”，甚至碎片化材料的拼凑、剪裁，可能导致失真信息的传播和扩散，削弱主流思想话语深度和权威。

三是“圈层固化”阻塞主流思想传播渠道。首先，“个性分发”和“智能交互”会造成圈层固化，增加圈层之间的冲突。在算法推荐的中介下，具有相同政治立场和思想观点的产业工人会在网络上形成细分的聚合体，圈层内部成员的观点在拟态环境中被不断地重复和强化，圈层内部人员越来越有默契，并逐渐固化。圈层固化阻碍不同群体之间的交流，成员认同圈内观点而排斥圈外观点，容易引发个体对立与群体极化，导致圈层冲突和舆情危机事件频发，对主流思想凝

---

① 信息茧房，指在信息传播中，人们只注意自己选择的东西和使自己愉悦的东西，长此以往，自己会被束缚在像蚕茧一样的“茧房”里。

聚共识造成一系列的挑战。其次，圈层内“头部效应”明显，从而削弱弱势群体的思想表达。网络圈层内部有着明确的层级划分，其中影响力最大的当属拥有庞大粉丝群的网络意见领袖。在参与社会公共议题讨论时，网络意见领袖的意见占明显主导地位，其他个体害怕被孤立而不愿意把自己的观点说出来，导致有关产业工人的网络调研和社会舆论并不能完全反映所有产业工人的意见和真实诉求，即陷入“沉默的螺旋”①。最后，圈层固化加大了思想引领工作者与产业工人之间的理解和沟通难度。如产业工人可能根据兴趣爱好，加入微博、抖音、小红书为阵地的饭圈，以B站、漫画岛、风车动漫为主导的动漫圈等，但是，思想引领工作者难以覆盖并融入如此多的智能媒介平台，因而常常陷入“融不了圈”的无奈境地。

（三）意识形态领域局部多元多变及其挑战

从技术竞争视角看，发展智能科技的政策本身就是意识形态较量的一部分。技术赋权下，人工智能技术会影响产业工人的意识形态选择。同时，在思想生态中，中西方文化、网络文化与传统文化、主流文化与亚文化共存。因此，做好产业工人思想政治引领工作，还必须在当代复杂的国际格局中加以认识。

一是思想生态局部呈现“去中心化”趋势，从而对以往思想引领的“中心化”模式提出了挑战。在以往的社会历史中，由于思想和技术环境的相对单一，思想引领往往呈现出一种引领性思想居于中心和原点，其他思想环绕中心的样态。但在互联网空间内，原来处于“边缘”地位的思想可以借助P2P的物理结构连接其他思想，每种思想在对原有中心“去中心化”的同时也努力将自身建构为一个新的中心，以便主张自身的主体性。这在本质上反映了“中心”与“边缘”的混同或易位趋势，一定程度上削弱了引领性思想的唯一性和中心性地位。

二是社会思潮呈现“多元化”特征。社会思潮是在特定环境下广泛影响社会生活的一种意识形态倾向，“多元”中每一“元”都反映了特定群体在政治主张、经济诉求、文化选择方面的理解和价值偏好。这种特点提示我们，产业工人群体共识的形成是有难度的。

尤其是一些社会思潮，虽然不会直接冲击引领性思想的地位和效果，但如若

① 沉默的螺旋，指一方意见的沉默会造成另一方意见的增势，如此循环往复，便形成一方声音越来越强大，而另一方声音越来越沉默的螺旋发展过程。

任其发展将会对社会价值观形成认知偏差，值得警惕。其一，消费主义思潮。消费主义是改革开放后西方逐渐传入我国的一种社会思潮，一些市场化平台竭力将消费粉饰成提升社会层次、实现阶层跃升、彰显生活品位的主渠道，反复刺激人们的炫耀心理、攀比心理和盲从心理，引导人们“遵循享乐主义、追寻眼前的快感；主张利己主义，奉行以个人为中心的人生信条”，消解集体主义、奉献精神、劳动光荣等社会主义价值观念。其二，“佛系”“躺平”思潮。前者侧重于心理，后者侧重于行为。佛系心态表现是“万事随缘”，即当在工作生活中需要发挥主观能动性、运用自身判断力作出选择的时候，秉持一种无所谓的心理，一切随缘，怎么都行。持有“佛系”心态的产业工人在行动上的表现就是“躺平”行为，即不做不为。一旦主流价值观介入力度不足，就会导致产业工人世界观、价值观、人生观的困惑，并由此产生理想信念危机，滋生得过且过的懒惰意识。其三，“泛娱乐化”思潮。一些平台把“娱乐一切”作为吸引流量和增强用户黏性的最高目标。在流量指挥棒下，一些戏谑经典、贬低传统、歪曲历史、违背纲常、追求怪诞的信息被推上了“热搜”，这可能诱导产业工人在休闲时刻乐于追求新奇的视听体验、肤浅的感官刺激，而疏离宏大、深刻和严肃的主流思想。更为严重的是，西方错误思潮可能披着娱乐、恶搞、戏谑的外衣，开展更为隐蔽，更具有欺骗性、迷惑性和危害性的网络渗透活动。

三是“主体旁落”和“把关缺位”。由于思想生态格局去中心化、多元化，话语主体被技术赋权，每个人都可以成为信息的生产者和消费者，宽松自由的传播氛围降低了传统新闻媒介“把关人”的地位和作用，并且日益凸显人工智能“数字把关”的作用。但受限于既定的算法模型，人工智能对于有些暗讽、反语等形式的非主流信息缺乏鉴别力，容易导致把关缺位，造成舆论场域中众说纷纭，助长虚假宣传和舆论操纵。更为严重的是，目前国内人工智能的训练多是基于英文环境的代码训练，不仅可能存在价值观偏差，更可能出现不同语言及其所代表的文明之间的激烈竞争，侵蚀、同化、瓦解国家的民族文化，甚至颠覆国家的意识形态。

三、人工智能视域下工会加强产业工人思想政治引领的创新路径

中国工会十八大报告指出：“要坚持用党的创新理论武装头脑、指导实践、推动工作，以实际行动把亿万职工群众紧紧团结在党的周围，不断夯实党长期执政的阶级基础和群众基础，切实维护职工群众合法权益，努力解决好急难愁盼问

题，不断增强广大职工群众的获得感、幸福感、安全感，千方百计调动亿万职工群众的积极性、主动性、创造性，唱响‘咱们工人有力量’的时代强音。”工会可以从不断增强政治性、先进性、群众性着手，正确处理守正、创新与务实的关系，积极探索人工智能赋能产业工人思想政治引领工作的新路径，团结引领产业工人坚定不移听党话、矢志不渝跟党走、爱岗敬业干好本职工作。

（一）突出政治性，坚持用习近平新时代中国特色社会主义思想凝心铸魂

1. 拓展理念，培育思想政治引领的“和谐化”生态

在目标理念层面，一是必须坚持以习近平新时代中国特色社会主义思想为指导，深刻把握党的创新理论的丰富内涵、精神实质和实践要求，深刻领会这一重要思想的世界观方法论和贯穿其中的立场观点方法，深刻领悟“两个确立”的决定性意义，增强“四个意识”、坚定“四个自信”、做到“两个维护”，以更强信心、更大力度做好思想政治引领各项工作。

二是直面思想多元化的客观现实，重视运用人工智能等技术提升思想引领水平。一方面，针对整体上无涉政治意识形态、处于“亚文化”层级的思想进行技术疏通和引导，例如，针对消费主义、享乐主义、利己主义、躺平主义，工会可以结合工会数字化建设，通过用户画像，利用算法，精准把握产业工人思想动态，研判其发展趋势，做好线上线下舆论引导。另一方面，针对有明确政治企图、可能颠覆主流思想价值地位的社会思潮进行技术封驳和围堵，例如，工会可以充分发挥部委协同、地方联动机制作用，不仅仅在技术上采取阻却措施，还可以探索建立反制机制，为维护劳动领域政治安全赋能增效。

三是处理好人工智能广泛应用与人的自由全面发展的关系。在人工智能赋能千行百业的背景下，工会要坚持“以职工为中心”的工作理念，借鉴儒家提倡的中庸思想，既要大力支持人工智能的开发与部署，又要重视研究人工智能给产业工人带来的正负双重效应，平衡好人与技术之间的发展“中”点。

2. 更新内容，重视产业工人和工会干部智能素养教育

中国工会十八大报告在第三部分“今后五年的主要工作”中提出要强化职工思想政治引领。广泛开展理想信念、社会主义核心价值观、“四史”“中国梦·劳动美”“大国工匠”“最美职工”“万名劳模工匠宣讲党的创新理论”等系列教育和活动，不断增强职工群众的政治认同、思想认同、理论认同、情感认同，筑牢亿万职工团结奋斗的共同思想基础。

为更好发挥人工智能赋能效用，工会还需要坚持用习近平新时代中国特色社

会主义思想统领工会工作，深入贯彻习近平总书记关于工人阶级和工会工作的重要论述、习近平总书记关于网络强国的重要思想等内容，加强个体智能素养教育，并重点关注三类人群：

一是技术研发人员，要教育引导技术研发人员树立正确的道德观、价值观和科技伦理意识，增强意识形态敏锐性，将主流意识形态作为技术研发核心融入人工智能的数据采集、算法设计和产品应用全过程，使人工智能扮演好“自我把关人”的角色。

二是中低技能产业工人，引导这部分产业工人看到人工智能创造的发展机遇，意识到终身学习的必要性，感受到创意性、交互性、服务性劳动的重要性，充分利用工人尚未被智能机器人大规模取代的缓冲期，努力提升专业技能；增强前瞻思维，主动规划智能机器可能带来的大量闲暇自由时间，勇于追求惬意自在的美好生活。

三是工会干部。要帮助工会干部克服本领恐慌，普及有关大模型、深度学习等技术知识，帮助他们理解人工智能的运作原理和局限性，更好运用新技术开展工作；要引导他们“养成提问的好习惯”，加强调查研究，深入基层蹲点，掌握信息传播和舆论发酵的基本规律，了解群众的真实诉求，增强识别和抵御各种意识形态风险的能力。

3. 创新方法，通过日常生活进行隐性渗透

日常生活是产业工人生存和发展的最基本的活动背景，隐性渗透旨在将教育内容渗透到产业工人的日常工作、生活和学习中，使产业工人在潜移默化中接受教育。为此，需要做好以下工作。

一要精准把握产业工人思维理念与需求。运用人工智能在数据洞察、趋势预测等方面的优势，图绘不同界别、层次、工种的产业工人的思想倾向、思维方式、价值观念、情感意志等内容，找到思想引领与产业工人利益诉求的契合点。

二要善于运用产业工人喜闻乐见的方式。要活用“衣、食、住、行、游、娱、医”等智能生活场景传播主流思想，采取故事性的叙事方式和充满生活气息的话语，解答产业工人在日常休闲、医疗问诊、法律服务、心理疏导等方面的疑问，让主流思想传播话语更“接地气”。要多用图式化、感受性的呈现方式，积极利用“5G + AR/VR/MR”、音乐、动漫、综艺等立体化具象化的表现形式，让主流思想传播方式更“有趣味”。要巧用主题纪念日、节假日等时间节点，结合中华民族的辉煌历史和国家发展的伟大成就，唤起产业工人的文化记忆与现实期待，让主流思想传播内容更“有底气”。

三要注重双向互动。打通传播渠道，善用人工智能科学分析网络信息，从中提炼产业工人关心的公共议题，激发产业工人参与讨论的热情；鼓励产业工人通过投票、评论、群接龙等方式，合法合理表达诉求，拉近思想引领工作者与产业工人之间的情感距离。在这一过程中，工会媒体要与主流媒体积极合作，借助人工智能舆情监测系统，扮演好网络意识形态的“守门人”和“把关者”角色。

四要调动产业工人自我教育的能动性。首先，选树“网络红人”。借助智能算法模型，在快手、抖音、B 站、小红书等不同的圈层领域中，遴选培育一批兼具政治理论素养与圈层话语权威的产业工人“网络红人”，针对受众特点，有针对性地突出“网络红人”身上的闪光点，以“圈内人”的身份，生动讲述身边人、身边事，在朋辈教育和“意见领袖”的双重作用下，壮大主流声音，增强理论传播的亲和力和感染力，实现产业工人由受教育者向教育者身份转化。其次，扩大“网络红人”的正效应。将产业工人“网络红人”发展为圈层中的一个核心传播节点，加强“网络红人”与“粉丝”的互动，由此形成互动传播圈；加强“网络红人”之间的互动，进而增加圈层互动交往；根据互动结果不断调整内容策略和宣讲方式，扩大主流思想的多圈层传播，有利于凝聚产业工人思想共识。

4. 丰富载体，加强线上、线下工会阵地建设

第一，线上结合工会数字化建设，打通工会系统网站、APP 客户端、微博、微信公众号、干部教育培训网、工会“E 卡”等平台，同时结合抖音、快手、西瓜视频等新媒体平台，构建传播矩阵，方便用户的观看、评论及转发。面向智能穿戴、家居和出行等领域开展前瞻性布局，因为机器人、无人机、智能家居等任何一件物体都可能成为视听传播的载体，例如，拥有视频画面的智能门锁、拥有智能屏幕的冰箱、拥有语音交互能力的电视等。

第二，线下依托工人文化宫、职工服务中心、图书馆、职工书屋、文化馆（站）等场馆，同时探索在工人集中的园区、工地、楼宇、村居等地建设爱心服务驿站，增设智能设备，如自助智能书柜等，帮助产业工人关注多样信息、听取多方意见，主动打开被智能媒介遮蔽的天窗，为主流思想的深入传播提供更多可能。

第三，推进产教融合，发挥劳模工匠学院、职业院校作用，开展适合产业工人特点的思想政治教育和职业教育，培养新生力量，壮大产业工人队伍。

（二）保持先进性，调动产业工人积极性、主动性、创造性

工会组织先进性如何体现？其中一个重要方面，就是紧紧围绕党和国家工作

大局，充分激发包括产业工人在内的职工群众的创造精神和奋进力量，为实现中华民族伟大复兴中国梦而奋斗。这就需要工会将产业工人思想引领与建功立业相结合，把握人工智能发展的新机遇，探索以职工为中心的教育活动，引导产业工人将学思想的热情，转化为干事创业的积极性、主动性、创造性。

1. 广泛深入持久开展劳动和技能竞赛

探索在人工智能等新产业、新业态、新组织开展具有产业特点和业态特色的竞赛活动，激发产业工人创新创造热情。例如，上海浦东新区人工智能创新应用大赛首次引入“赛训融合 + 赛证合一”的概念，参加竞赛培训的选手可获得由上海市计算机行业协会颁发的专项培训证书，其中获奖的优秀选手将由组委会向上海市人工智能行业协会推荐，免费参加人工智能训练师职业技能等级鉴定。同时，优秀项目由大赛组委会牵头对接需求采购方或社会资本，促进项目投入研发或产业转化。

2. 突出发挥劳模工匠示范引领作用

劳模是思想政治引领、精神文化引领主体的重要组成部分，在激发产业工人爱岗敬业和创造潜能方面发挥着重要作用。一是发挥创新引领作用。由劳模工匠牵头成立的创新工作室，可以发挥劳模工匠的专业优势与技术专长，带动引领更多产业工人进行创新研发。为此，可加大扶持力度，鼓励劳模工匠带领团队结合本领域工作实际，开展“新一代人工智能”重大项目研发，积极应用国产人工智能技术提升智能化水平。通过智能通信技术，探索构建学习交流、成果共享、多重激励机制，推进劳模和工匠人才创新工作室联盟建设。二是发挥素质引领作用。2023 世界人工智能大会发布数据显示，国内人工智能领域人才总缺口达 500 万，先进制造业、数字建筑业等领域产业工人队伍后继力量补充面临严峻形势。工会可开展劳模工匠培训，强化“劳模工匠—产业工人”的技能学习互动交流，培养更多科技创新领先人才。

3. 通过改造环境间接激励产业工人

环境是影响产业工人积极性、主动性、创造性的重要因素，产业工人通过主观体验对环境蕴含的信息进行取舍和评判，最终内化为自己的思想，这种交互过程使自我在自觉中得到发展，为此，工会可以采取下列措施。

一是改造实体环境，打造“家庭友好型”工作场所。一方面，产业工人中一半以上具有农村户籍，可以实施一系列的工作家庭支持计划，包括弹性工作制、工作分享制、解决配偶就业和子女教育问题等。这不仅可以改善产业工人的家庭环境，还会得到其家人对其工作更多的认可与支持，促进产业工人在工作中表现得更好。另一方面，应重视领导对产业工人工作家庭促进形成的重要作用，呼吁各级领导改善领导方式，还可以开展家庭支持型主管行为的培训，提升领导协助产业工人满足家庭需求的能力。

二是改造网络环境，持续营造尊重劳动和崇尚技能的良好氛围。把劳模精神、劳动精神、工匠精神融入网络载体建设全过程，结合人工智能和区块链等技术，制作弘扬“三种精神”的微视频，借助算法进行精准投放，实现“千人千面”。可搭建数字展厅，通过智能媒体和数字技术在虚拟空间开展“一对一”的理论宣讲、“心贴心”的心理疏导、“手把手”的技能培训，激励更多产业工人走技能成才、技能报国之路。

（三）增强群众性，提升产业工人获得感、幸福感、安全感

切实解决产业工人关心关注的实际问题，是做好思想引领工作的内在要求，也是增进产业工人对主流思想和价值观产生认同的必要条件。人工智能视域下，工会可以发挥贴近群众的特点优势，进一步做好职工维权服务工作，主要着力点在于以下几方面。

1. 着力维护产业工人劳动经济权益

引导企业充分发挥主体作用，探索将具体劳动量与工资报酬分离，形成更为合理的增值分享机制。例如，在既定分享规则下，企业共享资源和服务，个体共享利润和价值，进而使企业中的每位工人在收益驱使下主动工作。探索以工作室、项目制、分红制等方式赋予中高技能劳动者更多的劳动者自主性和激励性。坚持“以人为本”探索合理分工模式，尊重并切实保障产业工人享有更人性化、更有尊严、更体面的劳动权，避免用人单位将低技能产业工人看作智能机器的“附庸”而进行过度简单机械的分工。

2. 大力开展服务帮扶

树立“服务先行”理念，结合新兴产业工会建设、新就业形态劳动者工会建设、基层工会建设等问题，扩大工会服务的开放性，促进会员带动吸收会员。一是创新智能服务。完善服务体系，推动辖区内党政、社会、企业各类服务资源共享，更好满足产业工人对美好生活的向往。例如，昆明市盘龙区在社区职工驿站设立职工智慧一体机，将党和工会政策解读、职工驿站站点网址查询、入会申请等服务，与生活缴费、城市服务、交通出行、资格证查询补办等高频使用的自助服务功能整合，方便职工在家门口享受一站式服务。二是做好就业帮扶。针对最有可能受到人工智能影响的产业工人群体，如司机、收银员、仓库管理员、建

筑工人等，提供面向未来的人工智能新技能培训。持续整合岗位信息，为产业工人提供人职匹配等就业服务，鼓励产业工人发挥创意、创新、创造的独有优势，突破劳动困境，拓宽就业空间。针对低技能工人被人工智能挤压和就业“碎片化”的现实，监督相关责任单位落实落细失业保险、贫困补助、医疗救助等社会保障政策措施，必要时提供兜底保障，确保在智能化进程中失业的工人基本生活不受影响。

3. 加强企业民主管理

企业民主管理有助于产业工人保障主人翁地位、增强“参与度”，拥有“获得感”。未来企业形态将是共生型组织，“跨界融合”成为组织常态，为此，需要推动健全跨省市、跨区域、跨产业的集体协商及覆盖全国的职工代表大会制度，同时借助人工智能等技术优势，积极探索推进民主管理的一些创新性做法。例如，京东集团开发智能投票系统，以集团各业务单位划定选区选举职代会代表，会议议题通过线上方式广泛征求意见建议、智能汇总分析，并在企业内网进行全员公示。中国兵器工业集团不断扩大职代会制度的内涵和外延，坚持民主管理常态化。中国宝武钢铁集团将推行职代会、厂务公开、集体协商等纳入公司党建工作体系，写入公司章程。并且，已有工会界代表提出，建议启动《企业民主管理法》立法程序，通过法律的形式充分保障包括产业工人在内的广大职工的民主政治等权利。

4. 积极推动构建和谐劳动关系

一是协助完善解雇保护制度。解雇保护是妥善协调生产方式升级换代与劳动者自身权益的重心，人工智能技术引起的规模性裁员，将使得这一问题更加突出。此类争议已在司法实践中有所体现，如 2017 年上海市首例“机器换人”劳动争议案件，争论焦点就在于对“客观情况发生重大变化”的不同解读。为建立和谐劳动关系，工会应发挥协调劳动关系三方机制作用，会同政府、企业，结合本地区、本单位经济发展实际情况，完善企业规模和裁员比例之间的关联关系，把握好国家推动技术发展与控制技术性失业之间的平衡。二是抓好劳动关系发展态势监测，借助“12351”职工维权服务热线、网络信息员队伍、劳动关系风险智能预警系统等，加强分析研判，防范化解风险。三是调处劳动争议纠纷。坚持和发展“枫桥经验”，推进“工会 + 法院 + 检察院 + 人社 + 司法”协作联动机制，引导调解员善用人工智能技术找准问题根源，寻求相似案例解决方案，更高效地处理矛盾纠纷，切实维护劳动领域政治安全。

四、结语

人工智能视域下，产业工人思想政治引领工作机遇与挑战并存。为创新推进产业工人思想政治引领，工会还需要有效发挥党联系职工群众的桥梁纽带作用，积极争取党政支持，加强工会双边多边国际交流，把产业工人思想引领与建功立业、素质提升、地位提高、队伍壮大等重点改革任务贯通起来，善用新技术用心用情推动解决产业工人“急难愁盼”问题，不断增强产业工人的政治认同、思想认同、理论认同、情感认同，团结引导产业工人为强国建设、民族复兴而努力奋斗！

参考文献：

[1] 刘佳义．论凝聚共识［J］．中国政协，2019（23）．

[2] 王艳霞．深化产业工人队伍建设研究——基于新时代我国社会主要矛盾变化的视角［J］．山东工会论坛，2018，24（4）．

[3] 李鑫尧，姜海珊．实体经济发展中产业工人思想政治引领的实践路径探索——基于全国12家企业、6所职业院校的调查［J］．中国劳动关系学院学报，2021，35（1）．

[4] 河北省总工会办公室．新时期不同类型产业工人思想状况分析与对策［J］．工会信息，2019（11）．

[5] 刘若实．共同富裕背景下非公企业产业工人思想政治建设路径研究——基于浙江非公企业产业工人思想状况调查［J］．天津市工会管理干部学院学报，2023，40（2）．

[6] 赵明霏．“互联网＋产业工人队伍建设”路径探析［J］．山东工会论坛，2019，25（1）．

[7] 张磊，王建新．从释放到赋权：人工智能嵌入网络主流意识形态话语权建构研究［J］．新疆社会科学，2021（1）．

[8] 李昊远．语境、逻辑与意义：网络空间思想引领的技术跟进［J］．常州大学学报（社会科学版），2023，24（4）．

[9] 沈江平．人工智能：一种意识形态视角［J］．中国社会科学文摘，2019（7）．

[10] 代金平，覃杨杨．ChatGPT等生成式人工智能的意识形态风险及其应对

[J]. 重庆大学学报（社会科学版），2023（5）.
[11] 万伦来，杨泓艺. 人工智能时代人机关系的哲学反思[J]. 齐齐哈尔大学学报（哲学社会科学版），2021（1）.
[12] 谢丽娜，孙振东. 人工智能时代人的全面发展：何以可能和何以可为？[J]. 开放教育研究，2022，28（4）.
[13] 张新春，董长瑞. 人工智能技术条件下“人的全面发展”向何处去——兼论新技术下劳动的一般特征[J]. 经济学家，2019（1）.

新时代产业工人思想政治建设路径分析

——以企业班组党建工作为例

韩康睿　白　杨

（陕西工运学院）

摘　要：本文以新时代产业工人思想政治建设为导向，以企业班组党建工作为抓手，结合定量与定性的研究方式，通过问卷法及访谈法对171位班组长基本资料以及班组党建情况进行调查分析，得出当前班组党建工作存在的党员比例低位、组织建设不全、硬件设施不足、党务人才缺乏、党建活动单一、经费保障不足等问题，在调查数据和实践经验的基础上，探索出新时代班组党建工作的路径：加强思想引领，激发红色动能；加强组织建设，增强制度保障；加强队伍建设，提升组织活力；加强党建与业务融合，实现良性发展；加强经费支持，增强党建实效；加强新媒体技术赋能，丰富学习体验，从而实现以加强企业班组党建工作赋能新时代产业工人思想政治建设的目标。

关键词：思想政治建设　产业工人　班组党建工作

一、前言

我国是工人阶级领导的，以工农联盟为基础的人民民主专政的社会主义国家。习近平总书记高度重视工人阶级，强调工人阶级是我国的领导阶级，必须坚持全心全意依靠工人阶级方针。为保持领导阶级的先进性，需要不断加强其思想政治建设工作，建设具有强大凝聚力和引领力的社会主义意识形态。党的二十大指出，意识形态工作是为国家立心、为民族立魂的工作，要牢牢掌握党对意识形态工作领导权，坚持马克思主义在意识形态领域的指导地位，巩固全党全国各族人民团结奋斗的共同思想基础，巩固壮大奋进新时代的主流思想舆论。而产业工人作为工人阶级中发挥支撑作用的主体力量、创造社会财富的中坚力量、创新驱动发展的骨干力量、实施制造强国战略的有生力量，其思想政治建设尤为重要，只有坚持党的领导，把握正确的政治方向，才能在更大程度上将产业工人组织动员起来，为实现党和国家的目标任务建功立业。《新时期产业工人队伍建设改革方案》也把加强和改进产业工人队伍思想政治建设放在五大方面 25 条举措的首要位置，从强化和创新产业工人队伍党建工作、突出产业工人队伍思想政治引领、健全保证产业工人主人翁地位的制度安排等方面提出一系列创新举措，着力建设一支有理想守信念、懂技术会创新、敢担当讲奉献的宏大的产业工人队伍。[①]

产业工人作为社会主义生产力的主体，其思想政治素质的提高，直接关系到我国经济社会发展的全局稳定。班组作为生产工作中的核心组织单位，起到了组织和协调的作用，可以为产业工人的生产工作提供支持和指导。而企业班组党建工作则是为了进一步加强企业内部基层组织建设，促进企业发展和产业工人队伍思想政治水平提升的一项重要工作。作为产业工人队伍思想政治建设工作的主要载体和抓手，企业班组党建工作不仅是组织党员进行党的理论学习和政治教育的过程，更是通过党组织的引领和覆盖，对产业工人进行全面的思想引导和精神激励的过程。

如今，各企业党委都在大力开展班组党建工作，不断创新打造班组党建特色品牌，如广州港集团党委开展“先锋助班组”专项活动，构建“党组织搭台、班组唱戏”一对一精准助力模式，将党建工作优势转化为班组执行力、凝聚力和战斗力[②]；广西中烟工业有限责任公司南宁卷烟厂制丝车间党总支（以下简称制丝车间党总支）开展三个“进班组”活动（理论学习进班组、主题活动进班组、“为民办事”进班组），推动党史学习教育常态化、长效化[③]；国网吉林省电力有限公司白城供电公司（以下简称“白城公司”），创新开展党组织“三带三提”班组建设实践，通过党组织“三带”模式，构建班组队伍素质、管理水平、专业质效“三个提升”建设格局，为激活班组“细胞”，焕发公司“机体”生机活力搭建新平台、开拓新途径等[④]。这些企业都是通过班组党建的系列创新工作，

---

① 李玉赋．新的使命和担当——《新时期产业工人队伍建设改革方案》解读［M］．北京：中国工人出版社，2017：6－7.

② 乔东．党的二十大为新时代班组党建文化指明方向［J］．班组天地，2022（11）：42－43.

③ 乔东．新时代班组党建文化要传承红色基因［J］．班组天地，2022（10）：44－45.

④ 何文，柴守立，张亚龙等．发电企业基层党支部建设融入班组建设的探索［J］．企业文明，2022（11）：46－47.

将班组党组织的党建优势转化为班组的发展优势，以强有力的组织形式保障企业生产经营的正常进行。

综上所述，新时代背景下班组党建工作取得了显著的成果和亮点。这些成就不仅彰显了党建工作在班组建设中的重要作用，更为今后的工作提供了宝贵的经验和借鉴。随着中国特色社会主义进入新时代，党的建设事业也迎来了新的历史机遇和挑战。作为党的基层组织和重要衔接环节的班组党建工作，承担着凝聚人心、引领发展的重要任务。因此，要大力加强企业班组党建工作，为新时代产业工人思想政治建设引领方向。

二、企业班组开展党建的意义

（一）贯彻全心全意依靠工人阶级的方针，为党建“提质”

党建一直都是中国共产党的重要任务之一，而全心全意依靠工人阶级的方针则是党建的核心之一。全心全意依靠工人阶级，意味着党要始终站在工人阶级这个最广大人民群众的立场，坚定地维护工人阶级的利益，以工人阶级为核心力量推动社会进步和发展。企业班组作为产业工人队伍的中坚力量，在企业发展和生产经营中扮演着重要角色。作为企业的基层党组织，班组党建坚持依靠工人阶级，把工人阶级作为班组的核心力量，在开展党建工作中，可以进一步贯彻全心全意依靠工人阶级的方针，深入了解工人的实际需求和关切，努力为工人提供良好的工作环境和发展机会。同时，班组通过积极参与工会活动，加强与工会的沟通与合作，共同维护工人的权益和利益。只有全心全意依靠工人阶级，才能更好地发挥班组在党建工作中的作用，为党建“提质”，从而不断推动企业发展取得更大的成就。

（二）加强思想政治引领，为产改“增效”

企业班组的优秀党建工作能够加强思想政治引领，为产业工人队伍建设改革“增效”，促进企业发展和员工素质提升。首先，优秀的党建工作可以加强班组成员的思想政治教育，引导产业工人正确理解和践行党的路线、方针、政策，不断增强班组成员的政治觉悟和理论素养，提升他们的思想品质和道德水平。其次，优秀的党建工作可以增强班组内部的凝聚力和团队精神。通过建立健全党组织和班组党支部，加强班组内部的组织管理和协作机制，构建一个稳定、有序的班组工作环境。最后，通过党建工作与生产经营相结合，可以提升班组成员的工作技能和专业素养，推动他们创新思维和技术能力的提升。党组织还可以开展各类培训和学习班，提供学习机会和平台，帮助班组成员掌握新的工作方法和先进的生产技术，从而提高企业的生产效益和质量水平。这不仅对企业的健康发展具有积极作用，也对产业工人队伍建设改革具有重大意义。

（三）激发组织精神活力，为班组“聚力”

班组作为企业中最基层的组织形式，是连接管理者与员工的桥梁。而党建对企业班组具有极其重要的意义，在党建的引领下，企业班组可以更加紧密地团结在一起，形成一个凝聚力强、战斗力强的集体。首先，党组织的存在不仅可以通过组织建设、管理制度等方面来促进班组成员间的凝聚力和归属感，而且可以借助党的宣传教育、思想引领等手段来增强班组成员的集体荣誉感和归属感。其次，党建活动的开展可以提升班组成员的组织纪律意识、责任意识和工作效率，从而提高班组的战斗力，为企业的生产经营提供坚强的保障。此外，党建活动还可以营造良好的企业文化氛围，激发班组成员的创造力和工作热情，增强企业的竞争力和发展后劲儿。由此可见，党建对企业班组来说，不仅仅是一种制度安排，更是一种发展优势，是促进企业可持续发展的重要保证。

三、当前党建工作存在的问题

本文在了解各类企业班组党建特色品牌的基础上，以新时代产业工人思想政治建设为导向，以企业班组党建工作为抓手，将定量研究与定性研究方式相结合，通过使用《班组党建情况调查问卷》对 171 位班组长进行问卷调查，收集班组长的基本资料以及班组党建情况，探究当前班组党建存在的问题以及影响班组党建的因素。同时，根据研究需要设计班组党建的访谈提纲，进行半结构化访谈，通过与 8 位班组长面对面的交流，进一步了解当前班组党建存在的问题及班组成员对党建的期待。

（一）个人基本情况

在该问卷中，将个人基本情况分为年龄、性别、文化程度、政治面貌、所在的单位性质、在党支部的身份（党员填写）、党龄（党员填写）几方面，从多个维度了解调查对象的基本情况。

表 3－1　班组长个人基本情况分布表

调查项目及分类		比例	调查项目及分类		比例
年龄	25 岁及以下	4.09%	文化程度	高中及以下	14.62%
	26～35 岁	44.44%		专科	43.27%
	36～45 岁	36.26%		本科	33.33%
	46～55 岁	14.62%		硕士	8.77%
	55 岁以上	0.58%		博士	0%
性别	男	85.96%	在党支部的身份（党员填写）	党支部书记	1.75%
	女	14.04%		党支委	12.87%
				普通党员	85.38%
政治面貌	中共党员（预备党员）	63.16%	所在的单位性质	国有企业	88.3%
	民主党派	0%		国有控股企业	5.26%
	群众	36.84%		合资企业	2.92%
党龄（党员填写）	5 年及以下	61.99%		外资企业	0.58%
	6 年至 10 年	11.11%		集体企业	1.17%
	11 年至 15 年	18.13%		民营企业	1.75%
	16 年以上	8.77%			

由表 3－1 可知，此次参与问卷调查的 171 名班组长年龄大多集中在 26～45 岁，整体文化程度中等偏下，大多为中共党员（预备党员），少数班组长为党支部书记或党支委成员，入党时间普遍偏低，大多在 5 年及以下，所在单位性质多为国有企业，通过对班组长个人基本情况的收集，可以对此次调查对象有大致的了解，为后期进行相关性分析奠定基础。

（二）班组党建情况

在该问卷中，将班组党建情况分为班组党员人数、制度建设、阵地建设、党员干部队伍建设、党建活动情况、党员参与积极性以及党建工作与业务工作的融合度情况等方面，多个层次了解 171 位班组长所在的班组的党建情况。

表 3-2 班组长所在的班组的党建情况

调查项目及分类		比例
班组党员人数占班组总体人数	10%以下	56.14%
	10%~30%	26.32%
	31%~50%	9.36%
	51%~70%	5.85%
	71%以上	2.34%
所在的党组织制度建设情况	制度健全，也得到了严格的贯彻执行	63.16%
	虽然制定了制度，制度也上了墙，但是制度得不到很好的贯彻执行	23.98%
	建立了一些制度，但具体的规定大家不甚清楚	11.1%
	根本没有制定、建立任何制度	1.75%
党员活动室建设情况	设有党员活动室，硬件设施较好，使用频率高	26.9%
	设有党员活动室，硬件设施较好，使用频率一般	24.56%
	设有党员活动室，但硬件设施一般	33.92%
	没有党员活动室	14.62%

由表3-2可知，此次参与调查的171位班组长所在班组党建情况表明，班组党员占班组总人数的比重偏低，大多集中在10%以下，班组党员人数的低位不仅对班组党建的成果产生了显著的影响，同时也给班组的整体发展和进步带来了一定的阻碍。在班组党员人数较低的情况下，班组党建的工作难以得到全面的开展和落实。班组党员人数的稀缺性使得党员在工作中承担的职责更多，任务更重，分散了党员的注意力和精力，难以全力投入党建工作中。

与此同时，班组的党组织制度建设也存在一定的困难，实现了制度制定、制度上墙，但在制度理解和制度落地的“最后一公里”上还存在差距，党组织制度的正确理解和落实对于班组党建的推动具有重要的作用。通过建立有效的纪律约束机制和监督制度，可以确保党组织的正常运行和党建工作的顺利开展。班组在落实党组织制度方面存在不足，必然会对班组党建产生不利影响。

在阵地建设上，大多班组设有党员活动室，但仍然存在硬件设施一般、使用频率不高的问题，党员活动室缺乏必要的办公设备和音视频设备，限制了活动的效果和质量。此外，由于无法提供舒适的工作环境，也影响了党员的参与积极性。这些问题的存在，使得党员在活动室内的学习和交流受到了很大的限制。党员们的学习积极性和参与热情无法得到充分的调动和发挥，从而进一步影响班组的党建工作。

表 3 –3　班组长所在的班组的党建情况

调查项目及分类		比例
所在支部党务工作者队伍的情况	设有专职党务工作人员	47.37%
	党务人员兼职化	48.54%
	没有党务干部	4.09%
所在支部党务干部工作积极性	非常有积极性	22.81%
	比较有积极性	42.11%
	积极性一般	28.07%
	缺乏积极性	7.02%

由表 3 –3 可知，当前党务工作者存在缺乏党务干部、党务人员兼职化的问题。缺乏党务干部会导致班组党建工作的落后，班组作为企业中最基层的单位，其党建工作的薄弱环节会直接影响到整个班组的凝聚力和战斗力。同时，党务干部兼职化也会导致班组党建工作缺乏专业性和持续性的问题。由于兼职干部在时间和精力上的限制，他们往往无法投入足够的时间和精力来开展班组党建工作，这导致了班组党建工作缺乏系统性和规划性，很难实现长期发展和稳定运作。此外，兼职干部的专业知识和能力可能不足以应对班组党建工作中的各种挑战和需求，从而影响了工作的质量和效果。因此，缺乏党务干部和党务干部兼职化对班组党建工作的专业性和持续性造成了不利影响。

表 3 –4　班组长所在的班组的党建情况

调查项目及分类		比例
近年来主题党日活动组织情况	定期组织	63.74%
	不定期组织	25.73%
	很少组织	7.02%
	不组织	0%
	不清楚	3.51%

续表

调查项目及分类		比例
近年来开展“三会一课”的情况	定期开展	64.33%
	不定期开展	21.64%
	很少开展	7.6%
	不开展	0%
	不清楚	6.43%

由表3-4可知，班组党建活动如主题党日、“三会一课”大多都能定期开展，但仍有一定比例的党组织不能定期开展，甚至是很少组织，而且存在一定比例的党员对其活动是否开展不清楚。主题党日是一种集中学习教育的形式，通过组织党员参加各种形式的学习活动，提高党员的政治理论水平和业务素质。不定期开展“三会一课”容易导致学习时间不足，无法对党员进行系统、深入的教育培训，也会导致班组党员信息传递不畅，党员之间的交流和共同进步的机会减少。然而，如果主题党日、“三会一课”不定期地进行，党员很难形成持久的学习习惯，导致活动资源利用效率低下，党建工作也就无法保持连续性。缺乏连续性的党建工作难以形成良好的党组织氛围，进而影响到班组的发展与壮大。

表3-5　班组长所在的班组的党建情况

调查项目及分类		比例
对支部内目前的党建相关活动的满意情况	非常满意	19.88%
	比较满意	47.95%
	一般	30.99%
	不满意	1.17%
对于支部内党建活动，您是否积极建言献策	主动建言献策	59.06%
	缺乏积极性	31.58%
	想建言献策，但没有渠道	9.36%

由表3-5可知，党员对班组党建工作的积极性也略有不同，大多数人对当前支部党建活动较为满意，能够主动积极建言献策，但仍有一部分人对党建活动感觉一般，缺乏积极参与的意识，或者想参与却缺乏表达渠道。党员缺乏积极性

对班组党建有着明显的影响。首先，缺乏党员积极性会降低班组党建的活力和凝聚力，使班组党建无法充分发挥其组织和引领作用。其次，党员缺乏积极性也会导致班组党建无法有效地推动工作进展和完成任务。在面对各种外部和内部的困难和挑战时，缺乏积极性的党员难以主动积极地应对，使班组党建工作陷入停滞和无效的状态。因此，解决党员缺乏积极性的问题对于提高班组党建的质量和效益至关重要。

表 3－6　班组长所在的班组的党建情况

调查项目及分类		比例
党建工作对班组建设是否重要	重要	45.61%
	较重要	36.84%
	一般	11.7%
	不太重要	4.09%
	不重要	1.75%
班组党建工作与业务工作的融合度情况	融合度非常好，党建对业务工作有很大促进作用	11.11%
	融合度较好，党建对业务工作有一定促进作用	22.22%
	融合度一般，能够体现出两者的联系	28.07%
	缺乏融合度，党建业务“两张皮”	38.6%

由表 3－6 可知，大多数班组长认为党建工作对班组建设工作的重要性较高，但仍有部分认为重视程度不够，同时班组党建工作与业务工作的融合度仍存在“两张皮”的问题。党建工作与业务工作融合度低，会影响到业务工作的高效开展。当党建工作没有得到足够的重视和融入班组的日常工作中时，班组成员可能无法充分理解党建工作对于业务工作的重要意义。这会导致员工对党建工作的态度漠视或压力过大，无法将党建思想融入业务工作中，从而影响到业务工作的高效开展。其次，班组党建工作与业务工作融合度低还会影响员工的团队凝聚力。党建工作作为一个重要的组织形式，通过提供共同的目标和价值观，可以增强班组成员之间的凝聚力和归属感。然而，当党建工作与业务工作融合度不高时，班组成员之间缺乏共同的理念和信仰，很难形成紧密的团队合作精神，从而影响到班组内部的和谐与合作。因此，提高班组党建工作与业务工作的融合度，对于班组的良好运作和成员的个人发展都具有重要意义。

结合调查问卷与访谈记录得出，参与调查的班组长参加组织生活的主要内容和形式为读报纸、念文件、学习领导讲话等理论性活动，或者参与业务知识的讨论与培训，缺乏趣味性、多样性的集体活动，党员组织生活活动单一，固守传统的形式，缺乏创新意识和方法。这种单一的组织生活形式往往只注重党的政策解读和文件培训，而忽略了对党的思想理论的深入学习，让党员难以得到充分的党性教育和理论学习，影响其政治素质和思想境界的提升。这使得党员们的政治素养和思想境界无法得到很大程度的提升，思维模式停留在较低水平，缺乏对复杂现实问题的深刻思考和独立判断能力。同时，只依赖集中组织生活的模式进行学习，党员们的学习动力和积极性也会逐渐减退，对党的理论学习的参与度和深度会受到一定的影响，对班组党建工作产生不利影响。

同时，通过问卷调查发现当前班组党建工作还存在经费、场地等保障措施不落实的问题。党的组织建设、思想教育、干部培训等各项工作都需要经费支持，如果经费不足，就无法有效地开展这些工作，影响党的事业的健康发展。同时，经费不足也会影响党组织和党员干部的积极性和工作效果。如果没有足够的经费保障，党组织无法提供优质的服务和支持，党员干部也会面临工作条件不足、发展空间受限等问题，从而影响他们的工作积极性和组织凝聚力。因此，解决经费、场地等保障问题对于班组党建工作的重要性不言而喻。

四、新时代班组党建工作的路径分析

（一）加强思想引领，激发红色动能

加强思想引领是党建工作的核心，班组党建工作更需要我们加强思想引领，以更好地履行党组织的职责使命。党组织作为党员干部的思想教育和思想引领的重要平台，要以马克思主义特别是习近平新时代中国特色社会主义思想为指导，大力弘扬伟大建党精神，传承红色基因，保证新时代班组发展的正确政治方向。[①] 只有思想上的引领到位，党的工作方针才能更好地贯彻落实。

一方面，班组要定期组织政治理论学习，让党员干部深入了解党的路线、方针、政策，坚定党性原则，增强党员意识。另一方面，班组党建工作中也要注重宣传教育，通过党员干部学习班、座谈会、集中讨论等线下形式，让党员干部面对面地听取党的重要决策部署和理论路线方针政策的培训讲解，并且可以通过互

① 李海燕，乔东．新时代班组党建文化要打造企业党建“新高地”［J］．班组天地，2022（5）：46－47.

动交流的方式解答疑惑，提升学习效果。同时，利用互联网平台，通过发布党的文件、通知、理论文章等，开展线上学习、线上宣传等活动，促进党员干部之间的互动交流，分享学习心得和思考，提高学习的广度和深度。这对于提高党员干部的政治站位、思想品质和党性修养具有重要意义。

加强政治引领是班组党建的重要任务，红色教育能够在这一过程中发挥重要作用。新时代班组党建工作要注重挖掘红色资源、传承红色基因，宣传红色故事、红色传统、红色精神。① 班组党建工作要深度挖掘班组内与革命精神相关的红色故事，传承革命火种，激励党员干部始终坚守共产主义信仰。通过讲述英雄事迹，弘扬光荣传统，培育和践行社会主义核心价值观，引导班组党员坚定理想信念，牢记初心使命，在工作中起到示范和引领作用。同时，也可以设计一些具体可行的红色教育活动，如观看红色电影、举办红色书展、组织红色主题学习讨论等，以不同形式向班组成员传递红色教育，从而进一步增强党的意识形态对产业工人的引导作用，使其积极投身到党的事业中去。

（二）加强组织建设，增强制度保障

班组党建的组织力是增强班组凝聚力、提高工作效率、推动班组发展的重要保障。加强组织建设、增强制度保障是班组党建的关键。首先，要完善党内制度，健全组织架构。明确党员的权利和义务，规范党员行为，健全班组党建规章制度，加强党内监督；建立清晰的班组党组织结构，明确各职责与权责，确保组织层级清晰，职能分工明确，规范班组运行；建立健全班组党委、党支部的运行机制，确保党组织的权威性和高效性。其次，要加强对班组党建工作的指导和督导。通过开展定期的党组织工作检查，加强对班组党建工作的指导和引导，及时发现问题并进行纠正，确保党组织的正常运行和党员队伍的有效发挥。同时，还要健全党组织内部沟通渠道。建立畅通的内部沟通机制，加强信息共享，及时传达上级要求和决策，及时向上级党组织报告工作情况，寻求上级党组织的支持和指导，确保班组党建工作的落地实施，使班组成员对组织决策有更明确的认知。最后，还要通过制定激励政策，激发班组成员的积极性和创造力，营造竞争激励的良好氛围。通过以上方法，班组党建可以提高组织力，增强班组的凝聚力和战斗力，为班组的发展提供有力支持。

---

① 乔东．党的二十大为新时代班组党建文化指明方向［J］．班组天地，2022（11）：42－43.

（三）加强队伍建设，提升组织活力

提高党员队伍素质是党建工作的重要任务，也是班组发展的基础。为了实现这个目标，我们应建立健全党员发展机制，明确党员申请、审查和备案流程，确保党员发展工作的规范和透明性，将符合条件的、优秀的班组成员发展为共产党员，为党组织凝聚更多的积极向上的力量，推动班组各项工作的顺利开展。在党员的日常管理中，也要加强党员的教育培训工作、党员的党性修养和组织观念，通过定期组织党员学习、交流和讨论活动，丰富党员理论知识、增加党员实践经验，不断增强党员的政治素质和能力水平，从而更好地履行职责，为班组的发展作出更大的贡献。

同时，班组党建工作还要注重培养和选拔优秀的班组骨干，为党组织打造坚实的干部队伍基础。优秀班组骨干在一个团队中起着至关重要的作用，他们是团队的核心力量，不仅在技术上具备扎实的能力和丰富的经验，而且在团队协作、沟通和解决问题方面也表现出色。培养和选拔班组骨干是加强班组党建工作的关键环节。首先，要注重培养骨干的理论素养和业务能力。通过开展各种形式的培训，提高骨干党员的党性修养和理论水平，加强他们的业务技能培训，提高班组的整体能力。其次，要注重实践锻炼，提供广阔的锻炼平台，骨干党员应当被赋予更多的实践任务和管理职责，让他们在实践中不断学习和成长，锤炼他们的组织能力和执行力。同时，要给予骨干党员充分的表现机会，鼓励他们勇于担当，积极创新，逐步形成一批具有实际经验和管理能力的骨干。此外，管理者还要加强对骨干党员的领导和指导。可以通过定期组织例会、座谈交流等方式，让骨干党员相互学习、交流经验，指导他们做好工作，在实践中不断提高自己的能力水平，形成共同进步的氛围。最后，还要建立健全评价机制，为骨干选拔提供科学的评判标准。通过对骨干党员的工作能力、工作表现和工作业绩进行科学、公正评价，确保优秀骨干能够得到应有的肯定和奖励，激励他们发挥更大的作用，同时也为更多的人争取到参与班组党建工作的机会。

（四）加强党建与业务融合，实现良性发展

加强党组织的领导作用，推进党建与业务融合的机制建设，是当前党建工作的重要任务。党组织是党的坚强领导核心，必须始终发挥核心作用和战斗堡垒作用，从而更好地发挥党组织的统筹协调作用。要实现党建与业务的有效融合，就需要在机制建设方面下功夫，建立一套科学、有效的机制，使党组织和业务部门

之间形成紧密而有效的联系和协作关系。首先，要提高党组织在企业、单位中的领导地位，确保党委、支部的权威性和决策指导性。其次，建立相应的沟通机制，确保党组织和各部门之间的信息畅通。这可以通过定期的会议、报告和工作汇报来实现，也可以建设联络小组或工作组，定期进行沟通和交流，及时解决问题。此外，在激励考核机制方面，可以根据企业的独有特点，将企业生产经营与党建工作考核相挂钩，找到两者的结合点，建立党组织对业务绩效和党建工作的评价机制，对党员干部的党建工作和业务工作进行综合考核，比如，采用制定激励政策、评选先进个人或团队等方式，以激励党员干部积极参与党建工作，不断提升党组织的凝聚力和影响力。最后，在培训机制方面，要加强党员的业务培训与党性教育，以提高党员的专业水平和党性素养。通过定期的培训活动，让党务干部和业务干部定期互动交流，在不同类型的岗位锻炼中增加经历、积累经验，不断提高党员干部的业务能力和综合素质，全面培养既懂业务又懂党务、既懂专业又懂管理的符合新时代好干部标准的干部，从而更好地适应和推动企业、单位的业务发展。总之，只有建立科学、有效的机制，才能在党建与业务融合的过程中实现优势互补、协同发展。同时，需要不断完善和优化这些机制，以适应不断变化的环境和挑战。

（五）加强经费支持，增强党建实效

加强经费投入是新时代班组党建工作的必要条件。在加强党建工作的过程中，经费是支撑和推动工作的重要保障。提高经费投入，确保党建工作的顺利开展，才能为班组党建工作提供有力的支持和保障，更好地发挥党的领导核心作用和党的组织战斗堡垒作用。

当然，仅有经费投入还不够，还需要考虑如何有效使用这些经费，以提高党建工作的实效性和影响力。首先，经费使用要以实际效果为导向，注重通过经费投入取得可见成果，合理规划和利用每一笔经费，确保资金使用得当、高效、透明。比如，可以通过合理安排培训、学习和交流的经费，提升党员的思想素养和业务能力；也可以用于设立奖励基金，激励党员积极参与党建工作，产生更大的正能量。其次，经费使用要突出问题导向，将经费优先用于解决最亟待解决的困难和问题。比如，可以根据班组党组织在党的建设中，在党组织的办公场所、党建活动场所、会议室设施等硬件设施方面存在的薄弱环节，有针对性地投入经费进行强化；可以通过经费投入，解决班组党员学习资源和学习场所不足的问题，提供党员发展所需的各类培训资源等；还可以考虑建设一些特色场所，如党建交

流中心、学习阵地等，为党员干部提供学习交流的平台。只有明确了经费投入的方向和重点，班组党建工作才能更加有针对性地开展，更加有效地解决问题，为班组的发展壮大提供有力保障。

此外，节流更要开源，探索多元化的经费筹措方式，是确保班组党建工作的可持续性的重要途径。除了依靠组织经费，还可以通过多种途径筹措资金。一方面，可以通过积极争取社会资源的支持，寻求社会各界的合作和捐款。班组可以与企事业单位、社会组织以及个人建立联系，争取他们对班组党建工作的理解和支持，形成多方共同努力的合力。这种方式不仅可以获得经济上的支持，同时还能够拓宽班组党建工作的影响力，增强与社会各界的联系和交流。另一方面，可以开展一些特色活动或项目，并通过商业化运作或筹集赞助等方式进行经费筹措。例如，组织有影响力的党建培训班、交流会议等，吸引相关机构和企业进行赞助。通过创新的经费筹措方式，不仅能够增强班组党建工作的可持续性，还能够提高班组党建工作的知名度和影响力。

在开展多元化的经费筹措方式的同时，也要建立合理的经费使用监督机制，加强对经费的跟踪和监督，防止经费的浪费和滥用，保证经费的有效利用。只有确保经费使用的透明性和规范性，才能够充分发挥经费的作用，提高班组党建工作的实效性和影响力。

（六）加强新媒体技术赋能，丰富学习体验

随着新媒体技术的不断发展和普及，传统的班组党建工作方式显得过时或单调。充分利用新媒体技术，推行班组党建工作在线化已成为当前的必然趋势，也是提高班组党建工作效率的必然选择。新媒体技术的快速发展为党建工作提供了全新的载体和平台，能够突破时间和空间的限制，实现党建工作的无缝连接和高效传播。

通过新媒体技术传播党的理论和政策，可以快速、广泛地传播党的声音，提高班组党建工作的知晓率。同时，新媒体技术具有互动性和即时性的特点，可以帮助班组党建走进群众，倾听群众的声音，及时了解群众的需求和意见，为班组党建工作提供更多的参考和支持。此外，充分利用新媒体技术，不仅可以推动班组党建工作的在线化，还可以开展线上学习活动，丰富班组党员的学习体验。借助新媒体平台，班组党员可以随时随地参与学习，不再受时间和地点的限制。利用手机、平板电脑等移动设备，班组党员可以通过网络课程、微信公众号等多种形式的线上学习，获得更加便捷的学习途径。同时，采用互动式教学和个性化学

习技术，可以根据每个班组党员的学习特点和需求，量身定制学习内容，提供个性化的学习服务，使班组党员在学习过程中可以更加主动积极地参与讨论和互动，促进良好的学习氛围的形成。

不仅如此，通过加强与新媒体平台的合作，可以打造班组党建工作的品牌形象。新媒体平台具有强大的传播力和影响力，可以使班组党建工作得到更广泛的宣传和推广。可以与新媒体平台合作开展各种形式的宣传活动，如专题报道、微信公众号推送、微博转发等，通过新媒体的传播渠道，将班组党建工作的理念、成果传达给更多的人群。同时，也可以邀请新媒体平台的专家或知名人士参与班组党建工作的宣传，提升班组党建品牌的影响力，从而吸引更多的人参与党建工作中，为班组党建工作的推进提供更大的支持。

企业班组党建工作对于产业工人思想政治建设起着重要的作用，它为产业工人提供了学习平台、思想交流平台、思想政治引领平台和组织凝聚平台，有力地推动产业工人的思想政治素养提升，促进他们的共同成长和发展，为我国推动新时期产业工人队伍建设改革发挥了重要作用。

参考文献：

[1] 李玉赋．新的使命和担当——《新时期产业工人队伍建设改革方案》解读［M］．北京：中国工人出版社，2017.

[2] 乔东．党的二十大为新时代班组党建文化指明方向［J］．班组天地，2022（11）．

[3] 何文，柴守立，张亚龙，等．发电企业基层党支部建设融入班组建设的探索［J］．企业文明，2022（11）．

[4] 乔东．新时代班组党建文化要传承红色基因［J］．班组天地，2022（10）．

[5] 李海燕，乔东．新时代班组党建文化要打造企业党建“新高地”［J］．班组天地，2022（5）．

政策指向、劳资共赢、幸福为先

——对如何实现产业工人队伍共同富裕的路径探讨

罗俊池

（广东省总工会干部学校、广东南华工商职业学院）

产业工人是工人阶级中发挥支撑作用的主体力量，是创造社会财富的中坚力量，是创新驱动发展的骨干力量，是实施制造强国战略的有生力量。2017 年 4 月，中共中央、国务院印发《新时期产业工人队伍建设改革方案》，为加快建设一支高素质的产业工人队伍明确了“路线图”“时间表”。时至今日，产业工人改革已经如火如荼，以广东省为例，相关的配套政策及机构均已建立，产改工作也列入了政府相关的考核或督察范围，体现了党委、政府对这项工作的重视程度。而在工会层面，2021 年 12 月 24 日，十三届全国人大常委会第三十二次会议完成对《工会法》的修改，明确规定了工会推动产业工人队伍建设改革、提高产业工人队伍整体素质、发挥产业工人骨干作用、维护产业工人合法权益等内容。工会作为推进产业工人队伍改革的重要力量，在产改的落地过程中贡献出了强大的力量。

这些改革举措也收获了丰硕的成果，据《人民日报》报道，5 年来，我国产业工人队伍状况发生了明显变化，截至 2021 年年底，全国技能人才总量超过 2 亿人，高技能人才超过 6000 万人。为实现更高质量的发展，实现中国式现代化贡献出了力量。

但是在产业工人队伍建设热火朝天的同时，针对产业工人队伍本身一直有很多问题尚待解决，其中最重要的是产业工人收入的相关问题。当前，我国产业工人队伍工资水平总体不高且增长较为缓慢。工资收入偏低使部分产业工人对行业缺乏足够的认同感和获得感，进而降低从业意愿，一定程度上导致产业工人流失。国家统计局数据显示，2015 年到 2019 年，全国制造业城镇单位就业人员数从 5069 万人下降到 3832 万人。年轻人不愿进工厂、产业工人队伍老龄化，加速了制造业产业工人流失和制造业空心化，不利于我国构建现代化产业体系和推动实现高质量发展。另外，随着我国经济的持续发展，我国已经到了需要对收入分配、收入结构进行深度改革的时期。习近平总书记在判断我国社会主要矛盾的变化后，提出了目前已经到了扎实推动共同富裕的历史阶段，需要适应我国社会主要矛盾的变化，更好满足人民日益增长的美好生活需要，必须把促进全体人民共同富裕作为为人民谋幸福的着力点，不断夯实党长期执政基础。高质量发展需要高素质劳动者，只有促进共同富裕，提高城乡居民收入，提升人力资本，才能提高全要素生产率，夯实高质量发展的动力基础。同样地，在党的二十大报告中，习近平总书记也提出，要努力提高居民收入在国民收入分配中的比重，提高劳动报酬在初次分配中的比重。坚持多劳多得，鼓励勤劳致富，促进机会公平，增加低收入者收入，扩大中等收入群体。

实现共同富裕不仅是社会主义的本质要求，也是中国式现代化的重要特征。产业工人是共同富裕的直接参与者和积极贡献者，实现共同富裕离不开产业工人，共同富裕也必然要惠及产业工人。同时，引导产业工人通过提升劳动技能提高收入，是打造一支规模宏大的高素质产业工人队伍，支撑经济高质量发展的必然要求，是实现高质量发展的重要方向。因此，如何提升产业工人收入，实现产业工人共同富裕便成为现在急需破解的一个问题。

一、目前实现产业工人共同富裕面临的阻碍

产业工人队伍共同富裕的重要性不言而喻，但是在目前落地的过程中，针对产业工人如何实现共同富裕，还有着很多需要探索的空间。尤其是在近年来国内外形势多变的背景下，更是需要深入地思考面临的问题，寻找合适的路径。具体看来，目前产业工人共同富裕的实现在政府及政策、企业及工会和职工三个层面都面临着一定的阻碍。

（一）政府及政策层面

从政策层面来说，目前产业工人共同富裕的相关政策还不算完善。一方面，虽然从全国及我省来看，关于产业工人队伍建设的相关政策已经有不少，但是更多地集中在如何提升产业工人队伍的思想政治引领、素质水平、成果产出等环

节，对于如何提升其收入，如何提升其获得感、幸福感还缺少专项的政策进行支持。虽说也有相关的政策进行支持（如民主管理、集体协商、市民化公共服务等），但这些政策对产业工人来说并不能很好地匹配其现实的困境。另一方面，政策的落实还需要企业、工会、社会等第三方的配合，但目前看来政策的落地还不能惠及大部分的产业工人，仅仅在部分地区和企业得以落实，这些问题都对产业工人享受政策、实现共同富裕有影响。

（二）企业及工会层面

而从企业层面看来，目前提升产业工人共同富裕的动力也不足。这主要有以下几方面的原因：首先是近年来经济环境的变化、经营不确定性的增多让企业对于增加支出的相关议题都兴趣不足，不少企业虽然理解提升产业工人收入对于企业和社会的好处，但受困于现实情况也无法执行下去。其次是企业对产业工人共同富裕的理解不足，认为双方是“零和”关系，因而抵触产业工人共同富裕的实现。最后是工会自身工作的不足，基层工会缺乏力量和方法去推动涉及产业工人共同富裕的相关工作落地，如民主管理、集体协商等，对于如何在企业层面推进这项工作也没有形成共识，只能从工会自身的服务入手提供最基础的共同富裕帮扶服务。

（三）职工层面

从职工层面来看，也存在着参与产业工人队伍建设改革的动力不足及对于产改效果悲观的问题，这直接导致共同富裕很难在职工群体中实现。一方面，自我提升意愿不强，产业工人们普遍对增收有较高期盼，但由于缺乏相应激励机制，不少产业工人自我提升意愿不强，尤其是最基层的产业工人对于技术提升是否能带来职位和收入的提升保持怀疑，宁愿花费时间在抖音等时间消费品上，也不愿意提升自身的工作能力。另一方面，社会上对于产业工人的歧视，以及产业工人对自我定位的偏差也依旧存在，产业工人很难融入当地，导致其没有动力去为当地的发展作出贡献，也阻碍了其自身的成长。

二、对促进产业工人共同富裕实现的路径探索

以上一系列问题的存在阻碍了目前产业工人队伍实现共同富裕的目标。产业工人无法真切体会到共同富裕的成果，这必然对产业工人队伍建设的改革深化产

生重大影响。因此，我们迫切需要探索如何解决这些问题，汇集政府、企业和职工三方的力量，真正提升产业工人的收入水平和幸福感，激发他们更积极地参与未来的产业工人队伍建设改革工作。

(一) 聚焦产业工人的核心利益，最大化政策效用推进产业工人共同富裕

在产业工人共同富裕的问题上，产业工人的核心利益是保持一定合理的收入。因此，需要先从政策方面入手，从战略的高度来统筹规划如何提升产业工人收入的问题。由于我国现行的是社会主义市场经济，政府可以通过各种工具和政策来对一次分配进行引导。首先，突出最低工资标准的作用，在适当的时机对最低工资标准进行调整，确保最低工资的涨幅不低于本地通胀率的涨幅，让对通胀最为敏感的产业工人群体不会因为通胀而生活质量下降。其次，是保障好现有政策法律的落实，各级政府针对产业工人队伍已经出台了很多的优惠政策，但从现实来看落地执行上还有一些问题，因此需要对政策的实行性进行必要的评估，推动政策的进一步落地，同时，进一步完善《劳动法》《劳动合同法》的实施，保障产业工人核心的利益。再次，持续保障产业工人的就业权，就业是最大的民生，实现高质量充分就业是扎实推进全体人民共同富裕的重要基础，因此要把实现产业工人高质量充分就业作为实现共同富裕的重要基础，可以在政策上完善更积极的就业政策体系，加大对于就业主体的中小微企业的支持，以高质量充分就业带动实现产业工人工资水平和社会地位的不断提升。最后，持续优化现有的技能评价体系，推行“新八级”职业技能等级制度，鼓励企业实施与职业技能等级序列相匹配的岗位绩效工资标准，对职业技能等级与专业技术资格进行比照认定，让技能评价与企业发展、职工收入提升进行链接。总的来说，需要在不同方面对现有的政策进行梳理和改革，鼓励、引导、支持企业更加关注产业工人的核心利益，让实现产业工人共同富裕有更好的政策空间。

(二) 发挥出工会的主体作用，推动企业—职工合作共赢体制的实现

按照党中央、国务院的部署，工会一直是产业工人队伍建设的中坚力量，工会承担着产改工作中很多项重要任务。因此在产业工人共同富裕问题上，工会也可以发挥出其作用，运用好手中的工具积极实现产业工人共同富裕。不过按照习近平总书记的要求，共同富裕不是整齐划一的平均主义，因此工会的重点也并不是要求企业实行“大锅饭”，而是需要激励职工更多地参与企业的发展中，通过企业—职工共同的发展，实现职工在物质生活和精神生活都富裕这一目标。基于

这一逻辑，工会可以在以下方面进行着力，促进建设企业—职工合作共赢体制的实现：首先是持续地强化民主管理工作，让职工了解企业的战略，理解企业发展的目标，并通过职代会提案、“五小”建议等方式，将职工好的点子持续有效地传达给企业，依托这一平台实现企业—职工之间的双向沟通。其次是工会牵头，促进企业—职工在技能成长上的关键链接，工会可以通过持续组织劳动竞赛、推进职工学历提升等方式，提高职工的劳动技能，并在此过程中积极探索职工技能提升与企业发展的结合点，通过工会引导职工向企业稀缺的、重要的技能靠拢，实现职工技能提升与企业需求的匹配。再次是与企业一起，将职工技能成长与职工个人发展进行挂钩，通过将职工的技能成长纳入岗位考核、岗位评价等机制中，让职工有意愿参与技能提升的同时，也能享受到收入及职位的提升。最后是发挥好集体协商的作用，工会还需要持续关注那些技能成长较慢的产业工人，通过与企业一起，真切地开展集体协商，保证一线产业工人的收入增长不低于企业的发展水平，让更多的产业工人共享企业发展的成果。这一系列的工作，都聚焦在如何将产业工人自身的力量与企业进行合作，成为企业成长的助力这一角度，通过构建这样的合作机制，也让产业工人在这个过程中共享企业的发展成果，实现共同富裕。

（三）关注产业工人的切实需要，全面提升产业工人的获得感、幸福感

产业工人是“新市民”的重要组成部分，也是目前推进公共服务中需要重点关注的群体。但是长期以来，产业工人不受重视，其很难享受与城市居民一样的公共服务。在产业工人队伍建设改革开始后这一情况有所好转，很多产业工人切实感受到了公共服务的进步，但是对庞大的产业工人队伍来说，目前的公共服务供给无疑是杯水车薪。为了更好地让这一群体享受公共服务，实现其获得感、幸福感的提升，有必要从以下方面进行探索。一是强化对于产业工人的公共服务供给，尤其是在其最关注的子女教育和医疗方面投入必要的资源；二是可以发挥工会职工“娘家人”的作用，让工会工作跨越工厂，在社区、乡镇等层面依托工会组织为产业工人群体提供所缺公共服务的补充，并鼓励产业工人间开展互助；三是强化对于产业工人下一代的帮助，对产业工人来说，其大量的挫败感都来源于家庭，可以在子女的教育、亲子关系的建立等方面进一步发挥出相关部门的作用，从侧面帮助产业工人更好地享受美好生活。

三、总结

产业工人队伍改革的五年间，我国已经形成了规模庞大、技能突出的产业工人队伍，对我国下一步的发展，实现社会主义现代化贡献了产业工人力量，但是也可以看到，在发展的背后一些深层次的问题，如收入水平低、幸福感不强等问题已经涌现。为了更好地让产业工人队伍得到发展，需要以共同富裕的视角来关注和解决这些问题。总的来说，可以以政策指向、劳资共赢、幸福为先这一目标，从政策的制定落实、企业内对产业工人的培养、产业工人幸福感提升这几方面作出努力，让产业工人队伍的发展更上一层楼，助力社会主义现代化的实现。

福建省数字经济产业工人队伍技能提升的路径探究

——以产教融合为视角

张雅雅　陈　沁　游晓珊

（福建省总工会干部学校）

摘　要：新时代职业教育产教融合在推动数字经济产业工人技能提升中起到不可忽视的作用，也是推动数字经济产业工人队伍建设改革的重要举措。但当前职业教育产教融合在助力数字经济产业工人技能提升方面仍存在着一些问题，为此，通过调查研究全面剖析问题成因，有针对性地提出职业教育产教融合助推数字经济产业工人队伍建设改革的建议，以求更好地团结引导广大产业工人为实现伟大的中国梦建功立业。

关键词：产业工人队伍　产教融合　技能提升

党的十八大以来，以习近平同志为核心的党中央高度重视发展数字经济，将其上升为国家战略。习近平总书记多次强调："发展数字经济意义重大，是把握新一轮科技革命和产业变革新机遇的战略选择。"①《中华人民共和国国民经济和社会发展第十四个五年规划和2035年远景目标纲要》均提出要加快数字化发展，建设数字中国。福建省更是提出要把数字经济作为福建全方位推动高质量发展超越的主引擎和新动能，出台《福建省做大做强做优数字经济行动计划（2022—2025年）》。《中国数字经济发展白皮书（2022年）》显示：2021年，我国数字产业化规模为8.35万亿元，同比名义增长11.9%，占数字经济比重为18.3%，

① 不断做强做优做大我国数字经济［EB/OL］. 人民网，2022-02-07.

占 GDP 比重为 7.3%，数字产业化发展正经历由量的扩张到质的提升转变。近年来，福建省全力推进高质量发展，经济增速持续“领跑”东部沿海各省区市。而数字经济规模占全省 GDP 比重超 47%①，产业创新发展和辐射带动作用明显增强，成为福建省经济增长的新引擎。数字经济的蓬勃发展对产业工人的综合素质、技能水平都提出了新挑战，为适应数字经济发展方式的转变，不断提高数字经济产业工人队伍技能水平，团结引导广大产业工人为实现伟大的中国梦建功立业是当前重要的课题。

由习近平总书记亲自谋划、亲自点题、亲自部署的《新时期产业工人队伍建设改革方案》创造性地提出了“构建产业工人技能形成体系”这一重要举措。中国工会十八大报告指出：“深化产业工人队伍建设改革。履行工会牵头抓总职责，围绕实施制造强国战略，突出新型工业化、新兴产业、数字经济和技术创新……推动落实终身职业技能培训制度，强化资源协同、政策联动，抓住主要问题实现重点突破，多措并举推动整体提升，努力培养造就更多大国工匠、高技能人才，充分激发产业工人的创造精神和奋进力量，为建设现代化产业体系作贡献。”② 这些充分表明新时代提升产业工人队伍技能水平的重要意义。职业教育作为现代国民教育体系的重要组成部分，作为与社会经济发展最为紧密的教育类型，是推动实施科教兴国战略和人才强国战略的重要引擎。纵观全球，随着职业教育在推进经济社会发展中起着不可忽视的作用，各个国家愈加重视职业教育，职业教育规模逐年攀升，职业教育作为培养技能人才的“主渠道”，承担着向社会输送新知识、新成果，培养能引领经济社会前行的“双创型”技能人才的使命。而产教融合作为深化产业工人队伍建设改革、开展劳动和技能竞赛和落实产业工人整体素质提升的重要载体也发挥着重要的作用。因此，要实现全省数字经济的高质量发展，必然需要以产教融合为抓手切实推进数字经济产业工人技能素质整体提高，促使数字经济产业工人队伍建设改革，最终成为推动经济社会发展的重要支撑力量。鉴于此，本课题对福建省数字经济产业工人技能提升开展实地调查，采取问卷法和访谈法相结合的调研方式。调研组分赴各地进行实地走访、召开座谈会等，发放问卷 1000 份，回收有效问卷 978 份。

---

① 福建省数字经济发展指数评价报告发布［EB/OL］. 中华人民共和国中央人民政府，2022-08-06.

② 数读中国工会十八大报告丨中国工会今后五年的主要工作［EB/OL］. 中工网，2022-07-09.

一、产教融合推动数字经济产业工人技能提升的重要意义

（一）推动制造业数字化转型的必然选择

当前福建省的传统制造业面临着产业数字化、智能化转型的艰巨任务，广大中小微企业仍然存在“不敢转”“不能转”“不会转”等突出问题。制造业数字化转型是一项涉及发展战略调整、资源要素变革、生产方式重构、企业形态转型、业务模式转变等诸多创新的复杂系统工程。因此，围绕服务发展、人才优先的工作主线，以建设知识型、技能型、创新型产业工人大军为目标，通过产教融合、校企联合、工学结合的“三合”和普职融通、行业贯通、出口畅通的“三通”大规模开展职业技能培训，着力推动全省产业工人队伍建设改革工作再上新台阶势在必行。构建产教融合技能人才培养模式，加强企业与职业院校的交流协作，促使各项资源合理利用。在产教融合作用机制和职业院校“双师型”教师的引导下，培育数字领域的技能人才，建立互联网、云计算、大数据等数字化思维，提升产业工人在互联网技术、数字技术应用、数据管理、软件开发等方面的创新能力，能够有效解决上述转型难题，加速推进制造业数字化转型，从而推动全省数字经济实现高质量发展。

（二）破解技能人才短缺的必由之路

当前，产业工人技能储备与快速发展的技术技能之间不匹配，职业教育技能人才培养与产业发展需求不匹配，产业工人就业需求与高质量、高素质技能人才短缺的结构性矛盾等问题格外突出。截至 2022 年 7 月，福建全省持证技能人才 664. 32 万人次，其中高级工以上 116. 8 万人次。全省数字经济领域的产业工人队伍整体技能素质与全省经济高质量发展要求不匹配，知识型、技能型、创新型特别是高技术人才偏少，复合型技术工人用工矛盾突出。要破解这些难题，必须高度重视提高产业工人技能水平，推进产教融合，培养数字经济领域紧缺的创新型人才与复合型人才，以适应数字化、网络化、智能化的生产方式。

（三）推动经济由量大转向质强的重要路径

近年来，福建省制造业发展快速，但仍存在基础不牢、水平不高的问题，必须加快推动技术人才培养层次从初中级迈向高级，培养重心从数量扩张向素质提升转变，培养领域由传统制造向智能制造、新兴制造转移，培养链条由附加值最

低的生产制造向引领核心技术的创意设计、技术研发等延伸，培养具有高技能水平的数字领域骨干技能人才。这就需要构建产教融合发展体系，突出数字经济企业在技术技能人才培养过程中的主体作用，促进校企协作、协同育人、生产性实训、科技成果转化等方面深度融合，进一步强化技能型人才发展的资源、平台保障，从而为数字经济领域高素质技能人才的培育提供有效支持。以推动提升福建制造的竞争力与影响力，实现从“制造强省”到“智造强省”的转变。

二、产教融合推动数字经济产业工人技能提升的现状分析

（一）企业开展产教融合不断扩展

福建省的一些数字经济企业在拓展产业工人的发展空间、提升产业工人技能水平方面积极实践，目前全省共有600多家企业和行业协会与44所高职院校联合实施产教融合、“二元制”人才培养。同时不断推动企业深入开展“名师带高徒”活动，每年推动1万名劳动模范、技能能手与一线产业工人结对帮带。如南平市的数字经济龙头企业与闽北职业技术学院共建“元力产业学院”“圣农产业学院”和“喜马拉雅产业学院”等特色产业学院，为全市数字经济企业创新发展提供人才支持；泉州市的金龙集团、恒安集团、安踏集团、浔兴集团和艾派集团共同出资创办泉州轻工学院，创新“二元制”人才培养新模式，建设产教融合、校企合作一体化的产业工人职业技能实训基地；福建三钢集团加大与职业院校、技工学校的合作力度，采取自主办学和联合办学相结合的方式，在电工、钳工、焊工等多个关键技术工种大力推行“二元制”“订单班”“线上教学”人才培养新模式，并加大力度推进劳模工匠学堂创建，进一步扩大产业工人技能培训的范围，提升产业工人技能培训的实效。

（二）职业院校探索职业技能培训新模式

近年来，福建省致力于构建具有福建特色的现代职业教育体系。全省现有中职学校165所、高职院校50所、应用技术类型高等学校7所、本科层次职业教育试点学校1所。省教育厅、省发改委出台《福建省职业教育高质量发展行动计划（2021—2023年）》，实施九大重点项目，统筹发展各层次职业教育，构建产教融合新格局。如三明市的职业院校利用师资、人才、技术、设备等资源优势，依托高技能人才培养基地、就业创业公共实训基地等培训平台，开展创业培训、茶艺师培训、育婴员培训、保育师培训、建筑施工安全监管、特种设备作业等技

能培训；南平市的闽北职业技术学院与武夷山职业学院成功申报省级第三批高职院校产业学院试点项目，致力于培养符合当地产业发展的技能人才；龙岩市的龙岩技师学院积极打造工匠学院，为企业解决技术难题21项，通过校企合作申请专利11项，有效推动企业的转型升级；福安市建设虚拟协同创新院机电（福安）产业技术分院，吸引华中科技大学、福建省机械科学研究院等10多家高校、科研院所和5家科技服务机构入驻，其网络平台共吸纳100多位机电行业高精尖专业人才，为推动传统产业数字转型升级提供了有力的人才和智力支撑。

（三）搭建职业技能提升载体持续发力

福建省大力推进广覆盖、多层次、差别化的职业教育和技能培训，多措并举搭建数字经济领域产业工人技能提升的载体和平台，为新发展阶段福建省高质量发展提供有力支撑。如福建省总工会投入1400万元打造“八闽工匠学堂”线上职业技能培训平台，首批上线305个视频课件资源，覆盖11大类18项职业（工种），为数字经济产业工人技能提升提供线上培训平台；福州市建设福州科创走廊，加速集聚各类科技创新要素，为国家级高新技术企业、省级以上工程研究中心、省级以上新型研发机构、省级以上孵化器等产生创造条件，打造创新发展策源地；厦门市积极搭建职工学堂，截至2022年年底已建成25家，共开展线上线下培训1086场，参加学习培训的职工达到3.25万人次；泉州市鲤城区总工会大力发掘数字经济领域企业的劳模、工匠，2021年以来打造数字领域市级劳模创新工作室1家、工匠工作室1家、工匠型班组3家，动员数字经济产业职工参与“五小”创新大赛和国内外发明展等创新创造活动，产生效益超2000万元；晋江市则推动建成华为（晋江）工业互联网云孵化中心培训基地，面向产业工人定期开展数字技术专题培训。

三、产教融合推动数字经济产业工人技能提升存在的问题

（一）产教融合的源头培养力度不足

技能人才的培养主要依靠的是职业教育，职业教育起着源头培养作用，岗位技能提升是后续的推动力。职业教育的办学定位，是以就业为导向，培养高素质的职业技术人才。然而，实践中有些职业院校存在着以学历为导向办学的观念，办学定位与培养技能人才相偏离，尤其是自2021年10月，中共中央办公厅、国务院办公厅印发《关于推动现代职业教育高质量发展的意见》明确“2025年，

职业本科教育招生规模不低于高等职业教育招生规模的10%”要求起，部分高职院校以升本为目标办学，强化对学生的升学教育，偏离了职业教育的定位，不利于优化职业教育的教学培养定位，不利于将职业教育建设为与普通教育平等发展的教育类型，致使职业院校在推进提高技能人才培养质量的产教融合、校企合作方面的积极性不高。这些直接导致专业化数字技能人才源头供给不足，技能后继无人，尤其是数字化新职业人才供给速度远远跟不上市场对专业化数字技能人才的需求增速，人才链和产业链出现脱节。调查显示，90后、00后已成为数字经济产业工人的主体力量，这部分群体相对较为年轻化、学历较高，更具有活力，但始终不愿进一线车间工作、不愿当技术工人。这种现象导致企业高技能岗位主要由60后、70后的技术骨干在支撑，以90后为主的新一代产业工人不愿接受职业教育和技能培训、不愿当技术工人、不愿走技能成才的道路。长此以往，早年形成的技术工人群体正在不断流失和削弱，年青一代技术工人队伍没有成长起来，致使很多数字经济企业已经开始出现技术传承断层的严重危机。

（二）产教融合的协同发展不够健全

企业在产教融合中处于主导地位，其配合度决定了职业院校在对接产业需求设置专业的过程中的成效，教育教学要素与行业企业生产要素的匹配度不足在一定程度上影响科学研究、技能人才培养和社会服务等的具体实施，导致职业教育面向产业的服务能力和创造能力低下。调查数据显示，有75.11%的受调查者认为所在企业数字技能人才紧缺。全省技能人才总量偏少、结构失衡，高技能人才占技能人才的比重还不高，尤其是软件和信息技术开发人才和数控设备、信息系统操控技能人才储备不足。这些与职业院校在数字经济领域的科研技术服务产业能力、专业设置与产业人才需求的耦合度、人才培养产教协同度密切相关，因此普遍面临缺乏能熟练操控数控设备、信息系统等技能的产业工人，影响了数字化进程。

（三）产教融合的评价体系不够完善

当前，我国职业教育产教融合的评价体系存在着评价方式方法不科学、评价指标单一、评价结果应用有限等方面的问题。评价体系不尽完善导致数字经济领域的产业工人的薪酬偏低、晋升空间受限。调查数据显示，受调查者月薪在3000～5000元的最多，占比47.26%，对自己薪酬基本满意及很满意的仅占36.28%，“当前您所在的企业或所联系/服务的企业产业工人哪些方面最需要提高”的问题中，认为需要提高经济待遇的排在首位，高达 78.43%，排在第二位的是需要提高技能水平，占 54.9%（如图 1 所示）。在“企业数字技能人才建设上存在不足的地方有哪些”这个问题上，认为数字技能人才的激励不足、晋升空间受限这一比例最高，达 75.27%。这些数据说明我省数字经济产业工人对薪资的满意程度不高，想要提高薪酬待遇的意愿性较高，薪酬待遇缺乏完善规范的激励机制，个人晋升空间有一定局限性。

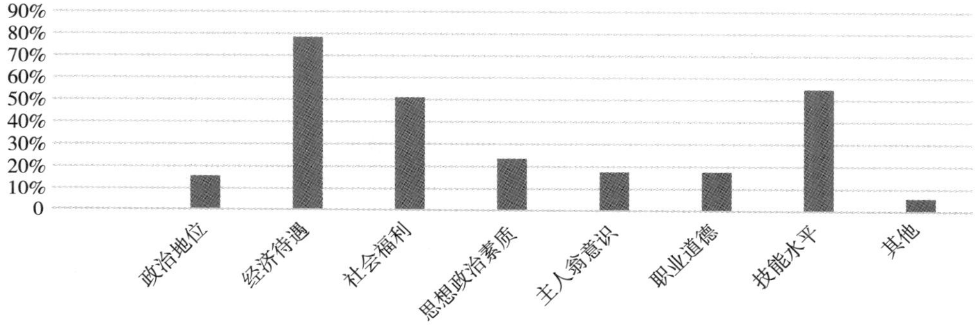

图 1　您认为当前您所在的企业或所联系/服务的企业产业工人哪些方面最需要提高

四、产教融合推动数字经济产业工人技能提升的具体举措

（一）搭建产教融合长效保障机制

1. 建立各方积极推动产教融合机制

构建以党委领导、政府主导、企业落实、职业院校推进、社会组织参与的产教融合保障机制。重点在法律法规、政策支持、财政投入、激励推进、持续发展、监督管理等方面发力，明确各参与主体的权利和义务，合理整合和运用优势资源，积极构建多方协作、多方推进的载体和平台，致力于达到产教融合共赢目标，从根本上解决数字经济领域技能人才谁培养的分工合作问题。在此基础上还应强化各级政府主体责任，加大职业教育产教融合项目的政策支持、资金扶持力度，改革创新职业教育推进技能提升的体制机制，促进职业院校在培养数字经济领域的高技能人才方面持续发力。此外，各级政府还需不断提高政治站位，采用政策优惠、项目经费补贴等方式鼓励引导企业承担推动产业工人技能提升的职责与使命，积极落实构建产教融合、校企合作机制，以企业技能需求带动职业院校提升“办学”能力，为数字经济企业培养满足产业发展需求的技能人才。

2. 健全职业教育技能培训机制

推动职业院校转变办学定位，将职业技能培训纳入教学整体规划中，与学制教育摆在同等重要的地位。大力推行线上技能培训模式，主动开发和整合数字化职业技能培训资源，推进线上线下相结合开展灵活性、实时性培训。创新职业教育产教融合体系建设，探索建立“产业教授”“首席技师”“技术高管”等技能人才培育模式，为培养更多的数字经济领域产业人才、数字化制造业骨干产业工人创造条件。在产教融合的过程中大力实施职业技能素质提升行动，全面协同推行企业现代学徒制、新型学徒制，重点支持数字经济领域急需紧缺职业（工种）的技能人才挖掘和培养，鼓励有条件的高技能人才培训基地、技能大师工作室、技能根基培训基地等启动学徒制国际合作项目，推动学徒培养规范化、标准化，促进学徒培养规模和质量进一步提升。逐步提高“双师型”教师在中职、高职专科、高职本科中的比重，充分发挥其作为数字经济产业工人“师傅”的作用。

3. 加强企业与职业院校的协作力度

通过建立产教融合委员会、产教融合推进会等方式，定期召开产教融合工作部署，不断畅通产教双方的交流与沟通渠道，促使产教融合常态化。创立产教融合的目标考核体系，为数字经济产业智能升级提供技术引导和人才支撑，协同校企力量，衔接教育链、人才链和产业链，推动本地本行业数字经济产业发展，形成产教良性互动、校企优势互补发展格局。同时，在协作发展过程中推进教育与人才评价改革，不断完善互促互聘交流联动机制、技能提升专业课程建设模式、资源优化联合机制，引导职业院校安于职业教育定位，确保企业和职业院校的共同目标得以实现。

（二）健全产教融合协调发展机制

以产教融合协同发展为目标，健全多元联动制度体系。鼓励职业院校优化技能人才教育所需要的场所、课程、师资等资源配置，鼓励企业积极利用资本、技术、知识、设施、设备和管理等要素参与教育过程，通过“产”与“教”的双向发力，促进人力资源最大限度的开发利用。推动职业技能教育和培训落地生效，通过“订单式”“定向式”培训，提高人才培养的针对性，变“招工”为“招生”，精准匹配经济社会发展需求，为全省数字经济高质量发展建设输送更多的高水平技术型、实用型人才。首先，职业院校应以产业需求为导向，深入研究掌握数字经济产业结构的变化和需求，以培养能够与行业企业生产相适应的技能人才为目的，建立健全符合产业结构发展的专业设置和技能人才培养方案。重视教学体系的科学规划，引入先进的实践教学模式，注重行业企业的真实工作环境模拟，构建机制推进产业工人的专业理论知识与工作岗位操作相互有效转化，树立培养紧密对接产业链、创新链技能人才的目标观念。其次，要切实推动职业院校充分运用企业资源和平台开展技能开发。建设符合数字经济企业发展需要的新职业工种，促使技能人才培养与产业需求深度契合，从而推动企业创新发展。最后，推动行业企业紧紧围绕产业发展趋势，重视技能人才培养培训，积极主动肩负起自身在培养数字经济领域高技能人才所应承担的责任，与企业建立起紧密的合作伙伴关系，在推进职业院校的实训内容、专业建设、师资水平等方面积极作为，以实现与职业院校共同培养壮大新时代符合社会需求的数字经济领域技能人才队伍。

（三）健全产教融合技能形成体系

1. 创新促进产业工人发展工作机制

为促进技能人才队伍健康发展，应积极推动制定出台各项保障产业工人技能水平提升的政策文件。在全省不同类型企业中开展数字技能人才、高技能人才“推优”服务，依托人社部门数字技能人才培养试验区建设，全力为技能人才营造优越的职业成长环境，大力培养数字技术技能人才。同时，拓展产业工人建功立业的渠道，全面深入开展“奋进新征程，建功新福建”等主题劳动和技能竞赛以及技能比武、技术创新、节能减排、合理化建议等活动，对获奖选手破格晋升相应国家职业资格等级。广泛发动产业工人积极主动参与“五小”创新活动，下大力气推进产业工人“五小”创新活动品牌、产业工人创新成果展做大做强，尤其激励数字经济非公企业以“五小”创新活动为切入点，激发非公企业的技能人才活力。加大劳模、工匠等选拔力度，进一步激发高技能人才干事创业斗志，成立各级劳模工匠宣讲团，组织劳模工匠宣讲进园区、进企业、进学校，让产业工人在政治待遇上“有荣誉”、经济地位上“有实惠”、职业发展上“有平台”。

2. 建立健全技能评价体系

首先，推动企业与职业院校按照国际标准共同制订形成技能人才培养方案和课程体系标准，联合开展师资认证培养，共同开发人社部门认可的技能考核评价标准，为企业解决产业工人技能水平提升、技能培训认证等问题，实现人才培养与企业需求同向同行。其次，还应建立健全以技能水平为导向、以工作业绩为重点、注重“三种精神”和职业道德养成的技能人才评价体系。最后，各地人社、工会等部门要根据属地原则加强指导监督，加快推动企业和职业院校联合自主实施职业技能等级认定评价工作，更好地行使数字经济领域技能人才评价自主权，实现企业技能人员评价全覆盖，全面推进职业技能人才倍增工作。尤其针对未出现在国家人力资源和社会保障部新颁布的国家职业资格目录中的特殊工种或新工种等，鼓励有条件的行业、工业园区、企业联合职业院校探索建立特有工种职业技能人才自主评价体系，填补特殊工种或新工种等职业技能评价空白。同时强化职业技能评价和应用，拓展技能人才自主评价试点，把急需紧缺数字经济领域工种技能人才纳入高层次人才体系，探索试行数字经济领域的高技能人才与专业技术人才职业贯通发展，施行数字经济企业技能人才职称评审的“快捷通道”“成长通道”“绿色通道”，打破数字经济领域技能人才快速发展的职业通道壁垒。

3. 完善产业工人队伍培养机制建设

强化政策引导，加大对职业教育技能实践基地的财政支持力度，鼓励政府、企业和职业院校合作建设一批集实践教学、技能开发和培训、企业生产和社会技术技能服务于一体的高水平、专业化产教融合实训基地。积极引入社会资源办学，对于参与产教融合的企业，按一定比例抵免教育费附加和地方教育附加，对于专业化的职业教育机构或组织给予适当的教育项目补贴。同时建立完善技能人才的激励机制。通过提高产业工人在各级党代会、人代会、政协会担任代表或委员的比例，尤其是适当增加非公有制经济组织产业工人在“两代表一委员”中的比例，注重把产业工人中的技术能手、优秀工人培养和发展为党员，不断提高产业工人的政治地位和社会地位；推进企业依法开展能级集体协商，实施技能人才重大贡献奖励机制等举措，逐步提高技术技能人才特别是数字经济技术工人的收入待遇、政治地位和社会地位，切实保障广大产业工人留得下、学得精、干得好，最终转化为全省产业竞争力。

参考文献：

［1］刘向兵．中国特色社会主义新时代背景下的产业工人队伍建设改革［J］．中国劳动关系学院学报，2017（6）．

［2］丰月华．新时代产业工人队伍建设现状与思考［N］．江苏经济报，2020－03－16（3）．

［3］宋耀辉，杨锦秀．产教融合背景下职业教育优化校企合作人才培养模式探讨［J］．职业技术，2022，21（3）．

［4］王涛．产教融合视阈下职业院校“适用性”人才培养研究［J］．漯河

职业技术学院学报，2023，22（4）.
[5] 沈娟，王坤．我国职业教育“产教融合”政策执行进展、问题及对策研究［J］．中国职业技术教育，2021（18）.
[6] 刘楚珂．政府在职业教育产教融合中的作用研究［J］．职业教育（中旬刊），2022，21（3）.
[7] 郭化超，王树梁，张力．职业院校产教融合型实训基地校企共建模式实践研究——基于山东交通职业学院校企合作“333”模式分析［J］．天津职业大学学报，2023，32（3）.

第四章　新经济劳动用工和劳动关系研究

新业态从业人员的职业伤害保障模式研究

张 玲

（四川省总工会干部学校）

摘　要： 新业态从业人员职业伤害保障在法律上处于缺位状态，然而概念不清，实践中真正以新业态群体为重点构建的职业伤害保障不多，从理论上分析职业伤害保障可选路径：1. 坚持社会保险模式，但在分散用人单位风险目的，实现风险全覆盖、待遇全覆盖方面存在不协调之处；2. 秉持商业保险理念，构建平台自愿参保的组合险模式，问题在于缺乏兜底性、强制性的社会保险，未形成层次性伤害保障；3. 坚持“1＋1”模式，将社会保险＋商业保险相结合，构建独立职业伤害保障体系的模式是一个可行的路径。职业伤害保障体系在具体构想上要坚持多主体参与、层次性保障、保险基金独立可持续、职业伤害证明责任明确。

关键词： 新业态从业人员　职业伤害保障　职业伤害保险

新就业形态下从业人员与平台企业的法律关系处于“劳动关系—民事关系”二者的中间模糊地带，导致存在“职业伤害风险大，职业伤害保障缺乏”[①] 的矛盾点。2021 年 7 月，人力资源社会保障部、国家发展改革委等八部门联合印发《关于维护新就业形态劳动者劳动保障权益的指导意见》（以下简称《意见》）提

① 胡京．我国新业态从业人员职业伤害保障问题及其解决［J］．广东社会科学，2020（6）：243－251.

出“不完全符合确立劳动关系情形的劳动者”①，并明确提出要强化职业伤害保障。理论界学者纷纷加入讨论，实践中各地积极开展试点工作。

然而，学者观点不一，试点工作各异，能否纳入工伤保险体系、是否强制参保、缴费主体是平台企业还是从业人员、能否以商业保险予以替代等问题没有形成共识。当前，应当总结实践探索过程中的经验和困境，加强理论研究，明晰职业伤害保障与工伤保险制度的关系，厘定职业伤害保障制度中的主体责任，明确职业伤害保障制度的原则，从而进一步指导试点开展的职业伤害保险工作。

一、新业态从业人员与职业伤害保障的概念厘定

在检索文献和相关文件中，会交叉出现“灵活就业人员”“平台灵活就业人员”“新业态从业人员”等概念，但却无明确的定义或界定标准。在多数文献中存在混用现象，然而概念不清，特征不明，则适用范围不明确，相关理论可能存在不妥之处。

灵活就业人员的概念包含“新业态从业人员”。灵活就业人员包括个体经营、非全日制、新就业形态等从业人员。② 我国灵活就业人员数量超过2亿人③，新业态群体数量达到8400万人④，占42%。

平台灵活就业人员与新就业形态从业人员概念一致。⑤ 2020年7月28日国家市场监督管理总局发布的《互联网平台分类分级指南（征求意见稿）》明确“平台灵活就业人员”，是指接受互联网平台经营者提供的工作机会和任务，付出劳动并且获取劳动报酬，在劳动过程中接受互联网平台经营者管理的自然人。《北京市就业工作领导小组关于印发〈关于促进新就业形态健康发展的若干措

---

① 《人力资源社会保障部、国家发展改革委、交通运输部、应急部、市场监管总局、国家医保局、最高人民法院、全国总工会关于维护新就业形态劳动者劳动保障权益的指导意见》（人社部发〔2021〕56号）规定：“符合确立劳动关系情形的，企业应当依法与劳动者订立劳动合同。不完全符合确立劳动关系情形但企业对劳动者进行劳动管理（以下简称不完全符合确立劳动关系情形）的，指导企业与劳动者订立书面协议，合理确定企业与劳动者的权利义务。个人依托平台自主开展经营活动、从事自由职业等，按照民事法律调整双方的权利义务。”

② 参见《国务院办公厅关于支持多渠道灵活就业的意见》（国办发〔2020〕27号）。文件中拓宽灵活就业发展渠道中包括鼓励个体经营发展、增加非全日制就业机会、支持发展新就业形态等三部分。

③ 目前我国灵活就业规模达2亿人［EB/OL］．中华人民共和国中央人民政府，2021－05－20.

④ 凝聚大力推进中国式现代化的磅礴力量——全总第九次全国职工队伍状况调查领导小组负责同志答记者问［J］．兵团工运，2023（2）：23－26.

⑤ 娄宇．新业态从业人员职业伤害保障的法理基础与制度构建——以众包网约配送员为例［J］．社会科学，2021（6）：20－29.

施〉的通知》规定，新就业形态劳动者包括：（1）平台网约工劳动者（概念同《意见》中“不完全符合确立劳动关系情形的劳动者”一致）；（2）平台个人灵活就业人员（靠技能工作的自由职业者）；（3）“平台单位就业员工”（具备劳动关系）。[①]

在此明确，本文使用的“新业态从业人员”“新业态群体”“新业态劳动者”“从业人员”均是指依托数字平台实现就业，根据平台规则付出劳动，未与新业态企业建立劳动关系，平台对其进行劳动管理的从业者。也就是《意见》中“不完全符合确立劳动关系情形的劳动者”。

这部分群体面临的第一个难题是身份问题。之所以对新业态人员进行类型化治理，目的是维护其劳动权益。对新业态从业人员而言，其身份究竟是归类到“非标准型劳动者”，还是创设“第三类劳动者”只是名称问题，其所指向的具体权益保障才是关键！司法实践中不乏不认定劳动关系但却要求企业承担相应责任的案例。[②] 无论是否实行“劳动三分法”[③]，其落脚点依然在平台用工的治理上，与其继续争议平台就业人员的名称或归属问题，不如直接聚焦其权益保障，尤其是其职业伤害保障。

本文所探讨的职业伤害保障是指新业态从业人员在执行平台任务的过程中自身受到损害依法可以获得经济补偿和物质帮助的保障制度以及致人损害时侵权责任的分担机制。不仅包括在工作过程中劳动者自身受到伤害，即“我受伤”的救助问题，也涉及劳动者致人损害，即“我伤人”的责任风险转移问题。

本文在厘清上述概念之后，总结相关试点经验，探索完善从业人员因执行工作任务遭受损害或者伤害他人的风险责任分担机制，即职业伤害保障机制。

---

① 参见《北京市就业工作领导小组关于印发〈关于促进新就业形态健康发展的若干措施〉的通知》（京就发〔2021〕3号）规定，本文所称新就业形态劳动者，主要包括：1. 依托互联网平台（以下简称“平台”），与平台企业不完全符合确立劳动关系情形，根据平台规则完成工作和接受劳动管理，获取劳动报酬的劳动者（以下简称“平台网约劳动者”）。2. 依托平台，依法从事个体经营或个人自主利用自己的体力、专业技能等依法从事劳务、咨询、设计等活动，并取得劳动报酬的劳动者（以下简称“平台个人灵活就业人员”）。3. 与平台企业或加盟、代理、外包平台业务的合作企业、劳务派遣企业（以下统称“企业”）建立劳动关系或形成事实劳动关系，完成平台企业、平台、平台内经营者等所赋予工作任务的劳动者（以下简称“平台单位就业员工”）。

② 参见拉扎斯网络科技（上海）有限公司与上海礼记餐饮有限公司、杨再科等机动车交通事故责任纠纷二审民事判决书，上海市高级人民法院（2018）沪02民终565号。

③ 王天玉. 平台用工的“劳动三分法”治理模式［J］. 中国法学，2023（2）：266 - 284.

二、新业态从业人员职业伤害保障的探索

（一）新业态从业人员自身受损时的风险分担机制

已建立劳动关系的劳动者，由用人单位为劳动者购买工伤保险，劳动者因工而伤、病、残、死亡时，依据《工伤保险条例》获得经济补偿和物质帮助。新业态从业人员在执行平台任务的过程中，仍然面对相应风险，各试点建立了不同的风险分担机制以应对。由于专门以新业态从业人员为主体建立的职业伤害保障较少，本文也学习参考灵活就业人员职业伤害保障建立的思路。

需要明确的是，不少文献中提及江苏南通 2007 年灵活就业人员参加工伤保险的方案①以及 2015 年推出的“工作伤害保险”② 和山东潍坊 2009 年灵活就业人员参加工伤保险的方案③均是通过代理机构代理劳动关系，形成了“从业人员自行缴费—劳动（人事）代理机构代理—部分享受工伤保险待遇”的模式。此种模式是保障灵活就业人员因工受伤后获得医疗救治、经济补偿和职业康复的权利，通过代理机构构造形式意义上的劳动关系，从而纳入工伤保险体系。客观上没有关注新业态领域，没有考虑新就业形态企业和新就业形态从业人员的特殊性，除“由用人单位支付的待遇，由灵活就业人员自己承担”外，与工伤保险制度几乎无差别，不具有参考意义。

2014 年江苏省太仓市出台文件，明确已经参加两保（养老保险、医疗保险）的灵活就业人员（仅包括非全日制劳动者和自由择业者）均可参加职业伤害保险，且纳入了社会保险补贴范围，参保人员个人和企业均不承担缴费。④ 文件中的灵活就业人员不包含新业态从业人员，没有关注到新业态企业。政府不仅承担了行政主体的角色，还承担了义务主体的角色。此种灵活就业人员职业伤害保障最大的问题是可持续问题，以财政补贴为主，在灵活就业人员迅速增加的形势

---

① 参见《关于灵活就业人员参加工伤保险的通知》（通劳社工〔2006〕14 号）、《关于印发〈南通市灵活就业人员工伤认定办法〉的通知》（通劳社工〔2006〕22 号），上述文件现已失效，按照《关于印发〈南通市灵活就业人员工作伤害保险暂行办法〉的通知》（通人社规〔2015〕10 号）遵照执行。

② 参见《关于印发〈南通市灵活就业人员工作伤害保险暂行办法〉的通知》（通人社规〔2015〕10 号）。

③ 参见《关于灵活就业人员参加工伤保险的通知》（潍劳社办〔2009〕11 号）。

④ 《市政府印发太仓市灵活就业人员职业伤害保险暂行办法的通知》（太政发〔2014〕81 号）。第二条规定：“本办法所称的灵活就业人员，是指本市户籍劳动年龄段内未与任何用人单位或雇主存在劳动关系（包括事实劳动关系），从事非全日制工作或者自由择业，且不在《工伤保险条例》规定参保范围内的人员。”第九条规定：“职业伤害保险基金根据以支定收、收支平衡的原则筹资，列入社会保险补贴范围，参保人员个人不承担缴费。”

下，完全由政府补贴承担将对财政造成较大压力。

自2018年这个时间节点之后，各地区的职业伤害保险办法关注到了新业态从业人员。但此时仍只是将其作为灵活就业人员中的一类，新就业形态企业不承担责任，保费全由灵活就业人员自行承担，而且几乎均以年为缴费周期。2018年苏州市吴江区①的方案也是如此。其中值得注意的规定有：1. 以社会保障为激励措施。职业伤害保险费原定为每人每年180元，但若参加了养老保险或医疗保险，财政会补贴三分之二的费用。2. 重视与医疗保险的衔接。职业伤害保险参保人员在医疗机构产生的医疗费用先由医疗保险支付，余额部分再按照职业伤害保险赔付。3. 政府购买服务，委托商业保险公司承办，完成材料申报、赔付等事项。

2020年广东省推出特定人员单项工伤保险②，按照属地管理和自愿参保原则，平台企业自愿参保，缴纳保费，建立“从业人员所属平台企业自愿参保”模式。此模式突破了工伤保险与劳动关系的联结，在办理从业人员工伤认定时不要求提供劳动关系方面的证明材料，且文件中明确已参加单项工伤保险不作为劳动关系确认的依据，拓展了工伤保险的边界。该模式缩短了认定人员参加工伤保险的缴费周期，按月申报缴纳当月工伤保险费，更贴合灵活用工的特征。

更具有研究意义的是浙江金华、湖州两地的试点工作。2020年湖州市以快递服务、餐饮配送服务两个行业开展试点，采用“1+1”保障模式，增设“新业态从业人员工伤”征收品目，新业态企业自愿为从业人员办理工伤单险种参保，同时鼓励新业态企业参加补充商业保险。③ 参保和申报流程如图1所示。

该模式的创新点：1. 设立单项工伤保险，打破工伤保险与劳动关系的联结，以平台企业为责任主体，允许平台企业自愿为其从业人员单项参加工伤保险，由工伤保险、商业保险与新业态企业共同分担责任。2. 强化工作职责。人社部门牵头负责，税务部门负责新业态从业人员工伤保险费征缴工作，银保监部门负责指导保险机构开发经营职业伤害补充保险工作，邮政管理部门督促快递企业为其从业人员提供职业伤害保障。3. 按月申报，缩短保险缴费周期。

---

① 参见《区政府关于印发吴江区灵活就业人员职业伤害保险办法（试行）的通知》（吴政规字〔2018〕1号）。

② 参见《广东省人力资源和社会保障厅、国家税务总局广东省税务局关于印发〈关于单位从业的超过法定退休年龄劳动者等特定人员参加工伤保险的办法（试行）〉的通知》（2020年12月31日）第二条第四款，第八条第二款。

③ 参见《湖州市人力资源和社会保障局等5部门关于试行快递企业等新业态从业人员职业伤害保障办法的通知》（湖人社发〔2020〕18号）。

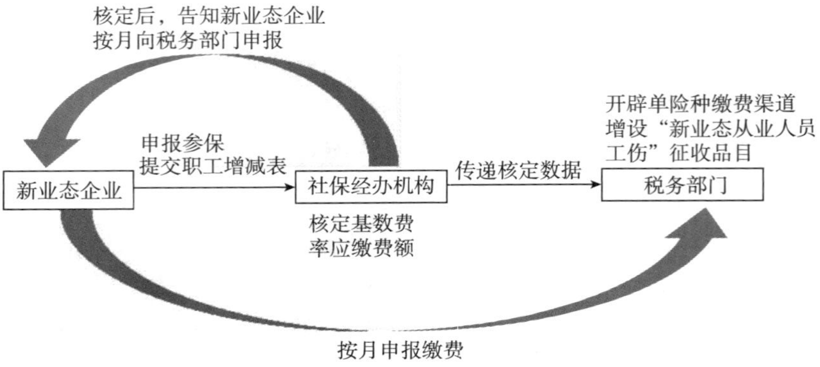

图1　参保和申报流程

浙江金华以“工伤保险＋补充工伤保险”形式实现社会保险与商业保险的结合，使新业态从业人员获得强有力的职业伤害保障。[①] 创新点：1. 参保方式更具灵活性。可选择以单位、项目等方式参保，且同一新业态组织使用不同用工形态可选择组合参保方式，分类确定缴费基数和费率。2. 参保管理动态化。实行“总量包干、动态实名”的参保管理方式。一次性缴清一个参保周期内的保费，可变更、增减参保人员，参保周期可选择按日、按月参保。3. 强化工伤预防。通过工伤费率浮动机制、商业保险的预防机制，降低工伤发生率。4. 通过工伤补充保险实现待遇全保障。工伤认定后，按《工伤保险条例》规定支付工伤保险待遇，单位支付部分依据补充工伤保险由商业保险公司支付。在该试点文件中，虽没有直接强制要求平台企业参保，但强调“推进新业态单位和从业人员参保全覆盖”体现出强制参保倾向。

现行新业态从业人员职业伤害保障试点工作主要聚焦于从业人员自身受损时的风险分担机制，而没有关注到致人损害时风险的分摊。可能是因为该责任在民法领域内可直接以侵权责任寻求权利救济。除新业态群体以外的灵活就业人员，即个体户、自由择业者等群体的职业伤害保障不会涉及致第三人受损时的责任分担，因为没有用工关系，不存在用人单位的替代责任。而新业态领域内，平台企业松散式管理，第三人能否向平台企业主张用人单位无过错的替代责任？

① 参见《中共金华市委全面深化改革委员会办公室金华市人力资源和社会保障局关于开展新业态从业人员职业伤害保障试点的指导意见》（金人社发〔2020〕65号）。

（二）新业态从业人员致人损害时，平台企业承担用工责任

虽然劳动者致第三人损害时的权利救济属于民法问题，而不属于社会法问题，但其背后的逻辑理念却关系到社会法理论，如要求平台企业为其购买雇主责任险等商业险的法律基础等，故应当对新业态从业人员在工作中致人损害时的责任归属进行厘定。

依据《中华人民共和国民法典》（以下简称《民法典》）第1191条规定①，用人单位的工作人员因执行工作任务造成他人损害的，由用人单位承担侵权责任。用人单位承担用人者责任，源于其对工作人员存在较强的管理、监督和支配关系。除劳动关系外，公务员管理、劳务关系、委任关系也具有上述特征。民法与劳动法属于不同部门法，在用人单位、工作人员等概念上可以相互借鉴，但不必拘泥于文字，故该条文中用人单位的内涵和外延更广，不区分其与工作人员是否存在劳动关系。②

新业态从业人员的就业方式是不完全符合确立劳动关系情形但企业对劳动者进行劳动管理，平台企业对其进行了劳动管理，从业人员在执行平台任务过程中，致第三人受损，第三人可以主张平台企业承担侵权责任。当然，如果新业态从业人员有故意或者重大过失，平台企业享有追偿权。基于此，从业人员致第三人受损时，第三人直接依据《民法典》第1191条规定进行权利救济。责任险的购买义务主体仍应是平台企业，而非从业人员。

即使在众包的情形下，平台企业仍可能会被追究责任。例如，在拉扎斯网络科技（上海）有限公司、上海拉扎斯信息科技有限公司与上海简纯信息科技有限公司、刘有强等生命权、健康权、身体权纠纷一案中③，外卖员刘贺在“饿了

---

① 《民法典》第1191条规定：“用人单位的工作人员因执行工作任务造成他人损害的，由用人单位承担侵权责任。用人单位承担侵权责任后，可以向有故意或者重大过失的工作人员追偿。劳务派遣期间，被派遣的工作人员因执行工作任务造成他人损害的，由接受劳务派遣的用工单位承担侵权责任；劳务派遣单位有过错的，承担相应的责任。”

② 参见王金莲、王琨机动车交通事故责任纠纷再审民事判决书，江西省高级人民法院（2020）赣民再96号。再审法院在说理部分强调，原《中华人民共和国侵权责任法》第三十四条（对应为《民法典》1194条）所称的“用人单位”的范围包括但不限于劳动法领域的用人单位，其不再区分是否存在劳动关系而统称为用人单位，“工作人员”的范围包括也不限于劳动者，还包括一般工作人员、临时雇佣人员等，所以前述法律规范所称的“用人单位的工作人员”，不是仅以劳动法上的用人单位与劳动者的关系为界限，而主要是看该人员在实施行为时是否以单位的名义，是否正为单位执行工作任务作为判断是否构成履行职务行为的要件。

③ 参见拉扎斯网络科技（上海）有限公司与上海礼记餐饮有限公司、杨再科等机动车交通事故责任纠纷二审民事判决书，上海市高级人民法院（2018）沪02民终565号。

么”APP 注册成为外卖员，在送餐途中，骑自行车逆向行驶，与骑行助动车的刘有强发生碰撞，致刘有强受伤。本案中“饿了么－蜂鸟配送”服务中多方主体的权利与义务如图 2 所示。

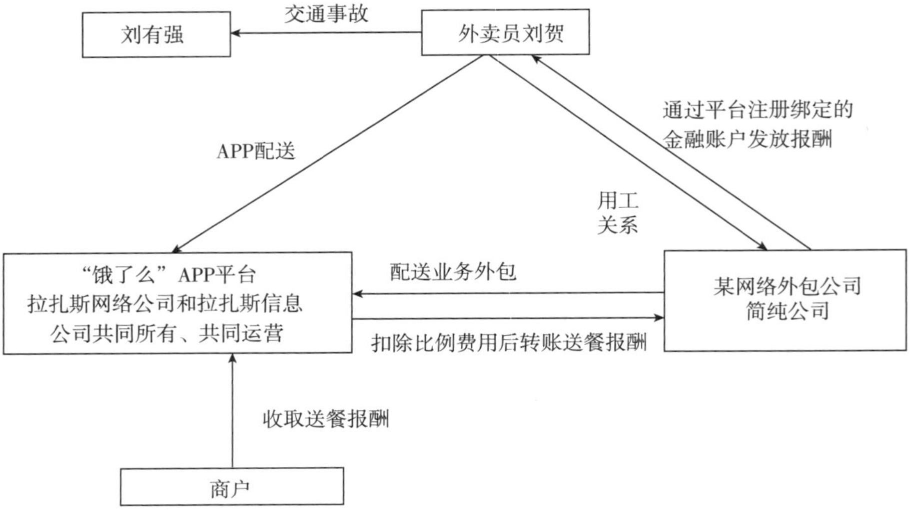

图 2　多方主体的权利与义务

外卖员刘贺为外包公司简纯公司的员工，在其送餐途中，造成第三人刘有强的损害，那么平台企业公司拉扎斯网络公司和拉扎斯信息公司是否承担责任？在本案中，法院认为简纯公司与拉扎斯网络公司和拉扎斯信息公司系合作关系，三方均从“饿了么－蜂鸟配送”服务中取得收益，根据权利和义务相一致原则，拉扎斯网络公司、拉扎斯信息公司与简纯公司应对刘有强遭受的损失共同承担民事赔偿责任。至于拉扎斯网络公司和拉扎斯信息公司与简纯公司作为合作方签订的协议约定简纯公司在经营过程中产生的法律责任由简纯公司自行承担，系对合作方权利义务的约定，对他人不产生法律效力，可依法另行主张。现在外卖平台几乎都将配送业务外包，但在法律未明确新业态从业人员与平台的法律关系之前，平台企业也难以避免被卷入诉讼争议之中。既然有责任，那么就应当承担职业伤害保险、补充商业保险的部分义务。

三、职业伤害保障模式的路径选择

新业态群体的职业风险更为关注就业人员自身受到损害的情形，可能是因为新业态从业人员自身受损时，劳动关系认定难而导致权利救济途径受阻。新业态从业人员致人损害时，可直接依据《民法典》第1191条规定向平台企业主张权利。故前者的职业伤害保障是更为迫切和必要的，所以这两种情形下职业伤害保障模式的强制性可能有差异。

随着对新业态群体权益维护的重视，从早期归属在灵活就业人员或者特定人员“统一规制”参保逐渐发展到以新业态群体为对象的“单独规制”，在以新业态群体为对象的单独规制中，仍是以“工伤保险”或者“工伤保险+商业保险”为主，实践中多为平台要求从业人员自行购买商业保险。故构建职业伤害保险模式可能存在三种路径：

（一）路径一：坚持社会保险模式，构建与工伤保险类似的职业伤害保障

强制要求平台企业以“单项工伤保险”为其从业人员参保。虽然现行试点工作中均是平台企业自愿参保，但若坚持社会保险模式，则原则上应当有强制参保的特性。此种路径下，职业伤害保障制度是工伤保障体系的子制度，工伤保障体系根据劳动者是否具有劳动关系而分为工伤保险制度和职业伤害保障制度。①然而此种路径在分散用人单位风险目的，实现风险全覆盖、待遇全覆盖方面存在不协调之处。

一是职业伤害保障制度与工伤保险制度的目的是否包括分散用人单位的风险存在不同。工伤保险制度的目的有二：（1）保障职工因工受伤或者死亡时获得经济帮助；（2）分散用人单位的工伤风险。② 若用人单位没有为其职工购买工伤保险，则工伤事故发生后将承担全部赔偿责任。用人单位的工伤风险来自劳动关系所体现的过程管理和控制所带来的安全保障义务，而工伤保险的出现是为了转移该责任风险，故要求单位单方面缴纳费用。新业态从业人员职业伤害风险是否完全由平台企业承担不明确，因其本身与平台企业的关联性减弱。故在新业态领域内加强职业伤害保障的出发点不是分散平台企业的用工风险，而是在于保护新业态从业人员因工受伤及时获得帮助的权利。所以职业伤害保障制度本身与工伤保险制度在出发点方面存在差异。

二是工伤保险与职业伤害保险不能并存，不能实现风险全覆盖。以劳动者是否具备劳动关系区分两种保险，意味着同一劳动者不能同时享受工伤保险和职业

---

① 翁仁木．平台从业人员职业伤害保障制度研究［J］．中国劳动，2019（10）：266－284.

② 《工伤保险条例》第一条：“为了保障因工作遭受事故伤害或者患职业病的职工获得医疗救治和经济补偿，促进工伤预防和职业康复，分散用人单位的工伤风险，制定本条例。”

伤害保险。若已经与其他单位建立劳动关系且享受工伤保险的人员在下班后兼职从事新业态领域内工作中受到伤害，此时该人员既不能享受工伤保险待遇，又不能受到职业伤害保险的保障。

三是有工伤保险待遇之名却不能实现待遇全覆盖。以单项工伤保险参保，部分享受工伤保险待遇。由工伤保险基金支付的治疗费、康复费、一次性工伤医疗补助金等一般可以得到保障。但是应当由用人单位支付的一次性伤残就业补助金等却不能到位。

（二）路径二：秉持商业保险理念，构建平台自愿参保的组合险模式

当前平台经济中，为了转移新业态从业人员受到损害或者致人损害的风险，较为普遍的是平台或者众包公司在协议中明确，为新业态从业人员代为购买雇主责任险、人身意外伤害险等组合险。如外卖行业中通常为在一个自然日期间约承接了一单以上的订单，每日支付人民币 3 元的保险费，该费用将从平台应付给从业人员的服务费中予以扣除，即主要是从业人员自行承担保费。① 可在此基础上予以完善，鼓励平台企业出于规避诉讼纠纷和承担社会责任等原因，自愿为其从业人员购买包含人身意外险、第三者责任险等组合险。如以补贴的形式鼓励平台购买商业保险，2020 年山东省针对平台就业人员且已经办理就业登记的人员购买意外伤害保险的，对平台或个人给予每人每年不高于 100 元的补贴。②

此种路径最大的问题是只有非强制性的商业保险，无兜底性、强制性的社会保险，保障刚性不强，没有形成层次性职业伤害保障体系。鼓励平台为从业人员购买商业保险本身是一个利好政策，但绝不能简单粗暴地直接以商业保险替代具有社会保险性质的职业伤害保险。

（三）路径三：坚持“1 +1”模式，构建独立职业伤害保障体系

路径一和路径二是单独的社会保险或者商业保险，均不足以为新业态群体构建有效可行的职业伤害保障，此时贴合新业态从业人员的工作特征与行业特定风险，构建独立职业伤害保障模式确有必要。

在独立职业伤害保障模式中，有学者主张形成“强制医保 + 自愿行业自保”

---

① 参见深圳市众普拉斯网络科技有限公司等与中国平安财产保险股份有限公司广东分公司等提供劳务者受害责任纠纷二审民事判决书，北京市第二中级人民法院（2023）京 02 民终 2510 号。

② 参见《山东省人民政府办公厅关于支持多渠道灵活就业二十条措施的通知》（鲁政办发〔2020〕19 号）。

的层次性保障[1]，这种路径需要非常强势的行业组织或者行业工会组织推行行业自保的保费收缴和经办。也有学者提出从身份险转向行为险[2]，由同一行业所属全部平台共同承担保险缴费义务，这种“行为险”模糊处理了就业者的身份问题，忽略了社会保障中保护对象就业者这一主体，而非就业者的工作行为，工作行为只是风险产生的原因，从“身份险”转为“行为险”作为职业伤害保障存在不妥之处。但上述两种观点为我们在职业伤害模式中引入“行业”或者“行业工会”的主体，作为社会组织独立承担职业伤害保障机制可能是一项难以完成的挑战，但可以在保障机制中发挥好组织功能、监督职能。

参照湖州经验，构建“社会保险 + 商业保险”的独立职业伤害保障模式或是一种可行的路径。“社会保险”部分以强制的职业伤害保险体现，平台企业承担全部保费，职业伤害保险待遇能覆盖工伤保险待遇中由工伤保险基金中支付的部分。这也体现了职业伤害保障制度中的“社会保险定位”。[3]“商业保险”部分为鼓励平台参加含意外险和责任险的组合险，既能覆盖工伤保险待遇中由用人单位支付的部分，也能将发生从业人员致人损害时的责任风险转移。

此种路径既有利于分散职业伤害风险，减少与劳动关系认定的争议，也有利于减轻传统的工伤保险机制和基金运行的压力，同时由于商业保险中含责任险，也能增强平台参保的意愿，增强可行性。

四、职业伤害保障模式的具体构想

在明确了职业伤害保障模式的路径选择之后，将社会保险和商业保险相结合，坚持广覆盖、保基本、可持续的原则，构建独立职业伤害保障体系：强制参保的职业伤害保险 + 鼓励参保含责任险的组合险。具体构想如下。

（一）以责任为前提，坚持多主体参与

坚持权利义务相一致，风险收益相匹配的原则。平台企业、从业人员、政府

① 娄宇．新业态从业人员职业伤害保障的法理基础与制度构建——以众包网约配送员为例［J］．社会科学，2021（6）：20 – 29.

② 王天玉．从身份险到行为险：新业态从业人员职业伤害保障研究［J］．保险研究，2022（6）：115 – 127.

③ 许素睿，梁梵洁．我国职业伤害保障制度的现状、挑战与展望［J］．中国安全科学学报，2023（5）：213 – 220.

部门为确定型利益相关者，工会、行业协会为预期型利益相关者①，应当承担与其权利或者收益相当的主体责任。具体为平台承担全额保险费用；人社部门牵头负责，指导协调机制运行；社保经办机构负责核定缴费基数和费率；税务部门负责职业伤害保险费征缴工作；政府购买服务由商业保险机构经办商业组合保险的运行；工会、行业组织负责督促平台企业落实职业伤害保障责任。

明确新业态企业的主体作用。平台经济用工关系中，新业态企业享受了低人力成本的收益，是受益最大方，坚持“谁受益谁承担”的费用分配原则，明确应当由新业态企业全额缴纳保费。当前就业领域内形成了层次性劳动者，“劳动关系劳动者—劳务派遣劳动者—新就业形态劳动者”，权益保障逐渐减弱，作为“理性经济人”的平台企业或雇主，会更加倾向于较低人力成本的用工方式，从我国存在大量劳务派遣劳动者以及新就业形态劳动者数量迅速增加的情况中，可以窥见一二，如果不让平台企业承担相应的职业伤害保障责任，则在职业风险预防和管理等方面也将缺乏动力，就难以从源头上、用工形式上保障劳动者权益。

强制社保 + 自愿商保的模式体现了灵活性与保障性的平衡，虽然就业方式碎片化，但新业态从业人员付出的劳动力成本和标准型劳动者付出的劳动力成本别无二致，则在职业伤害保障上也应当享有相应权利。但同时要考虑到新业态就业灵活性强以及鼓励平台经济发展的政策倾向。就业方式灵活性增强，保障性自然会有所下降，不可主张与传统劳动关系相同的社会保障。故建议构建强制的职业伤害保险，鼓励参加商业组合保险，职业伤害保险待遇能覆盖工伤保险待遇中由工伤保险基金支付的部分，而组合险除了覆盖责任险，还能覆盖工伤保险待遇中由用人单位支付的部分。但因为平台用工的灵活性，在组合险的参保方式中以鼓励为原则，而非强制参保。

政府作为社会保障的责任主体和行政主体，主导职业伤害保障工作。如果将职业伤害保障工作完全交由社保系统负责，确实压力过大，可由社保系统经办职业伤害保险，而商业组合险通过政府购买服务的方式，委托商业保险公司承办，能有效化解社保系统的压力。

发挥好工会优势增强保险工作的组织性。从业人员多数以个人名义直接在平台上注册签约，而平台并非在各地均有组织机构和具体负责人，该类人员参保无法有效组织实施，参保进程缓慢，应当在新业态从业人员的参保进程中发挥好工

---

① 匡亚林，梁晓林，张帆．新业态灵活就业人员社会保障制度健全研究［J］．学习与实践，2021（1）：93－104.

会密切联系职工群众的优势。一方面代表广大职工对职业伤害保障的贯彻落实进行监督，督促企业足额缴纳保费，另一方面监督企业行政或社保经办机构规范管理，确保各项待遇支付落实到位。此外，工会还可以通过职工互助、职工帮扶计划，积极开展健康讲座、困难帮扶、健康体检、亚健康管理等多层次服务。

（二）以风险为导向，形成层次性保障

社会保险的覆盖面应根据职业风险强弱而有所差异从而保证实质公平。一是做好职业伤害保险与其他社会保险的衔接。职业伤害保险为其进行强制性和兜底性的保障，当职业伤害风险超越了社会保险制度的保障范围时，可采取商业保险的形式与扩大的风险对冲。[①] 如劳动强度大、工作危险度高的行业从业人员仅依靠职业伤害保险可能难以覆盖所有损失，要强制其参加医疗保险、第三者责任险等商业保险。

二是实行差异化费率。1. 将职业风险与平台企业类型绑定，根据行业风险强度，分类分层确定费率。2. 根据身份不同，设置不同费率。如专职的新就业形态劳动者和有正式工作但在新业态领域内兼职的从业人员相比，必定是风险更强、参保需求更强。3. 根据是否参加医疗保险，在费率上也可有所区别。已经参加医疗保险的新业态从业人员，在受到损害时可主张职业伤害保险中的医疗救济部分可能和医疗保险待遇有所重合，此时可以考虑适当降低费率。

三是实行浮动费率。保险费率浮动机制，根据职业伤害发生率和职业伤害预防工作情况，调整职业伤害保险和商业组合保险的缴费费率。引入职业伤害预防机制，倒逼新业态企业加强职业伤害预防工作，如加强职业安全培训和教育，树立“预防优先”的职业安全理念，完善平台算法管理，从源头上减少新业态从业人员工伤事故发生，减轻职业危害，维护社会和谐稳定。

（三）以互济为原则，确保保险基金可持续

在明确各方主体责任后，建立独立于工伤保险基金的职业伤害保险基金。职业伤害保险基金来源有三：一是平台企业缴纳的保费；二是工会通过会员互助保障计划提供部分补贴[②]，三是保险基金的利息。

---

① 苏炜杰．我国新业态从业人员职业伤害保险制度：模式选择与构建思路［J］．中国人力资源开发，2021（3）．

② 李攀艺，张红婷．我国新兴非标准就业群体社会保障问题探析［J］．长白学刊，2020（3）：112－119.

平台企业的参保方式以灵活性为特征。由平台以单位参保，并参照浙江金华“总量包干、动态实名”的方式管理。兼顾效率与公平，不以年为缴费周期，按月申报缴纳当月保费。① 从业人员在两个或者两个以上从业单位同时从业的，各从业单位应当分别缴纳保费。且出于保障性的考虑，若在保险周期内从业人员在两个平台流动，两个平台均应当缴纳当月保费以做好职业伤害保险在各平台的衔接。工会经费补贴是发扬劳动者互助互济精神，工会要动员新业态群体积极加入工会，组织这类人员参加职业伤害保障，并通过职工互助、职工帮扶计划补充保险基金，这也是新业态从业人员在平台用工关系中适度承担相应义务的体现。

（四）以灵活为特征，明确举证证明责任

在工作过程中受到伤害的认定以“三工”（工作时间、工作场所、工作原因）认定为主，新业态领域内必定会弱化对工作时间和工作场所的认定，而依据“伤害与工作是否存在因果关系为核心要素”② 的判断在实践中是极为复杂的。如事故发生时身着某平台字样的衣服，结合平台接单、派单规则等是否能充分论证因果关系时，举证证明责任的分配十分关键。在工伤保险制度中，如果已经满足了工作场所和工作时间的构成要件，法院在认定时，则会推定具备工作原因这一构成要件，从而支持认定为工伤的诉讼请求。③ 这是因为工伤保险制度中社会法对劳动者的倾斜式保护，会尽可能依法将劳动者受到伤害的情形认定为工伤；但是如果是新业态的职业伤害保障，本身劳动关系认定难，倾斜式保护原则不明确，结合新就业形态的特征，在认定上会存在更大难点，故明确举证证明责任十分必要。职业伤害保障制度中，由于劳动关系的松散，建议由从业人员承担主要举证证明责任。④ 这主要是考虑到用工的灵活性，平台企业对用工的过程性管理和职业伤害发生的控制力较弱。明确举证证明责任有利于职业伤害的认定，确保

---

① 吴东蔚．灵活就业人员职业伤害保险制度的试点困境与完善进路［J］．山东工会论坛，2021（1）：89－97，108.

② 白艳莉．新业态从业人员职业伤害保障体系构建研究［J］．中州学刊，2022（7）：80－89.

③ 《最高人民法院关于审理工伤保险行政案件若干问题的规定》（法释〔2014〕9号）第四条规定，社会保险行政部门认定下列情形为工伤的，人民法院应予支持：（一）职工在工作时间和工作场所内受到伤害，用人单位或者社会保险行政部门没有证据证明是非工作原因导致的；（二）职工参加用人单位组织或者受用人单位指派参加其他单位组织的活动受到伤害的；（三）在工作时间内，职工来往于多个与其工作职责相关的工作场所之间的合理区域因工受到伤害的；（四）其他与履行工作职责相关，在工作时间及合理区域内受到伤害的。

④ 苏炜杰．我国新业态从业人员职业伤害保险制度：模式选择与构建思路［J］．中国人力资源开发，2021（3）：74－90.

职业伤害保险基金的规范运行。

结语

新就业形态先行于法律，给国家治理与社会治理都带来了新的挑战，从业人员的流动性、平台管理的虚拟性与属地化管理原则不协调，需要不断提升治理水平，补齐“职业伤害保障”这块短板。

学习贯彻二十大精神，新就业形态劳动者工会“双覆盖双推进”困境与路径探究

——以昆明市五城区为例

金　鑫

（云南省工会共青团妇联干部学校）

摘　要：随着第四次科技革命的不断深化，新就业形态蓬勃发展，在劳动就业领域产生重大变革，保障新就业形态劳动者的劳动权益成为各界的重要任务。组织新就业形态劳动者入会是工会为其提供维权服务的基础环节，但实践中面临底数不清、经费保障不力、缺乏动态管理等诸多难题，应当通过完善法律法规加强组织领导形成合力、因地因企分类推进、加强宣传力度、强化服务保障等破解各种困境。

关键词：新就业形态　劳动者　工会

随着第四次科技革命的不断深化，以共享经济、平台经济为代表的新就业形态蓬勃发展，催生了大批新就业形态劳动者。据第九次全国职工队伍状况调查结果，包括货车司机、网约车司机、快递员、外卖配送员在内的全国新就业形态劳动者已达8400万人，成为职工队伍的重要组成部分。近年，受全球新冠疫情的影响，线上消费和平台经济以更为迅猛的速度发展，快递、外卖等新业态从业人员数量激增，在稳定百姓基本生活、保障企业恢复生产方面发挥了重要作用。习近平总书记多次明确指示，要维护好新就业形态劳动者合法权益。2021年7月，人社部、国家发改委等八部门共同印发《关于维护新就业形态劳动者劳动保障权益的指导意见》（以下简称《意见》），系统规定了新就业形态劳动者权益保障问题，标志着我国规范新就业形态发展、构建新就业形态劳动者权益保障制度进入

实质性阶段。① 全国总工会高度重视新就业形态劳动者权益保障工作，最新发布《深入推进新就业形态劳动者工会工作三年行动计划（2023—2025年）》（以下简称《计划》），聚焦新就业形态劳动者所思所想和急难愁盼问题，从加强思想引领、建会入会和维权服务等方面，对深化新就业形态劳动者工会工作作出全面部署。然而，当前各地工会在推进新就业形态劳动者建会入会的实践探索中遇到了很多制度障碍和困难，探讨和破解这些困境对推进这项工作具有一定的现实意义。

一、新就业形态劳动者群体自身特点及对工会的需求

为了更加深入了解新就业形态劳动者的工作、入会、阵地需求等方面的情况，本文聚焦外卖配送员、货车司机、网约车司机、快递员、网络营销员几大职业，通过对519份问卷进行分析，总结出新就业形态劳动者群体具有以下特点。

（一）新就业形态劳动者群体自身特点

1. 从业群体青年化

除网约车司机以外的从业者年龄分布以35岁以下为主，网约车司机则集中于36岁到45岁阶段（详见图1）。依据世界卫生组织的界定（15岁至44岁为青年），可以说新就业形态从业群体青年化特征突出。其中网络营销员以26岁到35岁为主，基本没有26岁以下的从业群体，这与该行业的工作性质和该从业群体的学历分布相对应。外卖配送和快递行业由于工作技术含量较低，所以存在少部分25岁以下的从业群体。

所以整个新业态从业群体是一个具有活力、年轻化的群体，基层工会在推进工作中要积极探索活动内容、方式，开展吸引青年群体的活动，来推进双覆盖工作，同时这种年轻化工作方式的转变，也能使工会更具有活力、吸引力。

2. 从业群体多为进城务工人员

在对从业人员户籍所在地的统计中发现，新就业形态从业群体来源以农村为主导。尤其在快递员、货车司机和外卖配送员中来自农村的人数占比超过了70%，在网络营销员和网约车司机行业中农村人口占比也在50%左右（详见图

---

① 张成刚．新就业形态劳动者的劳动权益保障：内容、现状及策略［J］．中国劳动关系学院学报，2021（6）：1－2.

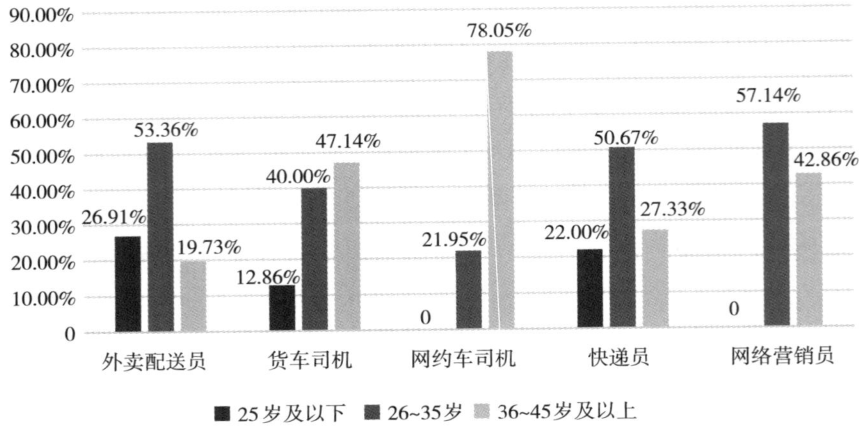

图1　五类新就业形态劳动者年龄占比情况

2），这与部分新兴行业从业要求较低相关。这些新业态行业需求体量较大，尤其是服务类行业及新媒体行业，人的因素暂不可完全替代，所以为社会提供了大量的就业岗位。

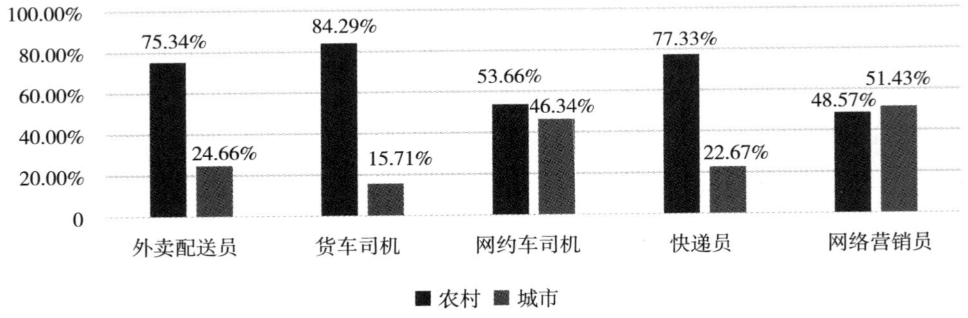

图2　五类新就业形态劳动者户籍所在地占比情况

3. 从业群体学历不高

整体而言新就业形态从业群体学历水平不高，集中于高中或中专以下。从统计图中可以看出，在外卖配送员、货车司机、网约车司机及快递员群体中，本科以上学历占比仅不足10%，这与前文提到的行业性质有关，工作技术含量较低，进入门槛相对也就比较低，但也不难看出在网络营销行业中，本科及以上学历的占比达到30%左右（详见图3），这与新媒体行业作为依托网络数字经济为主的行业对技能要求相对较高有关联，所以对职工有进入标准要求。通过分析我们可以预测在新业态行业中，应该存在至少两类用工需求，一类是如快递等对职工准入条件较低的行业，另一类是如新媒体等对职工具有一定准入标准的行业。在调研中发现，当前基层工会推进工作中主要针对的新业态群体以第一类为主导，所以在实际工作中要充分考虑低学历因素所带来的一些需求，从职工需求出发提供服务从而吸引职工。

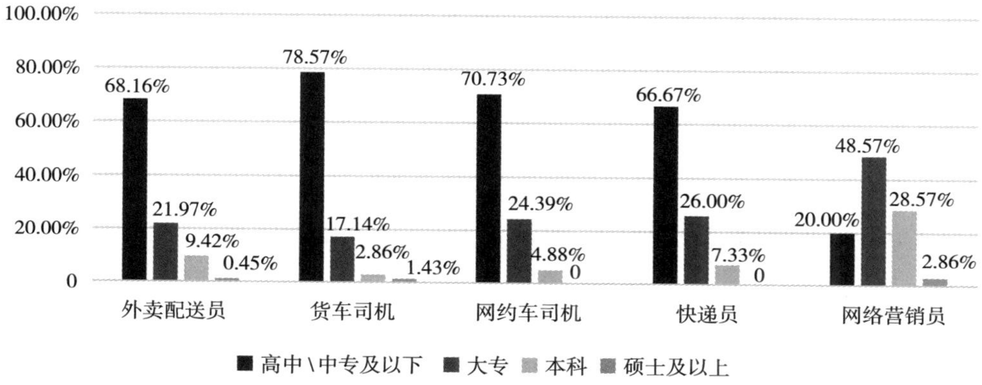

图3　五类新就业形态劳动者学历占比情况

4. 从业群体工作选择性较高

由于新就业形态劳动者工作弹性较大，每天收入与工作时长有关联，所以大部分从业者每天工作时长基本超过 8 小时。五类行业的日收入与工作量直接挂钩，多劳多得，所以他们的工作时长超过 8 小时的占比为 80% 左右（详见图 4）。但在进一步调研中发现，快递员的工作时长则较为特殊。一般情况下，按照交规和平台管理的要求，货车司机和网约车司机工作时长不应超过 12 小时，相反，快递员则存在高峰期，如在“双 12 大促活动”由于货物的增量工作时长会超过 12 小时，当然这属于少数情况。网络营销一般平台要求会在 8 到 10 小时间，但网络营销员在时间选择上存在较强的自主性。外卖配送行业的具体工作时间取决于个人选择，只要配送员有能力接单，平台就不会有强制性要求。所以在调研的五类新就业形态劳动者中，单从用工协议来看是符合《劳动法》中关于工作时长规定的，但在具体工作时长上个人拥有很大的自主选择空间。

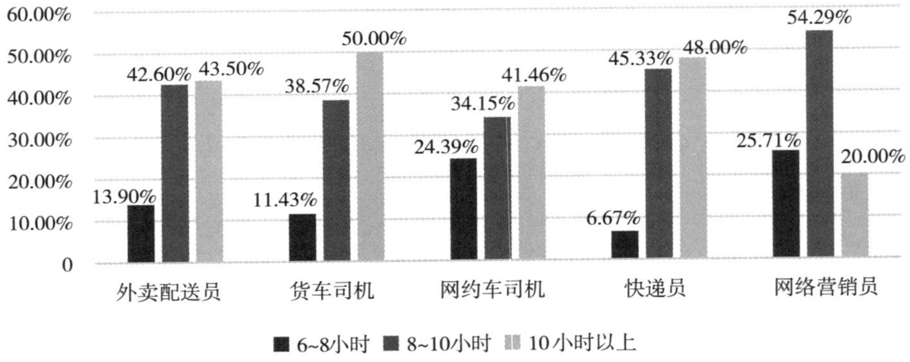

图4　五类新就业形态劳动者每天工作时长情况

在部分新就业形态劳动者的日工作中存在“高低峰情况”，如外卖配送行业，送餐高峰集中于11：00—13：00及16：30—18：00，其他时段接单较少，配送员以就近原则进行短暂休息。网约车司机也会存在同样的情况，但整体而言五类新就业形态劳动者的工作强度较大，在白天难以有长时段的休息。此外新业态群体对休息休假具有较强的自主选择性，为了赚取更多的收入，大部分人员选择每月休息2天及以上（详见图5），当然也会依据身体情况而选择不休息。所以工会在开展服务中要充分体谅，难点在于在不影响对方工作的情况下为新业态群体进行工作覆盖。

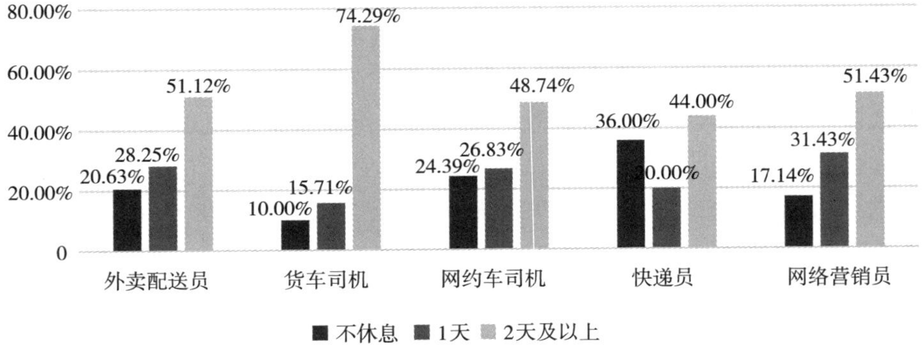

图5　五类新就业形态劳动者每月休假情况

5. 从业群体工作有保障

从回收的问卷数据来看，当前新业态行业用人单位基本为职工购买了保险服务，城镇职工医疗保险的购买率在16%～27%（详见图6），购买率最高的为货车司机，而对于商业性的意外伤害险等的购买率低，仅在16%～25%之间（详见图7），购买率最高的为外卖配送员，整体上新就业形态劳动者的工作都能得到基本保障。

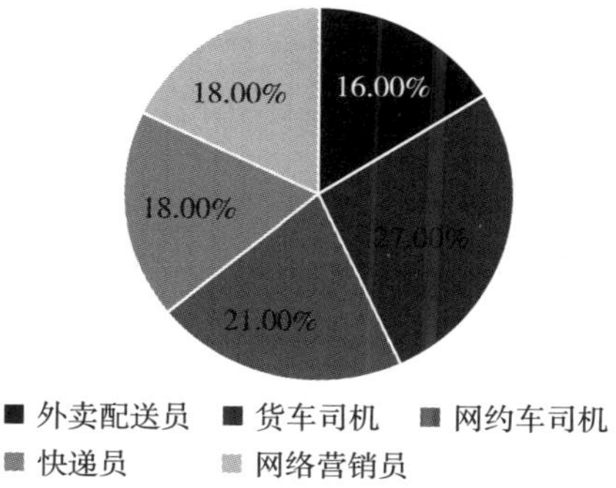

图6　用人单位为五类新就业形态劳动者购买城镇职工基本医疗保险情况

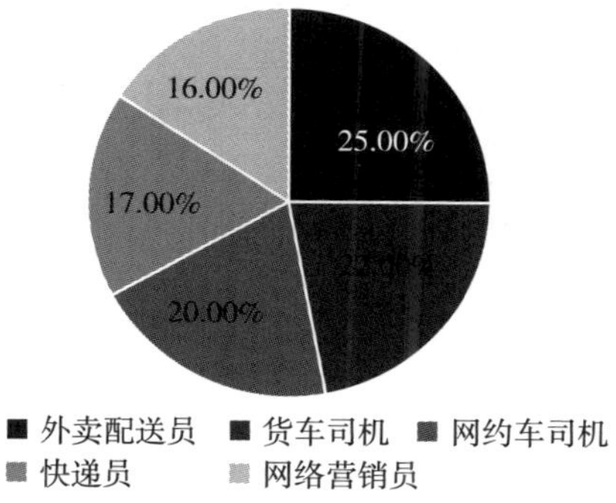

图7　用人单位为五类新就业形态劳动者购买意外伤害险等商业保险情况

在深入走访中发现，很多平台经济行业在职工保险保障方面更倾向于满足从事行政的人员，而大量的一线职工如外卖配送员、网约车司机等都没有享受到这些保险服务，所以对于这块的工作覆盖还需纵深推进，工会可以联合社保局为一线职工推出保险服务，如五华区联合社保开展针对区内快递行业单工伤保险服务购买需求调研，以期能够切实为快递员提供保障。

（二）五类新就业形态劳动者入会及对驿站的需求情况

1. 入会率参差不齐

在分析中发现，整体而言新就业形态劳动者的入会率达到50%，但对五类新就业形态劳动者进行单项分析时可以看出各行业的入会率参差不齐，其中网约车司机的入会率达 80.49%（详见图 8），这与昆明市网约车司机行业工会联合会的建立有很大关系。通过各级发力在昆明的网约车头部企业有 19 家已建立工会组织，在行业工会联合会的推动下网约车司机入会工作纵深推进。但网络营销员的入会率仅有 22.86%，主要难点在于网络营销行业难以有抓手，大的网销平台公司建会工作推进缓慢，单个网络营销员则难以摸排，所以在网络营销行业中入会建会工作难以开展。

在与外卖小哥的访谈中发现，很多一线外卖员对工会认识很少，采访的四位小哥中有三位完全不知道工会是什么，“工会没听过”“不了解”“没听说过呀”；只有一位上过大学的小哥听说过工会组织。从一定层面反映出我们工会的宣传力度不够，大家对团组织的了解度要高于工会，所以还需加强工会的宣传工作。

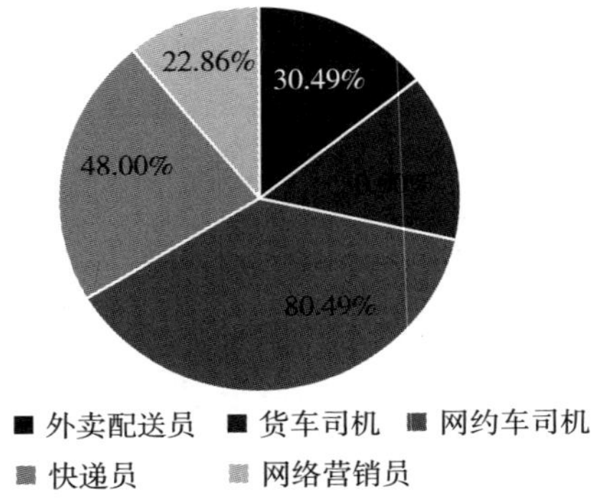

图 8　五类新就业形态劳动者已入会情况统计

2. 需求多样中呈现集中性趋势

首先，新就业形态劳动者由于其工作性质，整天处于在外奔波的状态，所以他们的需求聚焦于休息、喝水，尤其是外卖配送员、货车司机及快递员，工作时长较长，工作自由时间相对较少，很难有长时间段的休息，所以他们很希望有便捷的地点可以提供短暂的休息并提供饮用水的服务。其次，新就业形态劳动者的工作几乎离不开手机，不论是外卖配送员、快递员还是网约车司机都依赖于平台的配单，所以对充电的需求较大。与充电需求相依的则是对上网的需求，所有的平台经济的发展都离不开互联网，因此新就业形态劳动者都很希望有免费的 Wi-Fi 可以使用，这样将会减少他们每日的开销，降低工作消耗性成本。至于对避暑和取暖的需求则与职工驿站建设的“六有”标准相吻合，已经得到满足。在对部分阵地的走访中，各级工会都在不断地丰富驿站内容，跟随时代发展，从职工的需求出发。职工驿站中普遍都配备了充电宝、微波炉、急救箱、座椅等设施设备，部分站点创新工作针对新就业者提供免费的充电服务，工会履行基本职责竭诚服务职工群众，积极创新工作模式，为职工提供暖心、贴心的服务。

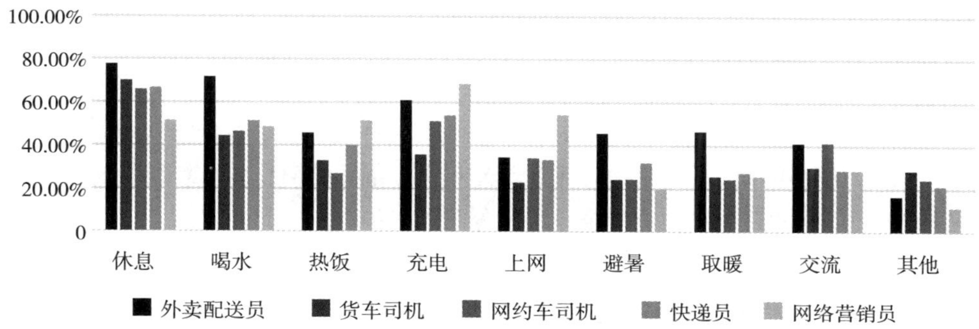

图 9　五类新就业形态劳动者对职工驿站的需求统计

工会在硬件设施上不断完善驿站功能，以期为职工群众提供优质服务，这些改善都得到职工们的认可和赞美，但就新就业群体而言，他们最大的困难在于没有时间去找驿站，尤其是在大街小巷中奔走的外卖配送员们，他们既不了解职工驿站等阵地的所在，又不方便去绕远休息，大部分时间他们都是就近休息，所以阵地的功能发挥还有待进一步探究升级。

三、五城区中新就业形态行业分布及工会组织覆盖情况

（一）新业态行业在昆明头部企业呈点状区域性聚集

根据对外卖配送、快递、网约车、货运及新媒体五大行业的头部企业统计，初步了解到五类行业主要企业在昆明五城区的基本分布情况。新业态企业在五区中均有分布，但呈现出点状区域性聚集，如快递行业头部企业圆通等，主要聚集于官渡区、经开区，网约车平台行业头部企业滴滴等，则主要坐落在官渡区。

昆明市总工会统计数据显示，当前五城区货运行业建立基层工会 128 个，会员有 3142 人；网约车行业建立基层工会 15 个，会员 1123 人；快递行业建立基层工会 205 个（含分支机构），会员 13453 人；外卖配送行业建立基层工会 24 个，会员 1189 人，从统计数据上看，五城区在建会入会工作上取得较好成果，在深入走访中发现大中企业建会积极，小微企业是工作的一个难点，一方面小微企业建会意愿不

强烈，另一方面小微企业数量庞大且不稳定所以建会工作推进相对缓慢。

（二）新业态企业在五华分布片区性聚合

据调研，在五华区快递和外卖配送缺乏头部企业，多为末端网点，通过对辖区内10人以上的快递站点和外卖配送站点统计发现，整个五华区大部分地区都有快递和外卖配送站点的覆盖；货运企业则主要聚集于红云、莲花、大观三个街道，仅有一家网约车企业驻扎于龙翔街道；而新媒体行业则主要聚集于普吉街道五华科创大厦中。而五华区黑林铺街道和西翥街道由于地理环境是新业态企业分布最少的地方。但通过统计可以发现，快递行业主要分布于五华区的南片区，外卖配送行业主要分布于五华区的东片区，货运企业主要分布于五华区的东北片区。

（三）新就业形态劳动者建会入会情况

官渡区已建新业态工会组织84个，涵盖企业101家，共发展新就业形态劳动者会员1829人。其中货车司机13个，会员508人；网约车司机3个，会员402人；快递63个，会员566人；外卖配送5个，会员353人。

盘龙区成立盘龙区流动职工工会联合会，吸纳新就业形态职工入会79人，盘龙区（中部联盟）新就业形态职工工会联合会吸纳职工入会150人，区总工会“线上一键入会”新就业形态职工1420人。已建新业态工会组织77个，涵盖企业80家，共发展新就业形态劳动者会员13267人。其中货车司机40个，会员1262人；网约车司机5个，会员104人；快递30个，会员11390人；外卖配送2个，会员511人。

呈贡区已建新业态工会组织21个，涵盖企业23家，共发展新就业形态劳动者会员1402人。其中货车司机10个，会员223人；网约车司机2个，会员390人；快递9个，会员789人。

四、新就业形态劳动者工会“双覆盖双推进”工作中的难点、堵点问题

（一）工作基础方面的问题

1. 部门协同推进难

积极争取党委支持不够，党建引领作用发挥不充分。与各行业主管部门间的

沟通协作不足，整合各方力量力度还不够，没有形成有效合力。各级工会间资源统筹、数据共享有待加强。

2. 底数摸清摸透难

新就业形态劳动者在用工形式上复杂、多样、难以固定，劳动关系稳定性差，在数据摸排过程中部分企业瞒报、漏报、少报职工人数，数据精准性不够；新业态行业企业在区域属地上，普遍存在总部与子公司不在同一个城市，工商注册地、办公场所、业务范围均不在同一个县区，企业在建立工会组织过程中界限模糊、权限不清、责任不明，无法找到明确的上级工会组织等，导致数据不清晰、不完整、不翔实。

3. 工会工作力量薄弱

新业态行业企业工会主席一般由党组织负责人担任，基本上为兼职，且兼有多项业务，从事工会工作的时间精力有限，流动性较大，同时缺乏必要的激励机制，导致作用发挥不明显。多数已成立工会组织的加盟（代理）企业体量大、从业人员众多，由于专项经费保障不足，缺乏群团工作专业人员，为节约企业运行成本，只对管理人员进行了工会组织覆盖，对新就业形态劳动者进行全覆盖变得力不从心。

（二）工作推进过程中的问题

1. 对工会组织的重视不够、认识不清

由于各级工会普遍延续传统工作方式，没有站在新业态企业的需求角度思考工作切入点，加之对建会的好处宣传不够，部分新业态行业企业主或出资人对工会组织工作的重视度不够，对工会组织性质和作用认识不清，担心成立工会组织后，增加运行成本、加大开支，影响企业经营发展，对建会工作和后续服务工作不理解、不支持、不配合。很多新就业形态劳动者对工会组织也缺乏认识，不知道工会是干什么的，甚至不敢、不愿接受工会送上的慰问物品，甚至出现怀疑基层工会是传销组织的尴尬局面。

2. 新媒体、网络营销建会入会率偏低

在对昆明五城区的走访中发现，在昆明新就业形态劳动者呈现“4 + N”的模式，即除了快递、外卖配送、货车司机、网约车司机四类以外还包含主播、网络营销员等职业，但当前从省总层面的统计数据来看只关注到了4类主体，对于“N”的关注较少，同时基层工作人员对新媒体行业缺乏抓手，尤其是直播营销类的主播，与企业间的联系松散，所以入会人员主要集中于新媒体企业自有员工，挂靠的主播很难开展入会工作，加上新媒体行业从业人员时间灵活、夜间工作为主、年轻化的特点，基层工会在职工服务方面难以吸引该群体参加，并且难以摸清从业人员底数，所以该群体的入会率偏低。

3. 会员动态管理难

部分单位未建会之前，社区工会发挥兜底作用吸纳职工入会，待这些单位建会后，由于会员关系转接程序不规范、不健全，相关职工需到社区工会退会才能加入工作所在单位工会，增加了不必要的麻烦，降低了职工入会意愿。部分新就业形态劳动者入会与工作地点不一致，导致对他们的后续服务难以展开。

（三）工作保障方面的问题

1. 工会经费收缴返拨难度大

新就业形态劳动者就业形式灵活、流动性大、难以集中，虽然已经加入工会组织，但用工形式和劳务关系多元、工会隶属关系复杂，工会经费收缴、返拨难度大，导致新业态行业企业缺少开展活动的工作经费，无法及时为职工会员提供全方位的服务。

2. 经费保障长效机制缺乏

昆明市采取先服务的策略，弱化关于工会经费、会费的收取工作，所以很多新成立的新就业形态劳动者工会组织缺乏工会经费的支撑，出现建会时由上级工会补贴开展慰问送礼包活动，之后由于工会经费并未收取，出现建会热闹，后续没音讯现象。此外，为落实兜底建会工作，各区建成了新就业形态劳动者联合工会，部分工会组织不具备设立工会账户的权限，工作的开展完全靠上级拨款补助，所以对职工的服务工作开展存在有心无力的现象。

3. 专项关爱经费不足

当前昆明市五城区均已建立完整的小三级工会体系，并在建会入会工作中充分发挥作用。但与基层工会的访谈反映出，对区级以下工会的关爱经费不够，尤其是针对新就业形态劳动者关爱经费不足，因为新就业形态劳动者群体数量庞大，所以现有关爱经费杯水车薪，而各基层工会为了积极吸引新就业形态劳动者建会入会，尤其需要大量的关爱经费。

（四）作用发挥方面的问题

1. 服务创新不足

部分地方工会和基层工会提供的服务特色不够明显，与基层党组织、政府部门为群众提供的服务存在交叉重叠，没有选准“工会所能”与“职工所需”的最佳结合点。开展的职工服务，多以本领域、本行业特征鲜明的职业群体为服务对象，阵地建设也多以本单位企业或本领域职工服务需求为主体，在服务职工需求方面的手段和方式相对单一。此外，在数字工会建设方面也缺乏相关工作经验，线上入会通道还不够畅通。

2. 服务阵地知晓率不高

在调研中发现，首先，职工对服务阵地不了解，甚至连区域内的职工之家的位置都不知道，如黄河巷职工心理驿站位置偏僻，里面引入了第三方服务，打造得很好，但是知晓的人员有限。其次，部分阵地标识不明显，如五华区钱局街的职工之家，挂牌不显眼，很多人都不知道是职工之家可以进去休息，所以到阵地中享受服务的职工很有限。

3. 缺乏相关政策支撑，帮扶服务难

一是新就业形态劳动者入会后线下难联系、线上难接触，特别是当劳动者遇到困难问题时，工会如何进一步提供帮扶服务存在难度。二是因新就业形态劳动者劳动关系不明晰而不能享受工伤、失业保险等社会保障，加入工会组织后，一旦遭遇工伤、疾病等，容易陷入生活困难境地，工会保障力度有限。三是不同群体的零工劳动者利益诉求差异性大，权益保护问题更具有复杂性、隐蔽性，对于工会的专业度与创新性要求更高。

五、新就业形态劳动者工会“双覆盖双推进”工作的建议

（一）坚持党建引领，强化部门联动，整合优势资源，织密工会组织覆盖网

1. 坚持“党建带工建，工建促党建”这一原则

将新就业形态劳动者工作纳入年度基层党建工作总体方案和项目清单、责任清单，纳入年度各级党组织书记抓基层党建工作述职评议考核，建立定期调度工作机制，推动省、州（市）、县（市、区）、街道、社区五级全面加强组织领导，强化统筹部署，细化责任分工，协同推进工作。

2. 发挥考核“指挥棒”作用

推动各级党组织立足共建共治共享社会治理新格局，支持各级工会组织依法依章开展工作，把“双覆盖双推进”工作纳入相关部门党建工作目标考核内容，列入各相关部门年度重点工作的总体布局，做到党建工作与“双覆盖双推进”工作同研究同部署、同推进同落实、同检查同考核，压紧压实相关部门党组织主

体责任，确保工作落实落地。

3. 强化多部门动态联动

加强与组织部、税务、市场监管等部门工作联动，动态掌握新业态行业企业数量，随时摸清新就业形态劳动者群体数据。

（二）加强新就业形态劳动者分类建会入会工作

1. 围绕“怎么建”创新工作方式和方法

一是推动用人单位依法建立工会组织。聚焦重点行业、重点领域，推动互联网平台企业特别是头部企业及所属子公司、分公司，以及货运挂靠企业、快递加盟企业、外卖配送代理商、劳务派遣公司等关联企业建立工会组织，广泛覆盖新就业形态劳动者。二是推进新就业形态劳动者行业性工会组织建设。根据地方和行业实际，按一个或多个行业成立以覆盖新就业形态劳动者为主的行业工会组织，作为吸收新就业形态劳动者的重要载体。

2. 围绕“入到哪”创新工作方式和方法

针对网约车司机、货车司机等挂靠企业或依托平台的群体，在推进头部企业自身建会的同时，将企业新业态职工同步吸收纳入街道新业态工会联合会分会；针对有明确行业主管部门的新业态领域企业，如顺丰、极兔等快递行业特点鲜明的企业，通过五华区邮政局牵头，成立区快递物流行业党委，以企业网点或站点为单位，覆盖建立新业态行业工会组织，不以工会组织隶属关系为前提，将站点职工全部纳入社区新业态劳动者会员服务站，有效避免重复入会、服务“真空”等问题；针对美团等头部企业不在五华区，企业自身建会推进难，以分包商及站点网点单位，按照属地原则，坚持定期巡查、动态服务，发现一个成立一个，找到一批入会一批，及时把布点零星的网点站点纳入建会服务范围，把“小散弱”职工群体纳入工会组织“大家庭”中。

3. 围绕“怎么入”创新工作方式和方法

积极适应新就业形态劳动者用工关系复杂、就业灵活、流动性大等特点，优化成立工会组织和加入工会组织的流程，探索推行集体登记加入、流动窗口加入、沟通会现场加入等方式，举行集中加入仪式等做法，扩大群团组织的影响。

（三）坚持宣传引导，强化工作指导，增进身份认同，增强工会组织的吸引力

1. 改进宣传方式，满足差异化需求

在宣传内容上，要全方位介绍工会的组织结构、基本职责以及工会会员的权

利义务等工会基本常识。在工会宣传形式上，强化“三化”宣传，提升新就业形态劳动者对工会的认知度。定期举办“最美网约车司机”“最美快递员”等评选，强化“对象化”宣传；将新就业形态劳动者纳入各级总工会劳模等评选范围，强化“典型化”宣传；开展快递员、网约车司机等职业技能大赛，强化“技能化”宣传。

2. 应用“四化“方法，完善制度化建设

一是组织制度化。加强工会宣传报道新就业形态劳动者工会“双覆盖双推进”工作，依托现有的组织机构，并在工作实践中不断健全工作制度，以形成完善的制度体系，可采取网点式放射型工作方法。点是基层工会从事此宣传报道的人员，运行方式为网状，即由下至上反馈关于最基层的新闻信息，经企业工会收集整理后，呈放射状向上向外发布信息。此外，还应多组织一些此类新闻信息集体采访活动，举办不同主题的有奖征文和演讲，进行季度或年度先进评比，及时兑现新闻信息稿件奖励等。二是队伍专业化。做好此类宣传报道工作必须锻炼一支专兼职骨干队伍。工会宣传是长期的工作，俗话说，“众人划桨开大船”，如建立一支精干的基层工会通信员队伍，可以增进各级工会组织的信息互通和交流，对扩大工会影响乃至树立工会形象大有裨益。三是内容特色化。此类宣传报道的内容首先抓住一个“工”字，即在报道中要紧紧围绕新就业形态劳动者工会“双覆盖双推进”工作捕捉课题。四是形式多样化。加强此类工会宣传报道工作，还应注意报道形式的多样性。工会可利用这些优势，采取多种形式把此类工作的新闻信息传播出去。向企业以外的新闻媒体投稿，向企业报刊、广播、电视台送稿，把稿件内容编成歌曲、演讲、快板等职工喜闻乐见的寓教于乐的文艺节目，形成文艺小分队、报告（演讲）团等组织深入基层车间，深入采掘班组，不仅能够传播信息、宣传先进，还能起到凝聚人心、鼓舞士气的作用。

3. 配强工作力量，强化工会工作指导

继续实行“工会干部 + 社工 + 志愿者”用人机制，在辖区经济发达、商务楼宇等新业态行业企业数量多的区域，增设工会工作岗位，配备专职工会社工，解决工作力量不足的问题。允许州（市）、县（市、区）工会联合会使用 2 名社会化工会工作者，并将其工资纳入省总补贴范围。

（四）发挥小三级工会兜底建作用

1. 进一步提高认识，切实增强“小三级”工会规范化建设的紧迫感

建立和完善“小三级”工会组织，是新形势下工会组织体系的发展和延伸，

是密切党与职工群众联系的重要举措，是落实“组织起来、切实维权”工会工作方针的基本要求，是推动工会工作创新和发展的有益探索。但调研发现，由于种种原因，“小三级”工会工作还存在建设不规范、力量投入不足、发展不平衡、保障不到位等问题，与新时代工会工作要求和职工队伍发展变化不相适应，所以应进一步提高认识，切实增强“小三级”工会规范化建设的紧迫感。

2. 继续攻坚克难，奋力开创“小三级”工会规范化建设新局面

按照“党建带工建、工建促党建”的工作思路，全面推进以乡镇（街道）工会为龙头、村（社区）工会为枢纽、企业工会为基础的“小三级”工会组织建设，强化乡镇（街道）工会经费保障和管理，坚持“哪里有职工，哪里必须建立工会组织”的原则，摸清企业底数，最大限度地抓好工会组建和会员发展工作，推动新就业形态劳动者工会“双覆盖双推进”工作，探索建立乡镇（街道）工会权责工作清单，健全工作评价制度，奋力开创“小三级”工会规范化建设新局面。

3. 加强和改进对“小三级”工会规范化建设的领导，确保工作取得扎实成效

各级工会要提高政治站位，加强和改进对“小三级”工会规范化建设的领导。加强分类指导，根据小三级工会的不同情况，有针对性提出乡镇（街道）工会、省级以上开发区（工业园区）工会、村（社区）工会、楼宇（商圈）工会四种类型工会的建设标准和要求，精准施策、有序推进，不搞“一刀切”，引导小三级工会按照各自标准因地制宜开展工作。

（五）坚持服务先行，强化阵地建设，深化保障帮扶，破除工会建设的局限性

1. 专题研究“覆盖难”“难覆盖”问题

组建专门力量，全链条研究新就业形态劳动者从建会入会到服务、帮扶、维权等过程中遇到的系列问题。

2. 强化经费保障

完善我省乡镇（街道）、社区工会工作经费筹集使用管理制度机制，以新就业形态劳动者相对聚集的城市街道和县（市、区）政府驻地为重点，加大工作经费支持保障力度，将新业态工会联合会工作经费纳入州（市）、县（市、区）两级总工会经费预算，建立上级工会经费补贴机制。

3. 服务“关口”前置

在日常工作中对新就业形态劳动者提供健康体检、心理咨询等免费服务；及

时、便捷为新就业形态劳动者提供法律服务，确保新就业形态劳动者维权问题有人管、有地落。

4. 强化资源调配

探索与保险公司协商合作，为新就业形态劳动群体争取价格低廉、保障有力的商业保险。探索与社保相关部门沟通协调，争取将新就业形态劳动者归到社会基本保险范畴。

5. 强化阵地建设

建设“货车司机之家”“骑手之家”等新就业形态劳动者服务站。同时，加强基层工会组织阵地与基层党组织活动阵地、群众文体活动设施统筹利用，保障党组织活动阵地与工会“会、站、家”阵地建设一体化打造。

（六）“互联网＋工会服务”的创新思路

引入新理念。在“互联网＋”的思潮影响下，工会组织要与互联网技术有机地融合在一起，形成“互联网＋工会服务”的创新思路，并依据这个思路不断革新自身的工作方式与内容，在圆满完成自身任务的基础上，不断提高工作效率和质量。SCM 是现代供应链管理方法的总和，把 SCM 的理念合理地运用在“互联网＋工会服务”上，可以高效完成工会组织的重构。现代的互联网思维更注重用户的体验和评价，这在一定程度上改变了传统工会服务工作的思维模式，从过去的工会单方面提供服务，到现在的职工群众需求“倒逼”服务供给，对工会工作者来说在工作上也面临挑战和转变。① “互联网＋工会服务”的服务供给主要是通过多元组合来实现，各级工会要充分认识互联网发展的趋势，提高利用互联网的意识；要结合当地实际从职工的需求出发，不断完善现有数字化服务系统，让更多的职工群众获利；不仅要加大线上板块的优化力度，还要不断改进线下工作流程，建立长效工作机制，实现线上工作和线下工作的有机结合。

六、结语

新就业形态的出现是长期的历史趋势，给工业时代以来形成的各方面制度体系都带来了巨大的挑战。所以，推进新就业形态劳动者建会入会，也不是短时间

① 叶潇潇．基于 SCM 的高校“互联网＋工会服务”创新研究［J］．教育教学论坛，2020（16）：358－359.

内可以一蹴而就的，各级工会可以遵循先试点后推广的步骤，分类推进、服务先行，增强吸引力和凝聚力，在实践中创新完善现有政策体系以适应不断变化的新情况。

参考文献：

［1］王旭丹．新就业形态劳动者组建工会的困境与路径探究［J］．天津市工会管理干部学院学报，2022，39（3）．

［2］张成刚．新就业形态劳动者的劳动权益保障：内容、现状及策略［J］．中国劳动关系学院学报，2021（6）．

［3］叶潇潇．基于 SCM 的高校“互联网 + 工会服务”创新研究［J］．教育教学论坛，2020（16）．

［4］李雄．工会组织在新就业形态中的现状、问题及对策［J］．理论月刊，2022（10）．

工会强化新就业形态领域集体协商作用的必要性和正当性

赵盈瑾　张烨娃①

（北京市工会干部学院）

摘　要：强化工会在新业态领域的集体协商作用，不仅有现实必要性而且有理论正当性，是维护新就业形态劳动者合法权益、实现平台经济健康持续发展的必然选择。其现实必要性在于，过往实践表明，工会组织开展的集体协商对新业态劳动者的权益保护起到了积极作用；而在已有的成功集体协商案例中，最关键的程序启动者和组织者是工会。其理论正当性则源于中国工会、集体协商和新业态领域均具有的折中平衡的理论契合点。详言之，中国工会兼具"维权"和"维稳"的双重角色，集体协商具有居中协调、磋商议价的性质，新业态领域需协调平台经济发展和新业态劳动者保护间的关系，此三者决定了工会强化新业态领域集体协商作用具有理论正当性。

关键词：工会　集体协商　新就业形态

根据2022年进行的第九次全国职工队伍状况的调查结果，全国职工总数共计4.02亿人左右，其中新就业形态劳动者已经达到8400万人，占比超过五分之一②，新就业形态劳动者群体数量庞大。在此背景下，2023年9月最新出版的《习近平关于工人阶级和工会工作论述摘编》中有关新就业群体的内容中也数次

① 赵盈瑾，北京市工会干部学院科研处助理研究员；张烨娃，北京市工会干部学院科研处实习研究员。

② 第九次全国职工队伍状况调查综述［N］. 工人日报，2023-03-01.

强调了“加强灵活就业和新就业形态劳动者权益保障”[①]，新就业形态从业者劳动权益保障仍须继续加强。如何在推动平台经济持续健康发展的同时，更好地维护新业态从业者的合法权益，工会强化集体协商作用可能对此有所助益。

一、问题的提出

尽管近些年工会推动开展新业态领域的集体协商工作已有众多尝试，在维护新业态劳动者权益保障和推动企业建立民主管理制度方面取得一定进展，但这些实践与经验具有何种特点？是否值得以及如何推广？工会在新业态领域集体协商的作用是否已经充分发挥？特别是工会为什么可以在新业态领域进行集体协商？有何理论正当性？这些问题均有待回应。

为回答上述问题，本文拟从现实需求和理论必然性两方面论证工会在新业态领域强化集体协商作用的正当性和必然性。文中所指的新业态从业者，是以平台收入作为主要或全部收入来源的劳动者，不包括兼职劳动者，也不包括与平台具有规范劳动关系的劳动者。同时本文在同一意义上使用新就业形态劳动者和新就业形态从业者的概念。

二、工会集体协商作用强化的现实必要性

实践中，工会在新业态领域已经探索开展了诸多集体协商的尝试，逐渐形成相对规范的集体协商工作方法和制度模式，下文选取新就业形态领域集体协商最为典型的三种样态进行简要分析。

（一）新业态领域集体协商的典型实践样态

1. 京东集团的集体协商与职工代表大会制度的建立

2021年8月30日，京东正式成立了集团工会。同年11月26日，京东集团召开首次集体协商会议，形成了《京东集团集体合同（草案）》《京东物流集体合同（草案）》的初步文本[②]；12月23日，京东集团正式召开一届一次职工代表

① 中共中央党史和文献研究院．习近平关于工人阶级和工会工作论述摘编［M］．北京：中央文献出版社，2023：103，106，108.

② 赖志凯．京东集团召开首次集体协商会议：建立集体协商机制，维护新就业形态劳动者劳动保障权益［N］．工人日报，2021－11－28.

大会，审议通过两份草案，最终形成了《京东集团集体合同》和《京东物流集体合同》两份正式的集体合同。

2022 年 12 月，京东集团召开了集体协商会议和首届二次职工代表大会[①]，会议就职工相关个别规章制度的修订进行集体协商，并对闭会期间民主程序通过的重要事项进行了审议。

2023 年 12 月，京东集团拟召开第三次集体协商会议，同样就涉及职工切身利益的相关规章制度的修订进行集体协商，并对闭会期间民主程序通过的重要事项进行审议。[②]

至此，京东集团集体协商会议和职工代表大会的频次和形式逐渐延续并固定下来，也可以说已建立了制度性的集体协商制度和职工代表大会制度。京东集团建立集体协商制度的具体时间线如图 1 所示。

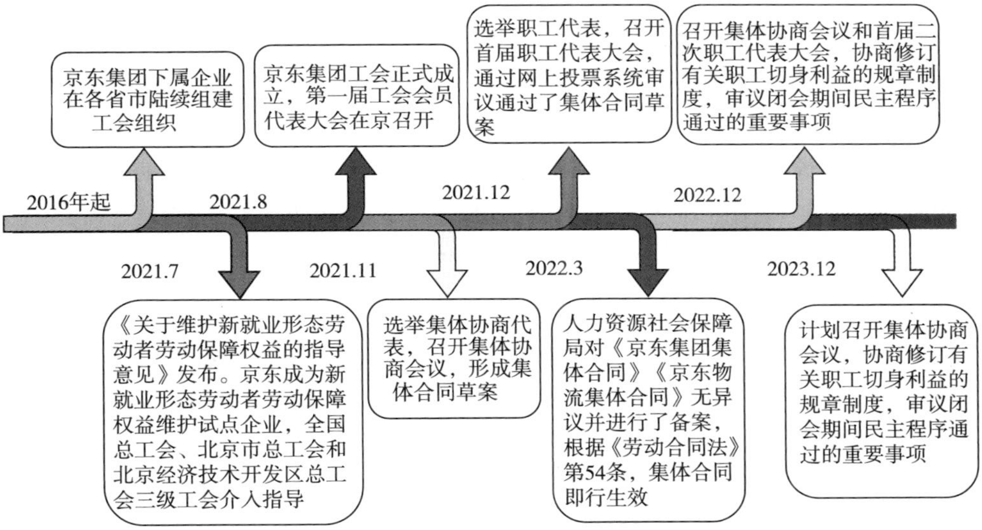

图 1　京东集团集体协商制度建立和完善的过程图

从图 1 中也可看出，在京东集团建立工会、开展集体协商、形成集体合同，最终实现集体协商制度的建立到当前的制度化完善的过程中，政策的支持和三级工会的介入对于制度的建立和程序的推动发挥着关键作用。

① 京东集团将召开集体协商会议、职工代表大会［EB/OL］. 21 世纪财经网，2022－09－28.

② 京东集团将召开集体协商会议［EB/OL］. 新浪财经网，2023－08－22.

2. 区域性恳谈会的开展

2022 年，出现了“恳谈会”这一形式的新业态集体协商活动。“恳谈会”主要开展于头部企业与一定区域的劳动者代表之间，恳谈内容主要与劳动条件、工资算法、福利待遇等相关，以签订恳谈协议或会议纪要为主要成果。

2022 年 7—9 月，饿了么（上海）、美团（北京）等平台企业相继与外卖配送员代表召开协商恳谈会，建立起新业态职工的诉求表达渠道，实现平台企业协商机制建设的初步突破。饿了么（上海）协商恳谈会上诞生了全国首份《平台企业与新就业形态劳动者民主协商纪要》①，美团（北京）骑手恳谈会上签订了《美团（北京）骑手恳谈会纪要》②。2023 年 1 月，滴滴（北京）网约车司机协商恳谈会在滴滴总部召开，形成了《2023 年滴滴（北京）网约车司机协商恳谈会专项协议》。③

在各级工会推动下，不同形式、不同主题的恳谈会在各地开展。嘉兴、南京、长春等地也陆续召开了外卖骑手、网约车司机与平台企业的恳谈会。④ 这些以恳谈方式进行的协商都是在前期各市、区、街道三级工会共同的指导推动下，新业态劳动者代表与平台企业在充分沟通协调的基础上召开的。恳谈会的参与主体广泛，一方面突破了用工双方必须存在劳动关系的限制；另一方面，参与代表不仅有直接在平台注册的员工，还包括加盟商、外包商的员工。

在区域性恳谈活动的基础上，一些地区开始通过引入职工代表大会制度强化区域性恳谈协议的效力。2022 年 8 月，上海市总工会推动召开了美团（上海）一届一次职工代表大会（联合）会议⑤，审议关系职工切身利益的事项，形成集体合同草案或者审议通过恳谈会纪要，最终实现恳谈会成果的固定。

3. “全网协商”的模式探索

在上海等地出现了“全网集体协商 + 全网职代会 + 集体合同”的集体协商方式。

2022 年 7 月，饿了么（上海）平台与外卖送餐员召开协商恳谈会并形成

① 这场协商恳谈会在普陀召开，全市首份外卖骑手民主协商纪要出炉［EB/OL］. 澎湃新闻客户端，2022 - 07 - 10.

② 赖志凯. 美团（北京）骑手恳谈会明确 5 个专项行动 20 条措施，4 万骑手多了一份安心保障［N］. 工人日报，2022 - 09 - 18.

③ 赖志凯. 北京三级工会联动推动新就业形态劳动者与平台协商恳谈——23 项保障让网约车司机多了一份安心［N］. 工人日报，2023 - 02 - 02.

④ 工道·专题丨“恳谈会”~让小哥和平台“有事好商量”［EB/OL］. 中工网，2023 - 09 - 20.

⑤ 上海：从权益维护到用心服务，工会人常伴左右［EB/OL］. 中工网，2023 - 05 - 12.

《"饿了么"平台与外卖送餐员协商恳谈会会议纪要》①。此后一年中，饿了么在全国范围内相继召开规模不一的百余场恳谈会。通过恳谈会，工会和平台企业对骑手的困境和诉求越来越明晰。全网职代会召开之前，饿了么平台在上海市总工会指导下开展了全网集体协商，进一步明确骑手的诉求，最终以集体合同的形式予以固定，形成企业内部管理制度机制。2023 年 7 月，上海市总工会指导饿了么平台召开网约送餐行业首个全网职工代表大会（扩大）会议，形成并签订覆盖该平台全国七大片区、1.1 万个配送站点、超过 300 万名众包、专送骑手和站点服务商人员的首份全网集体合同。② 饿了么形成全网集体协商的路径如图 2 所示。

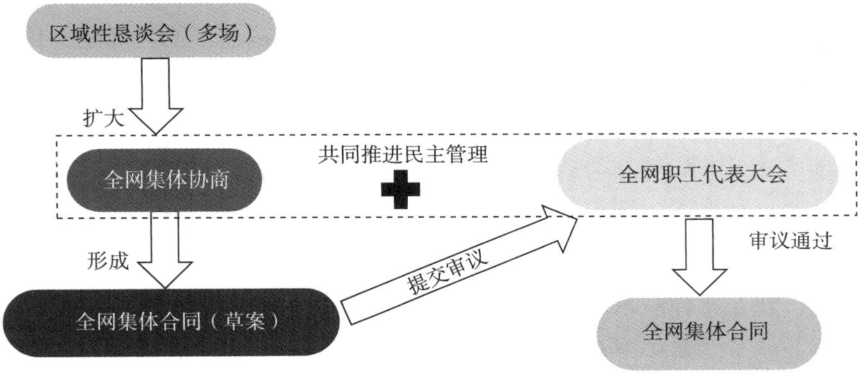

图 2　饿了么集体协商制度建立的路径图

2023 年 3 月，上海市总工会会同市邮政管理局，推动圆通速递有限公司召开全国快递行业首个全网职工代表大会（扩大）会议，圆通全国七大片区的 180 位职工代表参加会议，审议通过快递行业首份全网集体合同。③

"全网协商"模式基本由三个环节构成：首先，全网劳动者通过投票推选代表组建职工代表大会。其次，推选协商代表开展集体协商并形成集体合同。最后，经职代会审议通过集体合同。从图 2 中也可看出，全网集体协商和全网职工代表大会共同推进着企业民主管理流程。实践充分运用现行法中"集体协商 + 职代会 + 集体合同"的制度框架，在保证集体合同内容的正当性的同时，实现具有

① 这场协商恳谈会在普陀召开，全市首份外卖骑手民主协商纪要出炉［EB/OL］. 澎湃新闻客户端，2022 - 07 - 10.

② 曹宏亮. 新业态领域协商协调机制建设的上海探索［N］. 工人日报，2023 - 08 - 07.

③ 裴龙翔. 圆通速递诞生全国快递行业首份全网集体合同，45 万多名直营网点和加盟网点职工实现同权［N］. 工人日报，2023 - 04 - 02.

效力的集体合同的固定，最终实现覆盖全平台的新就业形态劳动者权益保障。①

（二）已有实践的特点与工会强化集体协商的现实必要性

回顾上文所分析的新业态领域集体协商的典型实践样态，可以清晰看出，协商覆盖的人群和地域范围不断扩大，协商开展的形式和流程逐步规范，协商成果逐步具有更强的约束力。除此之外，已有新业态领域集体协商的实践主要呈现两大特点：

第一，各级工会组织在新业态集体协商中发挥关键作用。从京东集团的首份新业态集体合同到饿了么形成的全网集体合同，都接受了全国总工会、市总工会、区总工会等各级工会的指导。无论在理论还是实践上，工会都是集体协商工作的推动和承担者。在集体协商程序的具体环节上，各级工会承担建会入会、组织选举职工代表、协商代表，组织开展集体协商和召开职代会等具体步骤。新业态领域的劳动关系问题和劳动者权益问题在其行业形成之初即被广泛讨论，而无论是召开首场恳谈会、首次引入如职代会等民主管理程序、首次形成集体合同，工会组织的介入都是推动集体协商制度中各个步骤得以实现的最强动力。

第二，新业态领域不同行业和企业的集体协商方式路径存在较大差异，具有行业和企业特色。对于平台用工基本规律的尊重和对于制度的灵活运用是保障集体协商顺利开展的重要条件。已有实践中，不存在统一的集体协商制度和模式，依据平台企业不同的行业用工规律和运行状况，采取了不同的协商方式和路径。新业态领域包含不同行业和众多企业，在地理上覆盖全国各个地方。各地劳动者、工会和平台企业的状况以及行业运行的状况差异较大，在特定企业的实际探索过程中，对于恳谈会、职代会、集体合同等不同的集体协商方式，需要按照实际情况选取最合适于企业和劳动者的。因此，不同于传统行业，新业态领域的集体协商，需要基于企业和行业的特征，针对新就业形态从业者的劳动关系特点，包括碎片化和去组织体化用工、随时上下线等进行差异化设计。

总的来看，集体协商制度在维护新就业形态劳动者权益中的作用初步显现，畅通了新业态劳动者的诉求表达渠道，一定程度上优化了算法体系，改善了新就业形态劳动者劳动报酬支付和休息情况，使得各平台企业劳动用工趋于规范。集体协商制度也在此过程中进行了创新，协商主体更加具体、多元、跨地域，突破了加盟、外包的“隔离墙”，与数字时代下新业态劳动者特点相适配。

---

① 沈建峰．新业态领域集体协商的实践经验与完善对策［N］．工人日报，2023－08－07.

三、工会集体协商作用强化的理论正当性

从理论角度出发，中国工会所践行的中国特色社会主义工会道路在指导开展集体协商时有着鲜明特点和突出优势，中国工会主导集体协商协调机制的建设有助于实现新就业形态从业者劳动权益保护与平台经济发展间的平衡。

（一）中国特色社会主义工会的“维权”和“维稳”双重角色

1. 中国工会的性质和组织领导体制

中国工会并非西方的“独立工会”，“肩负着引领工人阶级跟党走，使之成为党最坚实最可靠的阶级基础的使命”[①]，走的是中国特色社会主义工会道路[②]。中国工会不仅是职工权益的代表，同时具有维护国家利益和促进企业稳定发展的责任，追求多种利益目标。2021 年《中华人民共和国工会法》（以下简称《工会法》）修改了第 2 条有关中国工会的性质和职责的内容，在法律层面明确中国工会是中国共产党领导的联系职工群众的桥梁和纽带，工会除维护职工合法权益外，还应竭诚服务职工群众，构建和谐劳动关系。中国工会既是职工权益的维护者，又是和谐稳定劳动关系的维护者，具有“维权”和“维稳”的双重角色。[③]此双重角色决定，工会履行自身职责的核心任务是在各方利益主体，包括职工、用人单位、政府之间展开有效的沟通协调，通过发挥桥梁纽带作用的方式实现自身的组织目标。

党对工会的领导直接体现在工会的组织领导体制上，中国工会受到同级党委和上级工会组织的双重领导，以同级党委领导为主。[④] 在上级工会组织和同级党委之间的关系上，地方党委发挥领导作用，同时应注意听取上级工会组织意见。县级以上工会符合条件的应成立党组，党组发挥领导核心作用。[⑤] 在工会组织内

---

① 中共中央党史和文献研究院．习近平关于工人阶级和工会工作论述摘编［M］．北京：中央文献出版社，2023：10.

② 中共中央党史和文献研究院．习近平关于工人阶级和工会工作论述摘编［M］．北京：中央文献出版社，2023：3，9.

③ 王永丽，郑婉玉．双重角色定位下的工会跨界职能履行及作用效果分析［J］．管理世界，2012（10）：130.

④ 中共中央党史和文献研究院．习近平关于工人阶级和工会工作论述摘编［M］．北京：中央文献出版社，2023：15.

⑤ 中共中央党史和文献研究院．习近平关于工人阶级和工会工作论述摘编［M］．北京：中央文献出版社，2023：12.

实行一元制垂直管理，中华全国总工会是全国所有工会组织的领导机关，包括地方各级工会组织和企业等建立的基层工会组织，以及各产业工会。[①]

2. 工会的集体协商作用与新就业形态劳动者入会

在集体劳动关系中，工会是劳动者实现自身集体劳动权的必然结果和组织路径。集体劳动权是基本劳动权的重要内容，最基本的功能便是议价平衡，包括团结权、集体谈判权与争议权，劳动者通过行使团结权组建工会，与雇主进行集体谈判，以争议权作为权利实现的最终保障。[②] 工会不仅是个体劳动者行使集体劳动权的组织性结果，也是进行集体协商时的最重要一方主体——直接代表会员和职工利益，或者居间促成集体协商的开展与集体合同的达成。

在新就业形态劳动者入会的问题上，2021 年中华全国总工会发布了《关于推进新就业形态劳动者入会工作的若干意见（试行)》，根据该文件，新就业形态从业者可以加入互联网平台企业及其关联企业已建立的工会组织、新就业形态行业工会联合会，或者相对应的基层工会组织。

从 2021 年到 2023 年 7 月，全国新业态劳动者新入会的工会会员共计 1037 万人，根据全国总工会《深入推进新就业形态劳动者工会工作三年行动计划(2023—2025 年)》，平均未来三年每年新发展新就业形态劳动者会员 300 万人以上，累计新发展新就业形态劳动者会员 1000 万人。[③] 2017 年上海普陀区便已成立了全国首家网约送餐行业工会[④]，2021 年南京成立了全国首家网约配送行业协会[⑤]，新就业形态行业工会为新就业形态从业者的权益保护，开展行业层面的集体协商奠定了组织基础。

（二）集体协商的磋商议价性质

1. 集体协商的性质和构成

集体协商是一种程序性劳动法制度，国际上通常称之为“集体谈判”，国际

---

① 《劳动与社会保障法学》编写组．劳动与社会保障法学［M］．2 版．北京：高等教育出版社，2018：123－124.

② 班小辉．超越劳动关系：平台经济下集体劳动权的扩张及路径［J］．法学，2020（8）：161.

③ “关爱新就业形态劳动者”新闻发布会［EB/OL］．中国工会新闻网，2023－07－17.

④ 钱培坚．外卖小哥，“娘家人”为你挡风遮雨［N］．工人日报，2018－01－04.

⑤ 李军．新就业形态集体协商的探索、问题与思考［J］．工会理论研究（上海工会管理职业学院学报），2023（3）：23.

劳工组织在《集体谈判公约》（第154号）第2条当中对其进行了定义[①]，在我国各地的实践中，通常将二者混同使用。集体协商旨在改善个体劳动关系中谈判地位的不平等[②]，其谈判的成果便是集体合同。与上文所述中国工会区别于西方工会的特点一致，由中国特色社会主义工会主导的中国集体协商同样具有不同于欧美国家的特点，并非由劳方主导，实际上由国家进行主导，通过集体协商的方式，将劳资双方同时纳入法律制度的框架内。可以认为，在一定程度上，在中国，集体协商并非纯粹的劳资博弈，而是劳动者一方，在党领导下的工会组织协调下，联合有关政府部门，与雇主一方进行的讨价还价行为。[③]

从整体上来看，集体协商一共包括两部分，集体协商程序和集体协商合同，它们是程序与实体的关系。集体协商程序是集体协商合同的必要不充分条件，也就是说达成集体协商合同必然通过集体协商程序进行，但运行集体协商程序不一定能够签订集体协商合同。但集体协商程序的运行并不因为未达成集体合同的结果而丧失意义，集体协商程序有其本体价值，它为劳资双方提供了利益交换的沟通平台，通过制度性手段缓和了劳资关系。[④] 集体协商作为劳资双方直接沟通的渠道，还能够改善整个经济系统的效率。[⑤]

2. 集体协商的功能和意义

工会直接以代表身份参与或者组织启动的集体协商，其性质和功能不同于其他劳资直接解决分歧的方式。也就是不同于劳方可以用手投票的职工大会和职工代表大会，也不同于劳方投票的辞职并解除劳动关系，是一种通过讨论谈判和平解决分歧的居中调和机制，是“政府、工会、企业共同参与的协商协调机制”[⑥]的重要组成部分。根据《工会法》第6条，工会通过集体协商机制和集体合同推

① 国际劳工组织将“集体谈判”定义为，集体谈判是适用于一个用人单位、一些用人单位或一个或数个用人单位团体的一方、一个或数个劳动者的一方，双方就以下目的所进行所有谈判：（1）确定工作条件和就业条件；（2）调整用人单位和劳动者之间的关系；（3）调整用人单位团体与劳动者组织之间的关系。参见《劳动与社会保障法学》编写组．劳动与社会保障法学［M］．2版．北京：高等教育出版社，2018：133.

② 娄宇．平台经济灵活就业人员劳动权益保障的法理探析与制度建构［J］．福建师范大学学报（哲学社会科学版），2021（2）：80.

③ 吴清军．集体协商与“国家主导”下的劳动关系治理——指标管理的策略与实践［J］．社会学研究，2012（3）：66.

④《劳动与社会保障法学》编写组．劳动与社会保障法学［M］．2版．北京：高等教育出版社，2018：120.

⑤ 理查德·B. 弗里曼，詹姆斯·L. 梅多夫．工会是做什么的？——美国的经验［M］．陈耀波，译．北京：北大出版社，2010：译者序1.

⑥ 中共中央党史和文献研究院．习近平关于工人阶级和工会工作论述摘编［M］．北京：中央文献出版社，2023：100，103.

动健全劳动关系协调机制，维护职工劳动权益，最终落脚点是构建和谐劳动关系。和谐的劳动关系的主体构成包含劳资双方，集体协商不仅有利于劳动者一方，同时也利于资方也就是雇主的整体利益。对劳动者一方来说，通过团结劳动者集体的力量，经过工会的组织和代表，沟通了相关政府部门，获得了能够与雇主进行平等协商的基础地位；通过规范合法的程序化机制，最终实现劳动基准的落实，并在此基础上改善劳动环境和条件。对雇主一方，通过集体协商和集体合同能够改善企业的民主管理，提升员工对企业的认同感和工作效能；获得更稳定的雇员队伍、可预期的生产能力；能够获得外部对企业的正面评价，提升企业信誉和声望；最终有利于实现企业的经营目的，即企业利益的增长，对于企业的运行和发展有更为深远和长久的意义。① 此外，构建和谐的劳资关系，对创造可持续发展的互联网行业生态，实现行业的良性增长是必不可少的。

（三）平台经济与新就业形态从业者

与新就业形态从业者密不可分的是其所依托的雇主——平台企业。新就业形态从业者具有的高度灵活性、分散性和数量庞大等特点，从表面上看是该劳动群体自身的特点，也是非典型劳动发展到今天的演化结果②，但究其实质，是源于技术发展下的新商业模式，也就是互联网平台经济的模式导致的劳动受数据操控、去地域化、灵活、分散的结果。所以，讨论新就业形态从业者权益保护，以及工会在此方面的作用强化，不能也无法绕过对平台经济这一新商业模式的分析。

1. 数据算法技术主导下的新商业模式与平台企业

移动互联网、大数据、云计算等信息技术直接催生部分跨国公司和公司网络转型为今天的平台，平台经济直接将我们带入了全新的技术经济模式当中。③ 平台企业相比于传统的企业，性质介于“企业”和“市场”之间，往往免费或者以极低的费用近乎免费地供用户使用，提供给供需双方主体能够相遇的场所。平台具有用户越多因而越有用的“网络效应”，因此平台企业往往以垄断平台的面

---

① 理查德·B. 弗里曼，詹姆斯·L. 梅多夫．工会是做什么的？——美国的经验［M］．陈耀波，译．北京：北大出版社，2010：84.

② 林嘉．新就业形态劳动法律调整探究［M］//冯喜良．中国劳动研究．北京：中国工人出版社，2021：1.

③ 伊莎贝尔·道格林，等．平台经济与劳动立法国际趋势［M］．涂伟，译．北京：中国工人出版社，2020：19.

目出现在市场上，形成“赢家通吃”的市场格局。[①] 此外，基于算法、算力和数据的互联网信息技术搭建的平台企业，在安排和统筹企业生产计划时也与传统企业相去甚远，平台企业依赖数据分析和算法不断优化自身利润空间，加大从业者的工作量和工作强度，以迎合消费者维持自身的市场支配地位。

在这种背景下，占据市场支配地位的资本主导下的垄断平台和作为零散个体的新就业形态劳动者实力对比之悬殊，导致了单个的从业者几乎无任何优势和议价能力，而只能成为被算法“绑架”的困在系统中的人。[②] 企业对资本的追逐、对市场地位的竞争、对消费者的承诺都在进一步控制新就业形态劳动者，削减其劳动权益。

2. 与新商业模式互为对称的新就业形态及其劳动者

在平台经济下，除作为公司盈利核心的经营活动外，其他经营活动都可以突破地理范围的限制，在全球范围内外包出去，由加盟店、自由职业者、众包功能和子公司从事商品的生产和服务的提供，来自外部的服务提供者取代了企业自有雇员的角色。[③] 这些处于全球范围内的互不关联的工作场所当中的外部服务提供者，构成了新就业形态劳动者的主要群体。数量众多的新就业形态劳动者受雇于少数占据市场垄断地位的互联网平台企业，企业占据资本和技术的绝对优势地位。大数据、智能系统和算法黑箱的存在，导致新就业形态劳动者与平台在劳务议价和劳动条件协商能力上愈加不平衡，最终导致其工作强度和收入越来越不成比例，劳动环境愈加恶化。[④]

新就业形态从业者劳动关系认定的困难直接导致了他们权益保护的困难，但僵化适用全有或者全无的劳动关系认定方法已经不适配当前的平台经济模式。一方面，劳动关系认定过严将导致部分新就业形态劳动者以及新就业形态劳动者的部分权益无法得到有效保障；另一方面，如果将新就业形态劳动者和平台企业的关系全部认定为劳动关系，可能给企业带来额外不合理负担[⑤]，产生如优步 2019 年 4 月发布的 IPO 招股说明书中所说不良后果“如因立法或司法裁决，要求我们

---

① 伊莎贝尔·道格林，等．平台经济与劳动立法国际趋势［M］．涂伟，译．北京：中国工人出版社，2020：24－35.

② 赖祐萱．外卖骑手，困在系统里［EB/OL］．《人物》杂志官方账号，2020－09－08.

③ 伊莎贝尔·道格林，等．平台经济与劳动立法国际趋势［M］．涂伟，译．北京：中国工人出版社，2020：22－23.

④ 平台经济灵活就业人员劳动权益保障的法理探析与制度建构［J］．福建师范大学学报（哲学社会科学版），2021（2）：76.

⑤ 丁晓东．平台革命、零工经济与劳动法的新思维［J］．环球法律评论，2018（4）：87.

将司机列为我司雇员……我司将承担大笔额外支出用于补偿司机……这样的重新分类可能迫使我们彻底改变商业模式”①。优步的声明可能言过其实，但长久来看，为保障从业者权益直接架空劳动关系的认定标准，不利于互联网经济这一行业整体的持续发展。

因此在当前情况下，比较适宜且可行的是采用折中的方法，即以“类雇员”作为新就业形态劳动者受保护身份的认定标准。具体而言，并非所有的新就业形态劳动者都可以认定与平台企业具有劳动关系，但具有一定稳定性和满足劳动时长要求的从业者应被认定为“类雇员”，在内涵上是指“经济不独立的自雇劳动者”。当新就业形态劳动者满足全日制参与平台劳动且连续从业的时间超过一年，应该认为上述人员属于“类雇员”②，拥有部分的劳动权利，包括加入工会和参与集体协商，同时企业签订的集体合同的效力及于符合上述条件的“类雇员”新就业形态劳动者，而不仅以是否入会为工会会员作为判断标准。换言之，当工会代表新就业形态劳动者在未建会的企业发起并组织集体协商之后，所签订的集体协商合同的效力及于全体满足“类雇员”标准的从业者，而不单单以是否签订劳动合同属于严格意义上的“职员”为判定。因此根据《中华人民共和国劳动法》第35条以及《中华人民共和国劳动合同法》第51～56条，对全体职工和劳动者具有约束力的集体合同适用于上述满足“类雇员”标准的新就业形态从业者。

3. 平台经济的健康持续发展需要集体协商

平台经济作为具有强大社会影响的新商业模式，不仅带来经济的繁荣和发展，同时带来一些问题，需要政府完善平台经济的常态化监管，维护市场的公平竞争秩序，并构建科学的治理体系，该立场在诸多政策性文件中均有所体现。③不过平台经济的持续健康发展，不仅需要保障稳定与安全，更需要激发平台经济的活力④，特别是在目前恢复和发展经济的关键时期，需要充分发挥平台经济稳

① 伊莎贝尔·道格林，等．平台经济与劳动立法国际趋势［M］．涂伟，译．北京：中国工人出版社，2020：36.

② 娄宇．平台经济灵活就业人员劳动权益保障的法理探析与制度建构［J］．福建师范大学学报（哲学社会科学版），2021（2）：74.

③ 国务院关于印发扎实稳住经济一揽子政策措施的通知［EB/OL］．中华人民共和国中央人民政府网，2022－05－24；第十四届全国人民代表大会第一次会议关于2022年国民经济和社会发展计划执行情况与2023年国民经济和社会发展计划的决议［EB/OL］．中华人民共和国中央人民政府网，2023－03－14.

④ 关于数字经济发展情况的报告［EB/OL］．中华人民共和国中央人民政府网，2022－11－28.

定就业和拉动消费的强大动能①。

换言之，平台经济的监管需要在自由市场和国家规制之间保持平衡，不能偏废，以最终实现构建和谐劳动关系和促进市场繁荣、经济发展的双重目标。而集体协商机制和集体合同制度便是在自由市场和国家规制之间寻求平衡的折中策略，是进行柔性化治理的手段。一方面，通过集合劳动者的方式搭建劳资双方能够势均力敌进行协商的对话平台，是一种符合结果正义的市场主体自由意志和自由协商权利的直接体现；另一方面，在我国工会体制下，通过党领导下的工会组织并与政府沟通的方式，实现了间接的国家规制。

总结上文的分析，平台企业与新就业形态从业者及其在集体协商中的关系可以用图 3 表示。

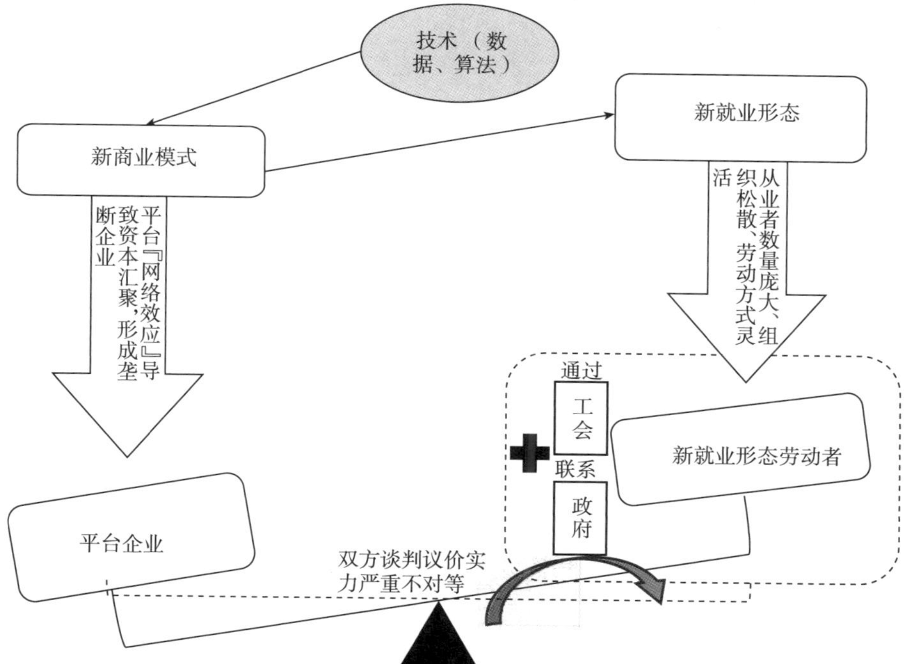

图 3　平台企业与新就业形态从业者及其在集体协商中的关系图

① 国务院办公厅转发国家发展改革委关于恢复和扩大消费措施的通知［EB/OL］. 中华人民共和国中央人民政府网，2022－07－28.

四、结语

集体协商是工会实现《工会法》第6条要求的“维护职工合法权益”职责的最直接和主要的手段，特别是新业态领域这一劳动者权益保护亟待完善的领域更应加强。工会作为国家治理体系构成的子系统主体之一，强化新业态领域的集体协商作用是新时代下工会治理体系和治理能力现代化转型的必然要求。

在可预见的未来，人工智能等技术将持续快速发展，以技术作为根本支撑的平台经济模式及其组织实体——平台企业的实力将进一步增强，势必会使劳资双方的力量对比更加失衡，强化工会在新业态领域的集体协商作用将更具挑战和紧迫性，但也因此更加具有现实意义。

体面劳动视域下吉林省新就业形态劳动者职业安全与健康研究

王丽娜①

（吉林省工会干部学校）

摘　要：职业安全健康权益是劳动者权益的重要组成部分。保障劳动者安全、健康、体面劳动不仅是经济全球化时代世界各国劳动关系规制的核心议题，也是中国特色社会主义新时代践行以人民为中心发展理念的客观要求。本研究基于工会职能，从体面劳动视角研究吉林省新就业形态劳动者职业安全与健康问题，从工作权利、平等就业、社会保护和社会对话等角度，考察体面劳动和职业安全与健康现状，进一步明确优化相关工作开展路径，建立健全相关组织制度，发挥工会维护职工合法权益、竭诚服务职工群众职能。

关键词：职业安全与健康　体面劳动　新就业形态

2013 年，习近平总书记在全国劳动模范代表座谈会上发表的重要讲话中明确要求：“全社会都要贯彻尊重劳动、尊重知识、尊重人才、尊重创造的重大方针，维护和发展劳动者的利益，保障劳动者的权利。”② 2015 年发布的《中共中央国务院关于构建和谐劳动关系的意见》（以下简称《意见》）突出强调：“切实保障职工获得劳动安全卫生保护的权利”，“最大限度地减少生产安全事故和职业病危害。”党的二十大报告指出，人民健康是民族昌盛和国家强盛的重要标志。把保障人民健康放在优先发展的战略位置，完善人民健康促进政策。职业安全健

① 王丽娜（1982—），女，吉林长春人，劳动经济学硕士研究生，吉林省工会干部学校讲师，主要研究方向为劳动关系。

② 习近平在同全面劳动模范代表座谈时的讲话［EB/OL］. 人民网，2013－04－29.

康权益是劳动者权益的重要组成部分。保障劳动者安全、健康、体面劳动不仅是经济全球化时代世界各国劳动关系规制的核心议题，也是中国特色社会主义新时代践行以人民为中心发展理念的客观要求。

本次调研主要采用问卷调查和个案访谈法两种方式相结合。主要围绕职业安全与健康和体面劳动等维度进行问卷调查。个案访谈法主要围绕职业安全与健康现状及存在的主要问题、解决对策进行。

一、问卷设计及基本情况

（一）调查问卷的设计

本次研究所需要的样本调查数据，来源于对吉林省内劳动者所作的调查。本研究的问卷大体分为三个部分：

第一部分主要是受访者基本资料，包括性别、年龄、学历、户籍所在地、工作情况、收入情况。

第二部分是关于职业安全与健康。参照关于“依法保障职工基本权益”的政策要求，选取职业安全、职业健康为测量维度。职业安全与健康选取2个维度11个指标48个题项衡量，其中职业安全包括5个指标（建筑质量安全、工作场所设施、工作安全培训、人身安全保护、意外事故处置）23个题项，职业健康包括6个指标（噪声强光控制、通风排气装备、有害物质排放、特殊工作保护、过度劳动评价、身心健康保护）25个题项。

第三部分是关于体面劳动。依据体面劳动的思想意涵，选取工作权利、平等就业、社会保护、社会对话作为测量维度。工作权利指尊重劳动，反对强迫，劳动者依法享有劳动报酬、休息休假和自主工作等权利。平等就业指劳动者就业机会充分，岗位职位公平竞争，签订规范的劳动合同并同等地接受职业技能培训。社会保护指为劳动者提供有效规避劳动就业风险和安全卫生伤害的保护措施，主要包括社会保障和劳动监察两方面。社会对话指劳动者通过参加工会、民主参与、依法维权等方式，表达利益诉求，参与管理决策，维护劳动权益，行使话语权、表达权和监督权。共37个题项，含1个开放式题项。

本研究样本来源于大型企业、事业单位、社区街道辖区内企业和商户，调查问卷的发放主要以网络发放形式展开，在发放问卷时对调查对象进行甄别，让符合条件的对象进行填写。

（二）新就业形态调查对象的基本情况

本次调研共有新就业形态劳动者500人，其中外卖送餐员210人，快递员204人。从性别来看，男性居多，合计435人达到87%。年龄结构上，31～40岁居多，超过了40%，41～50岁的近30%。高中或中专学历居多，共208人，占比为41.6%，初中及以下的31.4%。工作超过10年的，比例超过了30%，3～7年的比例为23%。从收入来看，3001～5000元居多，占比超过50%，超过5000元的有159人，占比为31.8%。

表1　性别

人数/占比	①男	②女	小计
①外卖送餐员	201(95.71%)	9(4.29%)	210
②快递员	159(77.94%)	45(22.06%)	204
③网约配送员	3(100%)	0	3
④网约车驾驶员	21(87.5%)	3(12.5%)	24
⑤网约货车司机	13(86.67%)	2(13.33%)	15
⑥代驾司机	30(100%)	0	30
⑦互联网销售员	8(57.14%)	6(42.86%)	14

表2　年龄

人数/占比	①20岁以下	②21～30岁	③31～40岁	④41～50岁	⑤51岁及以上	小计
①外卖送餐员	7(3.33%)	47(22.38%)	92(43.81%)	60(28.57%)	4(1.90%)	210
②快递员	3(1.47%)	30(14.71%)	94(46.08%)	60(29.41%)	17(8.33%)	204
③网约配送员	0	2(66.67%)	0	1(33.33%)	0	3
④网约车驾驶员	0	3(12.5%)	5(20.83%)	9(37.5%)	7(29.17%)	24
⑤网约货车司机	0	0	3(20%)	6(40%)	6(40%)	15
⑥代驾司机	0	3(10%)	8(26.67%)	8(26.67%)	11(36.67%)	30
⑦互联网销售员	0	2(14.29%)	5(35.71%)	3(21.43%)	4(28.57%)	14
合计	10(2%)	87(17.4%)	207(41.4%)	147(29.4%)	49(9.8%)	500

表3　文化程度

人数/占比	①初中及以下	②高中或中专	③大专	④本科	⑤研究生及以上	小计
①外卖送餐员	89(42.38%)	78(37.14%)	26(12.38%)	11(5.24%)	6(2.86%)	210
②快递员	52(25.49%)	85(41.67%)	47(23.04%)	19(9.31%)	1(0.49%)	204
③网约配送员	0	1(33.33%)	1(33.33%)	0	1(33.33%)	3
④网约车驾驶员	7(29.17%)	9(37.5%)	6(25%)	2(8.33%)	0	24
⑤网约货车司机	4(26.67%)	8(53.33%)	0	2(13.33%)	1(6.67%)	15
⑥代驾司机	5(16.67%)	19(63.33%)	4(13.33%)	0	2(6.67%)	30
⑦互联网销售员	0	8(57.14%)	3(21.43%)	3(21.43%)	0	14
合计	157(31.4%)	208(41.6%)	87(17.4%)	37(7.4%)	11(2.2%)	500

表4　工作年限

人数/占比	①1年及以下	②1~3年	③3~7年	④7~10年	⑤10年以上	小计
①外卖送餐员	48(22.86%)	66(31.43%)	51(24.29%)	16(7.62%)	29(13.81%)	210
②快递员	18(8.82%)	32(15.69%)	48(23.53%)	33(16.18%)	73(35.78%)	204
③网约配送员	1(33.33%)	1(33.33%)	0	1(33.33%)	0	3
④网约车驾驶员	2(8.33%)	1(4.17%)	9(37.5%)	3(12.5%)	9(37.5%)	24
⑤网约货车司机	0	1(6.67%)	1(6.67%)	1(6.67%)	12(80%)	15
⑥代驾司机	1(3.33%)	2(6.67%)	3(10%)	3(10%)	21(70%)	30
⑦互联网销售员	0	3(21.43%)	3(21.43%)	0	8(57.14%)	14
合计	70(14%)	106(21.2%)	115(23%)	57(11.4%)	152(30.4%)	500

表5　月平均收入

人数/占比	①2000元以下	②2001~3000元	③3001~5000元	④5001~8000元	⑤8001~10000元	⑥10000元以上	小计
①外卖送餐员	13(6.19%)	18(8.57%)	93(44.29%)	74(35.24%)	7(3.33%)	5(2.38%)	210
②快递员	4(1.96%)	18(8.82%)	128(62.75%)	48(23.53%)	4(1.96%)	2(0.98%)	204
③网约配送员	0	0	3(100%)	0	0	0	3
④网约车驾驶员	3(12.5%)	5(20.83%)	5(20.83%)	10(41.67%)	1(4.17%)	0	24
⑤网约货车司机	3(20%)	4(26.67%)	5(33.33%)	3(20%)	0	0	15

续表

人数/占比	①2000 元以下	②2001～3000 元	③3001～5000 元	④5001～8000 元	⑤8001～10000 元	⑥10000 元以上	小计
⑥代驾司机	5(16.67%)	5(16.67%)	16(53.33%)	3(10%)	0	1(3.33%)	30
⑦互联网销售员	1(7.14%)	5(35.71%)	7(50%)	1(7.14%)	0	0	14
合计	29(5.8%)	55(11%)	257(51.4%)	139(27.8%)	12(2.4%)	8(1.6%)	500

二、新就业形态劳动者职业安全健康情况

在上岗前接受过生产机器和设备（车辆运营行驶）的安全操作培训的外卖送餐员有 99 人，占比 47.14%；快递员有 132 人，占比为 64.71%；网约车驾驶员占比达到 75%，网约货车司机和代驾司机该比例均为 60%。非新就业形态劳动者，除生产、运输设备操作人员及有关人员该比例为 79.81%，其他均低于新就业形态劳动者比例。外卖送餐员中有近 55% 的工作单位制定了安全生产（车辆行驶安全）管理规章制度，快递员该比例更高，达到 75%。接近九成的外卖送餐员、快递员上岗后会定期或不定期组织开展安全生产（车辆行驶安全）管理培训。

表 6　上岗前有无接受过生产机器和设备（车辆运营行驶）的安全操作培训

人数/占比	①无(跳至题 215)	②有	小计
①外卖送餐员	111(52.86%)	99(47.14%)	210
②快递员	72(35.29%)	132(64.71%)	204
③网约配送员	3(100%)	0	3
④网约车驾驶员	6(25%)	18(75%)	24
⑤网约货车司机	6(40%)	9(60%)	15
⑥代驾司机	12(40%)	18(60%)	30
⑦互联网销售员	11(78.57%)	3(21.43%)	14

表 7　工作单位有无制定安全生产（车辆行驶安全）管理规章制度

人数/占比	①无	②有	小计
①外卖送餐员	95(45.24%)	115(54.76%)	210
②快递员	51(25%)	153(75%)	204
③网约配送员	3(100%)	0	3

续表

人数/占比	①无	②有	小计
④网约车驾驶员	6(25%)	18(75%)	24
⑤网约货车司机	5(33.33%)	10(66.67%)	15
⑥代驾司机	9(30%)	21(70%)	30
⑦互联网销售员	6(42.86%)	8(57.14%)	14

表8　工作单位在员工上岗后会定期或不定期组织开展安全生产（车辆行驶安全）管理培训

人数/占比	①非常不符合	②不符合	③一般	④符合	⑤非常符合	小计
①外卖送餐员	11(5.24%)	13(6.19%)	71(33.81%)	59(28.10%)	56(26.67%)	210
②快递员	12(5.88%)	5(2.45%)	33(16.18%)	82(40.20%)	72(35.29%)	204
③网约配送员	0	3(100%)	0	0	0	3
④网约车驾驶员	0	1(4.17%)	6(25%)	11(45.83%)	6(25%)	24
⑤网约货车司机	1(6.67%)	0	3(20%)	7(46.67%)	4(26.67%)	15
⑥代驾司机	2(6.67%)	0	10(33.33%)	13(43.33%)	5(16.67%)	30
⑦互联网销售员	4(28.57%)	1(7.14%)	3(21.43%)	5(35.71%)	1(7.14%)	14

在异常气象条件（高温、寒冷、潮湿、无光等）下工作的次数多和非常多的占比为45.2%，其中外卖送餐员在异常气象条件下工作的次数非常多的达到46.67%。所有新就业形态受访者中，单位没有制定人身安全保护制度和措施的有60人，占比为12%。有近85%的外卖送餐员所在单位制定了人身安全保护制度和措施，快递员该比例超过90%。对工作部门提供的人身安全保护用品（如工作服、安全帽、手套、防护镜、耳塞、口罩等）满意和非常满意的分别为144人和122人，占比为28.8%和24.4%，外卖送餐员不满意的有17.14%，快递员整体满意程度更高些。工作单位为员工购买了人身意外伤害保险有300多人，占比达到70%左右，代驾司机、快递员、外卖送餐员、网约车驾驶员购买人身意外伤害保险的占比分别为90%、77.94%、72.38%、62.5%，高于受访的非新就业形态劳动者。

表9　在异常气象条件（高温、寒冷、潮湿、无光等）下工作的次数

人数/占比	①非常多	②多	③一般	④少	⑤非常少	小计
①外卖送餐员	98(46.67%)	33(15.71%)	52(24.76%)	7(3.33%)	20(9.52%)	210

续表

人数/占比	①非常多	②多	③一般	④少	⑤非常少	小计
②快递员	46(22.55%)	27(13.24%)	69(33.82%)	18(8.82%)	44(21.57%)	204
③网约配送员	1(33.33%)	0	1(33.33%)	1(33.33%)	0	3
④网约车驾驶员	0	2(8.33%)	14(58.33%)	5(20.83%)	3(12.5%)	24
⑤网约货车司机	0	4(26.67%)	6(40%)	1(6.67%)	4(26.67%)	15
⑥代驾司机	4(13.33%)	5(16.67%)	13(43.33%)	5(16.67%)	3(10%)	30
⑦互联网销售员	5(35.71%)	1(7.14%)	6(42.86%)	1(7.14%)	1(7.14%)	14

表 10　单位制定了人身安全保护制度和措施

人数/占比	①非常不符合	②不符合	③一般	④符合	⑤非常符合	小计
①外卖送餐员	20(9.52%)	13(6.19%)	85(40.48%)	51(24.29%)	41(19.52%)	210
②快递员	8(3.92%)	9(4.41%)	53(25.98%)	66(32.35%)	68(33.33%)	204
③网约配送员	2(66.67%)	0	1(33.33%)	0	0	3
④网约车驾驶员	1(4.17%)	0	6(25%)	14(58.33%)	3(12.5%)	24
⑤网约货车司机	0	1(6.67%)	4(26.67%)	7(46.67%)	3(20%)	15
⑥代驾司机	2(6.67%)	1(3.33%)	8(26.67%)	13(43.33%)	6(20%)	30
⑦互联网销售员	3(21.43%)	0	6(42.86%)	4(28.57%)	1(7.14%)	14

表 11　对工作部门提供的人身安全保护用品
（如工作服、安全帽、手套、防护镜、耳塞、口罩等）

人数/占比	①非常不满意	②不满意	③一般	④满意	⑤非常满意	小计
①外卖送餐员	21(10%)	15(7.14%)	86(40.95%)	48(22.86%)	40(19.05%)	210
②快递员	9(4.41%)	3(1.47%)	61(29.90%)	62(30.39%)	69(33.82%)	204
③网约配送员	2(66.67%)	0	1(33.33%)	0	0	3
④网约车驾驶员	1(4.17%)	1(4.17%)	6(25%)	12(50%)	4(16.67%)	24
⑤网约货车司机	2(13.33%)	1(6.67%)	4(26.67%)	6(40%)	2(13.33%)	15
⑥代驾司机	2(6.67%)	1(3.33%)	10(33.33%)	11(36.67%)	6(20%)	30
⑦互联网销售员	3(21.43%)	0	5(35.71%)	5(35.71%)	1(7.14%)	14

表 12　工作单位为员工购买了人身意外伤害保险

人数/占比	①否	②是	小计
①外卖送餐员	58（27.62%）	152（72.38%）	210
②快递员	45（22.06%）	159（77.94%）	204
③网约配送员	2（66.67%）	1（33.33%）	3
④网约车驾驶员	9（37.5%）	15（62.5%）	24
⑤网约货车司机	4（26.67%）	11（73.33%）	15
⑥代驾司机	3（10%）	27（90%）	30
⑦互联网销售员	5（35.71%）	9（64.29%）	14

上个月加班次数多和非常多的分别有 37 和 57 人，外卖送餐员加班情况较多，认为上个月的加班次数多和非常多合计占比超过 22%，快递员该比例为 17.15%。认为工作的劳动强度（工作的任务量或紧张程度）大和特别大的分别有 75 人和 79 人，占比分别为 15% 和 15.8%。外卖送餐员认为强度大和特别大的超过 36%，快递员该比例超过 30%，超过所有受访者的平均水平。

表 13　上个月的加班次数情况

人数/占比	①非常多	②多	③一般	④少	⑤非常少	小计
①外卖送餐员	29（13.81%）	19（9.05%）	104（49.52%）	22（10.48%）	36（17.14%）	210
②快递员	23（11.27%）	12（5.88%）	64（31.37%）	37（18.14%）	68（33.33%）	204
③网约配送员	0	0	1（33.33%）	2（66.67%）	0	3
④网约车驾驶员	0	4（16.67%）	5（20.83%）	10（41.67%）	5（20.83%）	24
⑤网约货车司机	0	0	6（40%）	6（40%）	3（20%）	15
⑥代驾司机	3（10%）	1（3.33%）	13（43.33%）	8（26.67%）	5（16.67%）	30
⑦互联网销售员	2（14.29%）	1（7.14%）	7（50%）	0	4（28.57%）	14

表 14　工作的劳动强度（工作的任务量或紧张程度）

人数/占比	①特别大	②大	③一般	④小	⑤很小	小计
①外卖送餐员	40（19.05%）	36（17.14%）	107（50.95%）	9（4.29%）	18（8.57%）	210
②快递员	32（15.69%）	31（15.20%）	95（46.57%）	12（5.88%）	34（16.67%）	204
③网约配送员	0	0	3（100%）	0	0	3

续表

人数/占比	①特别大	②大	③一般	④小	⑤很小	小计
④网约车驾驶员	1(4.17%)	2(8.33%)	10(41.67%)	8(33.33%)	3(12.5%)	24
⑤网约货车司机	0	3(20%)	4(26.67%)	7(46.67%)	1(6.67%)	15
⑥代驾司机	4(13.33%)	2(6.67%)	18(60%)	3(10%)	3(10%)	30
⑦互联网销售员	2(14.29%)	1(7.14%)	8(57.14%)	1(7.14%)	2(14.29%)	14

三、新就业形态劳动者体面劳动情况

八成以上的外卖送餐员和快递员认为能够在自由宽松的环境中工作，不觉得压抑，工作单位的员工升职实行公开、公平、公正的竞争。有 83% 的外卖送餐员与单位签订了规范的劳动合同，有 88% 的快递员与单位签订了规范的劳动合同。八成以上的外卖送餐员和快递员认为与单位之间的劳动关系比较稳定。

表 15　认为能够在自由宽松的环境中工作，不觉得压抑

人数/占比	①非常不符合	②不符合	③一般	④符合	⑤非常符合	小计
①外卖送餐员	26(12.38%)	10(4.76%)	111(52.86%)	33(15.71%)	30(14.29%)	210
②快递员	20(9.80%)	10(4.90%)	81(39.71%)	47(23.04%)	46(22.55%)	204
③网约配送员	0	0	2(66.67%)	1(33.33%)	0	3
④网约车驾驶员	1(4.17%)	1(4.17%)	8(33.33%)	11(45.83%)	3(12.5%)	24
⑤网约货车司机	0	1(6.67%)	5(33.33%)	8(53.33%)	1(6.67%)	15
⑥代驾司机	3(10%)	1(3.33%)	13(43.33%)	10(33.33%)	3(10%)	30
⑦互联网销售员	3(21.43%)	1(7.14%)	5(35.71%)	4(28.57%)	1(7.14%)	14

表 16　认为工作单位的员工升职实行公开、公平、公正的竞争

人数/占比	①非常不符合	②不符合	③一般	④符合	⑤非常符合	小计
①外卖送餐员	27(12.86%)	13(6.19%)	106(50.48%)	33(15.71%)	31(14.76%)	210
②快递员	13(6.37%)	12(5.88%)	82(40.20%)	48(23.53%)	49(24.02%)	204
③网约配送员	0	1(33.33%)	2(66.67%)	0	0	3
④网约车驾驶员	1(4.17%)	1(4.17%)	9(37.5%)	10(41.67%)	3(12.5%)	24

续表

人数/占比	①非常不符合	②不符合	③一般	④符合	⑤非常符合	小计
⑤网约货车司机	0	1(6.67%)	8(53.33%)	5(33.33%)	1(6.67%)	15
⑥代驾司机	3(10%)	2(6.67%)	12(40%)	10(33.33%)	3(10%)	30
⑦互联网销售员	2(14.29%)	1(7.14%)	5(35.71%)	4(28.57%)	2(14.29%)	14

表 17　认为与单位之间的劳动关系比较稳定

人数/占比	①非常不符合	②不符合	③一般	④符合	⑤非常符合	小计
①外卖送餐员	21(10%)	5(2.38%)	104(49.52%)	47(22.38%)	33(15.71%)	210
②快递员	10(4.90%)	5(2.45%)	72(35.29%)	56(27.45%)	61(29.90%)	204
③网约配送员	0	0	2(66.67%)	1(33.33%)	0	3
④网约车驾驶员	1(4.17%)	4(16.67%)	8(33.33%)	8(33.33%)	3(12.5%)	24
⑤网约货车司机	0	1(6.67%)	4(26.67%)	7(46.67%)	3(20%)	15
⑥代驾司机	1(3.33%)	1(3.33%)	11(36.67%)	14(46.67%)	3(10%)	30
⑦互联网销售员	2(14.29%)	1(7.14%)	5(35.71%)	5(35.71%)	1(7.14%)	14

有58%的外卖送餐员和近74%的快递员有机会参与单位经营管理和职工利益相关的重要决策。近67%的外卖送餐员和近87%的快递员认为员工的合理化建议能够被单位采纳。会通过与雇主协商、政府调解、劳动仲裁、法律诉讼解决劳动争议的受访者有412人，该占比超过八成，有77.14%的外卖送餐员和86.28%的快递员会通过上述方式解决劳动争议。

表 18　有机会参与单位经营管理和职工利益相关的重要决策

人数/占比	①非常不符合	②不符合	③一般	④符合	⑤非常符合	小计
①外卖送餐员	52(24.76%)	37(17.62%)	87(41.43%)	16(7.62%)	18(8.57%)	210
②快递员	31(15.20%)	23(11.27%)	71(34.80%)	36(17.65%)	43(21.08%)	204
③网约配送员	0	0	2(66.67%)	0	1(33.33%)	3
④网约车驾驶员	0	2(8.33%)	11(45.83%)	9(37.5%)	2(8.33%)	24
⑤网约货车司机	0	3(20%)	5(33.33%)	6(40%)	1(6.67%)	15
⑥代驾司机	2(6.67%)	2(6.67%)	18(60%)	7(23.33%)	1(3.33%)	30
⑦互联网销售员	1(7.14%)	1(7.14%)	5(35.71%)	5(35.71%)	2(14.29%)	14

表 19　员工的合理化建议能够被单位采纳

人数/占比	①非常不符合	②不符合	③一般	④符合	⑤非常符合	小计
①外卖送餐员	45(21.43%)	24(11.43%)	99(47.14%)	22(10.48%)	20(9.52%)	210
②快递员	20(9.80%)	8(3.92%)	81(39.71%)	49(24.02%)	46(22.55%)	204
③网约配送员	0	1(33.33%)	1(33.33%)	1(33.33%)	0	3
④网约车驾驶员	0	2(8.33%)	11(45.83%)	7(29.17%)	4(16.67%)	24
⑤网约货车司机	0	4(26.67%)	4(26.67%)	6(40%)	1(6.67%)	15
⑥代驾司机	2(6.67%)	2(6.67%)	16(53.33%)	7(23.33%)	3(10%)	30
⑦互联网销售员	1(7.14%)	1(7.14%)	7(50%)	3(21.43%)	2(14.29%)	14

表 20　会通过与雇主协商、政府调解、劳动仲裁、法律诉讼解决劳动争议

人数/占比	①非常不符合	②不符合	③一般	④符合	⑤非常符合	小计
①外卖送餐员	32(15.24%)	16(7.62%)	103(49.05%)	31(14.76%)	28(13.33%)	210
②快递员	19(9.31%)	9(4.41%)	86(42.16%)	47(23.04%)	43(21.08%)	204
③网约配送员	0	0	2(66.67%)	1(33.33%)	0	3
④网约车驾驶员	1(4.17%)	1(4.17%)	10(41.67%)	9(37.5%)	3(12.5%)	24
⑤网约货车司机	0	2(13.33%)	7(46.67%)	5(33.33%)	1(6.67%)	15
⑥代驾司机	3(10%)	1(3.33%)	15(50%)	7(23.33%)	4(13.33%)	30
⑦互联网销售员	1(7.14%)	3(21.43%)	5(35.71%)	3(21.43%)	2(14.29%)	14

与单位相同岗位的同事相比，认为工资收入不公平、合理的仅有 68 人，85%以上的外卖送餐员认为与单位相同岗位的同事相比，其工资收入是公平合理的，快递员该比例近 90%。认为加班工资不符合法律规定（平常 1.5 倍，周末 2 倍，法定节假日 3 倍）的共有 174 人（34.8%），41.43%的外卖送餐员认为加班工资不符合法律规定，快递员该情况较好，有七成以上人员认为加班工资符合法律规定。

表 21　认为与单位相同岗位的同事相比，工资收入是公平合理的

人数/占比	①非常不符合	②不符合	③一般	④符合	⑤非常符合	小计
①外卖送餐员	24(11.43%)	7(3.33%)	110(52.38%)	34(16.19%)	35(16.67%)	210

续表

人数/占比	①非常不符合	②不符合	③一般	④符合	⑤非常符合	小计
②快递员	9(4.41%)	12(5.88%)	86(42.16%)	44(21.57%)	53(25.98%)	204
③网约配送员	1(33.33%)	0	1(33.33%)	1(33.33%)	0	3
④网约车驾驶员	3(12.5%)	0	7(29.17%)	10(41.67%)	4(16.67%)	24
⑤网约货车司机	0	1(6.67%)	9(60%)	4(26.67%)	1(6.67%)	15
⑥代驾司机	5(16.67%)	3(10%)	16(53.33%)	3(10%)	3(10%)	30
⑦互联网销售员	1(7.14%)	2(14.29%)	4(28.57%)	5(35.71%)	2(14.29%)	14

表22 加班工资符合法律规定

人数/占比	①非常不符合	②不符合	③一般	④符合	⑤非常符合	小计
①外卖送餐员	58(27.62%)	29(13.81%)	85(40.48%)	13(6.19%)	25(11.90%)	210
②快递员	34(16.67%)	26(12.75%)	59(28.92%)	32(15.69%)	53(25.98%)	204
③网约配送员	0	0	2(66.67%)	0	1(33.33%)	3
④网约车驾驶员	2(8.33%)	3(12.5%)	8(33.33%)	8(33.33%)	3(12.5%)	24
⑤网约货车司机	2(13.33%)	2(13.33%)	6(40%)	4(26.67%)	1(6.67%)	15
⑥代驾司机	4(13.33%)	9(30%)	8(26.67%)	5(16.67%)	4(13.33%)	30
⑦互联网销售员	2(14.29%)	3(21.43%)	4(28.57%)	4(28.57%)	1(7.14%)	14

在休息休假权利方面情况不容乐观，不能享受法定节假日休假权（元旦、端午、中秋、国庆节、春节等）的有223人，占比为44.6%，外卖送餐员享受法定节假日休假权的不足一半，快递员为3.92%，均高于非新就业形态劳动者。

表23 能够享受法定节假日休假权

人数/占比	①非常不符合	②不符合	③一般	④符合	⑤非常符合	小计
①外卖送餐员	74(35.24%)	37(17.62%)	67(31.90%)	15(7.14%)	17(8.10%)	210
②快递员	69(33.82%)	25(12.25%)	50(24.51%)	23(11.27%)	37(18.14%)	204
③网约配送员	1(33.33%)	0	2(66.67%)	0	0	3
④网约车驾驶员	1(4.17%)	6(25%)	9(37.5%)	6(25%)	2(8.33%)	24
⑤网约货车司机	1(6.67%)	1(6.67%)	6(40%)	5(33.33%)	2(13.33%)	15

续表

人数/占比	①非常不符合	②不符合	③一般	④符合	⑤非常符合	小计
⑥代驾司机	4(13.33%)	2(6.67%)	11(36.67%)	9(30%)	4(13.33%)	30
⑦互联网销售员	2(14.29%)	0	7(50%)	5(35.71%)	0	14

工作中基本权利的保障是实现体面劳动的前提条件，上述分析表明，新就业形态劳动者休息休假权利保障明显不足。整体来看，新就业形态劳动者职业安全风险较高，职业健康状况不容乐观，社会对话基础较弱。

四、对策建议

（一）提高认识，落实安全健康职责

要深入贯彻落实习近平总书记关于坚持抓好安全生产和防范化解重大安全风险系列重要指示精神，牢固树立“以人为本”的理念，坚定不移地走安全发展之路，统筹经济社会发展与安全生产工作的关系，把确保人民生命安全放在第一位落到实处。在“政府统一领导、部门依法监管、企业全面负责、群众监督参与、全社会广泛支持”的国家安全生产工作格局下，工会相关部门切实履行安全生产和职业健康工作职责，形成齐抓共管、综合治理的安全工作体制。安全生产监督管理部门和负有安全生产监督管理职责的相关部门要经常召开系统的安全生产专题会议，研究协调解决本地区安全生产有关问题，通过联合执法、专项整治或挂牌督办等方式，督促企业自觉消除工作场所中的职业危害因素，提升安全水平。同时，职工安全健康管理不仅需要相关部门的责任落实，还依赖于全体职工的共同参与，在企业单位内部提升安全意识以及职工的安全生产知识和技能水平，包括应急措施的掌握，激发职工的主观能动性以及承担劳动者安全生产责任。通过落实职工职业安全与健康权益，实现体面劳动，可以增强劳动者的安全感和对企业、对社会的认同感，更有力地调动广大劳动者的工作积极性，提高劳动生产率，保证企业生产经营活动的正常进行，增强企业在市场上的竞争能力，获得更好的经济效益，推动企业和经济社会发展。

（二）源头参与，建立顶层维权依据

劳动报酬、休息休假、自主工作等体面劳动内涵是劳动者在工作中享有的法定权利，对劳动者职业安全与健康具有显著的正向促进作用。积极参与涉及职工

安全健康权益、劳动法律法规、政策标准的起草、制定、修订工作，为工会维护职工安全健康合法权益提供法律依据，使基层工会在维护职工具体利益方面有法可依、有章可循。在参与国家劳动安全卫生法律、法规的制定过程中，既要维护职工安全健康权益，同时兼顾国家的经济状况、企业的承受能力等诸多因素。通过提交全国、地方各级人大、政协议案提案，参加各级安全生产委员会、同级政府的联席会议参与有关劳动安全卫生工作决策。就涉及职工安全健康权益等劳动安全卫生重大问题进行调查研究，联合政府有关部门开展安全检查督查、专题研讨，建立职工安全健康以及体面劳动方针与目标，建立健全实施有效的职业安全健康以及体面劳动体系，共同研究和提出解决方案。

（三）夯实基础，强化维权服务能力

建立规范有序、公正合理、互利共赢、和谐稳定的劳动关系是新时代加强和创新社会治理的战略任务。劳资双方利益关系兼具合作性与冲突性，合理协调劳资矛盾、化解劳资纠纷、促进劳资合作是构建和谐劳动关系的基本方向。建立劳资双方组织化谈判、平等性协商、互利性诉求、和平对话解决劳资矛盾的机制，形成互利共赢格局是现代企业民主管理的普遍经验。各级工会组织要夯实工会组织，为职工职业安全与健康等劳动保障提供组织化基础，加强劳动关系规制，促进工会组织依法依规发展壮大，提升新就业形态劳动者组织化维权能力；促进企业改善民主管理，建立集体协商机制，尊重员工利益诉求表达，畅通民主参与渠道，积极寻求劳资合作共识，切实提高对话实效，在统筹兼顾企业利润最大化目标追求和员工职业安全健康等劳动权益保护的基础上，真正做到发展成果共享。引导用人单位转变经营理念，自觉维护劳动者包括新就业形态劳动者的基本工作权利，依法支持劳动报酬，实施柔性管理制度，促进劳动者全面发展。劳动关系三方加强沟通合作，增进体面劳动共识，协同保障劳动者包括新就业形态劳动者工作中的基本权利，促进职业安全与健康保护，实现体面劳动。

（四）健全机制，完善评价监督体系

依据“预防为主、群防群治、群专结合、依法监督”的原则，开展调查研究、安全检查、排查隐患、“三同时”审查验收等工作，进行群众性劳动保护监督检查，查找安全生产工作中存在的突出问题，进行整改落实。将安全生产事故、安全生产执法、标准化创建等安全生产评价要素纳入考核评价体系，督促企业提升本质安全度；组织开展安全生产教育培训和防护技能训练，提升企业负责

人和职工的安全生产责任感、安全意识和基本安全技能；开展劳动保护教育，帮助职工了解国家有关劳动安全卫生的法律法规和企业的安全生产规章制度，鼓励企业创建更新级别的标准，进一步夯实企业安全生产根基。要确保在安全生产方面的资金投入，强化应急管理建设，依法配备安全生产管理人员，落实对员工的教育培训和应急演练。完善安全生产巡查制度，履行安全生产职责开展巡查，实施企业生产经营全过程安全责任追溯制度。达到防治职业病危害、防范伤亡事故发生、保护劳动者在生产过程中的生命安全和身心健康。强化劳动执法监督检查力度，保障劳动者及时足额领取劳动报酬，体现分配正义，规制过度劳动问题，保证休息休假时间，彰显人本理念，杜绝强迫劳动，建立自主劳动选择机制，尊重劳动创造。

参考文献：

[1] 丁越兰，周莉．中国情境下多层面体面劳动测量指标体系研究［J］．经济与管理，2013（10）．

[2] 贺汉魂，王泽应．马克思体面劳动观的伦理意蕴及其现实启示探析［J］．当代经济研究，2012（3）．

[3] 杜德省．体面劳动的价值旨趣及当代省思［J］．学术论坛，2014（3）．

[4] 陈静．体面劳动视角下城镇非正规就业群体的劳动权益保障研究［D］．成都：西南财经大学，2014.

[5] 梁伟军，胡世文，谢若扬．非正规就业农民工体面劳动、职业安全与健康［J］．西北农林科技大学学报（社会科学版），2019（2）．

[6] 张兴钰．职业健康安全管理体系的应用和创新分析［J］．化工管理，2018（32）．

[7] 邸元秀．质量、环境和职业健康安全管理体系的建立［J］．质量与认证，2018（9）．

[8] 崔俊杰．我国职业安全健康监管体制的演变、问题及完善［J］．行政法学研究，2018（5）．

[9] 李留洋，孟刚，王大讲．建筑施工企业职业健康管理模式探讨［J］．建筑安全，2017（11）．

工会视域下新就业形态劳动者权益保障路径探索与创新

——以西安市外卖配送员为例

郑　婷

（陕西工运学院）

摘　要：以新兴信息技术为支撑的平台经济发展浪潮已然来临，推动社会生产和生活方式发生深刻变革，吸纳大量劳动就业，但也存在发展不规范、劳动用工不规范等现象。工会作为亿万职工的“娘家人”，有责任维护劳动者合法权益，推动劳企和谐劳动关系构建。本文通过对平台经济下工会保障新就业形态劳动者权益的探索实践总结，以西安市外卖配送员为例对新特点如建会入会、劳动基准、算法管理、社会保险进行分析，提出提质升级阶段工会发展新要求，结合实际，从完善劳动基准、社会保险权益和发挥企业民主管理制度优势等方面入手补齐保障劳动者权益短板，助力工会推动构建中国特色和谐劳动关系。

关键词：工会　新就业形态　劳动关系

党的二十大报告中指出，健全劳动法律法规，完善劳动关系协商协调机制，完善劳动者权益保障制度，加强灵活就业和新就业形态劳动者权益保障。报告首提“新就业形态”，强调实施就业优先战略，保障劳动者权益。新就业形态劳动者作为劳动者大军中一股新生力量，是新时代城市运转、繁荣经济不可或缺的重要力量。随着我国经济由高速增长阶段转向高质量发展阶段，社会主要矛盾发生深刻变化，构建和谐劳动关系摆在了更加重要的位置。维护职工合法权益，关爱新就业形态劳动者，这是新《工会法》对工会工作提出的新要求，是党交给工会的一项重大政治任务，是工会服务中心工作的应有作为，是工会抓实“先进性”的有效手段，更是工会参与城市治理的最佳触角。如何在平台经济下发挥工会组织优势，维护新就业形态劳动者权益，对于我们在新时期构建中国特色的和谐劳动关系有十分重要的意义。

一、工会视域下加强新就业形态劳动者权益保障的意义

随着数字经济推动新模式、新业态的不断发展，产生了平台经济、共享经济等颠覆传统经济的新型数字经济形态，催生了以外卖配送员、快递员、货车司机、网约车司机为代表的依托互联网平台为消费者提供服务的劳动者群体，即新就业形态劳动者，促使劳动力市场正在发生前所未有的改变。目前，我国依托互联网平台的新就业形态劳动者已达 8400 万人，灵活就业人员有 2 亿多人，新就业形态已成为劳动者就业增收的重要渠道，吸纳了城乡剩余劳动力等各类群体就业，从业人员规模不断扩大。同时作为城市里有温度的“新基建”，新就业形态劳动者是“互联网 + 服务业”的关键环节，带动现代服务业走向数字化、智能化，为新经济新业态发展提供劳动力保障，对稳定社会就业发挥着不可替代的重要作用。然而，平台企业的野蛮生长，平台资本的无序扩张，这些成长中的烦恼带来了不少新问题。平台企业利用算法、大数据等技术优势诱导劳动者极致内卷成为算法囚徒，重新定义了工作和就业，劳动用工去雇主化、去组织化以及高灵活性特征凸显，从业者与平台企业之间的法律关系更加复杂，出现现行劳动法律法规难以无缝覆盖新就业形态劳动者权益保障的情况，引发了社会大众对新就业形态劳动者就业质量的广泛关注。劳企之间力量失衡，劳动者在生产分配的环节都处于弱势地位，劳动纠纷争议也逐渐增多。人社部等八部门 2021 年出台了《关于维护新就业形态劳动者劳动保障权益的指导意见》，为发展新就业形态、保障新就业形态劳动者权益指明了方向。然而，劳动关系难以确定、社会保障力度不足、用工秩序混乱等仍是新就业形态劳动者在劳动权益保障上不可忽视的问题。作为职工利益的代表者和维护者，作为亿万职工的“娘家人”，维护好新就业形态劳动者权益，在企业发展和劳动者权益之间寻找平衡点，以劳动和劳动者为本位，尊重和保护劳动者，是工会履行好维权服务基本职责的必然要求。2018 年 10 月 29 日，习近平总书记在同中华全国总工会新一届领导班子成员集体谈话时指出，工会要通过多种有效方式，把快递员、送餐员、卡车司机等灵活就业群体、各类平台就业群体吸引过来、组织起来、稳固下来，使工会成为他们愿意依靠的组织。习近平总书记的重要指示为工会组织保障新就业形态劳动者权益指明

了方向。2022年新《工会法》强调："工会适应企业组织形式、职工队伍结构、劳动关系、就业形态等方面的发展变化，依法维护劳动者参加和组织工会的权利。"在法律层面上为新就业形态劳动者加入工会提供明确依据，也明确了工会组织服务新就业形态劳动者，维护其合法权益的职责。工会要以职工为中心，服务新就业形态劳动者，积极发挥其职能作用，搭建劳企沟通平台，进一步构建和谐劳动关系三方机制，加大企业和谐劳动关系引领，促进建立和谐稳定的劳动关系，规范引导新就业形态劳动者维护自身权益，这既是贯彻落实习近平总书记重要指示和党中央决策部署的重要举措，也是积极适应新形势、新任务，认真履行基本职责，切实服务职工群众的必然要求。

二、工会视域下新就业形态劳动者权益保障探索实践及新要求

（一）工会视域下保障新就业形态劳动者权益积极探索及新特点：以西安市外卖配送员为样本

外卖配送员是新就业形态劳动者的典型代表，专职的是由合作商统一招聘、管理和支付薪资的骑手，众包的是成功注册后在众包平台自主选择接单的兼职骑手，与平台企业关系十分松散。2022年11月，笔者以西安市美团、饿了么平台外卖配送员为样本展开了线上问卷调查。内容主要包括劳动关系现状及自身保障需求，发放调查问卷416份，回收有效问卷398份，有效回收率95.7%。同时笔者也随机抽取了部分骑手进行深入采访，以确保调查结论的真实性、有效性。

一是积极组织建会入会成为工会参与保障新业态劳动者权益的基本内容。在如何建会的问题上，近年来全国总工会在探索构建新业态纵横交织的工会组织体系上取得了工作经验，推动平台企业及关联企业"重点建"，目前12个平台头部企业，包括美团、饿了么等均已实现建会突破，并开展了关爱活动，发放夏季、冬季关爱礼包，组织休闲疗养活动，赠送体检套餐等，联合开展"工会户外劳动者服务站点"，推动符合条件的工会户外劳动者服务站点纳入站点布局电子地图，并向所有户外工作者开放。调查显示，占比52.3%的外卖配送员了解工会并知道所在平台企业组建工会，但更加关注工会能否给自身带来短期利益。截至2022年年底，陕西省已建成覆盖新就业形态劳动者群体的工会组织1943个，建成市级行业工会联合会23个，县（区）及以下行业工会联合会177个，举办集中入会仪式67场次，吸纳新业态劳动者工会会员19.64万人。下一步将力争实现2025年累计新发展新就业形态劳动者1000万人入会的目标任务。

二是要求探索建立劳动基准并参与基准制定成为工会参与保障新就业形态劳动者权益的重要内容。劳动基准主要包括工资、工时、休息休假和劳动安全卫生等。关于薪酬方面，外卖配送员工资以计件工资为主，一般是由责任底薪、单量阶梯提成、全勤奖、工龄奖和奖惩补贴组成，平台之间有所不同，但大同小异。调查数据显示，七成外卖配送员月工资收入在4500元以上，与同年陕西省私营单位分行业就业人员月平均工资持平。但四成的外卖配送员对配送费表示不满意。关于最低工资标准也就是责任底薪，平台企业一般规定劳动者完成一定单量（如500单或者600单）即可获得，未完成即是按照单量计算；关于工时和休息休假方面，某平台专送外卖配送员每天官方上班要求8小时，但以计件制为主的分配方式倒逼劳动者自愿延长工作时间并缩短配送时间。调查数据显示，超过86.7%的外卖配送员工作时长超过8小时，92%的劳动者平均每月休息天数不足4天，近四分之一完全不休息。与此同时，很多平台公司均向劳动部门申请了不定时工作制度，因此配送员们的加班工资在计算时并不如真正的工作时长，并且多数情况下他们是得不到相应加班工资的。关于劳动安全卫生保护方面，55.28%的平台企业提供了免费体检和职业健康教育，90%的平台企业为劳动者提供职业病防护用品，但都需要劳动者自费购买，比如，头盔。平台经济模式创新导致劳动基准制度出现空白，劳动者缺乏加班限制、休息休假、安全卫生的保护，包括达不到要求单量基本工资是否能满足最低工资标准、工作超时和休息休假不足等在现有法律法规下是否能寻求到解决方式。目前新就业形态无劳动定额，也无劳动强度控制标准，这意味着平台企业拥有着最终解释权。最重要的劳动基准是由平台企业来规划，而平台企业基于本身特性不主动参与限制劳动者，劳动者为了获得较多收入，自愿减少休息时间，更多时候，想停也停不下来，随着越来越多人加入，行业越来越“内卷”，一旦停下，就意味着被行业抛下。

三是参与推进算法公开、算法知情成为工会保障新就业形态劳动者权益的关键环节。随着劳动力数字化正在创造“不断增加的数据量”，算法技术的运用成为一把双刃剑，在提高人力资源管理效率的同时，也对劳动者的权益造成了损害，算法建立在大数据的基础上进行人机交互决策，底层逻辑是追逐经济效益和最大利润。在外卖行业主要体现在以配送费为核心的薪酬制度及以算法进行的派单机制和抽成机制，均由作为用工主体的平台企业决定。平台通过限时计件工资制和消费者主导的工作质量评价系统，将监管控制权转移至消费者以实现对外卖骑手的经济控制，在此过程中平台反而隐身；为提高收入，外卖骑手延长软件在线时间、缩短每一单配送时间，导致产生超长工作时间、违反交通规则等不安全因素。受访对象大多表示，不太清楚平台是怎样估算配送时间的，经常是跑着送单，一分钟都不敢耽搁。长期以来在日益激烈的平台竞争中，为维持自身的核心竞争力，网络平台通常对算法功能及其评分标准“秘而不宣”，这进一步加剧了网络平台劳动过程管理的不透明程度。2022 年 3 月 1 日起，国家网信办等四部门联合发布的《互联网信息服务算法推荐管理规定》正式施行，明确规定算法推荐服务应遵循公开透明的原则。某外卖平台最新披露算法模型进行算法公开，按照目前国家倡导的“算法取中”取代“最严算法”，所谓算法取中是指在“商业逻辑合理”与“价值观合情”之间取中间值，兼顾效率与劳动者保护。在整个过程中，算法会充分考虑外卖配送员的时间宽裕程度和顺路程度，配送时间是主要首先由基于订单详情、区域供需等信息，通过机器学习模型得出的理想时间。在此基础上进行“三层保护”模型：一是城市特性保护时间，主要基于城市地理通行特征，如通行难度等因素设定的保护时间；二是分段保护时间，主要基于商家出餐、配送员到店、骑行、用户小区交付几段时间的累加；三是长距离订单场景，主要基于保障配送员安全，避免骑得太快，制定更长的保护时间值。在实际操作中，将理想时间和“三层保护”模型测算时间比较，选择时长最长的模型时间作为配送要求抵达时间，以缓解配送员配送压力。以模型为中心的算法披露看似公开透明，但也有学者（丁晓东，2021）认为应当抛弃以模型为中心的解释披露，因为各主体很难从模型看出自身行为如何被影响，而算法真正如何运行专家之间往往都有分歧，对普通人来说更具有理解难度。目前提倡的“算法取中”方式是一个相对模糊的概念，很难定量，通常是设置一个适当的阈值来进行技术实现。但是阈值设定是否合理，需要针对各个业务领域大量地调研，深入每个场景，最终制订一个相对有量化指标的实施方案。有学者认为人工智能算法击穿了《劳动法》中的劳动报酬、劳动时间、安全卫生、社会保险等规定，有意无意实施着另外一套劳动力管理体系。算法管理的结果是不断增加劳动时间，甚至加快标准化、减少人性化管理、个性化技术运用、工作环境恶化，各种复杂情况，催生了外包、分包、代理和数字雇佣平台中劳动关系中的不确定因素，突破“道德”和“健康”的底线，一旦出现事故，平台劳动者的合法权益更难以得到保障。

四是参与建立符合职业特点的新就业形态社会保险体系是工会保障劳动者权益的重点领域。调查显示，86% 的外卖配送员与第三方合作商站点签订了劳务合同，非与平台企业签订，并未缴纳社会保险。关于众包配送员的劳动关系，平台明确说明是基于外卖配送员优秀服务质量发放相关资金奖励，与平台不存在劳动或者雇佣关系。无论专送还是众包平台企业都未缴纳工伤保险，仅缴纳人身意外险，比如，饿了么众包新骑手首单保费3元由服务商承担，后续每人每天从佣金中扣除保费3元。目前西安市取消了新就业形态劳动者参加企业职工基本养老保险和医疗保险的省内城乡户籍限制，新就业形态劳动者以灵活人员身份参加职工或者城镇居民养老保险和医疗保险，个人承担缴费。工伤保险费由平台企业按月缴纳，个人不缴纳，仅规定工伤保险基金支付的部分，由企业承担的工伤保险待遇要求协商解决，可以看出企业的责任还是减弱了。目前我国实行以职业+户籍为主的社会保险体系，但新就业形态劳动者法律身份模糊，其社会保险权的实现与现行社会保险“捆绑”劳动关系的制度模式不符。2021年人社部等八部门联合印发的《关于维护新就业形态劳动者劳动保障权益的指导意见》要求完善基本养老保险、医疗保险相关政策，各地要放开灵活就业人员在就业地参加基本养老、基本医疗保险的户籍限制，并在全国实行职业伤害保障试点。目前尚未实现应保尽保以及有效分担社会风险的制度目标，试点方案多以劳动者个人缴费为主，平台企业少承担或者不承担缴费义务，缴费水平与风险水平不匹配，不符合均衡分担社会风险原则且待遇水平整体偏低。

五是积极推进集体协商制度是工会参与保障新就业形态劳动者权益的重要形式。调研中，外卖配送员被问到如果自身劳动权益受到侵害如何处理时，七成的人选择寻求劳动保障部门，仅有不到20%的人选择工会，大部分人表示并不清楚工会维权是如何进行，也认为个人力量微弱，信心不足，但如何集体维权却并不清楚。平台企业在劳动关系中处于强势地位，劳动者被动接受以至被“困在系统中”极度内卷，又与传统企业不同，新就业形态劳动者具有流动性高比较分散特征很难形成合力与平台企业谈判。而劳动关系的和谐稳定，一头关乎企业发展，一头牵着职工福祉。2019年3月1日《陕西省企业工资集体协商条例》正式施行，劳企双方协商意识进一步增强。2020年2月26日，西安市饿了么阎良站开展了线上集体协商，双方就疫情防控期间职工工资补助及劳动保护条件协商一致后，春节假期中骑手每单报酬提升了43.75%，并增加了每天200元的保底工资；其他时间每单增加11.12%；并为骑手提供口罩、酒精、手套等防护用品及免费简餐。企业代表和职工代表通过视频，“屏对屏”进行协商。这是西安市总工会从线下到线上助力企业集体协商的新尝试。但目前的集体协商也存在一些短板，比如，双方占有资源不对称、集体协商时间过长导致职工诉求多元化无法及时满足，集体合同划定的是劳动报酬、工作时间等权益的“底线标准”，某些人数较少的岗位诉求在集体协商中被忽略等。

（二）工会视域下保障新就业形态劳动者权益新要求

在新发展阶段，产业结构转型升级，工会工作也面临数字经济发展带来的新形势和新挑战，工会工作对象聚焦新业态劳动者，并取得一定成就。伴随着2023年全国新就业形态劳动者工会工作推进会暨“三年行动”启动仪式的拉开，新就业形态劳动者工会工作进入提质升级的新阶段，对工会工作有了更高的要求。

1. 进一步突出平台企业的主体作用

全国总工会发布《深入推进新就业形态劳动者工会工作三年行动计划（2023—2025年）》（以下简称三年行动计划），要求聚焦职工群众权益、和谐劳动关系，突出平台企业在新就业形态劳动者权益保障中的主体作用。国家虽明确提出对新产业新业态实行包容审慎监管，但这并没有忽略平台企业的主体责任。面对新形势，不断提升工会劳动法律监督质效。从建会入会到集体协商，建立健全职工沟通诉求渠道，在“一函两书”、劳动用工法律体检、劳动用工监督评估、劳动关系诚信评价等基础做法上，进一步延长监督链条，拓宽监督路径，提高监督实效。

2. 适应新业态劳动者多元化需求

调查显示，占比91.2%的外卖配送员集中在80后、90后，学历以高中、大专为主，占比67.3%。对广大青年新就业形态劳动者来说，不仅关注最基本的就业服务、社会保险、法律维权服务，更关注职业发展、子女教育、学历提升和心理健康服务。2020年“网约配送员”“网络营销师”等正式进入国家职业分类目录里，开展职业技能认定，这也意味着从事新业态需要具备一定技能，成为行业佼佼者并非易事。无论是将从事外卖、快递等工作当缓冲期，抑或积累专业知识与技能，成长晋升为管理人员，工会要始终主动关注劳动者诉求，主动开展精准服务，探索解决途径，打造服务新格局。

3. 面对新业态发展带来的工会组织制度和工作方式的转变

创新组织制度，工会在市、区局产业、街镇三级工会组织架构基础上，健全由街镇总工会、区域性行业性“小二级”工会联合会、企事业单位工会构成的“小三级”工会组织体系。转换思维方式，平台经济以互联网和大数据为基础，要增强互联网思维，利用互联网平台，创新建会入会方式，开展智慧工会和线上工会，扩大会员队伍，为劳动关系协调预警，为精准服务提供个性化数据支持。要加强能力创新，要掌握基本的社会调研方法，协调劳动关系技巧，宣传教育路径方法、财务政策等。要加强过程创新，不仅需要工会各级系统从上到下从人员到组织制度实现一体化，更需要相关主体合作一体化，共商共建为新业态劳动者服务，有效解决治理中的交叉重叠、边界模糊、空白遗漏等问题。

三、工会视域下加强新就业形态劳动者权益保障创新路径

在“十四五”规划中，国家明确提出促进平台经济、共享经济健康发展，对新产业新业态实行包容审慎监管。因此，如何平衡平台经济的蓬勃发展和新就业形态劳动者权益维护问题是工会组织推动构建和谐劳动关系需重点关注的问题，紧跟时代步伐，探索创新工会视域下新就业形态劳动者权益保障路径是促进企业持续健康发展最关键的一项内容。

（一）进一步积极推动平台企业建会入会，发挥行业工会作用

新业态用工引发的劳动争议案件在短期内呈爆发式增长态势，劳动争议复杂化，可能触及法律法规和司法解释空白地带，成为构建和谐劳动关系的难点环节。为了保障劳动者合法权益，要突出平台企业的主体责任，将工作重点继续向企业建会入会延伸。首先，要铆足各方力量，继续健全完善“小三级”工会组织体系，进一步继续推动未建工会企业建会，吸引劳动者入会。明确街镇工会的兜底责任、村（社区）工会的托底责任、社会化工会工作者的包联责任，依托社区、楼宇商圈、产业集聚区、物流园区建立入会流动站点、便捷窗口，方便入会，延伸源头入会触角；以“行业主管部门+工会”“行业协会+工会”方式，依托各级交通运输局、道路运输和邮政管理局行业主管部门、行业协会力量，共同组建道路运输、网约车、快递等行业性工会联合会；根据市域经济特色和不同业态的群聚容量，按照“一市一业、一地一策”原则，实行分类指导，构建起服务外卖送餐员的“护骑”联盟、平台企业和地方工会的“企地”联盟、党组织和工会的红色商圈“党建”联盟，打造出一片区一联盟、一联盟一特色的工作新格局。其次，坚持服务先行，打造线上线下有机融合的服务新业态劳动者工作体系。线上利用非公企业党建信息平台进行摸排，线下与行业主管部门对接确认，厘清底数、精准定位、明确路径。推动小微企业工会经费返还、新就业形态劳动者建会入会专项补助、新建平台企业工会规范化建设专项奖补，从吸引建会到规范建会，步步保障，步步推进。最后，最根本的还是要靠汇聚各方力量，深化维权服务机制建设，使劳动者加入工会能有更多的获得感、归属感和安全感。要持续做优做强“冬送温暖、夏送清凉、金秋助学、阳光就业、医疗互助”等

工作，着力做好常态化、制度化、规范化服务。要加大劳动法律监督力度，对发生群体性劳资矛盾和法律援助个案中发现的严重侵犯职工权益的企业，要加强工会与劳动监察执法部门的联手行动，继续完善“工会＋法院＋人社＋司法＋法援＋仲裁”的联合调处劳动纠纷新模式。用好用足工会劳动法律监督“整改意见书”“处理建议书”和法院支付令等法律手段和行政手段以及“职工 12351”热线等新闻媒体曝光等社会化手段，倒逼企业保障劳动者权益。

（二）积极参与探索建立适应新就业形态的劳动基准制度

平台经济的蓬勃发展为就业开辟了新赛道，就业模式也从传统经济下“组织＋雇员”正在逐渐向新业态下的“平台＋个体”转变，传统劳动基准制度不适应新的经济形态。传统劳动基准建立在劳动关系之上，涉及劳动者和企业的权利义务，具有系统、复杂的特点，通过正常劳动和劳动定额来保障劳动基准施行，用人单位对劳动者的劳动管理可以通过工作时间、工作地点、考勤等对劳动过程的管理表现出来。但与之不同的是，平台企业通过大数据和算法，将劳动过程进行分解，新就业形态劳动者可以在任何时间、任何地点通过平台进入劳动过程，也可暂时或者永久退出劳动过程。平台经济中大多数从业者能够自主掌握和控制工作时间甚至工作，而非传统经济形态下由用人单位决定。现行劳动基准采用劳动过程控制的方式已难以适应，因此要从建构劳动基准制度出发，完善相关强制性法律规范体系的建设。统筹考虑经济社会发展水平、劳动力市场供求关系、劳动关系双方承受度等因素，兼顾劳动者和用工主体双方的利益诉求，形成合理且可持续的利益分配模式，建立劳动权益保障的底线。2021 年起全国人大社会建设委员会围绕完善工作时间、统筹休息休假、健全最低工资标准制度等方面已经开展了基础研究，积极督促相关部门加快劳动标准法立法进程。工会要大兴调研之风，联合有关部门在充分论证必要性和可行性的基础上，为制定劳动基准法议案提供有建设意义的意见建议。新就业形态劳动基准可转变过程管控的方式，转向结果控制，采用任务计量施加工作总量控制。其中最重要的是明确平台企业的责任和义务，要求其合理确定任务单价并针对劳动者连续工作劳动强度和任务总量，当达到基准时，平台企业应停止派单，反之承担相应的法律责任。比如，《关于落实网络餐饮平台责任切实维护外卖送餐员权益的指导意见》中强调优化平台派单机制，合理管控在线工作时长。对于连续送单超过 4 小时的，系统发出疲劳提示，20 分钟内不再派单。平台企业通过算法控制和大数据管理等技术手段测算任务强度和劳动强度，以此建立任务总量及劳动强度的梯度管理和提醒制度。

（三）积极推动构建符合新就业形态劳动者的社会保险体系

社会保险权益是新就业形态劳动者最困扰的难题之一，传统社会保险与劳动关系高度绑定，但新就业形态劳动者与平台之间的劳动关系模糊不清，甚至劳动者被层层外包，多用工主体对劳动者存在实质用工状态，平台企业与劳动者之间不存在明确的劳动关系，将为劳动者缴纳社会保险的企业责任也层层外包，借此逃避责任。目前职业伤害保障以现行工伤保险制度和商业保险为母版进行试点，自去年7月1日试点以来，在7个省市已覆盖615万人，试点平台包括曹操出行、美团、饿了么、达达、闪送、货拉拉、快狗打车七家企业，试点区域内的网约车司机、外卖骑手等群体可享受职业伤害保障。费用由劳动者所在平台企业承担。保障范围与待遇方面基本参照现行工伤保险。养老或者医疗保险制度层面建议以灵活就业身份参加职工基本养老或医疗保险，抑或参加城镇居民养老或医疗保险，缴费均由个人全部承担，平台企业责任缺失。因此，一方面，以新时代新业态劳动者需求为导向，按照“先入门、后提高”的原则，根据从业者需求迫切程度，依照“工伤保险—医疗保险—养老保险—失业保险”的顺序逐步纳入，明确缴费主体平台企业的责任，划分参保缴费档次，设置合理的社会保障准入机制，逐步消除新就业形态的社会保险“盲点”和空白点。重点加强养老、医疗、工伤/职业保险的保障力度，探索商业保险与社会保险结合发展，持续深化社保领域供给侧结构性改革，完善全覆盖、多层次、互补的社保体系。另一方面，优化社保缴费机制，建立全国统一、科学合理的缴费费率，明确和压实新业态用人单位缴纳社会保险法律义务，加强新业态用人单位和劳动者缴纳社会保险正向引导，并推进社保稽核数字化转型。

（四）发挥企业民主管理制度优势，应对算法管理不足的风险

新业态企业通过算法控制对劳动过程进行改造，增大了劳动强度。一些平台企业在商业逻辑的驱动下追求最优劳动效率，形成了所谓的“最严算法”和极限竞争。平台经济手握算法系统，劳动者无议价权，从知情权到建议权再到否决权甚至共决权。劳动者在遇到不公或不满时，与企业协商困难重重，导致其诉求缺乏公开、公平、公正的争议解决端口，劳资之间缺乏沟通桥梁。推动依法建立健全职工代表大会和厂务公开制度，畅通利益诉求表达通道，促使劳企双方理解互信。一是要健全完善职工代表大会制度。职代会代表组成比例上要增加一线职

工的比重，比如，快递行业、外卖行业要增加快递员、外卖骑手比例。二是结合平台企业实际，开展厂务公开，拓宽厂务公开渠道，丰富公开形式、方式，适应新业态发展，实现内部自我监督。某外卖平台自我披露骑手权益保障社会责任报告，自我披露算法技术模型运行，并详细补充算法迭代调整情况。自我披露效果明显，在新算法机制下，骑手的配送时间更有弹性，用户对送餐时间多了心理预期，试点数据显示用户对骑手的差评率降低了50.7%。三是要以集体协商形式打破劳动员工关系的限制，引入平台、外包商、加盟商、员工等多方力量，推选协商代表，通过集体合同，协商利益分配规则。行业性集体协商能够弥补劳动者个体之力的不足，避免法律关系界定不清、性质不明带来的法律法规适用分歧。一方面，工会定期联合省人社厅等多个单位开展集体协商“要约行动”，以行业、区域协商为重点形式，以劳动报酬、社会保障为重点内容。针对小微企业开展灵活多样的“微协商”，扩大协商覆盖面。既可以由企业工会和企业行政协商确定“微协商”人群，也可以由职工通过个人或代表以口头、书面、微信等形式提出协商申请；协商形式灵活、协商地点不限；协商主体灵活，只要符合条件，群体、个人都行；协商时间灵活，只要提前预约。另一方面，与平台企业协商建立真正合理合法的“算法取中”的评价标准体系。平台企业将算法规则公开，是“算法取中”的重要一步。争取公众对技术局限性的理解，需要小步快跑的迭代与完善；也是让更多的声音参与进来，用大众的智慧推动算法规则更好地为社会服务。邀请专业人士或者同行审查与评估算法，充分听取劳动者意见建议，确定“算法取中”标准，明确一个平衡各方主体的合理阈值。比如，确定一个相对合理的配送时间，就是外卖算法的阈值。不同行业的“算法取中”合理阈值不同，集体协商的重点也有所不同，判定阈值设定是否合理，需要针对各个业务领域大量地调研，深入每个场景，最终制订一个相对有量化指标的实施方案，有理有据地去对企业的算法做监管，将结果公示并告知劳动者。

四、总结

平台经济成为数字经济“新引擎”，技术推动下的劳动形态变革已经悄然发生。所谓“民为邦本，本固邦宁”，维护保障新就业形态劳动者权益是在迈向高质量发展和“共同富裕”进程中的一个里程碑式的事件，积极发挥工会组织职能优势，推进构建和谐劳动关系，缓解劳企矛盾，保障劳动者共享改革发展成果，实现劳企双方发展共赢。

参考文献：

[1] 余少祥．新就业形态的特征、挑战与对策建议［J］．人民论坛·学术前沿，2023（16）．

[2] 王群，陈诗銮．新业态劳动者权益保护面临的问题及对策研究［J］．中国物价，2023（8）．

[3] 刘倩．新就业形态群体工会经费管理使用路径探析［J］．中国工会财会，2023（8）．

[4] 刘果．保卫劳动者的“清凉权益”［J］．四川劳动保障，2023（7）．

[5] 晏希，安璐科．新就业形态下劳动者法律身份认定难题及法律保护路径［J］．就业与保障，2023（6）．

[6] 王艳艳．新就业形态劳动者技能提升的现实挑战与工会的应对策略［J］．山东工会论坛，2023，29（3）．

第五章　智慧工会研究

彰显工会作为，增强新媒体赋能，创新基层协商民主机制发展

韦嘉敏

（广西壮族自治区总工会干部学校）

摘　要：全面发展协商民主是实现社会主义民主政治的应有之义，是发展全过程人民民主的核心路径。协商民主的重点在于人民群众，落点在于社会基层，要大力发展基层协商民主，推动在各领域全面覆盖。立足劳动领域，企事业单位民主协商是重要的基层协商形式。在基层协商民主机制创新发展的进程中，工会应积极作为，探索运用以新媒体为代表的互联网技术，与多方协商主体衔接配合，强化新媒体在空间、对话与共识上的三重赋能，进一步健全基层民主协商机制，构建新时代和谐劳动关系。

关键词：工会　新媒体　基层民主协商

党的二十大报告指出："全过程人民民主是社会主义民主政治的本质属性，是最广泛、最真实、最管用的民主。"发展全过程人民民主，是中国式现代化的一项本质要求，要逐步在经济、政治、社会生活全领域覆盖。协商民主则是全过程人民民主的重要实践形式，政党协商、人大协商、政府协商、政协协商领衔发力，人民团体协商、基层协商以及社会组织协商齐头并进，七大协商渠道高度诠释社会主义民主政治优越性，在发扬民主中增进团结，构成了党的领导、统一战线、协商民主三者有机结合的和谐篇章。在全面建设社会主义现代化国家的新征程上，为进一步提高全过程人民民主的制度化、规范化、程序化水平，协商民主须从顶层向基层不断延伸，不断扩充协商参与主体，拓宽协商参与渠道。互联网的崛起引发了社会治理领域的诸

多变化，为人民群众提供了随时随地表达和互动的契机，也为多元意见观点提供了登场亮相的舞台。新兴媒介的迅猛发展和强势介入，能弥补传统协商民主机制的缺陷，更是为基层协商民主机制的创新探索提供了新的思路方向。工会作为基层民主协商的主要参与力量，始终代表着广大职工群众的根本利益，发挥着不可或缺的作用。

一、积极发挥工会在基层协商民主中的重要作用

（一）新时代协商民主的广泛多层制度化发展

协商民主是民主发展的一种方案选择，与代议制民主相互补充，旨在强调构建平等、理性的对话沟通机制，提升民主运行的质量，即决策并非“意见的聚合”或者“程序上的‘多数决定’”①，而是公民参与后科学有效的决定，实现参与和协商的有机平衡。我国社会主义协商民主同样遵循着这一理论取向，通过议事协商推动人民参与国家政治和社会事务，具备我国社会主义民主政治的独特优势，真正保障人民当家作主。

推进新时代协商民主的健全与完善，必须朝着广泛、多层、制度化发展，兼顾多层次、多领域的协商机制，构建起一个全面系统的制度体系。习近平总书记在党的二十大报告中强调，要“完善协商民主体系，统筹推进政党协商、人大协商、政府协商、政协协商、人民团体协商、基层协商以及社会组织协商，健全各种制度化协商平台，推进协商民主广泛多层制度化发展”②。可见，社会主义协商民主体系要实现全方位覆盖、全战线部署，还要注重各协商机制之间的衔接配合。基层协商是协商民主最直接的落脚点、最广阔的试验田，加快推进基层协商民主机制的创新发展，是构建社会主义协商民主体系的关键路径。然而目前我国基层协商质量不高、实践不深、能力较弱。如何以基层协商为重要抓手，如何协调运用各类协商平台载体，如何让多元主体在广泛多层协商中形成共识、凝聚共识和传播共识，是新时代协商民主需要把握的发展重点。

---

① 王锡锌．公众参与：参与式民主的理论想象及制度实践［J］．政治与法律，2008（6）：8－14.

② 习近平．高举中国特色社会主义伟大旗帜 为全面建设社会主义现代化国家而团结奋斗——在中国共产党第二十次全国代表大会上的报告［EB/OL］．人民网，2021－10－16.

（二）工会是基层协商民主的重要参与主体

1. 工会始终代表和维护广大职工群众的利益

中国共产党是以工人阶级为基础的马克思主义政党，党在领导中国革命、建设和改革的伟大历史进程中，始终依靠工人阶级。毛泽东同志在党的七届二中全会上明确指出："我们必须全心全意依靠工人阶级，团结其他劳动群众。"[①] 作为促进我国经济社会发展的中坚力量，无论处于哪个历史时期，工人阶级始终站在前列、奋斗于生产一线，立足本职、攻坚克难、奋勇拼搏，创造了一个又一个大国奇迹。以习近平同志为核心的党中央，更是认识到了工人阶级和广大劳动群众在党和国家事业中的重要位置，高度重视工人阶级和工会工作："我们党要长期执政，就要全心全意依靠广大工人阶级，而要更好做到这一点就必须不断提高他们的生活水平。"我国工会是党联系群众的桥梁纽带，工会工作是党治国理政的一项经常性、基础性工作。工会在长期的建设发展中，牢牢坚持以职工为中心的工作导向，不仅要将党的思想理论和方针制度有效落实到广大职工群众中去，还要把职工群众急难愁盼问题发掘到、解决好，在维护职工群众具体利益的同时维护好全国人民总体利益。

2. 工会有效助力基层协商民主有序运行

为了解决好职工群众最关心最直接最现实的利益问题，履行好维护职工合法权益和竭诚服务职工的基本职责，各级工会组织采取了多项举措，保障广大职工群众享有平等参与政治经济生活、共享发展成果的权利。基层民主是发展全过程人民民主的基石，具有不可替代的重要地位和作用，其实现需要多元主体协同发力，需要在多元领域落地生根。在劳动领域的协商民主中，工会将充分彰显作为。一方面，企事业单位是协商民主的主要场域，职工广泛参与以职工代表大会为基本形式的企事业单位民主管理中，能够推动职工群众依法实行民主选举、民主协商、民主决策、民主管理、民主监督。通过开展民主论坛、议事会、恳谈会、听证会等，职工合法权益在民主沟通与协商中得以维护，企业与职工命运共同体得以构建。另一方面，集体协商是构建社会主义新型劳动关系的重要途径，党政支持下、工会主导下常态化开展集体协商工作，通过系统完整、合法合规的民主实践程序，不断适应新形势下复杂多变的劳动关系态势，能够有效调节内在矛盾，建立更为科学的分配保障体系，促进劳动关系和谐稳定。

---

① 中国共产党第七届中央委员会第二次全体会议公报［EB/OL］. 中国国情－中国网，2012－09－03.

二、新媒体对于基层协商民主机制的三重赋能：空间、对话与共识

协商民主体制机制必须紧跟时代形势和现实需求，丰富形式和渠道，优化程序和环节。新媒体伴随着互联网技术的发展，在持续迭代中拥有了更为优越的传播优势，不再局限于日常信息交流交往的应用，而扩大至为社会建设与治理而服务。近年来，新媒体助力基层协商和基层社会治理的生动实践不断涌现，如江苏淮安政协“码”上议工程、深圳市罗湖社区家园网、佛山张槎“智慧城市管家”、上海宝山区“社区通”、上海闵行区“云邻里”平台、宁波移动工会“一网一微一端”智慧工会等，引发了学界的关注和分析。立足于当前我国协商民主发展实际，将新媒体引入基层协商民主之中，具有一定的创新意义。

新媒体是一个动态的、宽泛的发展性概念，相对传统的电视、报纸、广播等大众媒体而言较新。本文所指的新媒体即以现代互联网技术（如大数据、人工智能、云计算等）为核心的新兴媒介形态，包括网站、论坛、博客、移动社交媒体（微博、微信、抖音）及其他移动智能终端软件等。其具有数字化、交互化、智能化的技术特征，节点化、碎片化和移动化的传播特征。关键在于，新媒体能够借助网络信息技术激活和优化协商民主的内生动力和内在效能。着眼于基层协商民主，具体来说，新媒体将分别赋能参与机制、议事机制和共识机制，体现出以下三方面的功能价值。

（一）扩大协商空间的延伸覆盖

协商民主实践的一大基本要求就是公共空间或公共领域的形成，即拥有一个关于内容、观点和意见的公共交往网络，个人能够公开、平等地参与其中，协商对话和交流博弈才得以实现。社会学家哈贝马斯曾认为，公共领域代表着某种“健全的公共交往”，可转化为一种现实可能存在的社会机制，“民主形式的舆论必须植根于其中的某种等价物”①，从而被赋予理性交往和话语商谈的哲学意义。而新媒体技术能消解地理时空的边界，突破参与者身体“缺场”和社会关系的“脱域”，为基层社会组织创造出一个个抽象但微观的公共领域，为解决公共事务问题直接对话协商，进而推动协商民主参与机制的场域覆盖和虚实融合。一方

① 哈贝马斯．公共领域的结构转型［M］．曹卫东，王晓珏，刘北城，等译．上海：学林出版社，1999：40－41.

面，促进协商民主贯通社会关系场所。广大人民群众作为基层协商的参与主体，分属于不同的社会类别，活跃于不同的社会关系网络之中。对于个体，最主要的社会关系可简单划分为生产劳动关系和生活关系，与之相对应的关系网络场所则体现为工作场所和生活场所。基层协商民主的空间机制的覆盖，即表现为企业集体协商、城乡社区民主协商等。新媒体能适应传播场景的发展变化，有助于现代松散的社会关系再凝结和再地域化，引线串联起不同的关系场所，为公共的协商对话提供了更为宽阔的空间地带，推动协商进农村、进社区、进企业，促进民主协商参与的广泛性与全面性。另一方面，促进协商民主融通线上线下。当前基层协商民主出现的参与不足、效果不强的问题，究其主要原因在于传统协商形式线下参与的限制，群众参与的时空成本高、参与意愿和动力弱。新媒体所建构起的“参与式传播”，将革新协商参与的模式，由线下向线上延伸，扩充了协商形式和渠道，符合社会行动者的“理性选择”假设，极大满足了民众参与基层协商的成本计算。基层协商民主将基于民众的“共同在场”，将更多的公共话语纳入民主政治的系统中。

（二）优化协商对话的实效运作

协商民主的重点在于对话，意见观点不仅需要流通，还需要相互碰撞和交锋，在“可见”和“可辩”中形成互动，协商才能行之有效。新媒体可以重构协商对话，增强议事机制的开放性和交互性。一是赋权对话，有效保障协商权利。新媒体的广泛应用，降低了民众接近和使用媒介的门槛，传播权力下放，传播格局日益去中心化、多向化。以微信、微博、“腾讯会议”等为代表的新媒体平台，为基层协商开辟了更便利直接的话语平台，民众可以自主地进行沟通讨论，充分行使表达权和话语权，推动民主协商和民主决策的有序进行。同时，新媒体能为民众反映意见和诉求提供高效服务，形成协商成果跟踪督办的相关机制。二是协同对话，优化整合协商资源。基层协商的组织开展，需要多元主体的共同发力。企业开展集体协商需要“三方四家”联动，社区公共协商需要基层政府、社区自治组织及居民协同。然而，协商各主体之间长期存在着信息隔阂，信息系统建设各自为政，极易导致协商议事程序冗长繁杂、进度滞缓。新媒体平台能依托大数据技术破解该难题，快速整合各方数据资源，完善信息互通、互联、共融、共享。纵向上打破组织层级藩篱，横向上打破部门条块壁垒，确保协商对话的时效性和实效性。当前，国内各级工会均探索运用了“互联网+”集体协商、“云协商”等形式，开展网上要约、网上指导、网上协商、网上审议，通过微信视频群聊、视频会议等新媒体手段，缩减传统程序耗时，线上线下议事结合，集体合同草案在线审议和实时表决，进一步推动集体协商提质增效。

（三）增强凝聚共识的阵地优势

基层协商的实践结果是代表多数人共同意志的“公意”的形成，而社会主义协商民主的发展，更应化“公意”为“共意”，实现全国各族各界人民利益表达的最大公约数，完成凝聚共识的最终目标。互联网环境下，网络空间已成为凝聚共识的新阵地，新媒体同样也可以成为凝聚共识的新利器，在广泛协商中打造出“同心圆”式的舆论话语格局。可催化共识，培育民主精神。借助新媒体能使协商民主的核心价值回归到协商主体间性的“沟通”上，形成一种双层对话机制，在寻求“共识”的对话和寻求“相互理解”的对话之中产生动态的、平等的让步伦理①，增进同频共振，塑造共识，使民主观念深入人心。可传播共识，促进广泛团结。共识的凝聚，离不开传播，要善于面向全社会传播最广大人民共同的利益和价值追求，推进共识的不断再凝聚。新媒体裂变式、滚雪球式的传播，能高速率、广范围地将党的政策主张、社会各界的共同心声传遍五湖四海。新媒体这座互通有无、广开言路的数字桥梁，一旦得以普遍有效运用，便可以在协商中凝聚共识、在共识中开展协商。杭州市萧山区总工会搭建了“云协商”应用场景，在多个企业成功试点开展“线上＋线下”集体协商模式，建立工资集体协商和集体合同信息智能管理两大平台，推动协商准备工作、会议流程、集体合同档案管理数字化、智能化，线上流程闭环运作、协商数据动态可视。既在程序上降低了协商成本，又能在线上协商中实现观点交融，厘清不同情绪、化解劳动矛盾，辩证求异、坚定求同，激活吸纳职工群众的智慧与力量，画好“同心圆”、增进“大团结”，助力集体协商工作科学发展、提质增效。

三、新媒体赋能下基层民主协商机制的实践创新路径

社会主义民主的优越性，体现在其深深植根于我国历史土壤、紧紧围绕我国发展实情，还体现在其践行了全过程人民民主的理念与形态。以习近平同志为核心的党中央，始终高举全过程人民民主旗帜，社会主义协商民主正是其鲜活的现实实践。全过程人民民主作为一种全链条、全方位、全覆盖的民主，协商民主是

① 于淑婧，荆学民．自媒体时代政治传播与协商民主的衔接进路［J］．浙江学刊，2022（3）：43－53.

其中关键的一环。借力新媒体，社会主义协商民主在实践运用中将焕发新机，打通协商到达人民群众的“最后一米”，并呈现“回应式民主、参与式民主、协商式民主、监督式民主”四大运作形态的有机链接，构建起新型基层协商民主机制。依照全过程人民民主的内涵，针对回应、参与、协商和监督四个阶段，本文将为基层协商民主机制各环节的创新优化以及工会如何作为，提供一些建议参考。

（一）议程以民需为导向，提升民声回应的质量

以人民群众为中心是民主协商工作的出发点和落脚点，为贯彻落实好党的群众路线，首要做到的，就是协商议题和内容的确定须从群众中来、回到群众中去。协商内容要瞄准人民群众最关心最直接最现实的利益问题，结合党委和政府的中心工作，挖掘协商深度，体现协商价值。要善于运用大数据技术收集统计职工群众经常关注和交流的公共事务、劳动话题偏好，智能分析职工群众在不同渠道反馈的利益诉求，从多样化、个性化、差异化诉求中提炼归纳共性问题，创造性实现民众提案和民意立项，使协商议题为民设置、由民确定，议事项目充分识别和听取职工群众心声。广西河池市环江毛南族自治县总工会通过开展调研，聚焦异地安置点群众就近就业的痛难点，创新性开展了少数民族扶贫车间的集体协商，推动解决了就业、收益保障等问题，有效助力乡村振兴。因此，各级工会应重视并利用新媒体推进基层协商的前期调研，开创民众提案和民意立项，精准识别群众心声。基层工会在开展民主协商时，更应灵活凸显企业自身特色，结合职工群体特点，在新媒体上“量身定制”意见征求征询的功能界面，对正式协商前的需求反馈进行合理筛选和重点聚焦，最后形成有贴近性、本地性和针对性的协商机体。议程内容切忌脱离群众、脱离实情，而是要因地制宜，议事项目切实回应和表达职工群众心声。

（二）平台便捷高效，激发广泛参与的动力

新媒体成为社会主义协商民主的新兴主阵地，以最低廉的成本、最便捷的操作驱动广大人民群众参与其中，降低了协商门槛，解除了协商屏障，实现了传播赋权和自我增权。建设专门的新媒体平台，能在一定范围内高度聚合起职工群众，让他们平等、公开、直接地参与民主商讨和决策的过程，推动基层社会组织走向紧密的共同体。而参与渠道的建设与设计，务必遵循便民、亲民、惠民的原则，让基层协商能为职工群众可接触、易使用，调动起广泛参与的动力。具体

来说，应把握两个主要目标：一是要挖掘功能深度，发展“参与中的认同”。明晰新媒体在基层民主协商中的功能定位，整合归类不同的媒介使用需求，升级优化后台留言、实时交流、投票表决等与协商密切相关的核心功能，平衡协调功能应用的广度与深度。另外需注意数字鸿沟问题，针对部分受教育水平较低、年龄较大、移动互联网设备和电子媒介使用能力较弱的职工群体，要适当给予功能辅助和倾斜，优化协商参与体验，避免年龄代际、文化程度、媒介素养等因素造成参与机会的严重失衡，促进职工群众从起始的参与认同向过程中的协商认同转化。二是要增强参与黏性，发展“认同下的参与”。基层民主协商不应止于一次性、间歇性的参与，而是应形成经常性、自觉性的参与，这就需要较为稳定持续的参与动力。职工群众如果能通过新媒体平台弥补线下民主协商的缺席，有效参与“云协商”或其他线上民主管理活动中，将会在认同层面促进参与行为的再循环。再则，还需注意克服“多功能但非一体化”的相对割裂，尽可能实现一键通达、一站通用，减少用户分流，增强职工群众对专门性新媒体协商交流平台的使用黏性。如能养成长期的使用习惯，虚拟关系网络与现实关系网络将不断互动耦合，职工群众对所属企业的认同感、归属感也会在持续的民主参与中日益加强，最终也将增益于凝聚社会共识，巩固壮大统一战线。“参与中的认同”与“认同下的参与”二者不断循环互构，促进基层协商民主机制的可持续发展。

（三）议事提质增效，营造理性协商的氛围

协商民主的核心理念在于公共理性，在交往基础上形成的理性对话是协商民主的必要条件。在协商空间及过程中，贴合公共性事务的信息与意见能够在流通和传递中实现可见和可辩，议事对话是整个协商过程中最为核心的环节。新媒体让广大基层群众都掌握了可移动的“麦克风”和“传声筒”，但是其匿名性、虚拟性的特点也为诸多的杂音噪声、流言谣言提供了滋生的温床。尤其在基层民主协商中，职工群众的参与往往受到理性与感性的双重影响，受到情绪化和片面化的观点所裹挟和误导，从而可能出现非理性的协商对话，个别甚至可能演变成极端的群体性舆论事件。因此，基层民主协商在应用新媒体时应正确认识风险，注重扬长避短。应加强舆情危机的预警预判和应对处理能力，通过平台的数据鉴别技术，及时纠偏引导，检测过滤失实偏激的言论，将客观的、有价值的议题议程引入互联网协商空间中，促进企业与职工进行理性对话，减少信息不对称造成的误解。再则，还应培育职工的媒介素养，营造良好舆论氛围，涵养和谐协商文

化。协商民主的长远发展并非单纯依靠合理程序的存在，更需要精神文化的根植。高效能的共商共议需要“内外兼修”：向内要利用新媒体为企业行政代表、工会干部、职工代表等协商主体创造容辩的机制，更应给予一定的容错空间，让基层职工群众敢言善辩、让理性话语有的放矢；向外要始终坚持正确的政治立场与方向，不断改善舆论环境，建设清朗网络空间，不搞“一言堂”或者“清一色”，引导职工群众在差异中学会包容、在碰撞中创造共识，营造有事协商、遇事协商、办事协商的良好局面。

（四）成果追踪落地，提升协商监督的效能

新时代中国特色社会主义协商民主广泛多层发展，既需要正确理念引领、先进技术支撑，更需要规范制度的保驾护航。政党协商、人大协商、政协协商正在稳步推进制度化发展，但下沉到基层协商，更多依赖基层社会组织的自主能动性，容易导致协商成果不见效、发展不均衡、效率不显著的突出问题，急需规范的制度机制予以保障。一是要建立协商成果督办机制。民主协商完成后，并不代表协商的终结，而是要促进协商成果转化，真正作用于有关决策和施策上。基层工会组织应利用新媒体智能化的信息管理与储存优势，录入集体合同等协商材料作为数字档案，开启集体协商的电子流程轨迹，可供各方实时查阅协商达成合同或举措的落实进度，形成协商议事、成果实施、民主监督、质效评估反馈的闭环流程，全流程透明公开，并以此作为相关考核评比的重要依据。通过数字追踪，加强议后监督，畅通职工群众的监督渠道，有利于倒逼协商主体加快行动速度，确保协商成果落到实处、行有所效。二是要建立协商联动常态机制。一方面，提升新媒体平台上协商议事的规范化和协同化程度，推动各协商主体之间的沟通联络，将政协协商、政府协商与基层协商有机衔接、承上启下。当前，各地政协已逐步成立工会界别委员工作室，新时期工会界别更要与时俱进、发挥作用，深入挖掘和理解职工群众利益诉求，增进与职工群众的沟通联系，通过委员提案和政协推动，不断开创工会界别工作新局面。另一方面，加强基层协商线上与线下的相互弥合，线上的协商渠道绝不能完全取代线下协商形式，而应作为一种具有同等效力的辅助性、拓展性手段，二者相辅相成。线上为线下提供强有力的渠道支持，线下也要为线上赋予合理化的程序支持。克服传统协商模式的烦琐冗杂，健全制度规则，促进常态运作、长效优化。

新媒体对于构建新型基层协商民主机制正释放出强大的应用潜能，但其潜在

的风险和威胁也值得警惕。如何利用好这把双刃剑，推动协商民主的航船劈波斩浪，在新时代的发展浪潮中一往无前，是互联网时代下加强社会主义协商民主建设的必由之路。发展协商民主是实践全过程人民民主的重要手段，在多方协同下创新好劳动领域的基层协商民主机制，借助互联网技术和新媒体平台赋能增效，将提升职工维权服务质量、筑牢企业与职工命运共同体，开创健康和谐的协商民主新局面，扎实推进全体职工共享民主成果，走向共同富裕。

深入推进智慧工会建设，提高数字化服务沈城职工水平

齐　敏

（沈阳市工会干部学校）

摘　要： 数字化指的是在某个领域的各方面或某种产品的各个环节都采用数字信息处理技术。在工会系统，数字化更是个新的课题，以网络强国为背景，全总领导对加快工会数字化转型提出了迫切要求和明确目标。本文对沈阳工会系统的信息化建设及运用做了初步探索，并对进一步提高数字化服务沈城职工的水平进行了简单分析，希望能对推进沈阳智慧工会建设有所帮助。

关键词： 数字化　智慧工会　信息化

互联网的迅速发展，已经深刻影响和改变了人们的生产和生活方式。根据中国互联网络信息中心（CNNIC）统计报告，截至2022年12月，我国网民规模达10.67亿人，互联网普及率达75.6%。互联网技术发展和网民数量持续增加，为社会发展方式和治理模式改变注入了新动力，也提出了新挑战。其实从近几年的中央关于网络强国、数字中国建设布局的力度不难看出，数字化政务服务的推进步伐正越来越快，党中央国务院正不断推出新的政策推进网络强国建设。置身这样的大背景下，加快智慧工会建设已势在必行、刻不容缓。

2018年10月，习近平总书记同中华全国总工会新一届领导班子成员集体谈话时强调："要把网上工作作为工会联系职工、服务职工的重要平台，增强传播力、引导力、影响力。"[①] 这些年来，各级工会从政治和全局高度，深入思考谋

① 习近平：开创我国工运事业和工会工作新局面［EB/OL］. 人民网，2018-10-29.

划工会改革创新，不断深化做好工会网上工作的思路举措。尤其进入2023年以来，加快智慧工会建设、推进工会数字化转型的指示要求更加明确而迫切。为顺应时代发展，贯彻党中央国务院及全总关于建设“智慧工会”的决策部署，沈阳市总工会近年不断推进沈城智慧工会建设，提高数字化服务沈城职工水平。

一、沈城智慧工会建设情况

沈阳市总工会十七届十次全委会议的工作报告指出，全面启动“数字工会”建设三年行动计划，推进二期项目建设，开展48项线上普惠活动及6场直播活动，覆盖职工184.2万人次，“沈阳e工会”APP获评全国“互联网+工会”普惠服务最具影响力平台。开展“网聚职工正能量、争做中国好网民”系列活动，巩固扩大工会宣传阵地，在“沈阳发布”APP开设“i工会”频道，全年在国家及省市媒体发布沈阳工会新闻1416条，其中《工人日报》22篇，进一步扩大了工会工作影响力。

二、全方位推进智慧工会建设，数字化服务沈城职工初见成效

沈阳市总工会正全方位推进智慧工会建设，在以下几方面已然有了一定的效果。比如，沈阳市总工会财务部于2022年开始与网络公司合作推出四条“信息化高速公路”提高沈城工会财务整体工作水平，规范工会财务工作。这四条高速公路分别是沈阳工会财务一体化平台、沈阳工会经费（建会筹备金）信息采集系统、沈阳市总工会职工服务平台、小微企业返拨系统。这四个系统以工会账号为唯一关联字段，可在各信息系统间做到内容共享，极大地提高了财务部门的工作效率，方便了基层工会财务工作，解决了以往必须人工跑才能解决的问题。而且经费返拨系统可以第一时间查到经费返拨到没到位，若返拨不成功主管部门与基层工会双方都会第一时间发现并可着手解决，困扰多年的返拨经费中出现的问题得到了有效解决。此外，沈阳工会财务一体化平台在运行过程中也在不断改进，以问题为导向，不断优化以满足软件使用各方的多样需求。可以说工会财务系统的信息化发展极大地提高了相关使用者的工作效率，同时也有效提高了工会财务的规范化发展。此外，“沈阳e工会”APP与沈阳市电子工会会员服务卡2023年的一系列内容改变及优化开始逐步为沈城会员所接受，工会APP的各大模块逐步被接受并开始有稳定的流量，为互联网服务职工、联系职工开了个好

头，与各商家联合搞的活动以及沈城助力经济发展的发放消费券非常受广大职工欢迎，在不断的互动过程中增加了广大职工对平台的认可。事实证明网上服务职工，以职工需求为先导，使工会工作的阵地不断延伸拓展是今后工会工作保证主责主业顺利开展的必经之路。还有，中国职工保险互助会沈阳办事处通过直播等方式让广大职工认识职工互助保险是职工基本保险以外的有益补充，一方面通过不断优化的保障让更多职工认识到当前公益性保险的优点，另一方面通过网上办理与网上赔付方便职工接受并认可这一公益性保障，解决了以往因为赔付方式麻烦而不愿投保的部分职工的顾虑。

三、提高数字化服务水平，丰富工会服务职工手段

一个无可改变的事实是：随着互联网和数字技术的发展，一方面，职工的工作生活空间不断拓展，亿万职工每天在互联网上接触大量信息，职工群众希望能够通过网络拓宽表达途径，充分表达诉求，继而解决困难、维护权益；另一方面，科技赋能也为工会联系服务职工群众提供了新的方式和途径，工会工作的阵地不断延伸拓展。

目前，数字化服务职工要想继续深入发展，得到广大职工的进一步认可，还需在服务手段、服务内容上下功夫。数字化服务职工虽然服务方式改变，有一定的便利性，但若想深入发展，还需要有新的服务职工的突破口，只有增强用户黏性才能实现工会维权服务直通直达亿万职工，让广大职工群众时时、处处、事事可见、可知、可感。

以“沈阳 e 工会”APP 为例，继续深挖网上服务职工的项目，让职工可以第一时间想到、用到 APP，比如，多与商家联合、增加 APP 使用身边商家的优惠券，做到既能增加商家的客流又能增加职工的关注度。与沈工服务中心深入探讨广大职工感兴趣的、有需求的项目，充分发挥职工服务阵地的作用。如工人文化宫的免费或优惠的电影券、各种培训班、康复医院及疗养院的一些面向职工的优惠项目。真正让职工意识到职工服务阵地确实是为职工服务的，是职工丰富业余文化生活的首选之地，逐步得到职工的认可，提高职工服务阵地服务职工的质量。盘活工会资产，为广大职工服务。此外，还可继续探索职工福利商城的使用。目前，职工福利商城用户偏少，可进一步扩大宣传，接纳一些中小企业进入平台作为福利商城的用户，每年慰问品限额的情况下，中小企业因为人数少，在购买慰问品时没有优惠或优惠力度不够大，到手的福利没有想象的多，如果加入

平台，在规模经济的情况下，可以真正地做到少花钱多办事，让职工得到更多的实惠，使职工一想到发福利就想到“沈阳 e 工会”的福利商城，不断强化职工用此小程序的意识，逐步形成职工与工会的密切联系，真正让职工意识到工会是为职工服务和开展工会活动的阵地，进而推进工会网上思想政治引领的工作。

坚持用户导向，打造线上线下一体化工作模式，深化融合服务。强化互联网思维，聚焦党和政府最关切、职工群众最关心、工会自身最关注的高频事项，找准数字技术和工会工作深度融合的切入点、突破口，实现工会工作特别是线下实体服务阵地与线上云服务双向联动，不断做优做强受欢迎、叫得响、有鲜明工会元素的融合服务品牌，推动形成引领有力、职工满意、影响广泛的“工会系”网上生态，切实提升工会工作现代化水平。

工会工作只有顺应时代发展潮流，准确识变、科学应变、主动求变，推进数字化转型，加快智慧工会建设，构建工会网上工作新形态，才能够及时了解和回应职工诉求，更好地做到职工的需要在哪里，工会的服务就送到哪里，真正架起联系职工群众的“连心桥”，从而把广大职工凝聚组织到工会中来。

参考文献：

[1] 中国互联网络信息中心：第 49 次《中国互联网络发展状况统计报告》。

[2] 李磊．智慧工会的内涵、战略意义及其建设思路 [J]．山东工会论坛，2019（3）．

[3] 冯玉珠．推进企业智慧工会建设的实践与探究 [J]．中国工运，2019（9）．

第六章　工会学学科建设与工会干部培训教育教学改革研究

从元问题入手：中国工会学知识体系的建构逻辑与实践路径

秦　婷

（天津市工会管理干部学院）

摘　要：党的十八大以来，党和国家高度重视哲学社会科学的发展，党的二十大报告指出，要深入实施马克思主义理论研究和建设工程，加快构建中国特色哲学社会科学学科体系、学术体系、话语体系。中国工会学作为一门新兴学科，正迎来前所未有的发展机遇，如何推进工会学知识体系建构，需要从工会学的元问题入手，厘清其中具有代表性、引领性和基础性的本质特征与核心价值。在此基础上，以习近平总书记关于工人阶级和工会工作重要论述为指导，结合新时代新要求，面向实践转向，把握工会工作、工会组织和工会制度等知识体系建设的关键所在；面向前瞻布局，对中国工会学的学科地位、与其他学科的关系、学科发展规划和配套建设进行科学设计与系统布局。

关键词：工会学　元问题　知识体系　建构逻辑　实践路径

进入新时代，党和国家高度重视哲学社会科学发展，《国家“十四五”时期哲学社会科学发展规划》（以下简称《规划》）明确提出，要坚持以马克思主义为指导，深入推进哲学社会科学理论创新、制度创新、内容创新、方法创新，构建具有中国特色、中国风格、中国气派的哲学社会科学学科体系、学术体系和话语体系。在胜利闭幕的中国工会第十八次全国代表大会上，中华全国总工会主席王东明强调，要坚持不懈用习近平新时代中国特色社会主义思想凝心铸魂，要深化理论研究、学理阐释。面向新时代的社会经济发展任务，面向市场经济发展的结构转型，面向全球劳动力市场的新格局，中国工会学面临着紧迫的历史使命，中国工会学的学科建设也需要以此为“锚”，明确其内涵和外延。基于“元问题”的探讨，本文将以中国工会学学科的本质特征和核心价值为出发点，深入分析工会学的对内与对外建构逻辑，围绕这一建构逻辑，梳理出焦点领域，探索中国工会学自主知识体系的实践路径。

一、元问题：中国工会学的本体和实质

所谓“元问题”，就是所有问题的问题，即所有问题的起始和根源，在理论范畴具有基础性和统领性的地位。无论是理论还是知识，都必然存在元问题，否则就无法得到科学的说明。

（一）关于中国工会学的本体

作为一门新兴学科，中国工会学知识体系建设要解决的首要“元问题”就是：工会学的本体是什么？工会学作为一门学科的研究对象。

“工会”这一概念的产生，可以追溯到19世纪的欧洲。在19世纪初已有100多个国家建立了工会，“工会”的概念也在不同国家和不同时期具有不同的内涵和外延。在中国古代就有“民之所欲为者为之”和“民之所不欲者死之”等观念。与此相对应，在西方国家，“工会”与“职工”和“工人”的概念各不相同，各国都有自己独立的工会体系，而不是由某个国家政府组建。中国工会的发展是在革命、建设和改革开放过程中，根据自身需要逐步成长和壮大起来的，是工会不断探索社会主义建设规律，探索中国特色社会主义工会发展道路的历史。中国工会自成立之日起，就肩负着团结和教育广大职工，把他们紧密团结在党和政府周围，维护职工群众合法权益、全心全意为职工服务的光荣职责。中国工会在不断探索中逐步成长壮大起来，形成了具有鲜明特色的中国工会组织体系和工作机制。改革开放以来，随着我国经济体制、社会结构和劳动关系的深刻变革，工会组织体系也在不断发展变化。

关于中国工会学的本体问题，学界主要有以下观点：一种观点认为，工会是一种普遍的历史现象、社会现象和国际现象。工会和工会运动可以作为一个相对独立的科学研究对象来进行研究，并建立起关于工会及其规律的理论体系。所以，工会学是研究工会的理论、原理、原则、方法和规律等的学科。另一种观点认为，工会是一个历史发展过程中出现的，不同主体之间形成特殊关系，而形成独特社会经济形态并具有特有活动方式、特点和特征的世界性组织。因此，这里

的工会学是有关国际社会经济关系和社会制度等方面问题及其规律性问题（包括对上述各种问题及规律的认识）等的学科。这两种观点都把工会学看作一门独立学科，是完全不同于其他学科的。因此，从本质上看，中国工会学作为一门独立的学科，它研究的是工会组织的历史、现象及其运行规律，它具有自己的学科定位、学科对象和学科体系。

（二）关于中国工会学的实质

作为一门独立学科，中国工会学知识体系建设要解决的另一个“元问题”就是：工会学的实质是什么？即工会学作为一门学科的核心价值何在？回答好这个问题，对于工会学知识体系建构具有重要意义。

首先，对“中国工会学的核心价值”进行简要的理论回顾。

第一，马克思对工人阶级及其工会组织的基本观点和立场是确立工会学学科性质的根本依据。《共产党宣言》中讲道：“无产阶级将利用自己的政治统治，一步一步地夺取资产阶级的全部资本，把一切生产工具集中在国家即组织成为统治阶级的无产阶级手中，并且尽可能快地增加生产力的总量。”① 因此，在《共产党宣言》中，马克思恩格斯强调，无产阶级革命的目标不仅是夺取政权，更要通过“组织劳动阶级”从而彻底改造社会生产关系。同时，马克思在《国际工人协会成立宣言》中指出：“工人们已经具备了作为成功因素之一的人数；但是只有当群众组织起来并为知识所指导时，人数才能起决定胜负的作用。”② 工人只有依靠自身力量，通过建立自己的组织，才能使自己真正成为“无产阶级”。马克思还认为：“工会是劳动阶级在经济上和政治上的代表。它不仅代表工人和劳动者的利益，而且代表着他们所处的社会和经济环境。”③ 正是在此基础上，马克思提出了建立无产阶级工会组织的理论设想。

第二，中国工会学的产生具有中国特色，这是由中国共产党领导下工人阶级开展革命、建设和改革的历史所决定的。中国工会是在党领导下成立并得到党和政府承认、支持、保障和鼓励的工人阶级群众组织。中国工会在发展过程中形成了具有中国特色和时代特征的组织体系，成为我们党联系职工群众的桥梁和纽带。

第三，中国工会学是一门具有鲜明特色和独立学科性质的科学。工会学学科

---

① 马克思恩格斯选集：第1卷［M］．北京：人民出版社，1972：272.

② 马克思恩格斯选集：第2卷［M］．北京：人民出版社，1972：134.

③ 马克思恩格斯选集：第1卷［M］．北京：人民出版社，1972：219－221.

归属于法学门类、马克思主义一级学科下的马克思主义中国化二级学科，工会学专业归属于马克思主义专业类。现阶段，工会学研究对象有：关于工会工作与职工运动、关于工会组织、关于工会与劳动关系等方面。

其次，中国工会学作为一门独立学科的“核心价值”包括什么？结合理论回顾和当前研究总和，这个问题包括：

第一，我国工人阶级与工会组织产生、发展的历史过程。新中国成立以来，我国工人阶级的地位和作用不断发生变化，逐步形成了以工人阶级领导、以工农联盟为基础的中国特色社会主义工会制度。在我国社会主义建设和改革开放进程中，广大工人阶级不断成长壮大，成为推动党和国家事业发展的中坚力量。特别是党的十八大以来，我国工人阶级在推进全面建成小康社会、实现中华民族伟大复兴中国梦的历史进程中发挥了主力军作用。

第二，我国工人阶级及其工会组织在社会主义建设和改革开放中不断成长壮大，在中国共产党领导下，为建立新中国、巩固新中国作出了重大贡献。特别是改革开放以来，我国工人阶级在国家经济建设、政治建设、文化建设、社会建设以及生态文明建设中，为改革开放和社会主义现代化建设作出了重大贡献。

第三，我国工人阶级及其工会组织在新时期党和国家事业发展中发挥重要作用。工人阶级是我国社会主义现代化建设的主力军。工人阶级作为中国特色社会主义事业的重要建设者，在改革开放和社会主义现代化建设新时期，在全面推进中国特色社会主义伟大事业和党的建设新的伟大工程中发挥着主力军作用。

综上所述，“工会学的核心价值”的提出，是基于马克思主义工会学基本原理的研究，以及中国特色社会主义工会理论与实践研究及其表现，是中国特色社会主义工会学知识体系建构的基础。

二、中国工会学知识体系的对内与对外建构逻辑

从工会学的元问题入手，厘清具有基础性、引领性和代表性的“元问题”后，可以得出，新时代的中国工会学，作为一门新兴的独立学科，其知识体系建设要在遵循一般知识体系建构的逻辑基础上，更鲜明地体现出中国特色社会主义工会发展道路、工会性质、工会制度、工会理论和工会实践等的中国特色和特征，要注重对内建构逻辑与对外建构逻辑相互依存、相互影响、相互促进的探讨。

（一）对内建构：实现中国特色的知识体系

第一，从坚持党的领导这个最高原则出发。具体而言就是要始终坚持党对工会学学科建设的全面领导和政治引领作用。这就要求工会学知识体系的建构要始终坚持党的领导，坚持正确的政治方向，坚持以马克思主义为指导，坚决维护习近平总书记党中央的核心、全党的核心地位，坚决维护党中央权威和集中统一领导，深入学习贯彻习近平新时代中国特色社会主义思想。同时，要牢固树立马克思主义群众观，始终坚持以职工为中心的工作导向，把工人阶级最广泛、最紧密地团结在党的周围，更好地发挥工人阶级主力军作用。

第二，要坚持以马克思主义为指导。任何一种科学都是一定时代、一定阶级、一定历史条件下的产物，只有坚持马克思主义的基本立场、观点和方法，才能正确认识和把握工会学知识体系建构的内在逻辑。在新时代，中国特色工会学知识体系建构要坚持以马克思主义为指导，坚持正确的政治方向和学术方向，坚持以人民为中心的价值导向，即坚持马克思主义中国化和中国特色社会主义工会理论体系，体现出中国特色社会主义制度下工人阶级的地位和作用。通过对中国特色工会学知识体系建构的内在逻辑进行深入探讨和研究，有助于进一步加深对中国特色工会学知识体系构建机理和逻辑关系的认识。

第三，要立足我国基本国情和发展实际，从中国工会发展道路出发。马克思与恩格斯在《自然辩证法》中强调，科学的第一性在于其研究对象是自然界的客观规律，而科学的目标是透过现象揭示本质。随着时代变迁，新知识新信息不断涌现，科学领域出现了许多新问题、新现象、新矛盾。这些问题和矛盾对传统的科学理论提出了严峻挑战，需要我们进行深入研究。因此，在中国特色工会学知识体系建构过程中，要立足于我国的基本国情和发展实际。具体而言就是要从中国特色社会主义工会发展道路出发，不断总结提炼实践经验，不断丰富完善理论体系。这就要求工会学知识体系的建构要始终坚持马克思主义的基本立场、观点和方法，在继承马克思主义中国化优秀成果的同时，始终坚持实事求是、与时俱进，不断丰富完善中国特色社会主义工会发展道路的理论体系。习近平总书记在《在哲学社会科学工作座谈会上的讲话》中指出："坚持和发展中国特色社会主义，需要不断在实践和理论上进行探索、用发展着的理论指导发展着的实践。"① 基于此，我们要对我国工会运动和工会理论等方面进行深入研究，形成

① 习近平：在哲学社会科学工作座谈会上的讲话［EB/OL］．国务院新闻办公室网站，2016－05－19.

具有中国特色、中国风格、中国气派的工会理论体系。

（二）对外建构：融合外部需求的知识体系

第一，正确处理好学科本体问题与学科关系问题。工会学作为一门具有鲜明特色和独立学科性质的科学，必须正确处理好学科本体问题与学科关系问题。每一门科学都有自己的规律，而且这些规律都是通过具体的科学知识表现出来的，也就是说，每一种科学都有其自身特有的“元问题”，即“元问题”就是本学科知识体系中最基本、最重要、最核心的问题。例如，马克思主义政治经济学中关于市场经济与公有制、商品经济与计划经济等范畴的争论就是“元问题”；马克思主义中国化和中国特色社会主义工会理论体系中关于劳动关系、职工组织和工会制度等范畴的争论就是“元问题”。因此，对于中国工会学知识体系建构中的一些基础性、引领性和领先性问题进行深入探讨和研究，有助于加深对中国特色工会学理论体系构建机理和逻辑关系的认识。

第二，要加强对党关于工人阶级和工会工作理论的学习。中国工会十八大报告强调，要深化理论研究、学理阐释，掌握习近平总书记关于工人阶级和工会工作的重要论述核心要义和精神实质。重要论述是习近平新时代中国特色社会主义思想的重要组成部分，是对马克思主义劳动学说和工运学说的继承和发展，是对中华优秀传统文化的传承和发扬，是对党领导工运事业丰富实践和宝贵经验提炼升华的重大成果，把我们党对工人运动和工会工作的规律性认识提升到一个新高度，为新时代工运事业和工会工作创新发展指明了前进方向、提供了行动指南，具有重大政治意义、深远历史意义、深刻理论意义、鲜明实践意义。“坚持用党的创新理论武装头脑”是习近平总书记关于党的建设和思想政治工作重要论述之一，强调要用党的创新理论凝心铸魂，不断增强“四个意识”、坚持“四个自信”、做到“两个维护”，自觉在思想上政治上行动上同党中央保持高度一致。这就要求我们必须在学习理论中强化党的创新理论，学习习近平总书记关于工人阶级和工会工作的重要论述，使广大职工了解党和国家在新时代的理论创新和实践创新成果，了解中国特色社会主义制度体系下工人阶级的地位和作用，了解工会工作的重要地位和作用，掌握我国工会组织的性质、职能和任务，把对党、国家和工人阶级的忠诚转化为理论创新与实践创新的能力。

第三，要密切关注职工队伍结构发展趋势。随着社会经济的快速发展和现代科技的不断进步，我国职工队伍结构在发生深刻变化，产业结构、就业结构、技能结构、企业组织结构等都在发生新的变化。工会工作必须密切关注这些变化，把构建中国工会学知识体系与之紧密结合起来，使其更好地为我国职工队伍建设服务。工会的重要工作之一在于提高劳动者素质，促进劳动者全面发展。因此，工会工作的出发点和落脚点应放在促进劳动者全面发展上，将促进劳动者全面发展作为构建中国特色工会学知识体系的重要目标，既要看到工会在推动社会经济发展、构建和谐劳动关系中的重要作用，也要看到职工队伍结构的新变化和新趋势，从而明确工会在国家治理体系中的地位和作用，不断提高中国工会学知识体系的科学性和先进性。

第四，要注重吸收国外理论成果与实践经验。作为一门独立的科学，工会学的建构不是对其他学科知识体系的简单叠加复制。不同学科之间并不是完全“泾渭分明”的，而是存在着一定的交叉和融合。例如，作为社会学分支学科的劳动社会学，既研究社会结构问题，又研究社会变迁问题；作为经济学分支学科的劳动经济学，既研究经济增长问题，又研究经济发展问题；作为政治学分支学科的工会政治学，既研究工会的地位与作用问题，又研究工会运动与政治体制改革问题。在学习借鉴其他学科知识时，可将国外理论成果和实践效果当作“引子”，认真思考、努力消化吸收其成果。

三、中国工会学自主知识体系建设的实践路径

所谓自主知识体系，就是“独立自主地占有某一学科或某一领域的全部知识体系”。换言之，自主知识体系的形成需要从本学科或本领域中最基本、最核心、最关键的问题入手，进而形成本学科的自主知识体系。要构建具有中国特色、中国风格、中国气派的工会学自主知识体系，就必须解决工会学学科研究中的基本问题。

（一）面向实践转向的工会学知识体系建设

我国正处在社会和经济的转型时期，工会理论研究面临诸多新形势新问题，这为中国工会学研究在理论建构上带来了新的机遇，也为作出世界贡献提供了机会。为能对国家政治、经济、文化和社会重大需求作出回应，我们从三个焦点领域出发，对一些亟待突破的热点和难点问题进行剖析，以此来推动从内容到方法的知识创新。具体的焦点领域可以概括为工会工作、工会组织和工会制度三方面，这三方面既有联系又有区别。

第一，工会工作是工会学理论研究的实践性基础，是工会学知识体系建设中

的关键所在。转型时期，劳动力结构调整、职工利益诉求的多样化，使得党在工会工作中面临着诸多挑战。如何提升工会工作的针对性、有效性和创新性，进一步加强和改进新形势下党对工会工作的领导，充分发挥工会密切联系群众的桥梁和纽带作用，是新时代工会学知识体系构建需要回答的核心问题。比如，应加强对我国劳动关系治理模式问题的研究，进一步推动劳动关系治理结构从单一走向多元、从刚性走向柔性；加强对新就业形态劳动者权益保障问题的理论研究和实践探索，进一步推动我国新就业形态劳动者权益保障工作；加强对职工权益维护和服务工作问题的理论研究和实践探索，进一步推动我国职工权益维护工作迈上新台阶。

第二，工会组织是工会学研究的重要基础，是推动工会学学科建设、推动工会学发展和增强中国特色社会主义工会学研究话语权的基础所在。当前，我国在工会组织体系建设方面取得了巨大成就，但依然存在一些亟待解决的问题。在当前我国经济社会转型发展的背景下，加强对我国工会组织建设和工会组织体系的理论研究和实践探索对于推动工会事业持续健康发展具有重要意义，对于进一步提升我国工会组织的吸引力和凝聚力具有重要作用。在这一过程中，应重点加强对我国工会组织建设理论问题和实践问题的研究，推动中国工会学理论创新发展。

第三，工会制度的要素结构与发展变化是工会学理论研究的保障性前提。在中国特色社会主义制度下，工会制度是由工会组织、工会经费、劳动保护、劳动关系等制度要素构成的有机整体。当前，我国的工会制度体系已基本建立，应从理论层面加强对工会制度体系的研究。在这方面，我们已经取得了一系列理论成果，如《工会法》《中国工会章程》的修改，工会系统改革方案的出台等，但仍然存在一些亟待解决的问题，如工会组织体系并未完全覆盖到所有的劳动关系主体，包括农民工、个体工商户等，也包括多种企业组织形式等；在职工权益保护方面，同样仍然存在一些制度空缺。因此，应加强对工会制度的理论研究和实践探索，推进工会制度体系建设和创新发展。

（二）面向前瞻布局的工会学学科体系建设

第一，对中国工会学具有的二级学科地位有清醒的认识，从而增强对工会学学科建设的自觉性与坚定性。对工会学的正确理解与定位，是完善工会学学科体系的前提。为了从根本上解决学科建设缺乏动力、学科体系化空间狭窄、学科发展状况对工会工作实践支撑不足等问题，需要加强对工会学学科建设重要性的认识，深刻掌握工会学学科的本质和规律，对工会学的二级学科应该具有的地位进行正确的理解，从而增强工会学学科建设的自觉性与坚定性。一方面，就学术研究而言，工会学学科归属于法学门类、马克思主义一级学科下的马克思主义中国化二级学科，工会学专业归属于马克思主义专业类。要立足于自身特点，积极吸收借鉴其学科领域中成熟的研究成果；另一方面，要进一步明确工会学研究的对象和内容范围，准确把握工会学研究的方向和重点，坚持问题导向，不断丰富工会学理论研究体系。围绕“怎么建”“怎么干”等问题，探讨工会学基础理论建设、基本理论等问题，推动形成中国工会学理论体系。

第二，要正确认识工会学与其他学科的关系，要有步骤地推动工会学与其他专业的建设。工会研究是一门新兴交叉学科，其发展过程不会在真空条件下完成。尤其是作为首次开设的专业，目前只有一所大学有工会学的二级学科。在这一背景下，如何实现体系化建设，如何正确处理工会学与其所隶属的一级学科之间的关系，就成为工会学建设中一个亟待解决的实际问题。为此，一是应该站在发展的角度来看待工会学学科建设的现状，要以一级学科为目标，积极推动工会学科建设。二是利用自己的专业资源与优势，对工会学的专业体系进行深入的探讨与完善。虽然在这一过程中，该学科的理论架构已经逐渐明朗，但是要将其应用到实际工作中，还是要切合实际需求。尤其是，应在学科体系理论的指导下，将自己的学科资源和学科优势充分地结合起来，并与工会工作实践需要相适应，不断地对工会特色课程和优势课程进行探索和拓展，从而推动工会学学科体系的持续完善。三是要辩证地把握好“从属”与“自主”之间的关系。工会学属于法学门类，隶属于马克思主义一级学科，因此，它不可避免地会受到该学科的知识视野和类别方法的影响。所以，应该以法学、马克思主义理论等不同的学科为基础，全面地推动工会学学科建设，用多元化的学科实践来推动工会学学科体系的整体发展，从而实现从属性和自主性的辩证统一。

第三，以编制学科发展规划为抓手，加强工会学科统筹建设。注重发挥学科规划的统领作用，聚焦新征程上工会工作重大现实需求，做好未来五年内工会学学科建设的顶层设计。既要优先支持实践需要、短板效应突出的基础性学科发展，解决现实突出的学科问题，又要立足现实需要，将重点和难点问题作为学科建设的主攻方向，不断提高工会学学科建设水平。具体来说，在充分发挥原有工会学的优势的基础上，以提升工会工作水平为目标，加强工会理论与实践相结合研究；在深入分析工会工作现状与发展趋势的基础上，加强对工会组织、工会工作等基础理论的研究；在研究我国工人阶级和工会发展的历史和现状基础上，深入分析我国工人队伍结构、特点和趋势变化，以及新时代职工队伍建设中的新问题、新任务。同时，要进一步完善工会学学科体系建设，将重点放在工会工作中急需解决的现实问题上。

第四，对工会学学科体系的配套建设进行整体提升。包括与学科相关的理论研究、师资队伍、课程体系、教材体系、人才培养方案、学术组织、学术活动、期刊建设等配套基础设施，应该依托所在学科资源优势，展开全方位发展，形成与工会学学科建设相适应的人才培养机制，不断提高工会学人才培养质量。一方面，教材体系是学科建设的重要内容之一，是推进工会学知识体系的重要切入点。要尽快健全工会学教材体系，完善知识框架，整合知识内容，实现学科间的有机衔接。同时，还要注重学术期刊建设，将学术研究成果及时地反映到期刊上，为工会学知识体系的发展提供支撑。另一方面，工会学是一门政治属性鲜明的学科，要确保该学科的发展方向正确，学科建设进展有序，就必须加强学科评估工作。开展学科评估工作，需要坚持正确的学术导向，重点评估已有的研究成果，对其先进性、科学性、系统性和规范性进行评价；同时，还要积极开展工会学学科发展的国际比较研究，为推进构建具有中国特色的工会学理论体系提供借鉴。

四、总结

改革开放以来，中国工会学理论研究取得阶段性成就，在这一过程中，中国工会学作为一门新兴学科也得到了长足发展。在新时代的背景下，对中国工会学知识体系建设进行深入系统的研究具有重要意义。本文以“元问题”为切入点，对工会学知识体系的建构逻辑进行了系统阐释，面向实践转向的工会学知识体系建设和前瞻布局的工会学学科体系建设，从增强对工会学学科建设的自觉性与坚定性、正确认识工会学与其他学科的关系、编制学科发展规划、对工会学学科体系的配套建设整体提升等方面提出了具体建议。在此基础上，还对新时代我国工会学的发展方向进行了展望。本文主要是从理论上进行探讨和研究，对于实践中如何推进工会学知识体系建设，尤其是在当前新时代背景下进一步深化工会工作改革创新、推动工会学学科发展等问题，还有待进一步研究。

参考文献：

［1］马克思恩格斯选集：第1卷［M］．北京：人民出版社，1995.

［2］中共中央印发《国家“十四五”时期哲学社会科学发展规划》［EB/OL］．中华人民共和国中央人民政府网，2022-04-27.

［3］李建国：我国工人运动的时代主题是为实现中华民族伟大复兴的中国梦而奋斗［EB/OL］. 新华网，2013－10－18.

［4］习近平．在哲学社会科学工作座谈会上的讲话［EB/OL］. 央广网，2016－05－19.

［5］刘佳．“教科书”视角下中国工会理论形态建构的历史逻辑与未来走向［J］. 工会理论研究（上海工会管理职业学院学报），2023（6）.

工会院校职工职业技能培训的历史必然与实践挑战

——基于山西省总工会干部学校的经验分析

范春利

（山西省总工会干部学校）

摘　要：在产业工人队伍建设改革强势推进中，各主体在高技能人才培养过程中发挥着各不相同的作用。工会院校作为工会组织的重要组成部分，成为职工职业技能培训的承办主体，是历史使然，是责任担当，更是实践经验。不同于技能院校职业教育及企业职后培训，工会院校职工职业技能培训具有三方面特点，即跨企业、公益性，精益化、精准化，体系化、终身性。目前，工会院校职工职业技能培训取得了突出成绩，但也面临着培训对象不精准、课程体系不完善、评价机制未建立三大困境。面对困难，工会院校急需从微观、中观、宏观三个层面进行改进。

关键词：工会院校　职工职业技能培训　必然性　挑战性

2018 年 1 月，山西省政府印发《山西省全民技能提升工程实施方案》，提出要建设"人人持证、技能社会"，这是"技能社会"初次作为地方政府政策行动被提出。① 2021 年 4 月，全国职业教育大会上首次对"技能社会"进行了概念界定。同年 10 月，《关于推动现代职业教育高质量发展的意见》印发。现如今，"技能型社会"一词已为社会各界所熟知。② 综合来看，"技能社会"的形成语境

---

① 山西省人民政府关于印发山西省全民技能提升工程实施方案的通知［J］. 山西省人民政府公报，2018（2）：2－5.

② 中共中央办公厅国务院办公厅印发《关于推动现代职业教育高质量发展的意见》［EB/OL］. 中华人民共和国中央人民政府网，2021－10－12.

是基于有关的政策话语体系，且均与职业教育相关。然而，产业工人队伍的建设、技能社会的建设、技能形成体系的完成，不应仅局限于职业教育或者职前教育，还应关注职后培训，站在终身学习视角或者产业工人终身职业技能提升视域，这是一种贯穿产业工人成长与发展一生的技能提升体系，囊括产业工人进入职业学校学习阶段、入职工作直到退休过程中的学习提升阶段。自 1965 年，保罗·朗格朗提出“终身教育”理论，到如今终身教育理论与产业工人队伍建设相关联，所造就的正是产业工人技能形成的全视角。

一、问题的提出

研究者对产业工人职后技能培训的重视，一方面源于部分研究者对职前教育或职业教育实然效能的质疑。如美国著名社会学家柯林斯认为，在整个技能形成过程中，职业教育的作用是有限的，“职业教育与工作前景几乎没有关系，绝大多数熟练工的技能是在工作或非正式学习获得的”[①]，中等职业教育对中国人力资本积累的作用是消极的，也就是说，职业教育在产业工人技能形成过程中，以及支撑产业创新升级方面的实然性并未凸显，甚至起相反作用。他们认为，技能形成主要来自工作经验，而非正式的学校训练。另一方面，源于职后培训能够解决职业教育“无效论”产生的底层问题，即职业教育所培养的技能人才与产业需求存在脱节的问题。职后教育或职工职业技能培训正是通过培训一线职工、提高职工职业技能水平，从而满足企业人才发展需求，进而使其在建设产业工人队伍和技能社会、实现技能形成体系完整化的过程中发挥作用。

职后技能培训既是市场需求下的实然结果，又是技能形成体系的理论应然。根据联合国教科文组织在《反思教育：向“全球共同利益”的理念转变?》一书中给出有关知识的最新定义，即知识是指一切通过学习获得的信息、理解、技能、价值观和态度的总和。[②] 知识的内涵和定义在时刻更新，这表明个体、社会、国家乃至整个世界对于知识、学习、能力、技能的追求并非停滞不前。技能作为知识的一部分，也正随着人们的深入研究，其内涵不断丰富、类型不断增多。贝克尔根据技能适用性，将技能分为通用技能和专用技能两种类型。在此基

① 兰德尔·柯林斯．文凭社会：教育与分层的历史社会学［M］．刘冉，译．北京：北京大学出版社，2018：37.

② 联合国教科文组织．反思教育：向“全球共同利益”的理念转变？［M］．北京：教育科学出版社，2017：3.

础上，又有学者将专用技能细分为行业专用技能和企业专用技能两种类型。所谓通用技能就是指劳动者进入所有工作岗位都应该具有的基本能力，具有跨行业和跨企业性，流动性高、等级较低，形成主体以职业学校为主；所谓行业专用技能是指适用于某类行业所有企业并对之生产效率提高有促进作用的技能，主要通过职业学校和生产实训交互培训中获得，具有行业阻隔性；所谓企业专用技能是指只对提供技能培训的企业生产效率提高有效的技能，只能在企业内部实训中学得，具有企业阻隔性。①

综合以上技能类型，职工职业技能培训是指按照国家职业分类及各行业各工种技能标准对产业一线职工所开展的技能培训。培训的目标有两种，一是专业技能提升培训，二是职业技能资格认定培训。前者不以技能证书的获得与否为唯一目标，侧重点是提升某行业某工种技能水平；后者有相应的技能考核，通过考核后可以获得国家认可的技能证书，侧重点是取证。职工职业技能培训与职业教育或者学历教育的不同之处在于，前者着眼某行业进行技能提高，如钳工技能培训、焊工技能培训、数控机床专题培训、班组长专题培训，甚至某一工种的技能提升，如数控机床专题又分数控加工培训、数控维修培训，煤矿专题又分为煤矿井下维修培训、煤矿防尘专题培训等。而后者主要为培养个体某行业的通用技能或者为提高被培训者的综合素质。综合而看，职工职业技能培训的主要目标是某行业领域技能水平的提高和突破，针对性强，时间短，效率高。

二、工会院校开展职工职业技能培训工作的可行性分析

（一）历史使命的延续

党的一大通过《中国共产党第一个决议》，共 6 项内容，有 3 项与工人阶级和工会工作有关，其中的一项就提及工人学校。② 决议中认为工人学校是组织产业工会过程中的一个阶段。“工会学校说”提出者列宁认为，要想改变工人文化教育水平较低的情况，就需要发挥工会的教育作用，工会应该担当“学校”的角色。③ 从这一决议当中可以看出，党对工会工作、对产业工人的重视程度，也

① 王星．走向技能社会：国家技能形成体系与产业工人技能形成［M］．北京：中国工人出版社，2021：348.

② 全国工会干部培训基础教材编写委员会．中国工人运动史概论［M］．北京：中国工人出版社，2021：13.

③ 列宁全集：第 4 卷［M］．北京：人民出版社，2012：368.

体现了工会组织对产业工人成长的影响。从另一个角度看，工会的四大职能之教育职能，它包括两方面的内容，一是思想政治教育，二是文化技术教育。在文化技术教育方面，工会要积极参与职工教育的管理，积极参与职工教育规划的制订和职工教育改革工作，维护职工受教育的权利。要办好工会的各级各类职工学校，以岗位培训和职工教育为重点，推进职工教育的改革。[①] 总之，工会院校开展职工职业技能培训工作有迹可寻、有史可鉴。

（二）时代责任的担当

工会院校加强职工职业技能培训工作，是全面贯彻落实党的二十大精神，深入贯彻落实习近平总书记关于产业工人队伍建设改革重要指示的具体行动；是完善技能培训体系，形成高技能人才培养机制的重要举措；是深化供给侧结构性改革，建设知识型、技能型、创新型劳动者大军的重要渠道。当前，各省正处于全方位推动高质量发展的关键时期，转型发展任务极其繁重，急需高素质的技能人才队伍。工会院校承担职工职业技能培训工作，对于我省全方位推动高质量发展、助力产业转型和数字转型、增强核心竞争力和科技创新能力、解决我省经济发展的战略性技术难题，有着重要意义。

（三）已有实践的检验

以工会院校为主体，承办职工职业技能培训，是工会组织控制企业职工技能形成、参与产业工人队伍建设改革的新方式，是提高工会院校教育培训质量的新路径。各省级工会院校已相继将职工职业技能培训或高技能人才培养作为主责主业之一，部分工会院校在此基础上挂牌工匠学院专门承担职工技能培训，培养工匠、劳模等高技能人才。例如，山西省总工会干部学校从2017年开始，就开展“花开满园”职工职业技能培训，至今已开展7年。2022年1月，经山西省委编办批复，加挂“山西工匠学院”牌子。2023年9月，“浙江工匠学院”正式挂牌，与浙江省总工会干部学校实行“一套班子、两块牌子”。工会院校主办职工职业技能培训，以及各省级工匠学院的建设，实际是对工会院校发展出路的拓展。

① 李玉赋．工会基础理论概论［M］．北京：中国工人出版社，2018：142－143.

三、工会院校职工职业技能培训的特点

（一）跨企业、公益性

从培训对象和经费来源看，很显然，企业职后培训是为了培养符合企业自身需要的职工，是针对企业内部员工所开展的技能培训，经费来源为企业自身收入。因此，企业职后培训是一种私有化资源，且由于职工存在流动风险，企业职后培训的投资风险也受影响，尤其是规模较小的企业，为避免企业间挖人风险，中小企业对职工专用技能的投资力度会大大降低。工会院校职工职业技能培训则是立足全省甚至全国产业工人队伍建设需求，经费来源为省总工会统一拨款。培训对象属于同一行业或同属某一工种，但是并不局限于同一企业，为培训对象相互之间进行技术经验交流、技术前沿发展态势信息互通提供便利条件。这就使得工会院校职工职业技能培训具有强烈的跨企业性和公益性色彩。

（二）精益化、精准化

从培训目标来看，职业院校教育目标是培养具有基础技能或通用技能的准产业工人，长期以来，职业院校技能型师资的匮乏、培养内容和体制机制的滞后、缺乏对市场企业需求精准定位等，导致其所培养的学生存在实际操作经验不足、技能水平不能达到企业要求等问题。企业职后培训目标是帮助职工培养对企业生产率提高有效的技能，这些技能具有企业阻隔性，并带有行业滞后性风险。相较而言，工会院校职工职业技能培训则更具精益化和精准化。一方面，其培养目标是技艺精湛的工匠大师，该目标并不局限于某个企业生产技术要求，而是立足每一位追求技术卓越、要求技术达到行业高技能水平的学员，满足学员技能精益的需求，而非工种的精细。另一方面，在跨企业性的基础上，工会院校职工职业技能培训主要就针对行业内同类型生产岗位、同一工种或处于同一水平的技能人才开展专题培训，这就使得技能培训实现了精准化。

（三）体系化、终身性

从培训周期看，职业院校教育时长一般为 3 年，周期较完整。但很多职业院校学生为高考落榜被动选择者，因此职业院校存在生源质量参差不齐、学习动机不强、职业生涯规划不清等问题。企业职后培训以企业现有需求为先导，培训过程中很少基于职工长远发展需求考虑，仅立足短期目标来确定培训内容和形式，

致使培训的效果具有短期性；同时，受企业间技术壁垒影响，致使企业职后培训缺乏系统性和整体性①。然而，自终身教育思想正式提出后，终身学习的理念正在被更多的社会个体所接受。工会院校职工职业技能培训正是终身学习理念背景下的必然结果，是终身教育体系的一个重要组成部分，并在产业工人队伍建设改革工程中发挥着日益重要的作用。当前工会院校职工职业技能培训看似大多为一周的短期培训，实则立足产业工人整个职业生涯，而非局限于职前学历教育和岗位入职教育，是基于产业工人技能提升需求贯穿其一生的培训，是放眼未来工匠人才的造就所进行的终身化培训。这种终身化培训不仅体现为时间跨度上的长期性，更体现为技能成长的动态性与系统性。

四、工会院校职工职业技能培训模式现状及存在的问题

（一）工会院校职工职业技能培训的现状

1. 培训对象与培训目标

以山西省总工会干部学校（山西工匠学院）为例，参加职工职业技能培训的学员为企业在职员工，已具备一定程度的技能操作经验，而非职业教育毕业后刚进入企业的新员工。工会院校与企业并未签订培训合同，工会院校下发各企业工会培训计划，企业自行报名，培训费用由工会承担，企业只需要负责培训职工的往返车费。当前，培训周期为短期，一般为5天。培训目标是通过工匠大师先进工作经验的传授，帮助学员积累理论基础与实操经验，成为更高层次的技术人才。

2. 培训工种

工会院校职工职业技能培训工种以各省核心产业为主，以山西为例，主要集中在煤矿、钢铁、机械。培训工种主要有车工、焊工、钳工、铆工、变频器系列、数控机床维修与保养、转炉炼钢、钢铁冶炼与轧制、班组管理、汽车变速箱工艺、电气自动化、煤矿井下设备维修与保养、煤矿防尘等。各期专题培训以服务山西各地市支柱产业和区域经济发展为设置原则，致力于满足山西省高质量发展需求。

3. 培训过程与课程体系

工会院校培养企业高技能人才主要是在工会院校进行，学员的学习和培训采

① 翟庆艳．职前教育与职后培训一体化探索与实践［J］．现代经济信息，2021（6）：182－183.

取理论与实践指导的模式，由省内各企业工匠大师担任客座教师，围绕某一工种做培训计划。根据终身教育和生命周期理论观点，产业工人终身职业技能提升从其进入职业学校学习、入职工作，一直到退休的过程中，主要经历技术引入、技术成长、技术瓶颈、技术成熟四个阶段。其中，技术引入阶段对应职业院校教育时期，侧重综合素质的养成、打基础；技能成长阶段对应学生走出校园进入企业时期，侧重于技能经验的积累；技术瓶颈阶段对应产业工人技能熟练但遭遇提升瓶颈的关键时期，侧重于向高层次技能水平突破。[①] 工会院校职工职业技能培训针对的就是有一定工作和技能经验且已进入技术瓶颈期的企业一线职工。这一阶段，如果有工匠大师以几十年工作和技术经验为基础，根据学员需要，针对性设置课程环节，足以让学员在技术成长过程中茅塞顿开。

4. 评价体系

工会院校职工职业技能培训学员考核评价主要为过程性评价，主要采用考勤率、课堂互动率、培训小结相结合的方式。由于工会系统并无发证权力，目前工会院校职工职业技能培训课程评价以发放结业证书为主。

（二）现阶段发展困境

1. 培训对象不够精准

第一，招生渠道不畅通，当前工会院校职工职业技能培训招募学员主要依靠省总经济技术部，由省总经济技术部下发通知到各市县总工会经济技术部，再由各市县总工会联系各产业工会进行报名。在此过程中就会出现两方面的问题：一是各级总工会经济技术部会因工会院校培训需求而额外增加工作量，不可避免就会出现不理解、不配合的情况；二是各级总工会经济技术部并未与当地所有产业工会建立密切联系，导致部分产业工人无法获得报名信息、错失培训机会。以上两种原因的存在最终导致各级工会经济技术部为完成培训上报任务，直接将工会干部上报至职工职业技能培训学员名单，最终导致培训对象不够精准。第二，培训工种过于宽泛。通过调研发现，同一领域会有多种工种。比如，钳工又分为三大类：普通钳工主要是对零件进行修整；机修钳工主要对各种机械设备进行维护修理；工具钳工则主要对工具、模具、道具进行设计制造和修理。诸如此类的情况同样发生在其他各个领域当中。但目前，工会院校职工职业技能培训工种并未

① 崔新进．产业工人终身职业技能提升的应然机理、现实挑战与案例经验［J］．职业技术教育，2023（19）：19－25.

做到工种精细化分类，从而出现培训内容与学员工作内容不适配，同样导致了培训对象的不精准。第三，培训对象未定级。钳工又分初级、中级、高级、技师、高级技师五个等级，但工会院校职工职业技能培训尚未做到依据技能人才等级层次进行分批次培训，这也导致培训对象不精准。

2. 课程体系有待完善

首先，培训模式过于单一。目前工会院校职工职业技能培训模式主要是通过培训使没有职业培训场所和机会的企业一线职工获得、调整和扩展职业行动能力，使其在职业上的晋升中更具技能竞争力。随着时间的不断推移，一线职工和企业将对现有模式失去兴趣，现如今急需针对一线职工以及企业实际需求推动新培训模式，一种集培训学习、参加竞赛、考取证书、获得资质为一体的培训模式。其次，工会院校职工职业技能培训要想办出特色，需要紧抓其体系化和终身性的特点并深入贯彻落实。如果同一工种、不同批次培训课程之间没有层次性，做不到循序渐进，无法以学员技能水平提升情况为导向设计课程，无法依据各企业人才培养实际需要调整课程内容，就会使培训课程出现重复、没有层次，最终失去吸引力。最后，工会院校职工职业技能培训目标定位“工匠人才”的培养，成为工匠人才的标准除技能水平高于常人，还应在理想信念、思想品格、创新能力等方面有突出表现。当前培训课程多为技能经验的传授，思政教育和提升综合素质的课程有但不系统，更无针对性，大多为工会干部培训教师代课，课程效果因人而异。

3. 评价机制尚未建立

其一，评价考核方式不完整。如前所述，工会院校职工职业技能培训仍停留于过程性考核，即出勤、课堂互动、培训小结；学员培训效果反窥仍停留在培训手册填写反馈意见这一阶段，既没有针对学员反馈情况进行系统统计，也未就学员反馈内容进行跟踪整改。以上现状导致培训质量无法获得保障，学员重视程度和学习效果大打折扣。其二，无技能等级认证资质。调研过程中了解到，学员参加培训的积极性，一定程度上与工会院校的评价机制有关。多数企业规定，员工职称晋升、工资高低等，都和员工所持有的职业资格证书和技能等级证书挂钩。学院培训评价如果未能与企业激励机制衔接，就会导致培训服务与员工的需求不相匹配。目前国有企业自身有技能鉴定资质，但是民营企业和社会化技能人才并无评定资质，因此民营企业对获得技能鉴定机会、考取技能证书等更关注。其三，劳动竞赛等平台未建立。企业及员工的发展与成长已不再局限于单纯的提高生产率和技能水平，参加劳动和技能竞赛、创新成果展示、技术研发等需求逐渐凸显。技能人才和企业的实际需求归根到底是产业工人经济社会地位提升需求和制造产业发展需求，只有建立起满足这两个主体的技能平台，才能在一定程度上解决有关矛盾。目前，各工会院校暂未搭建起以上平台，更未形成产业工人—技能人才—高技能人才—工匠人才完整的评价标准体系。

五、工会院校职工职业技能培训改进措施

（一）微观层面：精准定位培训对象，科学设计课程与教学

一是培训对象分层次。调研中 30% 的工匠大师主张工会院校职工职业技能培训可以分层次、分规模培训，认为既可以根据一线工人技术水平，分成初级、中级、高级三种层次进行针对性培训，也可以按照产业工人—技能人才—高技能人才—工匠人才这样的层级递增方式进行技能培训。无论哪种方式，都能使培训在形成人才梯队的同时，也能产生品牌效应。二是培训周期分长短。工匠大师和普通一线职工还提出根据学员不同需求，提供短期、中期、长期三种培训模式，短期为当前学院培训时长 5 天，中期可为 2 周，长期可为 2 ~ 3 个月，根据企业需求和学员需要合理设置培训周期。三是科学设计课程与教学。课程内容既应包括以培训教师为主的学科课程，也应包括以学员学习经验为主的经验课程；教学理念应从以教师为中心转变为以学员为中心，以学员缺什么，培训师讲什么，使“要我学”转变成“我要学”；教学方法要注重理论与实操、线下与线上相结合。

（二）中观层面：厘清工会院校培训职能，完善构建评价体系

工会院校及省级工匠学院在产业工人队伍建设改革中，其作用与职能异于其他主体，主要包括以下四项：第一，工匠选树，这是它的首要职能。工匠培养与选树的具体途径有很多，包括技能培训、学历教育、劳动竞赛、技术比武等。第二，技术攻坚与创新。国家的强大与否最终要以科技强大与否做评判，要想打赢关键技术攻坚战，就需要充分发挥工会院校及省级工匠学院创新资源聚集、创新氛围浓厚、创新活动深入的巨大优势，凝聚创新力量，攻关技术难题。第三，共享服务。工会院校要团结其他资源主体以共同体的构建为手段与目的，将共享共存、共同发展、相互促进作为彼此长期生存的法则。第四，精神传播。劳模精神、劳动精神、工匠精神，这“三个精神”是激励更多劳动者走技能成才、技能报国之路的精神航领，为培养更多高技能人才和大国工匠提供保障。基于工会院校职工职业技能培训职能，培训评价体系的构建就不再局限于培训本身，还应

放眼搭建竞赛平台、比武平台、成果展示平台等，形成培训、考核、鉴定、推介竞赛、晋升完整链条，激发企业员工培训积极性，提升学员技能水平、保证培训质量。

（三）宏观层面："校—企""校—校"等多主体合作、互利共生

校企合作是工会院校职工职业技能培训工作得以开展的必要条件，工会院校一方有着丰富的培训经验，能较好承担培训主责主业；而企业一方有着强劲的工匠师资，能工巧匠们为企业创造经济价值。两者的巧妙合作，减少了企业职后培训成本的同时提高了工人队伍整体素质。校校合作即各级工会院校间，工会院校与职业院校之间，就技能人才培养、培训师资队伍、实训基地等环节展开合作，打破竞争关系、消除两极对立观念，打造互利共赢的友好局面。此外，还应加强工会院校与有关厅局的合作。工会院校职工职业技能培训评价机制的完善，少不了技能认证资质的获得，通过与人社厅等合作建设技能等级认证点，帮助工会院校扩大技能培训影响力的同时，也使企业及一线职工实质性获利。工会院校与科研机构的合作也将势在必行。当前我国年轻人不愿进车间当普通产业工人，企业"用工荒"持续存在，技术工人倾向于脱离技术岗位，"学技术为了将来不做技术"现象频发，其根本可溯源为概念劳动和执行劳动的分离，或者说研发型劳动和生产性劳动的分离。很多企业更加强调实验室研发型劳动的价值，甚至认为研发岗位创造的价值能够抵消生产劳动环节流失所导致的损失。① 然而随着社会的发展，我国制造业企业正从过去的劳动密集型制造业转向高技能、高附加值、高竞争力的新制造业，研发机构应尽早与企业一线、学校建立深刻联系，根源性解决概念与执行分离、研发与生产分离等问题，从而提高培训质量，保证企业生产效率。

---

① 王星．走向技能社会：国家技能形成体系与产业工人技能形成［M］．北京：中国工人出版社，2021：70－71.

高质量推进地方工会干校工会学学科体系建设实践研究与深化[①]

邹卫民　曾华铭　李彩虹[②]

（上海工会管理职业学院）

摘　要：构建以工会学学科体系为重点的中国工会自主知识体系，是工会贯彻国家治理体系和治理能力现代化建设的必然要求。工会学学科体系建设需要全国工会上下统筹协调、一体化推进。地方工会干校作为工会干部教育培训的主阵地和工会宣传教育阵地，在中国特色工会学学科体系建设中理应承担重要角色。本文基于工会学学科体系建设的现状，采用文献资料、实地考察等方法分析了当前各地方工会干校推进工会学学科体系建设的状况、面临的问题，并提出相关优化对策，旨在进一步将工会学学科体系建设引入深入的进程中，促进地方工会干校高质量发展。

关键词：工会学　学科体系　地方干校　高质量

进入以推动高质量发展为主题的新发展阶段后，党和国家大力推进国家治理体系和治理能力现代化建设，我国工运事业和工会工作实践面临着崭新的机遇和挑战。中国工会的百年奋斗历程急需进一步深化和总结，新时代中国工会创新发展急需进一步的理论指导。在此背景下，梳理过往工会发展经验并建构新形势下中国工会自主知识体系，着力构建工会学学科体系建设既是党的工运事业创新发

---

①　本文系2023年上海市工人运动研究会招标课题（项目编号202301）的研究成果。

②　邹卫民，上海工会管理职业学院教学部部长，研究方向：工会理论与实务、中国工运史志。曾华铭，上海工会管理职业学院教学部教师，研究方向：工运理论与实务、国际工运。李彩虹，上海工会管理职业学院研究部教师，研究方向：工运理论研究、马克思主义工会学说中国化。

展的必然趋势，也是以高质量为宗旨深化工会干部教育培训工作的必然要求。

近年来，中国劳动关系学院集中研究力量，着力攻关工会学学科体系建设这一重大课题，并取得积极成效。2023年教育部发文首次将工会学作为一个完整的学科建制纳入马克思主义理论一级学科框架之下，中国劳动关系学院成为全国首个设置工会学本科专业的高等院校，为新时代构建中国特色工会自主知识体系构筑了坚实的学科阵地。作为工会系统开展工会干部培训的主渠道和主阵地，地方工会干部学校从工会干部教育培训的维度深化工会学学科体系建设，形成联动、共建、共享新时代工会学学科的制度体系，是进一步持续深化推进工会学学科体系建设、更好地为党的工运事业育才献策的必然逻辑。同时，地方工会干校结合各自实际着力投身工会学学科体系建设，也必将为地方工会干校高质量发展增添新的动能。

一、工会学学科建设的研究基础分析

以深入学习习近平总书记关于工人阶级和工会工作的重要论述为指引，各级工会、工会干校对工会学学科体系建设作出了探索，相关学者也对工会学学科建设、学科体系建设理论作了初步研究。张孝梅等人提出加强中国特色工会学学科建设是推进工会工作高质量发展的重要保障，是推进工会理论与实践创新的重要途径。① 刘向兵等人也指出，加强工会学学科建设具有重大战略意义，是丰富中国特色哲学社会科学学科体系的重要内容，是建构中国工会自主知识体系的迫切需要，是推进新时代中国工运事业和工会工作稳定创新发展的时代要求，也是提高工会干部队伍专业化建设的现实需要。②

工会学学科体系建设具有深厚的历史发展渊源、丰富的工会理论基础和广阔的工会实践实务支撑，从20世纪50年代的工会基础理论研究，到80年代工会学作为相对独立学科的初创研究，再到2005年中国特色社会主义工会理论的提出与发展，直至习近平总书记关于工人阶级和工会工作的重要论述明确，工会学作为研究中国工会产生、发展及其运动规律的科学，成为一门独立学科已成为普遍共识。经过学界和广大工会工作者的长期努力，工会学学科建设已经有了较好

① 张孝梅，范韶华，何珺子．加强中国特色工会学学科建设的路径探讨［J］．北京市工会干部学院学报，2021（4）：48－52.

② 刘向兵，潘泰萍，田田．新时代中国工会学学科建设思路与实现路径研究［J］．中国劳动关系学院学报，2022（6）：1－9.

的学科基础。李磊提出，新中国成立以来，特别是改革开放以来，工会研究的学科建制有了较好发展，为工会研究的学科化奠定了较好的基础，具体表现为研究对象明确、研究机构体系完备、有专门的研究人员和学术带头人、有专门的学术团体和学术园地、工会相关研究成果较为丰硕。① 就工会理论研究而言，中国工会理论形态在中国哲学社会科学体系中的定位不断提高，许多学者已经以习近平总书记关于工人阶级和工会工作的重要论述为基础，对重要论述的科学内涵、重大意义、理论特征、实践要求等方面作出了阐释，形成了工会理论研究的学术基础。② 就工会实务而言，各级工会干校已通过多种培训形式，开设了多门有关工会实务的课程，已经培养了一批拥有先进经验的企业工会和工会工作者，促进了工会理论向实践转化。就工会教材而言，刘佳聚焦于工会教科书分析后提出，中国工会的教科书建设历经从转译、引入本土性理论建构的历史性转变后，也已逐步形成了具有中国特色的工会理论教科书体系。③

学界普遍认为，尽管工会学学科与学科体系研究已取得不少研究成果，但中国特色社会主义工会学学科体系的构建还面临诸多瓶颈与阻碍。从理论基础来看，李磊指出目前中国特色社会主义工会学理论基础不雄厚，研究队伍整体力量比较薄弱。现有的工会研究更侧重对策研究，注重其应用性和操作性，而相对忽视了更具学理性和学术性的工会基础理论研究，工会学知识体系的整体性、系统性有待加强。④ 冯同庆也表示当前的工会理论研究成果往往停留在现象的描述上，或者习惯于并非系统和并非贴切的抽象理论解释上，并未形成工会研究对象的理论体系，或对工会进行理论体系的说明。⑤ 从工会学学科课程建设内容来看，刘光宇等人认为工会干部培训课程体系应用的主要问题是对突发性、临时性培训的指导作用不大，对短期专题应用类的培训帮助成效不突出，持续性的师资、场地、课程配套供给不足。⑥ 从作用机制来看，李磊认为即使在中国劳动关

① 李磊．中国特色社会主义工会学学科建设研究［J］．工会理论研究（上海工会管理职业学院学报），2021（6）：20－29.

② 李友钟．新时代工运事业的理论指导与行动指南——习近平总书记关于工人阶级和工会工作重要论述的深刻内涵与内在逻辑［J］．工会理论研究（上海工会管理职业学院学报），2019（1）：12－23.

③ 刘佳．“教科书”视角下中国工会理论形态建构的历史逻辑与未来走向［J］．工会理论研究（上海工会管理职业学院学报），2023（3）：28－40.

④ 李磊．中国特色社会主义工会学学科建设研究［J］．工会理论研究（上海工会管理职业学院学报），2021（6）：20－29.

⑤ 冯同庆．工会学——当代中国工会理论［M］．北京：中国劳动社会保障出版社，2010：16.

⑥ 刘光宇，崔金琳，徐超凡．基于能力素质模型的工会干部培训课程体系建设［J］．中国劳动关系学院学报，2021（2）：87－97.

系学院这样的工会特色高校，从事工会研究的力量尚没有很好整合形成合力。此外，工会干校与其他高校研究机构合作协同创建学术共同体的探索也还处于起步阶段，离形成全社会关注工会工作、工会学学科建设的氛围还有较大距离。

学者们普遍提出要深化中国特色社会主义工会学，还需从以下几方面入手：一是要构建工会学学科体系。刘向兵等人指出，工会学的学科归属定位是其存在和发展的重要前提，必须深掘工会学的学科研究基础，聚焦工会学的研究对象，围绕工会学的研究方法，在学科建设中凸显学科意识，提炼学科特色，彰显学科价值。① 二是要构建工会学学术体系。刘佳提出构建与中国式现代化相适应的中国工会理论体系是一项艰巨繁重的系统工程，要坚持守正与创新相统一、继承与发展相结合，在改革开放以来中国工会理论形态建构的历史逻辑、历史累积和历史经验基础上构建新的知识体系和话语体系。② 李磊认为，中国特色社会主义工会学学科体系的构建既要重点关注工会及工会运动的规律和科学，又要借鉴与工会相关学科的知识与理论，并深度融合相关学科知识与理论来丰富和完善工会学的理论分析和知识框架。③ 刘向兵等人还提出中国工会学学科理论体系的构建应该以工会基础理论研究为根基，以多学科交叉的方式拓展，即一方面强化工会基础理论研究为核心进行的“工会学”的本体研究，另一方面从政治学、管理学、法学等多种学科的视角切入进行“工会+”的相关研究。④ 三是要构建工会学人才建设、课程建设等配套体系建设。张孝梅等人强调工会院校的教学科研人员是工会学学科建设的主体，加强教材建设和提高工会理论的教学水平是学科建设的必由之路。⑤ 在此基础上，刘向兵等人进一步提出要培养形成工会学学科专门的研究队伍、学科骨干和学科带头人，也要推动高校协同创新，持续做大做强工会研究学术共同体，形成全国性构建工会学学科建设与交流的强大合力。⑥

综上所述，学界对工会学学科体系建设的理论、现状及问题进行了各自角度

① 刘向兵，潘泰萍，田田．新时代中国工会学学科建设思路与实现路径研究［J］．中国劳动关系学院学报，2022（6）：1－9.

② 刘佳．“教科书”视角下中国工会理论形态建构的历史逻辑与未来走向［J］．工会理论研究（上海工会管理职业学院学报），2023（3）：28－40.

③ 李磊．中国特色社会主义工会学学科建设研究［J］．工会理论研究（上海工会管理职业学院学报），2021（6）：20－29.

④ 刘向兵，潘泰萍，田田．新时代中国工会学学科建设思路与实现路径研究［J］．中国劳动关系学院学报，2022（6）：1－9.

⑤ 张孝梅，范韶华，何珺子．加强中国特色工会学学科建设的路径探讨［J］．北京市工会干部学院学报，2021（4）：48－52.

⑥ 刘向兵，潘泰萍，田田．新时代中国工会学学科建设思路与实现路径研究［J］．中国劳动关系学院学报，2022（6）：1－9.

的研究。但目前还鲜有学者从工会干部教育培训的视角、地方工会干校建设的维度去探析工会学学科建设深化话题。而我们要看到的是，工会学学科体系建设的深化是一个系统工程，需要全总、中国劳动关系学院、地方工会干校上下一盘棋规划、一体化推进。地方工会干部学校作为工会系统开展工会干部培训的主渠道和主阵地及工会理论研究领域重要的应用决策基地与理论研究基地，在深化工会学学术建设、人才建设、教材建设、学术共同体建设方面发挥着关键作用。基于此，本文选择部分有代表性的地方工会干校为研究对象，深入调研地方干校推进工会学学科体系建设的状况进程、困难瓶颈、政策期待，并提出进一步优化的对策，以期推动工会学学科体系的高质量建设和新时代工会工作的高质量发展。

二、地方工会干校推进工会学学科体系建设基本情况与初步探索

目前全国工会系统各省级工会普遍办有工会干部学校，不少地市总工会也成立了工会干校。本文采用文献资料法、实地考察法、问卷调查法、样本调研法、专家访谈法对多所地方工会干校进行了调研。其中，除了调研了解中国劳动关系学院开展工会学学科体系建设的进展情况外，另重点选择了有代表性的省、直辖市以及市级地方干校 10 余所（上海工会管理职业学院、北京市工会干部学院、浙江省总工会干部学校、陕西工运学院、天津市工会管理干部学院、广东省总工会干部学校、山西省总工会干部学校、福建省总工会干部学校、沈阳市工会干部学校、杭州市总工会干部学校等）开展样本调研。调研显示，各地方工会干校对工会学学科体系建设的研究与推进虽不如中国劳动关系学院一样体系化，但部分干校结合各自实际，也在多方面为推进工会学学科建设作出了初步探索，形成了各自的做法与经验，为下阶段工会学学科体系系统化、一体化推进打下了基础。

1. 各地工会干校多年来践行干校姓党，围绕“为党育才、为党献策”开展了工会学顶层设计的初步探索

在几个“全国工会干部教育培训示范校”中，上海工会管理职业学院自群团改革以来树立“争创全国一流的工会干部培训基地、一流的工运理论研究基础、一流的工会学术交流基地”的治校宗旨，并以此作为其课程开发、干部培训、理论研究的基础，为“工会学”体系建设提供了强大的政治支撑、制度支撑和人才保障；北京市工会干部学院明确“党在工会工作领域特色鲜明的政治学校”的定位，结合北京区域和特色工会干部培训目标，将工会干部能力素质确定为“政治属性与政治素养、干部共性与职业基础素养、人格特征与职业心理能

力、工会特性与工会专业能力”4 个一级维度指标，下设 14 个二级维度指标，并将其设为工会干部培训的必修课，以保障培训班次运行的效率、科学性和规范性；浙江省总工会干部学校践行为工运事业教育培养工会干部的初心和使命，形成了以工会干部培训、职业技能教育、工运理论研究为三大核心业务的办学格局和以“总部 + 教学基地 + 教学点”的三层教学体系。此外，部分省、地方工会干校明确制订了工会干部培训、干校建设规划（如《上海工会管理职业学院“十四五”发展规划（2021—2025 年）》《广东省总工会干部学校 2023—2027 年工会干部教育培训规划》《北京市工会干部学院“十四五”时期发展阶段规划》《2019—2023 年四川工会干部教育培训规划》），对干校发展目标、任务等作了明确要求，并综合工会工作任务需求、工会干部教育培养需要、职工能力素质发展需求开设了工会理论与实务、劳动关系、职业技能等课程体系与培训项目。

2. 各地工会干校根据各自办学特点形成各有特色、基本完善的工作模式和工作机制

北京市工会干部学院围绕课程体系进行师资库、教学基地库、案例库、教材库、管理规范库等配套资源建设，形成系统全面且易于操作的工会干部教育培训体系，同时构建完善学院教育培训职能支持体系、创新“教研咨宣”四位一体融合模式。陕西工运学院研究制定了《陕西工运学院工会干部培训工作流程》，以加强工会干部教育培训管理服务工作规范化、制度化。山西省总工会干部学校则紧扣大力推动产业工人队伍建设改革大局，以全面建设山西工匠学院为抓手，形成“四个定位”（全国一流工匠学院、全省高质量发展强劲引擎、全省产业工人队伍建设改革基地、全省各层次工匠学院建设龙头）、“四个功能”（思想引领、技能提升、技术攻关、成果转化）、“四个建设”（学科建设、师资建设、阵地建设、合作建设）、“四个品牌”（工匠联盟、花开满园、工匠文化、管理模式）的发展规划。浙江工会干校、广东工会干校等也建立健全了教学管理制度、班主任工作制度和较为完备的教学质量监控与评价体系。

3. 多数工会干校已开发形成初步的工会学相关教材

如上海工会管理职业学院组织教研人员编写出版《社会化工会工作者：知识 · 业务 · 能力》《新编工会法律制度解读》《工会组织工作实务手册》《踔厉奋发——上海工会改革创新案例选编》等教材、教学案例；山东工会干院出版了《劳动创造历史》《花开满园》两部相关教材；广东工会干校联合广东省总共同出版了《新世纪新阶段工会工作简明读本》等。

4. 各地工会干校已创设门类多样、种类丰富的工会学相关课程，并开发出针对不同类型工会工作者的多元培训体系。

各地工会干校根据工会干部培训的不同课程类型，创设讲授式、案例式、研讨式、论坛式、模拟式、工作坊等多样的教学形式，并设置了现场教学、实地教学基地，带动培训工作提质扩面。部分工会干校为适应远程教育需求，近年来探索建立了网络学院，开设了网络录播、网络直播课程。

表 1　四所“全国工会干部教育培训示范校”课程体系建设情况表

	课程内容建设	培训项目建设	网络学院建设	教学基地建设
上海工会管理职业学院	开设政治理论、党性教育、工会业务、知识拓展、能力素质等五大类 80 余门课程	工会干部教育培训、社会化工会工作者教育培训、劳模工匠创新工作室培训等	开设《新时代工会干部的素质和能力》等 18 门课程、17 门“四史”系列微课、19 门抗疫微课	已建立工运史、国企工会、非公企业工会、街镇（园区）工会、工会社会联络、智慧工会等 6 个专题近 20 个现场教学基地
浙江省总工会干部学校	开设习近平总书记关于工人阶级和工会工作的重要论述、工会组建、民主管理、产业工人队伍建设改革、集体协商、劳动关系等主要业务课程	工会干部教育培训、职业技能培训、职业技能等级认定（劳动关系协调员、企业人力资源管理师、茶艺师）、产业工人培训等	暂未开展	已在嘉兴南湖、湖州安吉、杭州高新区等地建立 12 个具有浙江特色、工会元素的教学点
北京市工会干部学院	开设“政治属性与政治素养、干部共性与职业基础素养、人格特征与职业心理能力、工会特性与工会专业能力”4 个课程类目，下设 18 个课程模块、271 门具体课程	工会干部教育培训、职工技能培训、职工高等学历教育培训	开设“工运理论＋工作实务＋工作方法”的工会干部系列网络培训课程	已建立 120 家首都职工教育培训示范点

续表

	课程内容建设	培训项目建设	网络学院建设	教学基地建设
陕西工运学院	开设政治类、业务类、文化类、生活类四大类112门课程	工会干部教育培训、职工技能培训、下岗职工技能培训、进城农民工的就业与再就业培训	开设《正风反腐在身边》《中华人民共和国工会法》等20门课程	已建立西北工业集团、771所临潼园区、赵梦桃纪念馆、吴运铎纪念馆、长庆工运之路陈列室5个现场教学基地

5. 各地工会干校已建立相对稳定的师资队伍并不断拓展师资建设渠道

不少地方干校已在学院内部探索开启名师工程，优化高师带徒的带教机制，加强教研组、课题组内部的交流、沟通和经验共享。此外，不少地方干校坚持“走出去、请进来”的理念，邀请在工会领域有丰富经验的领导干部、专家学者、劳动模范、大国工匠、技能大师、优秀基层工会干部等人员走进工会干校，担任兼职教师或团队顾问。如广东省总工会干校明确建立“名师+青年教师+省总业务骨干+特聘专家教授+基层工会干部”的模式，聘请全总、省总、兄弟干校、省委党校等工会理论和业务专家为团队顾问，建立起学科完备、结构优化的工会干部教育培训动态师资库；海南省工会干校积极邀请中国劳动关系学院、浙江省工会干校、海南大学以及省人社厅、省教育厅等单位的专家学者授课教学；沈阳市总工会干校于2022年成立基层工会主席讲师团以架起干校教师与工会干部之间的桥梁；其他工会干校也常与地方省总、市总、党校建立师资互通合作机制。

6. 部分地方干校已初步建立与其他社会研究机构、研究力量的联动合作机制

上海工会管理职业学院与复旦大学马克思主义学院于2018年起共建马克思主义工运理论研究基地，打造多项工会与高校研究机构合作的项目品牌。上海、江苏、浙江、安徽四地工会干校签订《长三角工会干校合作协议》，建立四地工会干校协作轮值机制，持续放大地方工会干校交流合作效应。杭州市总工会干部学校紧扣“劳模精神、劳动精神、工匠精神”主题，选择与浙大城市学院展开合作，借力高校优质资源，实现资源共享，扩大工会干部培训的覆盖面、影响力，提高工会干部培训的实效性。

三、地方工会干校推进工会学学科体系建设面临的挑战与瓶颈

工会学学科体系建设必须在打造之初就始终紧扣“高质量发展”要义。但从高质量发展维度看，特别是地方工会干校建设工会学学科体系角度看，工会学学科体系建设还存在以下挑战与问题：

一是作为工会干部培训工作主阵地的地方工会干校建设发展面临一定困难。调研显示，近年来部分地方工会干校受机构改革影响，学校建设与运行状况出现困难。部分工会院校机构改革后上级机关未给出明确的发展定位，导致工会干部培训事业难以创新发展。部分院校反映面临被合并、撤并的困境，有的省级工会干部学校或已并入党校，或有被并入党校的趋势；有的工会干校缺少校舍，干部培训处于打游击、借场地的状况；不少工会干校编制普遍偏少，专业教研人员严重不足，培训课程往往只能靠外请老师支撑；工会干校教师受绩效工资控制影响，总体工资待遇与普通高校或党校相比有较大差距，导致师资队伍不够稳定。

二是工会学学科体系建设上下联动的规化设计还待优化完善。调查显示，当前各地方干校普遍尚未对新时代工会学学科体系建设作通盘思考、全局谋划。多数地方工会干校综合工会工作任务需求、工会干部教育培养需要、职工能力素质发展需求开设了工会理论与实务、劳动关系、职业技能等课程体系与培训项目，但尚未从地方干校在工会学学科体系建设中应承担的使命与职责的角度，去完善办学模式、优化机制制度。部分工会干校坦言，目前正处在等待全总、中国劳动关系学院出规划、出指导意见的阶段；个别干校则持观望态度。全国总工会组织部作为工会干部教育培训的主管部门，中国劳动关系学院作为我国工会干部干校的龙头院校，地方工会干校作为各地工会干部教育培训的基础阵地，三者在构建新时代工会学学科体系建设中的定位、功能、职责、作用如何，亟待出台相关制度文件，强化顶层设计、明确目标任务、提出实施路径、落实保障机制。此外，地方工会干校开展教育教学培训的上下贯通机制还待健全。调研表明，多年来各省市地方工会干校贯彻全国工会干部教育培训总体规划，结合地方实际，形成了各具特色的教育、教学、培训、研究、教学督导工作模式、工作机制，但一定程度上还存在着各自探索、各建体系、各自为政的状况。不少地方工会干校表示，期待全总组织部指导、中国劳动关系学院牵头，以持续推进新时代工会学学科体系建设为契机，组织各地方工会干校研讨制定上下贯通、横向联系的工会干校教育培训体系，从全总到中国劳动关系学院、再到各地工会干校，一盘棋、一体化

地谋划工会干校教育教学培训的学科体系、教学体系、培训体系、课程体系、师资人才体系，从而汇聚形成新时代工会学学科建设的整体建设思路与发展框架。

三是地方工会干校服务工会学学科建设的课程体系、教材体系尚待优化。工会学作为一个独立的学科体系，具有多学科、“工会+”的特点，涵盖政治学、哲学、法学、劳动关系学、管理学、教育学、社会工作等多门学科。地方工会干校一体化推进工会学学科体系建设，应紧扣工会学学科设置特点，结合地方工会干部培养发展需求，创设门类齐全、种类丰富的基础课程，并在此基础上打磨、打造具有独特优势的重点课题、精品课程，同时配备形成相关配套教材。全总近年已陆续推出《全国工会干部培训基础教材》《学习贯彻习近平总书记关于工人阶级和工会工作的重要论述课程讲义》等指导性教材，但要满足全国各级各类工会干部多样化、个性化的培训，仍需地方工会院校编制分类化、专业化、个性化的教材与课程。调查显示，目前各地方工会干校的课程体系、教材体系多处于各自探索、各显其能态势，缺乏院校系统的整体规划、系统安排，缺乏院校间的联动、联合。部分工会干校纯理论性课程偏多、实务性课程不足；教学模式以课堂讲授为主，学员的互动性、参与性不强①；个别干校还局限在根据教师专业情况开设课程，对学校课程建设处于“看菜做菜”的阶段。

四是地方工会干校名家名师名课形成体系还待健全。新的发展阶段工会干部教育培训、工会干校发展要义必然是高质量发展、高水平竞争，而衡量一所地方工会干校的治校水平、办学质量，核心在于这所干校涌现出多少名家、名师、名课、名著。调研表明，目前各地方工会干校在教师基本人才队伍建设上各显其能，各展所长，通过引进、培训、挖潜等方式，打造自身相对独立稳定的专职教师队伍，取得了初步成效，各地方干校近年来也涌现出一批青年中坚力量、年轻储备力量。但在名家名师名课建设上，却普遍反映缺乏有效的形成体系。一方面，名家名师名课的打造形成，特别是具有全国影响力、跨区域影响力的名家名师名课，需要工会干部教育培训主管部门牵头推动，建立全国工会系统、各级工会干校系统公认的教育教学展示、评价与跟踪平台，助力名家名师名课脱颖而出，而目前这类平台比较欠缺，全国工会干校层面的精品课评比也多年未举办。另一方面，地方工会干校教师的培养成长体系、支撑体系不完备，干校间交流互访、资源共享、互通互进的机制显得缺乏，各干校教师外出培训进修的途径也较

① 郑慧．参与式培训在基层年轻干部教育培训中的实践与启示——以温岭市委党校中青班为例［J］．广西青年干部学院学报，2022（3）：54－58.

少；一些干校教师队伍呈现一定程度的青黄不接，缺乏名师的“头雁引领”；工会干校与高校、党校间的协同发展、学习带教机制仅处在各校探索层面，促进名家名师名课成长形成的土壤还不肥沃。此外，不少地方工会干校反映，群团改革剥离学历教育后，教师职称评定、职业晋升的通道不畅，特别是专业技术高级职称评审的政策未相应调整，部分工会干校甚至还存在着尽管有空编，但长期未补充新进人员问题，导致教师队伍老化严重。

五是工会学学科建设、学术研究学术共同体建设尚处起步阶段。工会学作为一门综合性、社会性、多学科的学科门类，要进一步赢得社会认同，不断打响其社会传播力、影响力、公信力，必须号召、发动更多的工会工作者和热心工运事业的专家学者投身到工会学学科建设、工会学研究中，要整合发动工会研究领域、高校、党校、社会研究力量，形成更大的研究合力。调查显示，目前工会学学科建设、学术研究的学术共同体建设整体处于刚起步阶段。从工会内部研究领域看，中华全国总工会内设有研究室、中国工运研究所等专业研究机构，全总各部门、各单位、各全国产业工会也有专业研究力量；省级总工会普遍设有研究室、政研室，作为工会理论与实务研究的责任部室；中国劳动关系学院、各地方工会干校则凝聚了一批整体学历较高、较为专业的研究人员，但与当前工会改革创新发展、工会参与国家社会治理的需求相比，研究力量仍显薄弱。从学术界整体范围衡量，虽然近年来部分高校已开始关注工会主题相关研究，甚至设立了一些机构，如吉林大学劳动关系研究中心、南开大学工匠研究中心、河南师范大学工会理论研究中心等，但整体上学术界对工会、工会学的理论研究不多，对工会学相关概念、范畴、框架与规律的研究相对较少。[①] 上海、吉林、广东、浙江等工会干校已探索与高校研究机构合作，创建学术共同体，共同开展工会学、工会工作相关研究。但这种探索从全国工会干校范围看，还处于起步阶段，离形成全社会关注工会工作、工会学学科建设的氛围还有较大距离。此外，各工会干校间开展工会学、工会理论与实务研究的交流体系还待健全、途径还需拓宽。调研中大家反映目前干校间学术交流的渠道局限于一年一度的全国工会学、工会历史与现状研究会年会，交流的路径与频次与广大教师的期待还有差距；不少教师希望能增加工会干校与工会干校间、工会干校与其他高校之间的交流访问与研讨机会。

---

① 刘向兵，潘泰萍，田田．新时代中国工会学学科建设思路与实现路径研究［J］．中国劳动关系学院学报，2022（6）：1-9.

四、高质量推进地方工会干校工会学学科体系建设的路径建议

工会学学科体系建设的进一步持续深化、纵深发展，需要全国工会与工会干校上下一心，合力推进，需要针对当前地方干校工会干部教育培训现状以及存在的挑战与瓶颈，从顶层设计、学科体系建设、课程体系建设、师资人才体系建设、教材体系建设等多维度入手，完善机制，健全制度，优化路径。

1. 进一步加强地方工会干校建设发展的顶层设计与统筹规划

建议全总组织力量，对当前地方工会院校状况作专项调研，排摸现状、摸清底数、了解诉求、听取建议。在此基础上，制定出台“进一步加强新时代工会干部培训机制建设”的指导性文件，以文件出台为指引，强化工会干校加强工会干部培训的顶层设计，建立健全“上下贯通、左右联动、内外协同”的工会干校教育培训体系，打造形成分层分类、上下协同、各司其职、全员覆盖、适需对路的我国工会干部教育培训工作格局，从顶层设计层面进一步明确地方工会院校的发展定位、职能职责、机构编制、保障机制。对于一些地方拟撤并工会干校的情况，建议全总可与地方党委作沟通，确保工会干部培训阵地不丢、工作不减。

2. 进一步强化地方工会干校推进工会学学科体系建设的职责定位与路径研讨

建议在现有全国工会干部教育培训发展规划的基础上，由全国总工会组织部牵头，组织中国劳动关系学院、各地方工会干校专家学者，围绕地方干校在工会学学科体系建设中的定位、作用、配套机制等展开研讨，汇聚智慧力量，凝聚建设共识。建议在深入研讨、听取各方意见的基础上，提请全总制定出台地方干校高质量推进工会学学科体系建设的相关文件办法，明确地方干校在工会学学科体系建设中应承担的使命职责、总体目标、分解任务，细化实施路径，落实保障机制。以高质量发展为宗旨，一盘棋谋划、一体化推进制定优化新时代工会干校教育教学培训的学科体系、教学体系、培训体系、课程体系、督导体系、师资人才体系。

3. 进一步围绕工会学学科体系建设健全地方工会干校基础课程、重点课程、精品课程体系

一方面，要针对工会学学科体系所具有的多学科、“工会 +”特点以及各级工会干部综合能力素质提升的多元分层要求，统筹部署各地方干校创建门类齐全、种类完善、适配性强的基础课程，既要以工会基础理论研究为根基，构建诸

如习近平新时代中国特色社会主义思想和党的二十大精神必修课、马克思主义工会学基本原理、中国特色社会主义工会理论与实践、党领导的工人运动与工会发展史、比较工会学、工会组织建设等“工会学”的本体课程，也要以多学科交叉的方式拓展，开设政治学、管理学、法学等多种学科“工会+”的相关课程①，筑牢工会干部教育培训课程建设的“金字塔”，做足课程建设量与类的文章。另一方面，建议由全总组织部领导，中国劳动关系学院牵头，将全国工会干校精品课评比常态化、制度化，建立健全覆盖全国工会干校的重点课程、精品课程评比、展示机制，为地方干校名师名课“脱颖而出”搭建平台、搭设舞台，做好课程建设精与质的文章，形成由基础课程、重点课程、精品课程组成的阶梯式向上发展的工会干校课程布局。

4. 进一步聚焦工会学学科体系加强工会干校教材体系建设

教材是教学之本，工会学学科体系的形成与确立，必须有配套的教学教材作保障。目前中国劳动关系学院围绕本科学历教育，业已形成工会学专业培养方案，配套形成涵盖理论教学、实践教学、通识教育、专业教育、跨专业教育的系列教材；作为面向非学历教育的工会干部教育培训，同样需要统筹建设地方工会干校工会学学科的核心教材体系。在教材建设过程中，建议一是要凸显为党领导下的工运事业建构学科体系的重大意义，突出工会学学科体系教材的学理性，充分保持工会学系列教材的整体规范性；二是要牢牢把握学科定位，整合与工会工作密切相关的各个学科，以工会学和“工会+”为主线，积极编写工会基础理论、工会劳动关系学、工会管理学、工会法学、工会财务学、工会领导学等系列教材；三是要牢牢把握分层分类、精准适配原则，针对不同类型、不同条线、不同阶段工会干部的工作需求、发展需求，编写形成综合知识与专项知识相结合、理论与实践相结合的系列教材。

5. 进一步以高质量发展为遵循加强地方工会干校名家名师形成体系建设

高质量推进地方工会干校工会学学科体系建设，关键的落脚点还是在师资人才队伍建设、名家名师打造上。针对当前各地方工会干校名家名师培养形成的体系化不足问题，建议一是加强地方干校师资队伍建设的统筹谋划，由全总组织部牵头，健全优化全国工会干校师资培训、轮训机制，让教育者享有首先受教育、广泛受教育、持续受教育的制度保障；二是借鉴工会具有悠久传统的劳动和技能

---

① 刘向兵，潘泰萍，田田．新时代中国工会学学科建设思路与实现路径研究［J］．中国劳动关系学院学报，2022（6）：1-9.

竞赛模式，由中国劳动关系学院牵头，创设工会学研究、工会教育培训名家名师技能比武项目与品牌，引导广大工会干校教师精心备课、磨课，开展教学比武，并为脱颖而出者建立“名家、名师讲坛”，开展观摩教学活动；三是借鉴高师带徒机制，充分发挥干校老教师资历深、经验丰富、知识储备充足的优势，并引入高校、党校名家导师，发扬“传帮带”的优良传统，探索建立跨地区的名家名师“导师带教制度”，建立名师发展储备人才队伍，从而形成师资队伍梯队发展、正向发展的良好态势；四是借鉴高等院校、党校成熟做法，建立地方工会干校学者交流访学机制，鼓励、助力中青年骨干、年轻教师赴知名院校、兄弟院校跨地跨校学习交流。

6. 进一步做大做强工会学学科建设、研究学术共同体

一要更好地发挥中国劳动关系学院作为工会干校的“领头羊”作用，在促进各地方干校培育形成各自工会学学科研究团队、学科骨干、学科带头人、学术交流刊物的基础上，持续优化学术研讨交流机制，营造学术研究探讨氛围，带动一批批有志于工会学学科研究的学者不断涌现，促进形成工会干校工会学研究学术共同体。二是推广地方工会干校与高校、党校、研究机构合作共建机制，吸引更多的社会研究机构、研究力量投身工会领域、劳动关系领域研究，持续放大合作效应，加大工会学研究的社会传播力、辐射力、吸引力，培育形成具有全社会影响力的工会学学科建设与研究的学术共同体。建议充分发挥中国劳动关系学院在工会研究和工会人才培养方面的优势和引领作用，牵头成立全国高校工会学教育联盟，推动高等院校、工会干校协同创新发展。三要建立一批工会学学术研究与交流的品牌项目，围绕工会领域、劳动关系领域重点问题、热点议题、焦点选题，整合中国劳动关系学院、地方干校、社会研究机构力量，采取共建、联建等形式，举办相关论坛、沙龙、研讨会，不断打造形成品牌，在研究交流中不断凝聚有志工会学学科建设与研究的专家学者，持续做大做强工会研究学术共同体，形成全国性构建工会学学科建设与交流的强大合力。

以干部教育学科建设为引领
推动工会干部培训教育高质量发展

杨志强

（中国劳动关系学院马克思主义学院、工会学院）

摘　要：以干部教育学科化建设为引领，促进干部教育培训内涵式发展，把握干部教育培训规律与干部教育成才规律，提高干部教育培训教学质量，推进工会干部教育事业高质量发展，推动中国式现代化干部教育培训理论的学理化发展，在推进国家哲学社会科学繁荣发展与教育部新文科学术体系建设中，彰显干部教育学学科发展的新动力。所以，在工会干部培训教育实践中，以干部教育学科建设为牵引力，持续提升工会干部培训教育中的思想政治教育、师资队伍建设、教学教材建设、课程体系建设，不断完善改进教学方式与方法，努力提高工会干部培训教育的针对性实效性，稳步推进工会干部培训教育工作高质量发展，就成为新时代工会干部培训教育发展的必由路径。

关键词：干部教育学　学科建设　工会干部培训　高质量

我们党历来高度重视哲学社会科学发展。毛泽东同志早在大革命时期就曾明确指出：必须用社会科学来了解社会，改造社会，进行社会革命。2016 年习近平总书记在哲学社会科学工作座谈会上提出："一个没有发达的自然科学的国家不可能走在世界前列，一个没有繁荣的哲学社会科学的国家也不可能走在世界前列。坚持和发展中国特色社会主义，需要不断在实践和理论上进行探索、用发展着的理论指导发展着的实践。"① 还指出："要按照立足中国、借鉴国外，挖掘历

① 习近平在哲学社会科学工作座谈会上的讲话［EB/OL］. 人民网，2016 - 05 - 19.

史、把握当代，关怀人类、面向未来的思路，着力构建中国特色哲学社会科学，在指导思想、学科体系、学术体系、话语体系等方面充分体现中国特色、中国风格、中国气派。”①

一、干部教育学科建设，引领干部教育培训理论研究的学理化发展新阶段

干部教育培训事业是党的事业重要组成部分，是贯彻落实党的组织路线的重要举措，是干部队伍建设的先导性基础性战略性工程，在提高干部素质和能力与推动经济社会发展中具有十分重要的作用。

干部教育培训工作，是按照党和国家事业发展需要，以全面提高干部的思想政治素质、科学文化素质、业务能力素质、健康素质为目标，有计划有组织有管理地对干部进行教育、培训和训练的活动。它是提高国家治理体系与治理能力现代化建设的重要环节，是推动国家学习型政党、学习型社会建设的重要举措，也是培养选拔高素质专业化干部队伍的重要保障。党历来重视党内教育特别是干部教育培训工作，无论是在新民主主义革命时期，还是在社会主义政权巩固与建设时期和社会主义改革开放时期，以及新时代社会主义现代化建设时期，都始终把干部教育放在突出位置，为统一全党的思想和行动，加强党的建设，促进国家经济社会发展作出了重大贡献。2023 年 3 月 1 日，习近平总书记在中央党校建校 90 周年庆祝大会的重要讲话中就明确总结指出：“党校根据党的事业发展新要求，优化教学布局，增强教育培训的针对性实效性，有力促进了党员干部政治素质、理论素养、党性修养和履职本领的提高，为新时代坚持和发展中国特色社会主义培养了大批优秀干部，在推动贯彻党的政治路线、思想路线、组织路线、群众路线，推进党的事业和党的建设中发挥了重要作用。”②

作为干部教育培训事业的一个重要组成部分，干部教育培训理论研究的工作，也越来越受到人们重视。干部教育培训是干部工作与教育工作的有机统一。伴随着干部教育培训事业发展与理论研究工作的深入开展，以干部教育培训学科化建设的干部教育培训学理化，就成为培训教育工作者与培训理论研究者的集体共识。干部教育培训学理化，是以干部为教育培训对象的特殊成人教育，是强化

① 习近平在哲学社会科学工作座谈会上的讲话［EB/OL］. 人民网，2016－05－19.

② 在中央党校建校 90 周年庆祝大会暨 2023 年春季学期开学典礼上的讲话［EB/OL］. 人民网，2023－03－31.

干部党性党悟修养、提升思想政治素质、提高科学文化知识、增强业务能力、涵养心理素质等，提升执政能力与治理能力现代化的重要培训教育制度，是探索干部教育培训规律与干部成才规律的高等学历教育中公共管理一级学科下的二级学科。

我国有着深厚干部教育培训发展历史、成熟的干部教育培训制度体系与完整的干部教育培训机构，积累了丰富的干部教育培训实践经验，为开展干部教育培训活动、开展干部教育的学理化研究提供了坚实的基础。这既是国家哲学社会科学理论研究发展的必然选项，同时，也是教育部哲学社会科学应用型交叉学科学术体系建设的重要领域。我国社会主义国家政权确立的74年历程，走过了资本主义社会几百年发展的历史，取得了以社会主义现代化国家建设，创建人类社会文明新形态的骄人成绩。这是党领导下中国人民所取得的伟大成绩，也是中华民族走向伟大复兴的必然选择。早在20世纪90年代，关于干部教育培训的学科建设问题，中央党校1995年11月制定的《中央党校1996—2000年学科建设规划》，就明确提出了“加强学科建设，为提高党校教学质量提供学术支撑”的指导思想与基本原则，为在21世纪末基本形成具有以建设中国特色社会主义理论为中心的马克思主义基本原理的学科优势。① 进入21世纪，在总结干部教育培训的历史经验上，2006年1月党中央颁布了《干部教育培训工作条例（试行）》。在系统总结党的干部教育培训工作历史经验基础上，紧密联系新形势新任务的需求，形成了党的干部教育培训的基本规章，充分反映了我国干部教育培训工作的规律和特点。《干部教育培训工作条例（试行）》共九章57条，对干部教育培训工作的指导思想，遵循原则，适用范围，管理体制，教育培训对象、内容和方式，教育培训机构，师资教材经费，考核与评估和监督与纪律等方面作出规范，构成了我国完整的干部教育培训制度体系。这标志着我国的干部教育培训事业进入了新发展阶段。②

党的十八大胜利召开，我国社会主义现代化建设事业进入新时代。在中央印发的《2013—2017年全国干部教育培训规划》中，第四部分“培训能力建设”第七条“理论研究”，明确提出了要“加强干部教育培训理论研究，不断深化对干部成长规律和干部教育培训规律的认识。建立理论研究交流平台。推动干部教

---

① 干部教育培训工作条例（试行）［EB/OL］. 中华人民共和国中央人民政府，2006-03-29.

② 中央党校1996—2000年学科建设规划［M］//赵理文. 中国共产党党校教育史. 北京：中共中央党校出版社，2014.

育学学科建设”①。这是在干部教育培训规划文件中，首次提出以干部教育学学科建设，推动干部教育培训理论的深入研究与学术探索，为干部教育培训的学理性学科化发展指明了方向。进入2015年11月，党中央颁布了新修订的《干部教育培训工作条例》，终止了2006年印发的《干部教育培训工作条例（试行）》的使用。在新修订的《干部教育培训工作条例》中，第六章“教育培训机构”第三十八条：“加强干部教育培训管理者队伍建设，加强培养，严格管理，促进交流，优化结构，提高素质。加强干部教育培训理论研究。”再次确认了加强干部教育培训理论研究的必要性重要性。2017年党的十九大胜利召开。面对党和国家新时代新征程，党中央印发了《2018—2022年全国干部教育培训规划》。其中，第五部分“建强培训保障体系”第八条“理论研究”，又一次明确提出了：“加强干部教育培训重大理论和现实问题研究，深入把握干部成长规律和干部教育培训规律。推动设立干部教育学二级学科。办好干部教育培训专业期刊，搭建研究交流平台，促进成果转化应用。”② 可见，以加强干部教育培训理论研究为学术引领，并把干部教育培训研究学理化建设与学科化建设方向列为规划条例，坚持干部教育培训理论研究的目标任务，始终把促进干部教育培训学的二级学科化要求，落实在清晰的路径建设载体中。这清楚地表明：确立并推动干部教育学的学科建设目标任务，始终是伴随着党和国家干部教育培训事业的发展而不断发展，应干部教育培训事业的学科化建设需求而更加明确具体，学理化建设的路径选择也更加坚定。换句话说：干部教育学理化方向，是推动干部教育培训理论研究与高质量发展的新阶段；干部教育学学科建设，是巩固干部教育培训事业内涵式发展学理化学科建设的必然结果。

二、干部教育学科化建设道路，引领工会干部教育培训高质量发展

在一定意义上讲，干部教育学仍然是干部教育培训理论学术科研的一个基本范畴，还未正式列为国家高等学历教育学科专业中的目录。从已有的对干部教育学科化建设研究论文及部分理论研究学者对干部教育培训学科建设理论的探索文

① 《2013—2017年全国干部教育培训规划》印发［EB/OL］. 中华人民共和国中央人民政府，2013-09-28.

② 中共中央印发《2018—2022年全国干部教育培训规划》［EB/OL］. 中华人民共和国中央人民政府，2018-11-01.

章来看，干部教育学是探索干部教育培训规律的学科，是研究科学开展干部教育实践，培养从事干部教育理论研究与实践人才的应用型交叉学科。它具有干部管理学学科理论的性质，也具有教育学学科理论的性质，同时也兼备公共管理学、政治学、心理学、行为学、伦理学等多学科理论的性质。当下，从教育部已确定的干部教育学的公共管理一级学科下二级学科试点建设的三家单位中国人民大学、四川大学、浙江大学具体实践来看，干部教育学已成为高等学历（硕士学位）专业学科教育中的重点建设学科，这必将引领干部教育培训理论研究的深入开展与学科专业学术成就成果的快速爆发。

以干部教育学科化建设路径为牵引的干部教育学，是干部教育培训理论研究的学理化发展方向，是提高干部教育教学质量与开展理论研究的学术支撑。工会干部教育培训工作，是党的干部教育培训事业中的有机组成部分。中国工人运动是在党的直接领导下发展壮大起来的，中国工会也是在党的领导下，通过政治斗争成长和巩固起来的。始终坚持党的领导，是做好工会工作和推动工运事业发展进步的先决条件。以干部教育学科化建设路径为牵引，必然推进干部教育培训事业的深入开展，必然促进干部教育培训事业内涵式发展，必然促成工会干部教育培训高质量效益。因此，强化干部教育培训理论的学术研究与学科化建设，必然成为推进工会干部教育培训工作新发展的重要载体与能源新动力。

第一，以干部教育学科化，提升工会干部培训教育的使命感责任感。干部教育培训事业是党的事业的重要组成部分。党始终把干部教育培训作为干部队伍建设的先导性、基础性、战略性工程来抓，有力地助推全面建设社会主义现代化国家、全面实现中华民族伟大复兴的第二个百年奋斗目标。我们只有充分认识干部学习教育对党和国家事业发展的重要性，才能深刻把握干部教育培训在新时代新征程中的重要地位与重要作用，自觉接受党对工会的领导，自觉贯彻落实党的组织路线，切实增强对工会干部教育培训事业的使命感责任感，高质量教育培训工会干部队伍，高水平服务工运事业和工会工作改革发展，服务党和国家事业发展需求。

第二，以干部教育学科化，提升工会干部培训教育理论建设的主动性自觉性。干部教育学科化是干部教育培训理论研究的学理性总结、学术化规范的学术理论支撑，也是干部教育知识体系、学术体系、话语体系的学术理论必然建构。确立了干部教育学科化理论研究，就为工会干部教育培训教育的理论逻辑、实践逻辑、历史逻辑指明了学理化建设方向，也为梳理工会干部教育培训工作实践、总结其学科理论规律提供了坚实的基础，为工会干部培训教育理论的知识体系、学术范式、教材体系、课程体系、教学方式方法完善，以及社会实践教学体系等相关教育教学的制度性安排，确保了工会干部培训教育的教学质量、科研能力与智库服务，由此推动干部培训教育理论建设的制度化规范化及高水平发展。

第三，以干部教育学科化，提升工会干部培训教育师资队伍建设的稳定性长期性。教师是提高教学质量的关键环节。干部教育培训师资力量直接决定了干部培训教育的教学质量高低水平。有干部教育学科化建设的路径依赖，必然要求建设一支稳定的高水平师资队伍。高素质专业化教师队伍，是提升干部教育培训教学质量不可或缺的关键环节与重要因素。一所干部教育培训院校的教学质量高不高，就要看这所院校的师资队伍能力强不强。打造一支能力强的专兼职师资队伍，按照干部教育培训规律与干部教育成长规律的要求去做事，有效组织起高水平师资队伍，以不断创新和完善的教学方式方法，高质量管理培训干部学员，严格教风学风校风，就是切入口着力点。

第四，以干部教育学科化，提升工会干部培训教育教学课程体系建设的规范性学理性。课程教学是教学质量的承载体，课程教学体系是教学质量体系的根本保障。规范性教学、学理化教育，需要严格按照干部培训教育规律与干部成才规律去执行。确立了干部教育培训的学科化建设，才能更加自觉而有效把握干部教育培训规律、干部成才规律，自觉落实干部教育培训的学理要求与课程教育教学体系的规律性规范性要求。离开了干部教育学科化建设的规律性指导，任何培训课程教学体系的设置与课程教学质量的监管，都是无源之水、无本之木。

第五，以干部教育学科化，提升工会干部培训教育教材体系建设的建构性主体性。教材体系建设是干部教育学科化建设的基础性载体。学科体系的确立，是建立在完整的学科理论体系基础之上的必然条件。有无科学而完备的教学教材体系，也是一门学科建设成熟与否的重要标志，同时也是运用学科规律指导实践、规范教育教学、提升教学质量的一项技术指标。用干部教育学科化建设路径，引领干部培训教育理论教学实践、指导干部教育教学质量的稳步提升，就一刻也不能放松对干部培训教育的教学教材规范化建设与完整教学教材体系的建设。始终把握教材体系建设，是教育教学规律的基本承载与理论总结，也是教育教学质量提升、学术科研交流促进的基础性关键。正如习近平总书记所指出的："学科体系同教材体系密不可分。学科体系建设上不去，教材体系就上不去；反过来，教材体系上不去，学科体系就没有后劲。"①

① 习近平在哲学社会科学工作座谈会上的讲话［EB/OL］. 人民网，2016-05-19.

第六，以干部教育学科化，提升工会干部培训教育实践教学基地建设的组织性有效性。实践教学作为干部培训教学环节中的重要组成部分，是提升教学质量与培训教育教学方式的有效手段。典型案例分析、沉浸式学习体验、现场教学等教学方式方法与教学环节，从一定意义上讲，也是区别于普通学历教育的显性教学环节。学科化建设路径，就将干部教育实践教学基地建设，纳入学理化教学体系，规范化指导实践教学基地的建设，同时也将实践教学基地建设与教学人员的建设，列入了提升干部教育培训质量考核建设体系之中，确保教育培训的高质量发展。

第七，以干部教育学科化，提升干部教育理论研究与学术交流的社会性服务性。促进干部教育学科化发展，必然要求加强对干部教育理论的深入研究与实践经验的学理总结。干部教育培训理论研究与干部教育学研究是相辅相成的。干部教育学研究是干部教育培训理论研究的重要组成部分，干部教育学研究能够有效助推干部教育培训理论研究。干部教育学应加大对干部教育培训理论的研究力度，自觉运用马克思主义理论指导，来推动干部教育学和干部教育培训理论研究，科学理论的有效运用能够极大推动干部教育学和干部教育培训理论研究。在此基础上，扩大学术研究领域，协同社会学术团体，共同推进干部教育学科化建设与干部教育培训理论研究、智库服务。

第八，以干部教育学科化，落实干部管理学、教育学应用型交叉学科规律的普遍性特殊性。干部教育学科化的建设路径，是运用干部管理学理论、教育学理论、培训学理论规律的应用型交叉学科的实践，是干部管理学、教育学理论的普遍性规律在干部教育培训领域的特殊应用。促进干部教育学科化，是贯彻落实党的组织路线的需要，是总结干部教育培训经验、落实党管干部的发展需要，是推动干部教育培训事业内涵式发展的必然要求。伴随着干部教育学科化建设与干部教育培训理论研究的深入开展，总结党的干部教育培训百年历史发展成就，总结干部教育培训规律的规范性学理化理论学术探索，必然成为干部教育培训的新动能新动力。我们既要善于总结干部管理学理论的学科规律，也要总结教育学规律在干部教育培训中的特殊表现，同时，也要总结成人教育规律在干部教育培训中的特殊问题，总结管理学在干部人才成长规律上的具体运用。由此展现出新文科应用型交叉学科理论的规律总结普遍性与特殊性，进一步丰富我国哲学社会科学理论研究，进一步提升中国哲学社会科学在国际学术领域与学科领域体系中的地位，进一步促进中国共产党在国际共产主义运动中的合作交流，书写干部教育事业与理论研究的新篇章。

三、工会干部教育培训发展历程，是干部教育培训学科化建设的重要实践

工运事业是党的事业的重要组成部分，工会干部教育培训是党的干部教育培训工作的重要内容之一。工运事业和工会工作在党的领导下，经历了新民主主义革命时期、社会主义革命和建设时期、改革开放和社会主义现代化建设的新时期、中国特色社会主义新时代四个历史时期。工会干部教育培训工作，始终围绕党和国家工作大局和工会工作全局，在不同历史时期阶段中，紧扣时代主题加强工会干部队伍建设，攻坚克难、奋发进取、建功立业，为党的工运事业和工会工作培养输送了大批优秀干部人才。在新民主主义革命时期，紧扣为实现民族独立、人民解放而奋斗的时代主题，党高度重视对工会干部的教育培训工作，通过加强对工人运动的领导，积极团结动员工人阶级推动工运事业和工会工作的开展。工会干部教育培训工作与党的干部教育培训工作高度重合。党成立后，党的一大讨论通过了《中国共产党第一个决议》，提出“工人学校应逐渐变成工人政党的中心机构”“在一切产业部门均应成立这种学校”[11]。由此，党在全国各地领导工人运动时，将成立工人学校（或工人夜校）作为启蒙工人思想、培养工会干部、助推革命发展的重要经验。1939 年 3 月，中央职工运动委员会领导成立延安工人学校，是党为培养工会干部创办的第一所工会干部学校。在社会主义革命与建设时期，在为建立和巩固人民当家作主的新政权、建立独立的比较完善的工业体系和国民经济体系而奋斗的时代主题下，按照党在七届二中全会上确立的“必须全心全意依靠工人阶级”路线方针，1949 年 7 月召开全国工会工作会议提出的方针：要把产业工人组织起来，以担负起领导和建设新中国的历史任务，工会干部教育培训迎来了发展高潮。1949 年 9 月天津市成立了中华全国总工会干部学校（1953 年后搬迁到北京市），并使之成为为党中央和全国总工会培养优秀工人骨干与各级工会干部的重要基地，与中央党校、中国人民大学、中央民族学院齐名的新中国四大干部培训教育学校之一。据不完全资料统计，到 1955 年省级总工会成立工会干部学校 24 所，地级市总工会成立工会干校或训练班 75 所，确立了全国工会干部教育培训基本组织体系。在全国总工会逐步确立的以生产为中心，生产、生活、教育“三位一体”工作方针指导下，工会干部教育培训工作坚持党的干部教育培训方针，基本满足了社会主义建设时期对工会干部专业化的要求，使我国的工会干部队伍建设在数量增长的同时，质量也不断提高。仅从

1952年到1956年就培训工会专业干部达35万人次。改革开放和社会主义现代化建设时期，在为坚持和发展中国特色社会主义实现小康社会而奋斗的时代主题下，我国实现了从计划经济体制向社会主义市场经济体制的伟大历史转折。工会干部培训教育制度在1983年《中国工会章程》的修订中加以确立，以“维护、建设、参与、教育”四项职能的履行，在培训教育的理念、内容和形式等方面进行变革创新，努力培养党和职工群众期待的政治家、社会活动家及协调劳动关系的专家。仅“十五”期间，全国共有124.4万人次的工会专兼职干部参加了岗位资格干部教育培训；在“十二五”期间，据不完全数据统计，全国工会专兼职干部参加的干部教育培训人数高达260余万；“十三五”期间，仅中华全总直属中国劳动关系学院一校五年的统计数据为：共举办培训班（计划培训班与受委托培训班）388个（年均78个）、培训的工会干部就达3.48万余人次。中国特色社会主义建设进入新时代。在实现了中华民族伟大复兴中国梦的第一个百年奋斗目标基础上，2021年党的二十大胜利召开，提出了第二个百年奋斗目标：在新中国成立100年时，建成富强、民主、文明、和谐、美丽的社会主义现代化强国。习近平总书记明确提出“信念坚定、为民服务、勤政务实、敢于担当、清正廉洁”的好干部标准，为党和国家干部队伍建设提供了根本遵循。近日《习近平关于工人阶级和工会工作论述摘编》的出版发行，为建设一支高素质专业化工会干部队伍指明了方向。工会干部教育培训工作，要坚持在全总党组的正确领导下，始终以保持和增强政治性先进性群众性为主线，以加强党性教育和政治理论教育为前提，以基层工会干部为重点，以强化工会专业能力为目标大力开展学习培训，不断增强工会干部教育培训的时代性，有效提高工会干部教育培训的针对性实效性，落实好工会十八大报告中提出的新要求：“发挥工会院校培训主渠道作用，完善网络培训体系，提升工会干部能力素质，教育引导工会干部树牢正确政绩观，鼓足干事创业的精气神，打造忠诚干净担当的高素质专业化工会干部队伍。”① 新时代新征程，我们各级工会干部教育培训工作者应以改革创新、砥砺前行之精神，不断续写工会干部教育培训事业发展新篇章。可见，工会干部培训教育发展历程，伴随着党和国家发展事业而不断发展前行，伴随着社会主义现代化建设事业高潮而不断成长壮大，是干部教育学科化建设在工运事业和工会工作领域中的重要实践内容。

习近平总书记指出：“工会工作是党的群团工作、群众工作的重要组成部分，

① 王东明．在中华全国总工会第十八次全国代表大会上的报告［N］．工人日报，2023－10－14.

是党治国理政的一项经常性、基础性工作。新形势下，工会工作只能加强、不能削弱；只能改进提高、不能停滞不前”。“工会干部队伍是做好新时代工会工作的重要组织保证。”① 在中央党校建校90周年纪念讲话中，习近平总书记提出要求：“要继续深化党校教育规律、干部成长规律研究，深化教学科研、人才队伍、管理服务、作风建设、机关党建改革创新，以办学质量的整体提升，更好服务党和国家事业发展。要抓好提高教学质量这个中心，不断增强党校教学的政治水平、政策水平、学术水平、专业水平，提高教学的实际效果；抓好提升科研质量这个基础，加强优势学科和急需学科建设，不断提高理论研究的创造性、决策咨询的有效性。”② 我们要以干部教育学科建设为牵引，以工会干部教育培训理论研究为实践平台，在强化国家治理体系与治理能力现代化建设的大背景下，积极推动干部教育培训的学理化建设、学科化发展目标，深入学习贯彻落实习近平新时代中国特色社会主义思想，贯彻落实习近平总书记在全国哲学社会科学工作座谈会上的重要讲话精神，贯彻落实教育部关于印发《哲学社会科学知识体系建构和高校咨政服务能力提升工程实施方案》的通知精神，积极推动干部教育学科建设，推进干部教育学科建设在工会干部教育培训中的实践创新与理论总结，丰富发展干部教育学理论学科，为党的工运事业和工会工作改革创新，贡献工会干部教育培训新动能。

全面建设社会主义现代化国家，必须有一支政治过硬、适应新时代要求、具备领导现代化建设能力的干部队伍。我们要按照2023年颁布的新修订的《干部教育培训工作条例》提出的要求，干部教育培训以深入学习贯彻习近平新时代中国特色社会主义思想为主题主线，以党的理论教育、党性教育和履职能力培训为重点，注重知识培训，全面提高干部素质和能力。干部教育培训在中国特色社会主义事业建设中发挥着重要作用，是深化习近平新时代中国特色社会主义思想研究的需要，是贯彻落实党的组织路线的重要举措。通过加强干部教育学科建设，建立健全学科内外制度，坚持运用马克思主义指导思想对干部教育培训实践，进行学科体系、学术体系、话语体系的建设，有效推动我国哲学社会科学的发展与建设，在教育部新文科学科专业建设中把建构自主知识体系，作为加快构建中国特色哲学社会科学的核心和基础，不断满足党和国家培养高素质专业化干部队伍的现实需求。在新时代新征程道路上，书写干部教育培训理论研究、学科建设及

---

① 习近平关于工人阶级和工会工作论述摘编［M］．北京：中央文献出版社，2023：126.

② 在中央党校建校90周年庆祝大会暨2023年春季学期开学典礼上的讲话［EB/OL］．人民网，2023-03-31.

实践教学的新篇章，努力开创干部培训教育工作新局面并作出新的更大贡献。

参考文献：

［1］习近平在哲学社会科学工作座谈会上的讲话［EB/OL］. 人民网，2016－05－19.

［2］在中央党校建校 90 周年庆祝大会暨 2023 年春季学期开学典礼上的讲话［EB/OL］. 人民网，2023－03－31.

［3］干部教育培训工作条例（试行）［EB/OL］. 中华人民共和国中央人民政府，2006－03－29.

［4］中央党校 1996—2000 年学科建设规划［M］//赵理文. 中国共产党党校教育史. 北京：中共中央党校出版社，2014.

［5］《2013—2017 年全国干部教育培训规划》印发［EB/OL］. 中华人民共和国中央人民政府，2013－09－28.

［6］李玉赋. 新编中国工人运动史［M］. 北京：中国工人出版社，2018.

［7］习近平关于工人阶级和工会工作论述摘编［M］. 北京：中央文献出版社，2023.

［8］王东明. 在中华全国总工会第十八次全国代表大会上的报告［N］. 工人日报，2023－10－14.

实现新时代基层工会干部教育培训工作高质量发展的路径探析

侯　杰

（黑龙江省工会干部学院）

摘　要：时代总是在不断地向前发展和进步，在基层组织当中，工会扮演着十分重要的角色，发挥着极为突出的价值。基层工会干部教育培训工作的质量直接影响着广大干部的素养提升和能力建设。为此，如何采取有效的方法和举措全面提升基层工会干部教育培训工作的质量也是新时代的一个具体要求。在本文的研究当中深入剖析了基层工会干部教育培训工作中存在的短板和困境，并基于提升对培训工作的重视程度、加强培训资源向基层倾斜的力度、丰富培训内容并创新培训方式以及关注师资力量的培养等四个维度提出了未来工作的改进思路和优化方案。

关键词：新时代　基层工会　干部教育培训工作　培训方式　师资力量

一、研究必要性分析

随着我国综合国力的不断发展壮大，广大民众的素养也在不断地提升。“终身学习”已经成为目标导向，对基层的干部而言更需要借助于常态化的学习和不间断的进步才能够更好地服务于自身的本职岗位、更好地服务于组织、更好地服务于社会。在基层教育培训事业不断向前推进的过程当中工会扮演着十分重要的角色。为了突出和强调工会维护职工合法权益的职能，新《工会法》规定：“中华全国总工会及其各工会组织代表职工的利益，依法维护职工的合法权益。”“维护职工合法权益是工会的基本职责。工会在维护全国人民总体利益的同时，代表和维护职工的合法权益。”以保障工会组织切实发挥作用，保护、调动广大职工的积极性。通过干部培训工作的持续推进和不断发展来让广大基层干部的能力和素养不断提升，这也是工会组织不可推卸的职责所在。而如何能够真正地履行好干部教育培训工作的基本职责，如何可以真正地发挥自身的导向性作用，这也是很多基层工会在发展过程当中需要破解的核心难题。

我国很多的学术界研究人员对于这一个领域的研究热情也在不断高涨，例如，郝赫（2021）就曾经提出了自己的观点，他认为工会的教育内容需要不断地丰富，同时还要充分遵循与时俱进的核心原则，将党史教育和新思想理念的教育摆在战略位置之上，这样才能够让广大基层干部获得思想上的发展和进步；刘向兵，王春亮（2021）则是基于“劳动教育”的视角，专门针对基层广大党员干部劳动素养的提升以及劳动意识的强化给出了自己的主张。前人学者的这些研究结论都可以给我们以启发和参考，都可以让我们受益。在基层工会组织的教育培训活动当中，无论是思想教育还是劳动教育都只是其中的一个组成要素，工会教育的内容还需要进行延展和扩散。这也是本论文以“实现新时代基层工会干部教育培训工作高质量发展的路径探析”为研究主题的基本原因。新时代面临着新机遇、承担着新挑战，新时代基层工会干部教育的内容和方式都在发生着潜移默化的变化。握住新时代的发展契机，乘着新时代的“东风”，让基层工会干部教育培训工作获得长足进步的机会，这也是本文关注的核心重点。

在文章的研究过程当中充分应用了文献资料查阅法、实际调研法等研究方法，深入剖析了基层工会干部教育培训工作中存在的短板和困境，并基于提升对培训工作的重视程度、加强培训资源向基层倾斜的力度、丰富培训内容并创新培训方式以及关注师资力量的培养等四个维度提出了未来工作的改进思路和优化方案。以期在这些方案的综合作用之下为新时代基层工会干部教育培训工作高质量发展提出一些切实可落地的参考和决策，让新时代基层工会干部教育培训工作始终具有蓬勃发展的动力之源。

二、新时代基层工会干部教育培训工作高质量发展的价值作用

新时代基层工会干部教育培训工作高质量发展是基层工会面临的一项关键任务要点，其自身的价值和亮点意义也是相当突出的。笔者结合自身的工作经历从如下两个层面进行论述和分析。

一方面，新时代基层工会干部教育培训工作高质量发展是提升组织内部广大

干部能力和素养的一个典型举措。知识经济时代已经正式到来，对组织而言，目前的竞争主要集中在“人才”这一个典型的“软实力”的竞争层面。人才的能力越强、作用越突出，越能够引领着组织朝着“发展高地”迈进。干部的成长少不了培训工作的加持，工会在组织内部扮演的角色也是十分突出的，发挥着十分重要的作用。借助于工会的培训活动的落地实施可以让广大干部更清晰地了解工会工作的制度、权力维护的方式，伴随着工会培训内容的日益发散，广大基层干部还有可能接触到专业技术的培训内容，接触到管理和领导领域的核心内容。这样一来就可以带动干部能力的提升，让广大的基层干部可以更好地为组织的发展出谋划策、贡献力量。

另一方面，新时代基层工会干部教育培训工作的高质量发展对组织的进步而言也是大有裨益的。随着时代的日益发展和进步，在基层组织当中工会培训的内容也变得更加丰富。以工会组织的“专业技术培训”为例进行分析，广大的干部参与专项培训活动当中去，可以帮助干部人员更深入地了解新观点、新技术、新工艺，如此就可以让组织内部的业务工作开展变得更为顺畅、和谐。以工会组织针对干部人员开展的“管理能力”的专项培训为例进行分析，干部人员管理能力的提升可以帮助其更好地带领广大员工高效地完成本职工作，管理的科学性和先进性也是助力企业核心竞争力提升的一个关键要素。由此可见，基层工会组织针对广大干部主体的培训工作能够让组织拥有蓬勃的朝气和源源不断的动力，借助于培训来推动组织的进步也是基层工会组织培训工作长足规划和不断发展的一种基础意义所在。

综合上述的分析便可以清晰地看出：新时代基层工会干部教育培训工作高质量发展无论是对干部这一个微观对象而言还是对组织这一个宏观对象而言都具有十分突出的价值和意义。因此在发展的过程当中也需要将基层工会培训工作摆在战略位置之上，在思想上重视、在行动上落实，深度挖掘问题并提出可行性的方案和举措，这才是未来基层工会干部培训工作的开展方向和前进指南。

三、基层工会干部教育培训工作中存在的困境解析

（一）培训组织统筹不足

就目前基层工会干部培训工作的发展而言，重视程度不够、制度体系不完善等都是十分典型的共性问题。我国的《工会法》等条例法规都对基层工会干部教育培训工作提出了明确要求，但是有些要求还比较宏观化、比较原则化，基层

工会干部培训没有细化、量化、具体化，在具体保障基层干部学习工作时间方面，上级组织对于政策的解释还不到位，结合工作实际，制定具体的实施办法还比较滞后，从而导致有些单位和组织在理解上出现了一定的偏差，有些工作还不够步调一致，有些要求没有得到很好的落实。组织内部工会教育培训工作没有形成常态化的工作模式，培训的时间不固定、培训人群的划分不明晰。有一些组织的工会干部教育委员会或工作领导小组办公室作用弱化、形式化，工作仅限于一年召开一次联席会，没有建立常态化工作机制，其培训的协调和统筹职能并没有有效发挥。还有一些用人单位的工作人员将培训当成一项软任务，认为干与不干对于干部队伍整体建设似乎也没有直接的影响，更没有一个量化的衡量标准。可见，如上基层工会培训模式导致干部的培训工作始终陷入了“形式主义”的怪圈当中，在没有制度支持和方向指引的不良困境之下根本就没有发挥预期的作用。

（二）工学矛盾突出

工学矛盾的冲突愈演愈烈，这也是基层工会干部培训活动当中的一个短板和痛点。从基层工会干部教育培训供给侧角度来看，组织人事部门、干部所在单位以及培训机构主体对于干部内容方面的需求不够敏感，了解不够全面。干部表达培训诉求的表达机制有待于畅通化，简单收集或者是“提纯”的方式不能够全面了解学员的诉求；前期调查活动也是以少数样本为对象开展的，不能够清晰地表达出区域之间以及不同干部之间的诉求差异；培训需求在传统的层级传递过程中，数据失真的情况普遍存在；培训供需的矛盾比较明显，培训的针对性比较差。在工与学领域出现的矛盾冲突不仅会影响到基层干部岗位工作的正常开展，同时也会直接影响到教育培训的最终效果。

（三）培训内容及方式缺乏创新

最近几年来，很多工会组织高度关注基层干部专业化能力的发展和提升。在干部教育培训工作中积极地引入了很多创新性的办法和举措。但是有的干部反映基层教育培训的方式方法还是较为刻板、单一。从培训方式上来看，智能化和信息化的新型培训方式还没有得到广泛的引入，以行动学习法和体验学习法等为主导的创新性学习模式的价值和作用还没有全面地发挥。从教学方法上来看，很多教师在具体培训过程当中对于传统方法的依赖程度还是比较高，教学方法缺乏创新、不够灵活。户外教学和互动教学等能够激发起基层干部学习积极性和主动性的方式，使用得还是不够。为此，笔者也专门将自己之前的访谈收获进行了归纳和总结。访谈过程当中也关注到了这个问题。其中一位基层干部提出："对我来说，每次都是在接到工会通知之后参加培训，培训的方式也是集中听课，这种形式很难激发起我的兴趣和热情。而且在学习的内容上，我也处于比较被动的状态，往往是组织安排学习什么，我就学习什么。很多的培训主题不够清晰，且与我的工作实际不是太相关。当然我也接到过一些调查问卷，基本上都是针对未来培训工作优化提出建议的调查问卷。但是我所提出的一些观点没有被采纳，长此以往，对于这些类似的调研活动我就不太感兴趣，甚至不愿意表达我最真实的想法。"就目前的情况来看，工会针对基层干部的培训活动方式方法确实比较呆板、比较单一。实际上如何能够通过多元的以及创新的方法来激发起广大基层干部参与培训的积极性，这也始终是需要关注的重点问题。近年来，特别是走出去学、到一线去学等方式的探索都比较成功。然而制约着走出去学的因素还是比较多。基层单位目前所面临的工作任务也比较繁重，每一次集中外出调研、培训班的举办，耗费的精力、时间成本都是相当大、高的。

（四）培训师资力量较弱

基层干部教育培训不同于一般的学历教育，培训的对象是干部，这就会对培训教师的知识储备和教学能力提出更高的要求。最近几年来一些工会组织十分注重骨干青年教师、基层教师的培养。然而师资培养的精准性和有效性仍待提升和优化。第一，对于教师每年度至少要参加不少于一个月的师资培训班的规定，基层组织落实还是不够严格。第二，教师实践锻炼的体制机制不够完备。虽然在教师选聘的过程当中，对于教师个人的实践能力和工作经验有明确的要求，但是很多教师却不具备培训工作的经历，这不利于教师把握基层工会干部学习教育的规律；还有一些教师对于当前发展的宏观政策以及战略目标导向不够了解，实践经验比较少，而且视野思维局限的教师需要进一步地拓展眼界。第三，目前针对兼职教师的选聘、管理有效方式还有待进一步探索，相应的政策和标准还有待进一步明确，具体表现在：对领导干部上讲台等兼职师资队伍建设缺少完善的制度和规定支撑，领导干部上讲台的内容、纪律、课酬等标准还应进一步细化；教师教学质量问题的处理，也缺少明文规定作为支撑。可以说，一支适应基层干部专业化能力培训实际要求的高水平师资队伍亟待建设和发展。

四、实现新时代基层工会干部教育培训工作高质量发展的路径分析

（一）提升对培训工作的重视程度，充分发挥工会教育的积极作用

新时代基层工会干部教育培训工作高质量发展最关键的一个核心路径就是提升重视程度。只有做到了思想层面上的高度重视才能够为后续工作的及时跟进和全面落地夯实基础、营造氛围。笔者结合自身的工会干部教育培训工作经验得出：制度的保障是全面重视的直接表现。因此，要基于制度的维度让培训工作获得顺利落地的契机。首先，对组织而言，要尽快完善和细化基层工会干部专业化能力相关制度法规。要在原有干部教育培训法规制度体系基础支撑之下，分类分级细化基层工会干部教育培训制度、规范，通过法规制度的形式，保障基层干部都能够真正地接受教育培训的基本权利，明确干部自身参加教育培训的责任。工会的培训内容不仅要和部门的专业培训相互对接融合，更需要突出自己的亮点，制定专属的制度体系。其次，完善基层干部培训标准化、规范化管理体系。基层工会干部培训需求调查实施办法、基层重点干部调训管理办法、培训机构办学质量评估办法、培训项目考核评价指标体系等都是至关重要的制度表现。在制度被设定形成之后则意味着基层工会的干部培训工作有了着力点。

（二）加强培训资源向基层倾斜的力度，为工学矛盾的有效解决创设平台

在上文的分析当中就已经明确提出，目前基层工会干部教育培训工作和广大干部的岗位工作要求、能力提升诉求之间处于不相匹配的不良状态。长此以往必然会导致工会工作和专业技术工作之间的矛盾冲突，就会导致广大干部的关注点朝着岗位工作的方向倾斜，这种局面的出现更不利于工会工作的长足发展。为此，强化培训资源朝着基层工会倾斜，这样才能够全面破解工学矛盾冲突，才能够为平台的搭建夯实基础。笔者认为可以从如下两个层面上采取举措。

一方面，深入开展培训需求调研。为了能够进一步理顺受训者的基本目标导向，应该实施按需培训的模式。只有这样才能够真正地发挥基层干部教育培训的亮点优势。培训前研究活动也是不可或缺的，对干部培训的需求调研、计划生成、培训时长、学员选调等科学规范、严格要求。加快全省干部教育培训管理信息系统升级改造，精准掌握每名干部参训情况，通过点名调训长期未训人员、限制干部一年参训次数等方法，解决多年未训、重复调训等老问题。调训中严格进行学员报名资格审查，防止出现“顶包替训”、培训“专业户”等问题。

另一方面，分类分级精准选调学员参加培训。在进行培训设置的过程当中应该以培训目标作为方向引导，要全面考虑到基层干部的年龄情况、学历情况、个人经验情况以及个人能力情况等相关情况。在全面把握这些关键信息之后进行明晰定位和精准分析。这样设计出来的教育方法才更创新、更优化。应该根据广大干部的基本诉求进行自主性的选学活动，确保每一名工会干部都可以根据自己的基本诉求以及自己的兴趣喜好选择自己想要学习的东西，同时也可以聘请行业专家以及相关学者进行讲学。

（三）丰富培训内容，创新培训方式

如何能够激发起广大基层工会干部参与工会培训的热情？如何能够让他们的内驱力得到调动？答案是毋庸置疑的：丰富培训内容，创新培训方式。

一方面，要让工会培训的内容变得更为丰富多彩。具体来看，工会培训的内容是丰富多彩的，例如，工会工作的一些规章制度、组织的文化内容、权利维护的法律制度等。但是针对“干部”这一个特殊的培训对象，基层工会培训的内容应该积极地进行发散和延伸。笔者认为，需要在原有培训内容的基础之上新增如下三项要点：第一，新增“职业素养”的培训要点。职业素养的提升是对每一名现代干部提出的具体要求，只有具有高素养的干部才能够做到廉洁奉公，才能够带领着广大员工不断进步。第二，新增“管理能力和领导力”的培训要点。“干部”在组织发展的过程当中扮演着十分重要的角色，干部需要具备一定的管理能力和领导能力，这样才能够凝聚人心，才能够提升组织的向心力。第三，新增“专业技术岗位”的培训内容，要想让工会的工作不成为一种“形式主义”的存在，就需要实现工学对接，将技术性的要点和工会的培训相互融合，这也是助力企业业务顺畅发展的一个关键推手。

另一方面，培训的方式应该尽可能地创新化、前沿化、先进化。众所周知，干部自身所承担的工作职责都是比较繁重的，除了要承担自身的本职工作之外还要进行上下协调，还要做好管理工作，因此干部参与培训的时间是比较碎片化的。为此培训方式的创新就十分有必要了。可以积极发挥信息技术培训的方式，借助于钉钉视频、腾讯会议等开展网络培训，培训的内容可以进行回放浏览，这样就可以让干部利用自己的空余时间参与培训。当然，培训方式创新的背后一定要有监督工作和跟踪工作作为支持，这样才能够对培训的质量进行评价，才可以规避培训成为一种流于形式的工作内容。

（四）关注师资力量的培养，为工会干部教育培训工作的开展提供智力支撑

师资队伍的建设质量和最终基层工会干部教育培训的结果之间存在着十分明显的正向关联。也就是说，教师的素养越高，在培训内容的规划上、在培训方式的选择上就会表现出更为突出的科学性和先进性。因此，只有充分关注师资力量的培养，才能够为工会干部教育培训工作的开展提供智力支撑和人才支持。一是为基层引进人才。要以区域内部的师资资源以及学科建设的要求作为基本导向，实施柔性的引进政策和人才发展政策。要积极发挥学科带头人的作用，对领军人才以及拔尖人才重点培养。同时还要积极地吸纳来自社会各个行业内部的优势人才作为干部培训的重要师资并且纳入师资库当中来。二是为基层工会培养专门的师资力量。“培训者培训计划”“骨干教师培养计划”等都是值得大力实施的工程内容，通过信息化以及大数据的技术手段对教师的实践能力以及职称情况等进行综合评价，根据不同教师的基本情况，确定分梯队以及层次化的职业发展规划路径。“教干部、干部教”也是值得坚持推广的一种基本工作模式。凡是在实践工作当中积累了丰富经验的、具备前沿科学的理论基础的人员都可以走上讲台扮演兼职教师的角色。

五、结语

时代发展的步伐不会停止，知识体系的庞大也不会终结。这就意味着，新时代基层工会干部教育培训工作应该在充分遵循“与时俱进”“常变常新”的基本原则之上长足探索、不断丰富，这样才能够真正地发挥基层工会的教育作用和教育价值。工会组织当中涉及的事务也是相对繁杂多样的，但是“教育”，尤其是针对广大基层干部的教育培训始终应该被摆在战略高度之上。干部的能力提升了，干部的素养增强了，才能够更好地带领着一线员工服务于组织、服务于人民、服务于社会、服务于国家。而“如何有效地发挥基层工会的教育价值”也是本研究的一个核心论点。笔者在对前人学者关于这一个领域的大量研究资料进行深入研读和细致思考之后，结合当前基层组织工会工作的实际、工会教育培训工作的短板和不足，基于如下四个层面提出了一些改进的方案和策略：第一，要提升对培训工作的重视程度，充分发挥工会教育的积极作用；第二，要加强培训资源向基层倾斜的力度，为工学矛盾的有效解决创设平台；第三，要丰富培训内容，创新培训方式；第四，要关注师资力量的培养，为工会干部教育培训工作的

开展提供智力支撑。

当然，新时代基层工会干部教育培训工作高质量发展目标的实现并不是一蹴而就的，也并不是如上四个策略就可以完全支撑的，要想达到这一个目标还需要组织管理者和决策者的高度关注，还需要工会工作者的积极作为和深耕探索，更需要广大组织内部干部和员工的全力配合。只有充分发挥多元主体的价值和作用才能够真正地让工会的教育培训功能得到充分的彰显，才能够为组织文化的建设夯实基础，才能够为组织内部干部素养的提升搭建起更为坚实的平台。因此，“实现新时代基层工会干部教育培训工作高质量发展的路径探析”这一个研究课题也是应该随着时代的进步而发展变化的。

参考文献：

[1] 郝赫．扎实开展党史学习教育，推动新时代工会工作高质量发展［N］．工人日报，2021－06－25.

[2] 刘向兵，王春亮．从劳动教育视角分析工会干部基层蹲点的现实意义［J］．工会博览，2021（16）．

[3] 杨梅芳．新形势下构建工会干部教育培训体系的研究与思考［J］．职大学报，2020（2）．

[4] 王琦，冀帅，于爽．电力企业基层工会对实施职工素质提升工程的思考［C］//《中国电力企业管理创新实践（2019 年）》编委会．中国电力企业管理创新实践（2019 年）．北京：中国质量标准出版传媒有限公司，2020.

[5] 黄新红，张静，汤云娣．供电企业基层工会文化教育［J］．中外企业家，2017（27）．

[6] 张健．企业基层工会做好政工工作的策略研究［J］．东方企业文化，2021（5）．

[7] 姜楠．做职工坚强靠山当好职工“娘家人”——基层企业工会党的群众路线教育实践活动体会［J］．江西电力，2020，38（3）．

[8] 陈豪．巩固党的群众路线教育实践活动成果建立健全联系基层服务职工长效机制［J］．中国工运，2014（2）．

[9] 马健．地市级烟草公司党建工作的思路与对策［J］．农村经济与科技，2016（8）．

[10] 任军岐，孙君浩，杨智．新时期加强企业基层服务型党组织建设研究

[J]. 中外企业家，2016（2）.

[11] 姜新东. 烟草企业基层党建工作的几点思考 [J]. 中小企业管理与科技，2016（1）.

[12] 侯瑞聪. 提高企业职工思想教育工作实效性的途径探究 [J]. 科技经济导刊，2017（22）.

新时代优化工会干部教育培训的思考

——基于问卷调研的分析

王　俊　谢小珍　王德春

（贵州省总工会干部学校）

摘　要：随着我国经济社会的快速发展，工会工作面临着更新的挑战和机遇，工会干部需要具备更高的政治素质、业务能力和服务水平，以适应工会工作的开展需求。因此，优化工会干部教育培训，提高干部素质和能力，从而使工会组织更好地在履行基本职责、增强自身建设、积极回应职工群众期待方面充分发挥作用尤为重要。本文通过对工会干部教育培训问卷调研的深入分析，探讨当前工会干部教育培训中存在的问题及改进措施。研究结果表明，当前对工会干部的教育培训仍然存在着诸多问题。鉴于此，本文提出了一些提升工会干部教育培训质量和效果的对策和建议，旨在为优化工会干部教育培训提供参考和借鉴，进而实现工会干部能力和素质的提升，更好地服务于职工群众，推动工会工作高质量发展。

关键词：工会干部教育培训　培训内容培训方式　师资队伍建设

“好干部是选拔出来的，也是培育和管理出来的。要加强干部教育培训，使广大干部政治素养、理论水平、专业能力、实践本领跟上时代发展步伐。”[①] 习近平总书记关于新时代干部教育培训的重要论述，为加强新时代工会干部教育培训指明了方向、提供了遵循，对新时代工会干部教育培训工作明确了新要求、提出了新课题和赋予了新使命。中国工会十八大提出了“加强工会干部队伍建设，

① 学习语丨好干部是选拔出来的，也是培育和管理出来的［EB/OL］. 中工网，2023－09－06.

完善工会干部队伍培养、交流和使用机制”“巩固干部队伍教育整顿成果，落实新时代好干部标准，发挥工会院校培训主渠道作用，提升工会干部能力素质”“打造忠诚干净担当的高素质专业化工会干部队伍”① 等一系列新要求，因此，如何加强和优化工会干部教育培训工作，提高工会干部专业能力、职工群众工作能力、改革创新能力，让职工群众真正感受到工会干部是最可信赖的“娘家人”“贴心人”，成为各级工会组织和工会干部教育培训院校的一项重要任务。

同时，随着产业结构、就业形态、劳动关系、职工队伍的一系列深刻变化，工会工作面临着新的挑战，工会组织工作的对象不断增加，工作的范围不断拓展，开展工作的任务逐步加重，难度逐步加大，毫无疑问，这些变化和挑战对工会干部的能力素质要求就越来越高。怎样才能使工会干部队伍的能力素质水平与新时代工会工作的新要求相适应？优化工会干部教育培训、提升工会干部教育培训的质量和效果、提升工会干部的能力素质成为解决问题的关键。

一、优化干部教育培训的重要意义

（一）新时代工会干部队伍建设的新标准

党的二十大报告提出“建设堪当民族复兴重任的高素质干部队伍”② 的重大任务，各级工会组织认真贯彻落实这一重大任务，着力锻造忠诚干净担当的高素质专业化工会干部队伍。习近平总书记在同全国总工会新一届领导班子成员集体谈话时指出，工会干部要加强学习、增强本领，努力走在时代前列、走在职工群众前列，在经济社会发展最需要的地方、在企业生产一线、在职工群众的伟大实践中经风雨、见世面，努力把自己锤炼成听党话、跟党走、职工群众信赖的“娘家人”。③ 2023 年 10 月 12 日中国工会十八大通过的《中国工会章程（修正案）》中规定，各级工会组织按照革命化、年轻化、知识化、专业化的要求，落实新时代好干部标准，努力建设一支坚持党的基本路线，熟悉本职业务，热爱工会工作，受到职工信赖的干部队伍。各级工会组织建立与健全干部培训制度，办好工会干部院校和各种培训班。④ 从政治能力、思维能力、实践能力等方面对新时代

① 王东明：在中国工会第十八次全国代表大会上的报告［EB/OL］. 中工网，2023 - 10 - 14.

② 习近平. 高举中国特色社会主义伟大旗帜 为全面建设社会主义现代化国家而团结奋斗——在中国共产党第二十次全国代表大会上的报告［EB/OL］. 中华人民共和国中央人民政府网，2022 - 10 - 25.

③ 习近平总书记强调的“神圣职责”［EB/OL］. 中工网，2022 - 06 - 27.

④ 中国工会章程［EB/OL］. 中工网，2023 - 10 - 15.

工会干部提出更新更高要求。

工会干部队伍是做好新时代工会工作的重要组织保证，不断提高工会干部教育培训工作科学化水平，努力建设高素质专业化工会干部队伍，在推进工会工作高质量发展中发挥着重要的作用。时代的发展需要我们的工会干部不但要具备较高的政治理论水平，而且还要具备与开展工会工作相适应的专业知识和专业能力。做到“政治素质好、业务能力强、知职工、懂职工、爱职工”，构建联系广泛、服务职工的工会工作体系，代表职工、联系职工、服务职工，真正成为职工群众信赖的“娘家人”“贴心人”。

（二）新时代工会干部教育培训的新需求

《中国工运事业和工会工作“十四五”发展规划》提出了一系列要求：“加强对从事集体协商工作的工会干部、专职集体协商指导员和职工方协商代表的培训力度，全总每年重点培训100人次，各省、市级总工会每年培训不少于100人次，各县级总工会每年培训不少于30人次。”“健全完善理论武装长效机制，综合运用党组理论学习中心组学习、工会干部教育培训、党校和工会院校学习、网络学习培训等平台和载体，探索构建理论学习培训制度体系和成果评价体系。”“深化工会干部教育培训。”① 全国总工会在《2019—2023年全国工会干部教育培训规划》中提出：“加强政治理论、党性修养教育培训，强化工会专业能力学习培训，提高政治站位、强化责任担当，聚焦主责主业、深化改革创新，增强教育培训的时代性、针对性、有效性，高质量教育培训干部。”② 该规划并就培训重点内容、培训人员、培训学时等方面作了详细的规定。据此，部分省、市总工会也分别制定了《2019—2023年工会干部教育培训规划》，根据实际情况对本省、市工会干部教育培训作出了具体部署。

由此可以看出，工会干部教育培训需求大、任务重，做好工会干部教育培训工作对于加强工会组织服务职工群众能力和提高工会干部自身的履职尽责能力，都起到关键性的作用，更是落实中央党的二十大报告中建设堪当民族复兴重任的高素质干部队伍的有力举措。

我们要充分认识到加强工会干部教育培训工作的重要性，立足新时代新征程，认清形势任务，把握职责定位，建设忠诚党的事业、竭诚服务职工群众的工

① 全文来了！中国工运事业和工会工作“十四五”发展规划［EB/OL］. 搜狐网，2021-07-22.

② 2019—2023年全国工会干部教育培训规划［EB/OL］. 陕西工运学院，2021-01-22.

会干部队伍，为推进新时代工运事业和工会工作提供坚强组织保证。

二、问卷调研基本情况

本次调查问卷包括基本信息、培训现状、培训需求和培训评估 4 个部分，共 23 道问题。问卷的发放范围是四期培训班参加培训的工会干部，包括国企工会干部和市、县级基层工会干部。共发放问卷 200 份，回收有效问卷 183 份，有效回收率为 91.5%。

此次问卷调研采取不记名的方式进行，回收的问卷填写大多数规范完整，统计数据来源于不同类型的工会、不同年龄、不同学历、不同的工会工作年限的工会干部。虽然调研的覆盖面还不够广不够全面，有局限性，但从样本的信息量、问题设置的代表性来看，具有一定的参考价值和借鉴意义。

为使调研结果更具针对性，调研问卷分为两种情况进行分析，一是国有企业工会干部；二是市、县级工会干部。

三、调研问卷统计与分析

（一）国企工会干部调研问卷数据统计与分析

1. 调研问卷数据信息统计

（1）年龄特征：

序号	年龄段	人数	百分比
1	25 岁以下	1	1.2%
2	26 ~ 35 岁	25	32.4%
3	36 ~ 50 岁	41	53.2%
4	51 岁及以上	10	12.9%

参加培训的工会干部年龄大部分为 36 ~ 50 岁这个阶段，其次是 26 ~ 35 岁年龄段，以中青年干部为主。

（2）性别特征：参加问卷调查的男性为 34 人，女性为 43 人。男女比例为 4∶5（大致比率），女性工会干部居多。

（3）学历特征：

序号	学历	人数	百分比
1	中专（高中）	0	0
2	大专	6	7.7%
3	本科	65	84.4%
4	硕士及以上	6	7.7%

参加培训的工会干部学历绝大部分为本科。

（4）政治面貌：中共党员 51 人，占比 66.2%，群众 26 人，占比 33.7%，中共党员占大多数。

（5）工会类型：两个培训班学员都来自国有企业。

（6）担任工会干部类型：专职工会干部有 19 人，占比 24.6%，兼职工会干部有 58 人，占比 75.3%，兼职工会干部的比重较大。

（7）担任工会干部的年限：

序号	年限	人数	百分比
1	不满 1 年	29	38
2	1～3 年	25	32
3	3～5 年	19	25
4	5～10 年	4	5
5	10 年以上	0	0

从数据可以看出，大多数工会干部从事工会工作的时间都不长。

2. 培训现状分析

关于培训现状主要包括三个问题，分别了解工会干部们参加培训的次数、参加过哪些类型的培训和希望去哪里进行培训。调查结果显示，有 50.6% 的人员参加过 3～5 次的培训，62.6% 的人员参加的是专题培训，49.3% 的人员希望到省外进行培训。

3. 培训需求分析

根据调研结果，有 44 人选择了希望每次培训时长为 3～5 天，占比为

48.4%，并且有41人，即46.3%的学员希望培训安排在7~9月。

另外，关于更喜欢的教学方式，有62.3%的人选择案例分析，27.2%的人选择讲解讲授。培训考核方式，24.6%的人倾向于书面培训总结体会，23.3%的人倾向于PPT形式交流培训总结。

关于参加培训的原因，本次调查显示，提升工作履职水平（77.9%）、开阔视野与提高站位（71.4%）和学习、分享、交流工作经验（67.53%）人数较多。

按照从高到低进行排序，关于需要培训的工会知识和理解方面，依次为88.3%的人选择工会组织工作，79.2%的人选择工会劳动关系工作，67.53%的人选择工会服务保障工作。关于工会工作技能方面，依次为66.2%的人需要“有效沟通”方面的培训，49.3%的人希望得到“语言表达”的培训，“危机处理”方面有45.4%的人选择。超过半数的工会干部对工会组织工作、工会劳动关系工作、工会服务保障工作、“有效沟通”方面的知识有需求。

4. 培训评估分析

这一类型共设置了五个问题。关于参加过的工会干部培训满意度这一问题，42.8%（33人）的人表示非常满意，33.7%（26人）的人比较满意，8人（6.1%）选择一般。其中，80%以上的人对培训计划、课程内容、授课教师、管理模式满意。

在课程教学形式上学员们更满意的方式是讲解讲授（40.2%）、案例分析（35%）以及模拟训练（20.7%）。而对课程讲授方式而言，学员更加关注的是“强调案例，注重可复制、可操作”，这一项占比就达到了70.1%（54人）。

本次调研中我们专门设置了一个非常重要的问题：“您认为工会干部培训成果有多少比例可以转化到实际工作中去?”对于这个问题，51.9%（40人）的被调查人员认为有50%的成果可以转化到工作中去，选择80%的占到总比例的48%（37人），可见我们的培训还是很有效果，对学员们的帮助很大。最后一个问题是关于培训是否有帮助，是否愿意参训，48%（37人）的人认为“非常有帮助，希望多组织各种培训”，37.6%（29人）的人认为“有较大帮助，乐意参加专项培训”。

（二）市、县级工会干部调研问卷数据统计与分析

1. 调研问卷数据信息统计

（1）年龄特征：

序号	年龄段	人数	百分比
1	25 岁以下	8	8
2	26～35 岁	48	45
3	36～50 岁	42	39
4	51 岁及以上	8	8

参加培训的工会干部年龄大部分为 26～35 岁这个阶段，其次是 36～50 岁年龄段，这与国有企业调研问卷呈现的数据有所不同。

（2）性别特征：参加问卷调查的男性为 32 人，女性为 74 人。男女比例为 2∶5（大致比率），女性工会干部居多。

（3）学历特征：

序号	学历	人数	百分比
1	中专（高中）	3	3
2	大专	14	13
3	本科	89	84
4	硕士及以上	0	0

参加培训的工会干部学历绝大部分为本科。

（4）政治面貌：中共党员 63 人，占比 59.4%；共青团员 5 人，占比 4.7%；群众 38 人，占比 35.8%。

（5）工会类型：机关、事业单位 97 人（91.5%），国有企业 5 人（4.7%），社会化工会工作者 18 人（16.9%），其他 2 人（1.8%）。

（6）担任工会干部类型：专职工会干部有 25 人，占比 23.5%，兼职工会干部有 81 人，占比 76.4%，兼职工会干部的比重较大。

（7）担任工会干部的年限：

序号	年限	人数	百分比
1	不满1年	44	42
2	1~3年	28	26
3	3~5年	19	18
4	5~10年	12	11
5	10年以上	3	3

从数据可以看出，大多数工会干部从事工会工作的时间不长。

2. 培训现状分析

关于培训现状主要设计了三个问题，分别了解工会干部们参加培训的次数、参加过哪些类型的培训和希望去哪里进行培训。调查结果显示，有53.7%的人参加过3~5次的培训；79.2%的人参加的是专题培训；43.3%的人希望培训地点在省内，42.4%的人希望到省外进行培训，差距不大，希望线上培训的人数较少，为15人，占14.1%。

3. 培训需求分析

根据调研结果，有46人选择了希望每次培训时长为2~3天，占比为43%，并且有55人，即51.8%的学员希望培训安排在7~9月。

另外，关于更喜欢的教学方式，有39.6%的人选择讲解讲授（42人），17.9%的人选择案例分析（19人）。关于培训考核方式，33.1%的人倾向于书面培训总结体会，20.7%的人倾向于PPT形式交流培训总结。

关于参加培训的原因，本次调查显示，提升工作履职水平（91.5%）、开阔视野与提高站位（85%）和学习、分享、交流工作经验（50.9%）人数较多。

按照从高到低进行排序，关于需要培训的工会知识和理解方面，63.2%的人选择工会服务保障工作，52.8%的人选择工会劳动关系工作，51.8%的人选择工会组织工作，49%的人选择工会财务工作，职工民主管理和互联网+工会工作占比相同，为48.1%。关于工会工作技能方面，69.8%的人需要"有效沟通"方面的培训，63.2%的人希望得到"语言表达"的培训，"情绪管理"方面有42.4%的人选择。超过半数的工会干部认为需要对工会服务保障工作、工会劳动关系工作、工会组织工作、"有效沟通""语言表达"方面的知识进行培训。

4. 培训评估分析

这一类型共设置了五个问题。关于参加过的工会干部培训满意度这一问题，66%（70人）的人表示非常满意，28.3%（30人）的人比较满意，5人

（4.7%）选择一般。其中，80%以上的人对培训计划、课程内容、授课教师、管理模式满意。

在课程教学形式上学员们更满意的方式是讲解讲授（42.4%）、案例分析（16%）以及模拟训练（16%）。而对课程讲授方式而言，学员更加关注的是"强调案例，注重可复制、可操作"，这一项占比就达到了51.8%（55人）。

关于"您认为工会干部培训成果有多少比例可以转化到实际工作中去?"这个问题，63.2%（67人）的参与问卷调研人员认为有80%的成果可以转化到工作中去，选择50%的比例为16.9%，可知培训对学员们的帮助很大；关于培训是否有帮助，是否愿意参训，50.9%（54人）的人认为"非常有帮助，希望多组织各种培训"，29.2%（31人）的人认为"有较大帮助，乐意参加专项培训"。

四、工会干部教育培训的特点和存在的问题

通过问卷统计分析，我们明晰了工会干部们对教育培训工作的共性关注和个性需求，梳理了工会干部教育培训的特点和存在的问题。

（一）工会干部教育培训的特点

1. 教育培训工作得到广泛认可

工会干部们对于当前的教育培训工作给予了积极肯定，普遍认为教育培训工作制度计划完善，管理规范，课程内容丰富、与时俱进，并且结合实际、有针对性，提供了较为实用的指导和帮助。充分体现出无论是组织培训的各级工会组织、工会干部院校、培训机构还是参训的单位和学员，对培训工作的高度重视。

2. 培训需求呈现多样化特征

大多数工会干部的培训需求较为迫切，希望通过培训不断提升自身的综合素养和业务能力。在培训内容的关注点上，大多数工会干部更倾向于管理理念、专业业务技能、沟通技巧方面的内容，但同时，其他选项也受到了不同程度的关注，培训需求总体上呈现出了多样化和个性化的特征。

3. 培训项目的实用性最受关注

参加培训的工会干部们更为关注培训项目的实用性，普遍希望通过案例分析、讲解讲授的方式，接受更具实操性的培训指导。

4. 工会干部自我提升的意识和要求更加迫切

工会干部们对于自身素质和能力的提升要求更高了，大多数人是为了提升工

作履职水平、开阔视野与提高站位以及学习、分享、交流工作经验来参加培训，并且非常乐意和希望多组织各种具有有效性和针对性的培训。

(二)工会干部教育培训存在的问题

1. 兼职工会干部较多，流动性较大，变更成为常态

调查数据显示，两家国企兼职工会干部达到了75.3%之多，两个市、县级兼职工会干部占比多达76.4%，81人。调研中发现，大多数工会干部(尤其是基层一线工会干部)往往身兼数职，工作繁忙，很难抽出时间参加培训或者抽更多的时间专注于工会理论知识、业务知识的学习，这种现象可能导致一些工会组织力量薄弱，存在组织不健全、维权不到位、活力不强、作用发挥不明显、职工群众不够满意等问题。

2. 培训的有效性和针对性有待加强

工会干部通过参加培训，不仅能够学习理解政策理论、专业知识，而且能够将所学所思所悟应用到日常工作中去，解决实践中遇到的疑难困惑，为更好地开展工作奠定坚实的基础。根据工会干部对培训需求的数据分析，国企和市、县级工会(包括机关、事业单位、社会化工作者)干部因为所在单位类型、工会组织规模、岗位专兼性质、工作年限、年龄学历等因素的不同，对培训的需求也有所不同。在培训内容上，针对不同班次、不同培训对象设置的课程内容和结构以及专业化培训的课程开设不够优化。在教学过程中，学员们仍处于被动接受的地位，有的认为讲授的内容与工作和自身的需求还存在差距，导致学习的积极性、主动性不高，难以达到参加培训的应有效果。在师资队伍建设上，存在高素质专业化师资力量薄弱情况，有的教师讲课偏重于说教，缺少吸引力等。目前，多数工会干部骨干师资后备力量储备不足，难以满足新时代工会干部对教育培训的新要求。同时，教师参加培训或业务进修的机会不多，在完善和更新知识、提高教学科研水平方面还有一定的难度。

3. 培训形式的多样性和创新性有待增强

根据问卷中工会干部的基本情况分析，工会干部在年龄上36～50岁占比分别为53.2%和39.6%，学历上本科占比分别为84.4%和83.9%，表明工会干部中青年较多，并且都具有较高学历，在知识储备与认知、学习能力方面具备了一定的水平，对培训课程内容、培训方式、授课教师、管理模式等方面都有很高的要求。然而现有的培训多数仍然采用较为传统的教师讲授为主的形式，不能完全满足新时代工会干部的期待和需求。

4. 线上学习系统的需求不明显

工会干部们对于线上学习的需求不够明显，线上学习的受关注度偏低。目前，工会干部培训采用较多的仍是传统的面对面模式，但随着网络信息技术的飞速发展，面对工会干部的专业化个性化需求或发生因特殊原因而无法开展实地培训的情况，我们还需要进一步探索和拓展更多的教学模式。

五、优化工会干部教育培训的对策与建议

科学谋划、创新管理、务实进取，努力推动工会干部教育培训工作高质量发展。

（一）学以致用，按需施教，充分调动学员学习的积极性、主动性

基层工会干部工作多任务重，相对来说外出参加培训、听课学习的机会不多，有的培训脱离了工会干部的需要，或者太高深，太理论化，会造成干部们的参训积极性和主动性有所下降。在工会干部培训工作中，学员是学习的主人，只有干部们对终身学习的认识提高了，自觉性增强了，主动积极地参与培训，培训工作才有活力，才能取得较好的效果。

（二）更新培训内容、改进培训方法、提高师资队伍水平

培训内容要做到与时俱进，紧扣时代脉搏，提高工会干部们对政策的理解和把握能力，深入基层、深入一线积极开展调研，根据工会干部的不同需求推出菜单式课程供选学；改进教学方法，提高学习效率。探索开展案例式、情景式、研讨互动式教学和现场教学等多种新型教学模式。将讲授式、互动式、体验式、案例式、情景模拟式等多种教学方式相结合，从而使课程设置既有规定动作，又有自选动作，既注重创新形式，又注重教学效果，进而形成一个多样有效的培训课程体系。[①] 积极采取措施强化教师的整体素质，以达到共同提高培训质量的目的。组织工会院校教师到中国劳动关系学院等优秀院校参加培训和进修，更新知识。同时，创造条件，加大力度安排教师参加基层工会实践锻炼，参与工会工作调研、科研课题研究等，不断提高教师的政治、思想和业务素质。

---

① 代金宝．增强干部教育培训工作针对性和实效性的路径——以中共阜新市委党校为例［J］．开封文化艺术职业学院学报，2021（8）：89－91.

（三）加强上级工会对下级工会的指导

着力解决基层工会人少事多、编制不足、经费紧张等困难，积极争取党委支持，充实专职工会干部力量。同时，面对工会职能拓展、任务加重、难度加大的客观现实，专兼职工会干部都必须热爱工会工作，加强学习，提高自身素质，提高工作能力和水平，真正履行好自己的职责。

（四）探索创新培训形式，采用多种方式推进线上培训

根据兼职工会干部居多、工作繁忙的特点，使工会干部在兼顾工作的同时，获得更多参训机会。首先，充分发挥网络平台的作用，整合、开发线上教学资源，举办线上各类专题培训班次，扩大培训覆盖面。其次，将部分培训班次纳入省、市级干部在线学习网络平台，供工会干部及其他类型干部学习，扩大培训辐射面。最后，增加培训设施设备投入，使用线上会议、线上课堂等APP应用软件，开展直播培训，使培训更具互动性，进一步丰富线上培训形式。对于基层工会干部需求较大的培训，还可以与各级工会合作开设教学点，以便工会干部就地、就近参加培训。

参考文献：

[1] 学习语丨好干部是选拔出来的，也是培育和管理出来的［EB/OL］. 中工网，2023－09－06.

[2] 王东明：在中国工会第十八次全国代表大会上的报告［EB/OL］. 中工网，2023－10－14.

[3] 习近平. 高举中国特色社会主义伟大旗帜 为全面建设社会主义现代化国家而团结奋斗——在中国共产党第二十次全国代表大会上的报告［EB/OL］. 中华人民共和国中央人民政府网，2022－10－25.

[4] 习近平总书记强调的“神圣职责”［EB/OL］. 中工网，2022－06－27.

[5] 中国工会章程［EB/OL］. 中工网，2023－10－15.

[6] 全文来了！中国工运事业和工会工作“十四五”发展规划［EB/OL］. 搜狐网，2021－07－22.

[7] 2019—2023年全国工会干部教育培训规划［EB/OL］. 陕西工运学院，2021－01－22.

[8] 代金宝. 增强干部教育培训工作针对性和实效性的路径——以中共阜新市委党校为例［J］. 开封文化艺术职业学院学报，2021（8）.

对新时代国企干部教育培训的认识与思考

——以有效推进中国石油高质量教育培训实效性建设为例

傅殿戈

（铁人学院）

摘　要： 党的二十大在党和国家的发展历程中，具有里程碑式的重要意义。为以中国式的现代化实现伟大复兴的“中国梦”指明了前进方向、擘画了美好前景，更是为新时期党的教育培训事业，特别是新时期国有企业的教育培训工作明确了新目标、作出了新部署、提出了新要求。文章从对党百年来干部教育培训的回顾与梳理，对新时期干部教育培训形势的认清与体悟，对当前国企干部教育培训的审视与把脉，对新时期做好干部教育培训的感悟与探讨等四方面，结合学习和工作体会，进行了较为深入系统的研究与思考，具有较重要的理论意义与实践价值。

关键词： 中国石油　高质量教培　实效性建设　认识与思考

教育是党之大计、国之要务。党的二十大报告，从“实施科教兴国战略，强化现代化建设人才支撑”的高度，对“办好人民满意的教育”作出专门安排部署，凸显了教育的基础性、先导性、战略性、全局性地位。5 月 29 日，习近平总书记在中共中央政治局第五次集体学习时指出，建设教育强国，“是以中国式现代化全面推进中华民族伟大复兴的基础工程”，要“以教育之力厚植人民幸福之本，以教育之强夯实国家富强之基，为全面推进中华民族伟大复兴提供有力支撑”。[①] 习近平总书记的重要讲话阐明了现阶段建设教育强国的重大意义，指明

① 加快建设教育强国 为中华民族伟大复兴提供有力支撑［EB/OL］. 人民网，2023－05－30.

了教育强国建设的总体前进方向。

一、认识与思考之一：对党百年来干部教育培训的回顾与梳理

（一）始终体现时代性和具有前瞻性是干部教育培训的基本方向

建党初期，为了更好地开展工农运动并有计划、有步骤地培训培养干部队伍，我党设立了“工人夜校”、农民运动讲习所和各种各样的长短期训练班，有针对性地提高革命工农群众的思想觉悟和全党的理论实践水平。抗战时期，为了彻底清除教条主义影响，在全党确立马克思主义思想路线，我党开展了以整顿党的作风为主要内容的干部教育培训工作。新中国成立后，为了适应党的工作重心由农村向城市、由革命向建设的根本性转变，我党对各级干部进行了比较集中、比较系统的马克思主义理论教育和治国理政能力的培训，尤其是针对当时干部文化素养偏低、专业知识缺乏、基础理论不足、理论实践脱节等实际情况，注重突出文化知识、专业技术、基础理论、具体实践的培训，并取得了明显成效。“文化大革命”结束以后，拨乱反正成为当时干部教育培训的主要内容，干部队伍的整体面貌有了新的起色。党的十二大以后，为了全面适应社会主义现代化建设和干部队伍“四化”的需要，干部教育培训开始步入系统化、正规化、实效化的轨道。进入21世纪，党中央根据新时期的形势任务，提出大规模培养培训干部、大幅度提高干部队伍素质的战略构想，强调把加强党的先进性建设、执政能力建设、领导能力建设等作为干部教育培训的重点。在党的十九大上，习近平总书记明确指出，要建设高素质专业化干部队伍，注重培养专业能力、专业精神，增强各级干部适应新时代中国特色社会主义发展要求的能力。在十九届一中全会上习近平总书记进一步强调，要注重专业知识、专业能力、专业作风、专业精神的统一，努力打造又博又专、推陈出新、持续改进的素养结构，并要求各级领导干部努力学习各方面各领域知识，努力在实践中增长才干，加快知识更新，优化知识结构，拓宽眼界和视野，着力克服本领不足、本领恐慌、本领落伍的问题，使专业素养和工作能力始终能够跟上时代发展节拍；要坚持干什么学什么、缺什么补什么的原则，有针对性地掌握做好领导工作、履行岗位职责所必备的各种专业知识，努力使自己真正成为行家里手、专业人员、内行领导。可以说，纵观百年党史，干部教育培训工作必须把适应我党的历史方位的新变化，适应党和国家工作的新发展，适应干部队伍建设的新要求作为根本出发点和落脚点，这是基本方向和基本要求。

（二）始终突出理论学习和党性教育是干部教育培训的重中之重

长期以来，马克思列宁主义是我们立党立国的根本指导思想和改造主、客观世界的强大思想武器。中国共产党一百多年的发展史，就是马克思主义中国化、时代化、大众化、普及化的思想理论教育史、学习史、传承史、创新史。中国共产党的建党特色就是始终注重从思想上建党，而思想建党最关键的环节就是坚持用马克思主义的基本理论武装干部头脑。邓小平曾反复强调："每一个干部都要把党性放在第一位。"① 习近平总书记指出："马克思主义理论素养是干部的看家本领，是我党克敌制胜的根本法宝。缺乏马克思主义理论素养的干部，不能是合格的成熟的干部。"② "需要在干部培训工作中，更加突出坚定信念的教育、更加突出锤炼党性的教育，培养和造就高素质的干部队伍。"③ 从一定意义上讲，坚持理论武装和党性教育是我们党区别于世界一切政党的根本政治优势。为此，习近平总书记明确指出："我们党要在中国长期执政，必须源源不断培养造就一大批德才兼备的执政骨干。"④ 持续不断培养造就德才兼备、能力突出的执政骨干，促进全党不断提高思想政治理论水平，是我们党永葆生机活力、引领社会加快发展的重要保障。从一定意义上讲，坚持理论武装和党性教育在国际社会上也经常被看作我们党成功的"秘密武器"。当今世界没有哪一个政党能够像我们党这样重视干部教育培训工作，能够充分发挥理论武装和党性教育在党和国家事业中的独特作用。特别是，一直坚持从中央到地方建立完善党校工作体系，专门进行党的各级干部的教育培训，是我们党的特色所在和独到之处，为党基业长青提供了坚强保障。可以说，纵观百年党史，在干部教育培训的框架体系中，理论武装和党性教育是根本特色也是重中之重，始终用发展着的马克思主义理论武装干部、培养干部是我党贯穿干部教育培训始终的一条红线。

（三）始终注重联系实际和学以致用是干部教育培训的根本导向

中国共产党是建立在马克思主义基础上的政党，中国革命建设的过程就是马克思主义基本原理同中国具体实际相结合的过程。马克思主义理论来自实践，学

① 邓小平文选：第二卷［M］．北京：人民出版社，1994：2.

② 参见《求是》杂志2023年4月1日第七期的《在中央党校建校90周年庆祝大会暨2023年春季学期开学典礼上的讲话》。

③ 习近平全国党校工作会议上的讲话［M］．北京：人民出版社，2016：47.

④ 习近平全国党校工作会议上的讲话［M］．北京：人民出版社，2016：7.

习马克思主义的根本目的在于实践，在于指导具体工作。马克思主义理论的这一基本特征，决定干部教育培训必须始终坚持理论联系实际、坚持实事求是、坚持一切从实际出发的学风，必须结合世情国情党情，结合百年未有之大变局。长期以来，密切联系中国特色社会主义实际，其最大特点就是立足实际，充分结合，学以致用。早在延安时期，毛泽东曾经针对当时干部教育培训不注重研究基本现状、不注重研究形势任务、不注重研究以往历史、不注重马克思列宁主义在实践当中的具体应用等脱离实际的问题，于1941年5月在《改造我们的学习》的报告中就明确提出："在职干部的教育和干部学校的教育，应确立以研究中国革命实际问题为中心，以马克思列宁主义基本原则为指导的方针。"① 这为干部教育培训工作及时明确了路径。当年"抗大"之所以闻名中外，其原因是多方面的，但最根本的原因还在于，"抗大"坚持了实事求是、联系实际的方针。邓小平认为，干部教育培训的内容"根本的是要学习马列主义、学习毛泽东思想，要努力把马克思主义的基本原理同我国的具体实践结合起来"。② 习近平总书记高度重视实事求是、理论联系实际，强调："学习的目的全在于运用。领导干部强化学习，根本目的是提升工作本领、增强解决实际问题的能力。"③ 可以说，纵观百年党史，是否坚持实事求是、理论联系实际的马克思主义学风，不仅是评判干部教育培训有无实际效果的重要准绳，也是评价干部教育培训得失、成败的基本标尺。

二、认识与思考之二：对新时期干部教育培训形势的认清与体悟

当前，做好中国石油的教育培训工作，首要的就是要聚焦新时代集团公司高质量发展对干部及人才队伍的新要求，认清形势任务，坚持问题导向，抓好顶层设计，实施精准培训，强化应用效果。为此，要始终认清行业发展面临的新趋势新挑战。

（一）党的决策部署对国有企业教育培训提出的新要求

一个时期以来，以习近平同志为核心的党中央坚持党要管党、全面从严治党的方针，狠抓各级党委、支部的主体责任落实，重点抓住干部这个"关键少

① 毛泽东选集：第三卷［M］. 北京：人民出版社，1991：796－797.

② 邓小平文选：第三卷［M］. 北京：人民出版社，1993：3.

③ 习近平谈治国理政：第一卷［M］. 北京：外文出版社，2018：1025.

数”，坚持把从严治党，把党风廉政建设和反腐败斗争进行到底，以踏石留印、抓铁有痕的劲头和锲而不舍、“永远在路上”的决心把党的各项建设不断引向深入。前不久，习近平总书记在中央党校建校90周年大会暨2023年春季开学典礼上强调指出：“党校始终不变的初心就是为党育才、为党献策”“坚守党校初心，就必须始终坚持从严治校、质量立校”“遵循最严格的政治标准、学术标准、教学标准、管理标准”“发挥了不正之风‘净化器’、党性锻炼‘大熔炉’，全面从严治党‘风向标’的作用。”① 因此，全国近20万个公有制企业、近190万个非公有经济组织，一方面需要进一步坚定理想信念、切实增强党性、遵守党的纪律、提高拒腐防变和抵御风险能力；另一方面，也需要不断增强党的意识、纪律意识、规矩意识、制度意识，提升党建水平、理论水平、政策水平和执政水平，特别是在新的历史时期，要按照党和国家的总体战略布局，按照打造过硬党员干部队伍的实际需要，按照党校事业必须始终坚持的政治站位，必须始终坚持的办学方向，必须始终坚持的严格标准，全面提高党校的工作水平，切实以高质量党建推动高质量发展。这对我们的党校教育培训提出了新的更高的要求。

（二）经济社会转型对各类企业教育培训提出的新挑战

当前，我国经济社会发展已经进入全新的历史阶段，转变经济发展方式刻不容缓，传统的吃资源饭、环境饭、子孙饭的发展模式势必让位于以创新驱动、转型升级，对标先进、提质增效为主要特征的科学化、可持续、包容性、高质量的发展。在这种情况下各级党务干部、管理人员、劳模工匠、技能人才、岗位骨干以及在校师生，如果对发展过程中出现的新趋势、新情况和亟须解决的新矛盾、新问题不了解、不学习、不思考，就可能出现习近平总书记一再强调指出的“本领恐慌”。这就要求我们在教育培训及自身建设中，应以有效解决切实存在的问题为导向，以针对性和实效性为抓手，提高受教者理论指导实践的能力，战略谋划布局的能力，统筹兼顾各方的能力，持续推进创新的能力，应对复杂问题的能力等。这对我们的教育培训，特别是对各级干部、各类人才务实管用专业化能力提升的教育培训提出了新的更高的要求。

（三）中国石油锚定一流对所属企业教育培训提出的新挑战

按照党的二十大的部署要求，集团公司明确提出要锚定“建设世界一流综合

---

① 在中央党校建校90周年庆祝大会暨2023年春季学期开学典礼上的讲话［EB/OL］. 人民网，2023-03-31.

性国际能源公司”的战略目标不动摇，着力发展主业，着力改革创新，着力从严治企，着力防控风险，着力铸根塑魂，更加突出“世界一流”的目标追求；更加突出“综合性”的自身优势，做到油气业务和其他业务协同共进、国内业务和国际业务协调发展、产业发展和金融业务融合互促、实体企业和投资公司相互并进；更加突出“能源公司”的产业特征，坚定不移做强做优做大油气业务，加快布局发展新能源、新业态，努力构建多能互补崭新格局。在这个战略目标、全新格局中，集团公司特别强调人才的作用，指出要“在人才强企上见到新气象”“建设堪当打造世界一流重任的干部队伍和人才队伍”。作为中国石油的所属企业及办学单位，在推进集团公司国际化进程中，我们无论是全力打造专业人才队伍，推进各项业务提档升级，突出特色优势、确保协调发展；还是倾力育人铸魂，为全面实现国际一流的宏伟蓝图做好人才储备，使命在肩、责无旁贷。这对我们的教育培训提出了新的更高的要求。

（四）互联网迅猛发展对所有企业教育培训提出的新挑战

一方面，移动互联网、智能终端、云计算、大数据、物联网等新一代信息技术的迅猛发展带动众多产业变革创新。2015 年 7 月，国务院印发《国务院关于积极推进“互联网 +”行动的指导意见》，意味着我国已将互联网与传统行业的融合创新上升至国家战略层面。教育培训产业因此也正在经历一场由互联网及移动互联网所主导的深刻变革，催生出网上学习、移动学习、微信学习、远程直播、慕课、翻转课堂等多种线上培训新模式，带来了教育技术的革新，更引起了教育观念、教培方式等方面的深刻变化。这既给我们提供了舞台，又带来了挑战。据统计，截至 2023 年 5 月，我国网民规模已经达到 8.89 亿，互联网普及率为 67.8%。网络空间的社会生态已然形成，以微信、微博、微门户为轻微载体的信息聚合平台，成为公众舆论和社会舆论的集散地，各种思潮引发人们思想的多元化，对我国的社会主义精神文明建设造成一定冲击，给我们育人办学，更加具有针对性、实效性开展理想信念、优良传统以及科学知识的教育培训提出了新课题。

再加上改革进入攻坚期，国有企业的自身属性决定了对各级干部，特别是领导干部除了要承担推动企业健康有序可持续发展、促进国有资本保值增值任务的经济责任外，更要承担贯彻落实党的路线方针政策和国家战略部署、维护国家经济安全、能源安全、改善民生的政治责任，以及依法经营、合规管理、节能环保、自主创新和社会公益等方面的社会责任。对领导干部更加均衡、更加协调、更加有效推动各方面工作的要求更高了。

通过对国有企业干部队伍教育培训所面临的形势任务的剖析，可以看出，当前国有企业在干部教育培训上有两个比较集中的问题：一方面要突出对干部理论修养、政治修养和党性修养的提升，增强政治定力；另一方面也要加强战略思维、创新思维、辩证思维、法治思维、底线思维的提升，强化专业能力。只有两者兼顾，才能随时代同行、与大局共振。

三、认识与思考之三：对当前国企干部教育培训的审视与把脉

概括来讲，主要有四方面问题。

（一）教育培训角色的归属性和政治性不够

可以说，自从我党诞生之日起，教育培训工作独特的角色定位就深深打上烙印并贯穿始终。但个别企业仍存在重业务、轻政治，重实操、轻理论，重行政、轻党务的现象，教育培训的“角色感”，以及由这种角色所衍生的归属性和政治性不够。

（二）教育培训机制的激励性和实效性不够

存在为了完成任务而培训、为了规避考核而培训的现象，教培理念、教培体系、教培工作与干部的使用管理一定程度地相互脱节。虽然一些企业也在相关制度中明确将培训作为干部考核任用的基础条件，但在具体执行过程中还存在重业绩轻培训的倾向，使得教育培训其内在的激励性和实效性不够。

（三）教育培训运营的专业性和规范性不够

大部分国有企业初步建立了教培管理制度，并按年度制订干部教育培训计划。但在具体操作过程中，一些企业没有很好地根据自身发展战略、人才培养规划及岗位能力要求等进行科学、全面、细致的教培需求调研，导致教培计划针对性有效性欠缺。教育培训在一定程度上“随意性”和“自由度”较大，专业性及规范性不够。

（四）教育培训效果的产业性和价值性不够

个别企业在教育培训实践中，没有很好地做到从实践中来到实践中去，课程

体系仍未能有效嵌入工作场景、融入岗位实践、深入业务环节，还没有形成贯穿课堂内外、融合教学科研、衔接理论实践的教培链、产业链和价值链。

四、认识与思考之四：对新时期做好干部教育培训的感悟与探讨

主要有三方面。

（一）强化全流程全过程管理，形成管控闭环

紧跟形势任务发展需要，紧跟集团改革发展实践，紧跟创建一流企业要求，增强历史自觉、把握职责定位，持续推进干部教育培训运营管控体系的规范化、专业化、制度化。在需求分析阶段，紧扣集团公司发展战略对各级干部素质能力的需要，加强调查研究，准确把握组织需求、岗位需求和个人需求，从中找方向、找目标、找任务、找措施，并形成需求目标，制定分类教培大纲。在方案设计阶段，力争做到“两全”，即实现学员教培周期的训前、训中、训后全覆盖，学员、讲师、教培管理者全参与。在项目实施阶段，注重调动和引导讲师与学员互动交流，实现“学习”“反思”“行动”“总结”的良性循环与管理闭环。在效果评估阶段，有针对性地分析学员对所学知识技能的掌握程度及应用情况，研判教培对企业发展战略、重点业务及关键素质能力提升的支撑与助力作用。通过标准化、科学化的评估，切实把推进创新发展能力细化为干部的岗位履职能力，不断增强干部教育培训的针对性和实效性。

（二）加大讲政治讲党性力度，突出党校姓党

坚持姓“党”本色、体现姓“党”要求，是党校价值所在、使命所在。习近平总书记深刻指出：“党校姓党是天经地义的要求”“党校不姓党，或者不能很好姓党，就不能完成党所赋予的庄严使命”。① 当前，在教育培训内容上，国有企业应当切实按照习近平总书记的指示要求，进一步突出党的基础理论教育和党员党性教育的主业主课地位，坚持把理论武装放在首位，坚持高水平、高端化打造入脑入心、启智润心的主打课程，高站位、高水准发挥党的思想理论教育培训主阵地作用，高品质、高起点提升管理服务水平。在举办的各类主体班次中，强化理论教育和党性教育专题，找准干部实际工作的需求点、思想认知的渴求

① 习近平全国党校工作会议上的讲话［M］. 北京：人民出版社，2016：13.

点、学以致用的发力点，系统地而不是零碎地、深入地而不是肤浅地学习领会习近平新时代中国特色社会主义思想，把握精神实质，强化转化应用，尽快见到实效。进一步围绕党的重大理论和实践问题，突出党章、党的宗旨、党风廉政建设等教育，充分发挥红色教育基地的震撼作用、先进典型的示范作用、反面案例的警示作用，努力使党的思想理论和党性教育不仅能够教育人、影响人，更能够改造人、提升人。切实增强企业领导干部的政治信仰，强化政治担当，更好地补齐自身的短板弱项，提升专业本领，服务党和国家发展大局。在教育培训形式上，把线上线下学习有机结合，强化学习效果。一是建立“在线党校”，实现线上线下“一条线”“两促进”。即以融手机 APP、PC 端等多种链接为一体的方式，开辟针对不同群体的学习区域，营造随时学习、按需学习、互补学习的氛围。二是通过“三微两端”形式，构筑党建“移动知识库”，即开发微图、微文、微视频、FLASH 动画、H5 互动网页等新型微课程，便于学员运用手机 APP 快捷、高效地学习和应用转化。三是围绕“热点难点”问题，打造交流互动“大课堂”，即围绕形势任务、时政热点，开展大型论坛并全程直播。邀请政府部门领导、中央党校教授、知名专家学者等作为主讲嘉宾，针对国家面临的形势和最新政策，通过主题报告、在线直播等形式，帮助学员全面把握最新政策要点。在教育培训方法上，通过体验式学习引发学员情感共鸣和思想认同，做到以理论清醒保持政治坚定，以思想自觉引领行动自觉。

（三）着力新生态新模式建设，促进提档升级

首先，构建线上线下紧密衔接的新生态，促进学习转化。一是线下培训，可采取学员共创工作坊模式，萃取企业内部专家经营管理智慧并分享传播，有效解决实际工作中面临的问题。二是线上培训，可整合 PC 在线（E－学习）、手机 APP（微学习）、微信公众号（轻学习）、直播课堂（快学习）四位一体的信息化学习平台，与线下培训有效集成，形成“虚实结合、多元一体”的立体化、便捷式教培格局。三是线下非正式培训，根据人才培养需求，采取内部专业辅导师、外部教练等相结合的辅导方式，并辅之以学员之间的交流互动，确保学习效果。四是线上非正式培训，可通过正式、在线、实践等多种方式和渠道实现随时随地随需的学习。同时，也可以将个人所知、所会、所用通过多种方式和渠道实现随时随地随需的分享和交流。进而，从传统的单一线下正式学习生成到线上正式学习、线下非正式学习、线上非正式学习的学习生态网络，营造无所不在的学习环境。其次，创新团队学习链接新场域，促进知行合一。在能力发展上，结合

新时期各级干部的知识空白、经验盲区和能力弱项，创新应用行动学习、场景学习等方式，科学制订培训方案，帮助干部正视问题、解决问题、破解难题，加快知识更新，促进能力转化，强化运用效果。最后，打造全新教育培训新产业，促进优势发挥。大庆精神（铁人精神）是纳入我党精神谱系的宝贵财富和红色经典，是中国石油的企业精神，加快“大庆精神+”产业孵化平台建设，对于我们推进新时期高质量教培实效性建设具有重要意义。可以说，“大庆精神+”的意义首先就是在一定的区域内用我们独特的政治优势和精神资源实现沟通、链接和凝聚，同时还可以用这种独一无二、历久弥新的精神富矿促进凝心聚力、品牌建设和经济增长，形成具有中国石油自身特点的发展模式，进而实现更好的跨界融合，推动集团公司教育文化事业乃至各行业优化、增长、创新、新生。从一定意义上讲，这种新的经济增长模式、办学育人模式不仅仅是一种工具，更是一种能力，一种创生，一种新的DNA。习近平总书记高度重视红色精神文化的保护与传承，并强调指出：“要把红色资源利用好，把红色传统发扬好，把红色基因传承好。”① 从教育培训实效性的角度看，在现时段大庆精神只有从无形到有形，从深奥到通俗，从抽象到具体，才能更加生动、直观、可感，才能更好地转化为推进企业创新发展实实在在的宝贵资源和现实的生产力。具体讲就是“三个进一步”。一是进一步使大庆精神人格化。就是大力度、高频次、有重点地宣传推介王进喜、王启民、李新民三代铁人的突出事迹，在集团上下持续营造学铁人、立新功的浓厚氛围。坚持开展功勋员工、杰出员工、“石油工匠”和“最美石油人”等先进人物评选，搭建更广阔的平台，不断培育壮大传承优良传统、体现时代特征的英模群体。二是进一步使大庆精神通俗化。正如列宁所说：“最高程度的马克思主义就是最大限度的通俗易懂。”② 可多运用“讲好中国故事”“讲好红色故事”“讲好大庆故事”的方式，多采取广大受众喜闻乐见的方法，多借助网络、手机等新兴媒体，激发受教者的参与热情、感悟热情，做到精准有效、靶向施教，打通“最后一公里”。三是进一步使大庆精神具体化。就是现时段传承弘扬大庆精神，必须落实到企业发展的实践中、体现在员工队伍的行动上，应在“六个更加突出”上下功夫，即更加突出精神品质的传承，更加突出跨界资源的融合，更加突出办学定位的精准，更加突出综合育人的需要，更加突出品牌效应的形成，更加突出提档升级的自新。据调研，就办学来讲，红色经典教育培训越

① 扎实推进依法治军从严治军［N］. 中国青年报，2014－12－16.

② 列宁全集：第三十六卷［M］. 北京：人民出版社，1959：467.

来越受到广大受众的欢迎，一些特色突出的红色传统教育地区，基本上每年都达到几十亿元乃至上百亿元的收入。比如，井冈山市通过大力开发红色资源，优化了经济结构，提升了民生品质，实现了社会效益与经济效益双丰收、两促进。全市每 4 个人就有 1 人与红色资源的开发、保护、利用直接相关，人均年收入达 3 万元，比城镇居民人均可支配收入高出 17.5%。仅 2015 年总收入就达到 108.06 亿元，形成了“红色旅游 + 教育培训”的特色发展模式。在这一模式的带动下，全市批发、零售、餐饮、住宿等行业繁荣稳定，商贸经济快速发展，年社会消费品零售总额完成 18.8 亿元，年增长达 13.5%。可以说，井冈山、延安、遵义等地区的先进做法，为新形势下中国石油打造全新教育培训新产业，促进优势发挥提供了许多有益的启示。

毛泽东同志指出，政治路线确定后，干部就是决定的因素。国有企业干部教育培训是一项系统性、长期性的工作，需要与时俱进、开拓创新，需要在实践中总结经验、持续提升。当前，世界百年未有之大变局正加速演进，中华民族伟大复兴已经进入不可逆转的历史进程。强国必先强教，中国式现代化需要教育现代化的有力支撑。面对新情况新挑战，国有企业应顺应新形势新任务要求，进一步探索干部教育培训内在规律，不断创新驱动、踔厉奋发，努力为保障国家能源安全，创建世界一流企业持续作出高水平贡献。

参考文献：

[1] 曾维伦．新时代党的思想建设与理论武装［M］．北京：中共党史出版社，2018.

[2] 本书编写组．党的十九大报告辅导读本［M］．北京：人民日报出版社，2017.

[3] 本书编写组．党的二十大报告辅导读本［M］．北京：人民日报出版社，2022.

从四个维度探析工会干部学校改革转型

——以四川省总工会干部学校为例

管　雷　刘志荣

（四川省总工会干部学校）

摘　要：从历史层面看，工会干部学校有着悠久的光辉的历史。从现实层面看，在改革大背景下，工会干部学校正面临着改革转型，尤其是要重视转型为劳模工匠学院的可能性，教研室随之职能职责将发生变化。从理论层面分析，讨论了教研室教学目标重塑、教师队伍建设、学科建设、教学方向转变、教师业务培训、教学目标考核、阵地建设等面临的问题及改革转型路径。从实践层面看，四川省总工会干部学校教研室不等不靠，与党建工作深度融合，扩大职工教育培训覆盖面，提升科研能力和资政水平，重点关注劳模工匠群体，更加论证了建立劳模工匠学院的可行性和有效性。

关键词：工会干部学校　教研室　改革　转型　工匠学院

一、从历史层面回顾工会干部学校的光辉历程

工会干部学校是中国共产党领导下的工运事业重要组成部分，是工会大系统中的一个重要的子系统。工会干部学校始终围绕中心、服务大局，培养输送了一大批优秀人才，有着光辉的发展历史。

（一）1919—1949 年，为党的革命事业培养工人运动骨干

1920 年，上海共产主义小组创办了最早的工人学校，北京共产主义小组创

办了劳动补习学校。中国共产党一成立就高度重视工会干部培训，党的一大指出："工人学校应逐渐变成工人政党的中心机构。"党的五大提出："党应该选择很好的工人同志，办一高等职工运动学校，养成高级的干部人才。"1939 年 3 月，中国共产党创办了第一所工会干部学校——延安工人学校。周恩来与刘少奇先后到延安工人学校为工会干部授课。在大革命时期和延安时期，还编写了工会干部教育培训教材。毛泽东曾指出："工人中间应该教育出大批的干部，他们应该有知识，有能力，不务空名，会干实事。没有一大批这样的干部，工人阶级要求得解放是不可能的。"①

（二）1949—1978 年，为新中国培养懂城市管理和生产建设的工会干部

1949 年 9 月，经党中央批准，华北职工干部学校改组为中华全国总工会干部学校。之后，各地和产业相继成立工会干部学校，到 1955 年，成立省级总工会干部学校 24 所。1956 年年初，全总颁布了《干部训练工作七年规划》，有效地提高了工会干部的理论、业务和文化水平。

四川省总工会干部学校前身为 1949 年 12 月在重庆创办的重庆工人政治学校，这一时期为了筹建各厂矿企业工会组织，迅速把工人阶级组织起来，迎接面临的政治经济任务，主要调训了各厂矿涌现出来的积极分子，为即将建立的基层工会组织进行干部准备，经过培训以后，使之在筹建工会、协助接管和恢复生产中发挥积极作用，打开工作局面。到 1951 年 6 月，共培训 1.2 万余名工人积极分子和工会干部。

1951 年 7 月重庆工人政治学校改为西南工会干部学校，面向西南云贵川三省，加大了培训工会干部和工人积极分子的力度。邓小平同志曾去学校视察，因江北任家花园与市中区隔着嘉陵江，要由轮渡过江，交通不便。邓小平同志说，为啥子选在这个地方，建议换一个地方建校。在邓小平的关心下，校址选在重庆杨家坪下石桥，占地 400 余亩，1952 年春搬迁。随着形势的发展，在各厂矿企业基层工会组织普遍正式建立起来并在工会工作中积累了一些经验的基础上，西南工会干部学校的培训对象由工人积极分子转向工会干部，主要对专职工会干部进行轮训。通过培训的学员，除相当一部分担任了基层工会组织的领导职务外，有不少人被评为劳动模范和选为人民代表。后来还有不少人担任了厂矿企业党政领导职务。1951 年 7 月至 1954 年 11 月，西南工会干部学校共培训工会干部 2096 人。

---

① 参见毛泽东《发刊词》（《中国工人》创刊号，1940 年 2 月 7 日）。

1953 年 4 月，四川省工会第一次代表大会召开，正式成立了四川省总工会。1954 年 11 月西南工会干部学校改名为四川省工会联合会干部学校，工作人员 113 人，干校教职工基本队伍阵容强大，教学力量较强，干校设置有教务处、组织科、行政科、办公室、政治理论教研室、工会建设教研室共六个部门。1954 年 11 月至 1958 年 6 月，共培训工会干部和积极分子 2697 人。1957 年迁往成都罗家碾，1959 年 4 月四川省工会联合会干部学校撤销，1966 年 2 月干校迁往灌县，此后，工会干部培训工作时断时续。

工会干部学校以解决实际问题为导向，培养既具有无产阶级世界观，又掌握专业知识和专门技术的工会干部队伍。

（三）1978—2012 年，培养适应社会主义市场经济要求的高素质工会干部

1983 年 10 月，中国工会十大提出：“要加强各级工会干部学校的建设。”1988 年，中国工会十一大指出：“各级工会和工会干部院校要加强工会干部的培训和教育，逐步形成体现工会干部教育特点的教育体系。”1989 年，地方工会干部院校已有 97 所。1991 年 4 月，全总出台了《关于加强工会干部院校建设的意见》。1978 年 4 月 8 日中共四川省委对四川省总工会党组请示批复同意恢复四川省总工会干部学校，1983 年 4 月四川省总工会干部学校（校址成都市青羊区方池街）正式恢复干部教育培训。

工会干部学校以岗位培训为基础，在教育培训的理念、内容和形式等方面进行大胆创新，为工会工作提供有力的人才支持和知识贡献。

（四）2012 年党的十八大以来，培养忠诚干净担当的高素质专业化工会干部

2014 年 4 月，全总出台《关于进一步加强干部教育培训工作的意见》，明确工会干部教育培训的主要内容、重点对象和目标要求，并就切实加强组织领导、完善制度机制等提出了具体意见。2017 年 10 月，党的十九大召开后，全总印发通知明确工会干部教育培训要坚持把学习贯彻习近平新时代中国特色社会主义思想摆在最突出的位置。建立工会干部院校每 5 年评估一次的制度，召开全国工会干部院校座谈会，每年举办 1 期骨干师资专题研修班，完善教材体系，积极推进网上培训，持续开展送教到基层，加大对兼挂职干部培训力度，等等。[①] 除此之

① 王利中，周忠良，石绍庆，等．中国工会干部教育培训百年发展历程及启示［J］．中国工运，2021（7）：59－63.

外，四川省总工会干部学校还加强了对劳模工匠的培训。

回顾光辉历史，无论时代如何发展，无论社会如何变迁，无论名称如何变化，工会干部学校必须坚持正确政治方向，当前要深入学习贯彻习近平新时代中国特色社会主义思想，尤其是深入学习习近平总书记关于工人阶级和工会工作的重要论述，学懂弄通做实。要围绕党和国家大局，提高政治站位，坚持改革创新，线上线下相结合，加大互动教学力度，练就高超本领，打造精品课程和教材。

二、从现实层面分析工会干部学校改革转型背景及可能

处在大变革时代，随着党和国家机构改革发展需要，工会干部学校也面临着改革转型发展。

（一）事业单位分类改革

工会干部学校属于事业单位性质，事业单位是国家为了社会公益目的，由国家机关举办或者其他组织利用国有资产举办的，从事教育、科技、文化、卫生等为国民经济和社会发展服务的社会组织，其人员使用事业编制，其经费由国家事业费开支。①《中共中央 国务院关于分类推进事业单位改革的指导意见》（2011年3月23日）正式发布②，按照要求2020年前，各地工会干部学校在事业单位分类中，有的划为公益一类，有的划分为公益二类。2019年12月四川省委编办批复四川省总工会干部学校为四川省总工会直属公益一类事业单位，业务范围为“负责全省工会系统的工会干部培训工作”。

（二）培训疗养机构改革

《中共中央办公厅 国务院办公厅关于党政机关和国有企事业单位培训疗养机构改革中事业单位机构编制调整的意见》（中办发〔2016〕60号）正式发布③，各地发布了实施方案。根据《四川省党政机关和国有企事业单位培训疗养机构改

---

① 参见中国机构编制网。

② 参见《中共中央 国务院关于分类推进事业单位改革的指导意见》(2011年3月23日)，国务院公报2012年第12号。

③ 参见《中共中央办公厅 国务院办公厅关于党政机关和国有企事业单位培训疗养机构改革中事业单位机构编制调整的意见》(中办发〔2016〕60号)，中国机构编制网。

革实施方案》（川委办〔2022〕10号）以及四川省培训疗养机构改革联合工作组印发《四川省党政机关和国有企事业单位培训疗养机构改革相关配套文件的通知》（川培改〔2022〕1号）要求，2023年，四川省总工会干部学校又开始经历新一轮事业单位机构改革。

改革的目的是进一步提高事业单位的服务能力和效率，适应新时代的要求和发展，助力国家经济和社会进步。精简机构、强化职能、创新服务方式、注重人才队伍建设、加强信息化建设等则是此次改革的一些具体措施。在这些改革措施中，与工会干部学校密切相关的、排在首位的则是精简机构。也就是说，工会干部学校面临着可能被精简、合并或转型的命运，工会干部学校的存在与否具有诸多的不确定性。

（三）工会干部学校改革转型的几种可能情况

从目前事业单位改革过程中呈现出的各种信息来看，就工会干部学校而言，所涉及的改革结果不外乎有以下几种：第一，工会干部学校保留下来。第二，工会干部学校改为劳模工匠学院。第三，其他，如江西省总工会干部学校合并到江西省委党校，云南省总工会干部学校合并成云南省工会共青团妇联干部学校，内蒙古工会干部学校改为内蒙古自治区工会事业发展中心（内蒙古工匠学院）等。从工会干部学校光辉历史和新时代党的工运事业来看，建议在工会干部学校基础上成立劳模工匠学院，把工会干部培训职能继续保留下来。

目前事业单位改革仍在进行中，随着时间的推移，最终结果也将显现。或许有人会说，着什么急，一切到时候再说。但我们认为应该要有一定的超前意识，做到未雨绸缪，特别是承担教学任务的部门——教研室。

教研室，作为工会干部学校的重要职能部门，承担着非常重要的教学工作，肩负着培养造就一批高素质专业化工会干部队伍的光荣使命，具有一定的部门核心作用。一直以来，在五尺讲台上，教师们兢兢业业，依据着工会干部学校的办学理念，发扬着工会干部学校的教育理念，传道解惑，为工运事业的发展贡献着力量。俗话说台上一分钟，台下十年功。如今若工会干部学校性质发生改变，那么教师的教育对象也必然会发生变化，进而教师的教学任务包括授课方向等都将面临调整，这样的话，教研室在教学管理方面就要跟上改革的步伐，针对教学工作任务及分配则需要设计一个提前量，这样才能符合教学规律，满足教师备课的时间需求，便于教师能保质保量地去完成新的教学任务。

鉴于此，下面仅就四川省工会干部学校改革转型中教研室职责职能转变从理论和实践两个维度进行论述。

三、从理论层面分析四川省总工会干部学校改革转型中教研室职责职能转变路径及应对

（一）针对当前工会干部学校状况，教研室面临的情况及建议

若工会干部学校保留下来，那么教研室可以按照工会干部学校以往的各种规章制度，认真履职。但从发展的眼光来看，教研室在履职中是存在着一定隐忧的。这种隐忧其一是源于教研室老师的年龄状况。目前教研室存在着教师老龄化严重、中青年骨干教师不足的问题。其二是源于教师的数量严重短缺，近几年退休教师增多。其三是源于教师授课课程的更新速度。随着时代的发展，工会干部教育培训内容变化较大，虽然现有教师按照各自的专业，确立了一些新的授课方向，但并不能完全满足教育培训对象的多层次、多方面需求。鉴于此，加快、加强教研室建设，就具有一定的迫切性和必要性了。解决这个问题，需要工会干部学校上级主管部门来作出一些顶层设计和制度安排。

（二）针对工会干部学校转型为劳模工匠学院方向，教研室面临的情况及建议

若工会干部学校转型为劳模工匠学院，那么教研室将面临前所未有的变革，特别是职责职能的转变。其一是要充分适应劳模工匠学院的办学理念；其二是要符合劳模工匠学院的教育目标；其三是要明确劳模工匠学院的教育对象；其四是要建立一支完备的教师队伍；其五是要设置科学的教学课程和教学内容；其六是要开展多形式的教学方式；其七是要建立实训基地等。

在这样一个大的前提条件之下，教研室将面临一些不可回避的问题并需要给出解决办法。

1. 教学目标重塑的问题及解决办法

教学目标体现在办学理念、教育理念和教育方向三方面。开展教学活动是教研室的主要工作职责，要以办学理念作为指导，然后秉持教育理念并沿着教育方向来进行。

一般而言，教学理念是依照办学理念而设。所以，办学理念是首先要明确的问题。工会干部学校是工会直属公益事业单位，在办学理念的指导下，工会干部学校的教学理念、教育目标也都非常明确，那就是发展工运事业，培养和造就一支高素质专业化工会干部队伍。如今，在国家事业单位改革这样一个大的历史背

景下，工会干部学校参与改革，希望适应新时代需要，转型为劳模工匠学院，这样，劳模工匠学院的办学理念较之工会干部学校而言，必将发生根本性的改变。这种改变也就意味着教研室的教学工作也将会发生并且必然会发生一系列变化。

从现有的全国工匠学院的建立情况来看，虽然各具特色，但基本上都有一个共同的办学出发点，那就是为大力弘扬和践行执着专注、精益求精、一丝不苟、追求卓越的工匠精神，培养和造就一支宏大的知识型、技能型、创新型产业工人大军。因为这种设计它是符合我国整体发展战略要求的。所以我们认为，建立劳模工匠学院，其办学理念也不外乎如此。而工会为了创新，在工匠学院之前再加上劳模这两个字，则意味着劳模工匠学院的办学理念还应具有弘扬劳模精神，甚至劳动精神的构架。办学理念明确之后，再通过群策群力等，来确立教育理念和教育方向。

2. 教师队伍建设的问题及解决办法

教师队伍是实现教学目标的保证。要实现一定的教学目标，教师队伍无疑是关键，因为教师是施教者（执行者），通过教师在政治思想、业务知识、技术技能等方面施教，才可能实现既定目标。

作为一个劳模工匠学院，应该有一个完备的教育体系，包括“硬件”和“软件”。不能只挂牌子，不能只是一个“培训机构”，不能只当“二传手”。教师队伍建设属于“软件”建设。前面已经谈到了工会干部学校教研室教师队伍状况。就现状而言，教师队伍建设无疑是建立四川省劳模工匠学院最需引起关注并亟待解决的问题。目前工会干部学校编制还有很多空编，专业技术岗位空编还有很大空间，所以希望编制解冻以后，尽快引进教师人才和管理人才，这个是当务之急，重中之重！

3. 学科建设的问题及解决办法

学科建设一方面是课程建设。教学课程是实现教学目标的途径。设置教学课程强调的是以目标为指引，需求为导向，要有科学性、针对性、实效性并实现教与学的有机统一。面对劳模工匠学院的学员对象，在对教学课程的设置极为重要的思想认识前提下，困难的是课程设置过程，因为针对不同产业、不同工种或各类工匠等，课程设置是需要分类、分层和细化的。这项工作我们要有足够的认识，并可以着手开展前期调研工作，借鉴那些已成立的工匠学院的一些做法或创新经验等。

学科建设另一方面是教材建设。教材是教师施教的重要依据，课程设置完成以后，需要配置相关教材。教材应体现出一定的时代性、科学性及实用性等。对此，我们应该通过调研，把握住教材的采购方向和渠道，必要时可以自编教材。如山西工匠学院目前已出版《劳动创造历史》和《花开满园》两本教材。这两本教材或许可以成为我们劳模工匠学院相关课程的使用教材。

4. 教学方向转变的问题及解决办法

这里说的教学方向指的是狭义意义上的，主要是指在众多学科的框架下，教研室各位教师的教学方向需要重新选择并确立（这项工作与上一问题具有密切的相关性，且以其为前提）。在教学方向确立以后，教师需要花费大量的时间和消耗一定的精力去熟悉课程内容，制作课件。再之后将是面对新的授课对象，适应新的课堂。

5. 教师业务培训的问题及解决办法

所谓术业有专攻。劳模工匠学院较之工会干部学校的差别是显而易见的。教育对象的改变，对现有教师所具备的专业知识储备来讲，将会带来新的挑战，所以应该做到未雨绸缪。首先要从思想上让教师有所准备；其次要行动起来，在业务上有所专注，如关注“劳模精神、劳动精神、工匠精神”、我国劳模工匠现状、新时期产业工人队伍建设改革情况等；最后可以到我国现有的劳模工匠学院进行进修、考察等。

6. 教学目标考核的问题及解决办法

从教研室的角度，对教学工作任务的考核，应该有所细化。为什么要这么做？一是因为教学工作。转型为劳模工匠学院，教研室承担的教学工作（任务）包括种类和数量将会增多。二是因为调研工作。为了提高教学质量，使教学更有针对性和实效性，教师下基层调研，了解职工队伍状况（多方面）的必要性会加大等。

从发展的角度，应该有针对性地引进教师。当教师达到一定数量之后，可以分设多个教研室来适应教学任务要求，而现有教研室应该保留，因为作为工会的直属事业单位，工会的一些业务培训还是需要师资力量支撑的。建议设置思政教研室、职业技能教研室、工会理论及工会工作教研室等。

7. 阵地建设的问题及解决办法

成立劳模工匠学院，若以工会干部学校现有条件为基准，阵地建设就是一个比较大的问题。比如，目前工会干部学校没有适应新时代教学模式的教室（既符合线下教学要求，又可以保障线上教学）；再比如，食宿，工会干部学校没有学员食堂，也没有学员宿舍……这些问题只靠工会干部学校自身的力量是难以解决的，所以解决这些问题的正确路径是向工会干部学校上级主管部门寻求指导和帮助。

四、从实践层面分析四川省总工会干部学校改革转型中教研室的积极探索

（一）当前教研室已经在积极开展的工作

近两年，四川省总工会干部学校教研室不等不靠，围绕工会干部学校转型积极探索，在加强职工思想政治引领、培养教师队伍、创新开展教学科研工作上下功夫。

1. 与党建工作深度融合，加强职工思想政治引领

教研室教师担任教职工党支部书记、教师党小组组长、青年理论学习小组组长，带头做好党支部、党小组和青年理论学习小组工作，经常性开展线上线下学习交流活动。学习习近平总书记重要讲话精神的有些感悟还发表在《四川日报》头版头条。承担四川省直机关党建课题 2 项，开展加强党对工会工作的领导研究，分别获四川省机关党建研究会二、三等奖。

2. 创新开展线上线下教学，扩大职工教育培训覆盖面

教研室教师开展集中学习研讨，积极备课，以老带新、师带徒，打造新课和精品课，主动承担线上教学任务和送教下基层，除承担工会业务课程外，还扩展开设了党的二十大精神、职工心理健康、职工子女心理关爱、团队能力提升、演讲与宣讲等课程，培训对象由工会干部扩展到劳模工匠、普通职工。教研室教师在电视台讲课和博物馆讲课，参加培训听课的学员人数由原来每年只有 2000 人达到上百万人，翻了很多倍。

3. 到基层蹲点和调研，提升科研能力和资政水平

教研室教师到基层蹲点三个月，摸清基层工会情况，开展服务基层工作，受到当地党委政府的表扬。教研室教师每年利用培训班、寒暑假、节假日对接基层，开展调查研究，掌握大量的一线信息，丰富了教学案例。近三年，教研室教师开展新就业形态职工权益维护问题、四川省劳模工匠发展瓶颈问题、获得劳动技能竞赛荣誉奖励的高技能人才激励问题、劳模工匠助力高质量发展、职工创新工作室问题等研究，教师们撰写的科研文章分别获得全国工会学年会一、二、三等奖，首届大国工匠论坛二等奖。一份研究报告被省人社厅采纳后出台了相关高技能人才发展绿色通道文件，有效发挥了资政咨询的功能。

（二）走访调研劳模工匠群体，进一步论证建立劳模工匠学院的可行性和有效性

2023 年学习贯彻习近平新时代中国特色社会主义思想主题教育期间，教研室教师到眉山市青神县、宜宾市长宁县和翠屏区、广元市朝天区和昭化区、凉山彝族自治州西昌市等地调研走访 17 家企业、工作室、专业合作社，召开座谈会 17 场，走访调研工匠领头人 25 人、职工 60 人。

1. 当前一线工匠存在着的问题

一是一线工匠交流、拓展、合作等发展机会少。随着社会分工加剧、经济社会发展加速，一、二、三产业融合加快，越来越需要通过交流、拓展、合作等发展机会，解决各种生产、技术、营销等难题，但是一线生产线上的工匠，大多时间精力都限制在自己所在的领域，缺乏可以信赖的平台进行组织，有些错失良机、有些发展受阻。

二是一线工匠中青年职工数量少。一线工匠往往生活在远离大城市的地方，缺乏媒体报道和自媒体宣传，他们往往是专注做事、日积月累、长时间磨炼出来非凡技能。青年职工往往倾向于到大城市工作，又往往坐不住冷板凳，忍不住寂寞单调的学习工作。在眉山市青神县调研竹编产业时，一位工匠说："现在年轻人情愿在超市当销售员，都不愿意学习竹编，竹编学习至少要反复练习三个月到三年，年轻人希望挣钱快、少吃苦。"当前，青年职工与一线工匠交流学习的场景平台还不丰富。一线工匠很多既是推动经济高质量发展的重要动力，同时本人还是劳动致富的典范，有些收入非常可观，但是由于青年职工对一线工匠不熟悉不了解，一线工匠劳动致富的感染力吸引力没有充分发挥，所以对青年职工影响力吸引力还不强。

三是外地工匠和团队贡献大但宣传少。到凉山彝族自治州西昌市调研时发现，台湾地区千姿兰园有限公司廖明俊通过与西昌市富华生态农业科技公司花卉种植"土专家"黄廷贵合作，有效利用西昌昼夜温差大但全年温差小以及良好的水土资源，建立实验室，不断创新兰花杂交组培，文心兰成为当前国内花卉产业爆款，极大地升级了四川花卉产业。通过调研走访交流，调研组强烈地感觉到外地工匠及其团队的重要引领支撑还没得到足够重视，扶持推广的机会还不多。

四是一线工匠贡献大但数量少。通过调研走访，充分认识到一线工匠有着强大的推动作用，同时也看到一线工匠缺乏的问题非常突出。比如，广元市朝天区核桃种植"土专家"侯银堂，只有小学学历，经过十年的艰苦研究，通过杂交方式，选育出"硕星""夏早"两个省级审定的核桃品种和"蜀朝 2 号"省级认

定品种，填补了四川长期缺乏核桃良种的空白，核桃嫁接成活率由原来的70%提高到90%以上。广元市朝天区种植的他选育的核桃产值达到18.5亿元。但是核桃产业研发创新方面的工匠总体非常少，还需要加大培育。

2. 工会干部学校转型为劳模工匠学院的可行性和有效性

一是选树命名工匠和工匠团队是前提。创新是发展第一动力，通过劳动技能大赛、相关地方和行业领域推荐等方式，选树一批工匠和工匠团队，把工匠人才创新活力激发出来，充分发挥其重大作用，是工会职责所在，也成为当前紧迫要做的事情。选树工匠和工匠团队，不能只盯着四川本土，还要高度重视对四川林草产业具有重要引领支撑作用的外地工匠和工匠团队。随着信息全球化、分工和产业布局分散、市场的流动性加快，一些外部的科研院所、企事业单位、创新创业人士具有独特重大贡献。比如，调研中，我们发现清华大学团队对眉山斑布竹纸产业、中国中医科学研究院团队对西昌林下养殖中华大蟾蜍产业、台湾工匠对西昌文心兰花卉产业等都有巨大帮助，理应吸纳到四川工匠和工匠团队。

二是搭建工匠和工匠团队交流、拓展、合作等发展机会平台。加强工匠学院建设，提升工匠和工匠团队综合素养；组织工匠和工匠团队内部互相走访交流、与其他行业工匠跨界交流、出省出国交流；搭建成果展销平台，推动产品更好走向市场；发布技术难题，促进工匠们之间互相破解难题，促进一、二、三产业和城乡深度融合。

三是创新宣传交流吸引方式引导更多青年职工成为工匠。后继乏人，是事业最大的危险。事业的发展离不开千千万万青年的加入。通过加强对工匠和工匠团队的选树，提高对青年的影响力和感召力。通过加强媒体报道和自媒体的广泛宣传，开展研学活动，邀请工匠走进校园、机关企事业单位、乡村社区等，让更多青年了解工匠精神，看到劳动致富，将工匠作为青年人生的典型榜样，培养千千万万个工匠。

总的来看，从工会干部教育培训历史，到现实深化改革优化职能需要，从理论探讨改革转型可能性，到实践过程中劳模工匠发出的呼声，都论证了在工会干部学校基础上转型为劳模工匠学院的可行性和有效性。

改革还在进行，我们在等待的过程中，需要有一些超前意识，需要未雨绸缪，需要做到居安思危，更需要做一些战略设计。

后 记

党的十八大以来，在以习近平新时代中国特色社会主义思想的指导下，中国特色社会主义事业取得伟大胜利，实现了第一个百年奋斗目标——全面建成小康社会，开启全面建设社会主义现代化国家，向着第二个百年奋斗目标全面迈进的新征程。习近平总书记多次就工人阶级和工会工作发表重要讲话、作出重要指示，提出一系列新思想新观点新要求，形成了习近平总书记关于工人阶级和工会工作的重要论述。为进一步加强和做好重要论述的学习宣传贯彻落实，展示工会理论、工会实务、工会工作研究和工会干部培训的新实践、新探索，以实际行动学习宣传贯彻党的二十大精神，开创新时代工会工作新局面，我们组织出版了本书，汇集各地、各级工会和高校的成果和经验，搭建交流研究成果、展示工作经验、促进成果转化的有效平台，供各级工会组织、广大工会干部和关心工会工作的社会各界读者学习参考。

中国劳动关系学院对本书的编写高度重视。在学校党委的支持下，各相关职能部门大力协助，全国工会学研究分会向全国各级工会、高等院校、研究机构、企业组织等进行了论文社会征集，得到了大家的积极响应。本书由全国工会学研究分会会长、学校党委书记刘向兵，党委常委、副校长李珂，工会学院院长潘泰萍、党总支书记刘瑶瑶、副院长李妍妍、副研究员杨志强、工会学学科规划办公室主任汪星余和教学秘书王菲对征集的文稿进行初审、遴选，并共同汇编整理、定稿。

本书在编写和出版过程中，得到了中国劳动关系学院科研处、光明日报出版社的大力支持，在此表示衷心的感谢。

中国科学社会主义学会全国工会学研究分会

《全国工会学研究分会优秀论文集萃（2024）》编辑办公室

2024 年 10 月